地方治理现代化探索——

大连海事大学公共管理硕士（MPA）2019年度优秀学位论文集

李晓蕙 / 主编

大连海事大学出版社

图书在版编目（CIP）数据

地方治理现代化探索. 大连海事大学公共管理硕士
（MPA）2019 年度优秀学位论文集 / 李晓蕙主编. — 大连 ：
大连海事大学出版社，2024.12. — ISBN 978-7-5632
-4591-8

Ⅰ. D035-53

中国国家版本馆 CIP 数据核字第 2024ZA0886 号

大连海事大学出版社出版

地址：大连市黄浦路523号　邮编：116026　电话：0411-84729665（营销部）　84729480（总编室）

http://press.dlmu.edu.cn　E-mail：dmupress@ dlmu.edu.cn

大连金华光彩色印刷有限公司印装　　　　　　大连海事大学出版社发行

2024 年 12 月第 1 版　　　　　　　　　　2024 年 12 月第 1 次印刷

幅面尺寸：170 mm×240 mm　　　　　　　　　　　　印张：27.25

字数：517 千　　　　　　　　　　　　　　　　印数：1～500 册

出版人：刘明凯

责任编辑：刘若实　　　　　　　　　　　　　责任校对：陶月初

封面设计：解瑶瑶　　　　　　　　　　　　　版式设计：解瑶瑶

ISBN 978-7-5632-4591-8　　　定价：82.00 元

前 言

    Master of Public Administration(MPA)项目,是以公共管理及相关学科为基础的专业学位研究生教育项目,旨在为政府部门及非政府公共机构培养高层次的应用型人才。MPA项目的产生得益于公共管理学科的产生与发展,1999年5月,国务院学位委员会正式批准在中国设立MPA专业学位。

    大连海事大学是交通运输部所属的全国重点大学,是国家"211工程"重点建设高校、国家"双一流"建设高校。学校素有"航海家的摇篮"之称,是中国著名的高等航海学府,是被国际海事组织认定的世界上少数几所"享有国际盛誉"的海事院校之一。2005年2月,经国务院学位办批准,大连海事大学成为第三批公共管理硕士(MPA)专业学位硕士研究生试办单位。2005年3月,学校成立大连海事大学MPA教育中心,规范管理学校MPA教育与培养工作。

    作为交通运输部直属的行业性院校,大连海事大学肩负着为交通运输行业的发展培养高层次人才的责任与使命。大连海事大学MPA教育秉承学校百年办学传统,以"立足交通、服务社会,秉公共之精神,育卓越之人才"为办学理念,以"满足交通运输行业发展对高级公共管理人才的实际需求"为办学方向,坚持"以学生为根本,以需求为导向,以质量为生命,以师资为保障"的办学原则,致力于为交通、海事、港航系统培养高层次、复合型、应用型公共管理人才。

    自开展MPA教育以来,大连海事大学MPA教育中心始终坚持特色办学,不断探索MPA教育规律,通过创新培养模式,在实践中着力打造MPA教育品牌,同时紧扣质量管理标准的要求,探索出一条具有鲜明海大特色的公共管理硕士(MPA)专业学位硕士研究生培养道路。

    为保证MPA项目的长足发展,提升MPA学位论文的撰写质量,大连海事大学

MPA 教育中心于 2024 年启动"MPA 优秀学位论文集出版计划",以论文集的形式将每学年度的优秀学位论文精简成集,旨在通过学位论文集的出版,激发 MPA 研究生撰写优秀学位论文的积极性,提升 MPA 学位论文的撰写与指导水平。

当然,由于 MPA 研究生研究水平有限,书中难免出现不足之处,还望学术界同人批评指正!

编 者
2024 年 7 月

目 录

我国海事调查队伍建设研究

霍小香

（学号：1120171934）

海事调查离不开高水平的海事调查人员，海事调查人员能力素质的高低直接决定着事故处理结果的好坏，也影响着海事管理质量的高低，所以我国交通运输部海事局提出在现有体制下建立一支由其牵头，各直属局、地方局支持配合，自上而下的全国范围内的专业的、独立的海事调查队伍。

海事调查工作具有专业性、国际性、政策性强的特点，要求海事调查人员具备较高的水平和能力。为了能够完善水上交通安全治理体系，应提高治理能力，进一步提升现代化水平，加快推进海事转型升级，加快推进水上交通本质安全建设，以实现不断提高海上交通安全的目标，全面强化海事调查队伍建设是海事调查工作的重点。

一、我国海事调查队伍建设现状及问题分析

近年来，我国海事调查人员在数量上有所增长，其综合素质也有了较大改善。各地区自行建立一些规章制度，采用一些评估手段和鼓励办法去激励海事调查人员积极工作，在稳定队伍上取得了不少成绩。但是，在队伍建设方面仍存在着一些不足，分析产生这些问题的原因更有利于提出解决问题的对策与措施。

（一）我国海事调查队伍建设所采取的举措与取得的成效

我国的海事调查机构统一由交通运输部管理,其下分为两个分支:一支是交通运输部海事局及其直属海事局,另一支则是由各个省、市的交通厅管理的地方海事局。

1.我国海事调查队伍建设的基本情况

中国的海事调查涉及国家管辖范围内所有水域的水上交通事故的调查和处理,包括中国的领海、内陆航海、港口、码头等。

根据国际海事公约和国内法律的要求,海事调查人员被赋予了一定的权力,同时也承担了相应的责任,如他们可以凭执法证进入事故现场进行勘察,收集物证;可以使用录音笔、照相机、录像机等一些法律允许的设备进行取证调查;可以查阅、复印与涉事相关人员、船只的一些原始文书资料,并要求当事人签字确认;他们被要求坚持公正、客观、及时、全面的原则进行调查,之后撰写调查报告等①。这些无论是权力还是义务,其最终都是保证调查结论的客观、真实。同时法律规定为确保调查人员在他们的业务范围内可以更好地履行职责,应加强调查人员在法律知识、专业知识等方面的培训。

2.我国海事调查队伍建设采取的举措

对于我国的水上交通事故调查,早在1952年,交通部就研拟并颁布了《海事处理委员会暂行章程》,同年5月又发布了《海事处理暂行办法》。根据这两条法规,全国各地都组建了海事处理委员会,并建立了具有实践经验和丰富理论知识的水上交通事故调查队伍。

我国从2006年7月1日起实行海事调查官制度。为了加强海事调查队伍建设,合理调配海事调查人员,优化管理,充分利用人力资源,进一步提升海事调查人员的业务水平,交通运输部于2008年12月29日颁布了《中国海事局调查官管理规定》。该规定明确提出加强海事调查官队伍建设,提升海事调查业务水平;交通部海事局为主管单位。同时,组织编写和出版了《海事调查官丛书》共三册,制定了海事调查人员培训大纲,在我国海事调查人员的培训方面发挥了重要作用。

3.我国海事调查队伍建设取得的成效

为响应国际海事调查的实施规则,满足涉外海事调查的需求,提高我国海事调查人员涉外海事调查的能力,2009年1月19日,中华人民共和国海事局决定建立涉外海事调查机动组。这个举动为进一步提升中国海事的国际形象奠定了坚实的基础。

---

① 本刊编辑部."海事调查官"知多少?［J］.珠江水运,2015(15):16-19.

同时各地方海事部门也在为海事事业的发展贡献着自己的智慧,如湛江海事局提出培育"海事工匠"精神;江苏海事局提出打造一支高水平的海事调查队伍;广东海事局提出建设"智慧海事"等,这些海事部门为海事调查队伍的建设做出了积极的努力。

(二)我国海事调查队伍建设存在的问题

目前我国的海事调查队伍建设成效显著,但是问题依然有很多,而这些问题都制约着海事调查队伍的健康稳定发展。为了全面了解我国海事调查队伍建设情况,经查阅相关资料,走访并掌握了福建海事局、福建省地方海事局、广东海事局、广州沙角海事处、重庆市地方海事局、长江海事局与三峡海事局等的相关情况,结合问卷调查数据,梳理归纳了海事调查队伍建设过程中的问题:

1.海事调查人才结构不尽合理

合理的海事调查人才结构才能发挥整体效应,人力资源的优势才会比较突出。由调查可知,与之前海事调查人员的情况对比:一方面,中国海事调查人员的综合素质有了很大提高,主要体现在调查人员的学历水平有了显著提升;所学专业与海事之间的关联更为紧密。然而,另一方面,也仍然存在一些不足之处,比如专职调查人员所占的比例较低;调查中的高层次人才(研究生)人数很少;调查人员的英语水平提升空间仍然很大;具有船长和轮机长资历的人员比较少,尤其是那些资深船长、轮机长的比例更小。

2.海事调查队伍培训效果欠佳

从各地海事调查人员的培训效果来看,结果并不十分理想。首先是对培训的重要性认识不足。其次是需要进一步加强培训的系统性、针对性。就培训教材这一方面来讲,当前我国海事调查队伍的培训教材已经不能完全适应新形势的需求。就培训时间、内容以及师资这些方面来讲,与国外先进国家相比,我国海事调查队伍与其有一定差距。外国的培训师资往往实战经验丰富,多数是资深船长、首席调查人员;但是在我国,则更多依靠海事院校的师资。尤其是在针对中、高级调查人员时,培训中存在的问题更多。例如,很多调查人员根本不清楚一份符合国际海事组织要求的海事调查报告该如何写。

3.海事调查队伍不稳定

海事系统因其重要性和地位的特殊性,一直以来都吸引着大量的人才,但与此形成对比的是,基层海事调查人员的流失问题却越来越突出,呈现出以下特点:年轻的海事调查人员流失比例大,尤其是高学历和专业型人才流失量比较大;持有海事调查人员证书的人较多,但真正从事海事调查工作的人并不多;海事调查岗位人员轮岗频繁,队伍不稳定,不利于海事调查经验积累。

4.海事调查队伍缺乏工作积极性

现行公务员考核内容包括"德、能、勤、绩、廉"五个方面,在海事调查队伍建设中也采用这样的人事考核管理办法,但是这种考核办法本身没有清晰地划定考核的等次,不容易操作。海事调查工作的性质更加偏向于专业技术型人才,公务员的考核方式对于海事调查人员显然是不适合的。更严重的是,从事海事调查工作这一条根本没有被纳入考核标准指标,造成海事调查人员逃避海事调查。

5.海事调查队伍外部保障不佳

一是工资、福利保障水平不高。从现阶段形势来看,没有针对海事调查人员的福利待遇或从事海事调查工作的奖励。海事调查人员的工资、福利与津贴因单位与地区的不同而差异很大,有的地区经济发达,福利、津贴种类繁多,而有的地区连发放工资都很困难。普遍呈现直属机构好于地方机构,沿海好于内河,发达地区好于欠发达地区的态势。这种情况使队伍建设困难重重,队伍人员更愿意去发达地区,不愿意去欠发达地区。

二是工作条件保障问题。受到区域经济的影响,海事调查人员所享受的工作条件也是极大不同的。经济发达区域的海事调查人员可以享受到各种便利,如硬件设施齐全,培训、出国交流学习的机会多;而一些经济水平落后地区的海事调查人员,却要面对一些最基本的调查工具、设备都不全的问题。加上一些地方海事辖区信息化程度不高,未建立 VTS 系统,船舶也未安装 AIS 等设备,监控设备也未实现辖区覆盖,影响了相关证据的获取,导致案件调查处理的质量参差不齐,影响了海事局的公信力和权威性。新形势下,海事调查工作困难多、任务重,且责任大,但是却没有配备与其工作相匹配的保险体系。

(三) 海事调查队伍建设存在问题的原因分析

我国海事调查队伍建设存在的问题具有一定的普遍性,虽然各地情况存在一些内部的独有特征,但是绝大部分问题都带有整个管理的根源因素。这些因素大体可以划分为以下几个层面:

1.海事调查队伍缺少人力资源规划

人力资源规划是一个组织的行动计划,可视为一种执行战略,而海事调查队伍建设中的规划往往更为缺乏和滞后。

(1)缺乏人力资源规划的意识

长期以来,《中华人民共和国海上交通安全法》规定海事调查是"查明原因、判明责任",强调追究事故责任的普遍做法以及现行的海事调查体制,导致我国的事故调查往往停留在表面原因,在事故原因更深层次的认识、理解与挖掘方面与发达国家的海事调查相比还有较大差距。

(2)选才范围比较狭窄

现行的《海事调查官管理规定》对于海事调查人员认证的前提条件是先要符合国家公务员资格。这一条规定使得海事调查人员的选拔存在资源的问题。选拔范围太窄使得一些人才资源被浪费。

2.海事调查队伍培训体系不健全

随着《海事调查官管理规定》的推进,海事调查队伍的管理也趋于标准化,因此,对海事调查人员进行知识与技能的全面培训就显得很有必要。我国的海事调查队伍培训面临三大主要问题:无统一教材、无固定师资、无系统的课程体系。

海事调查人员更倾向于一些专业知识、证据/数据分析能力等的培训。图1是根据问卷调查中统计的数据,超过半数的人希望在调查专业技能方面得到有效指导和帮助。他们更倾向于掌握如何跟当事人沟通的技巧,如何在现场采集到有用证据材料的方法,如何使用一些设备简单检测相关证据材料,而不是纸上谈兵,空谈一些理论知识,如何应用却是一知半解。他们也想通过培训提高自己的英语水平,增强自己的能力,更多地参与到国际海事调查事务当中,增长见识,为国争光。

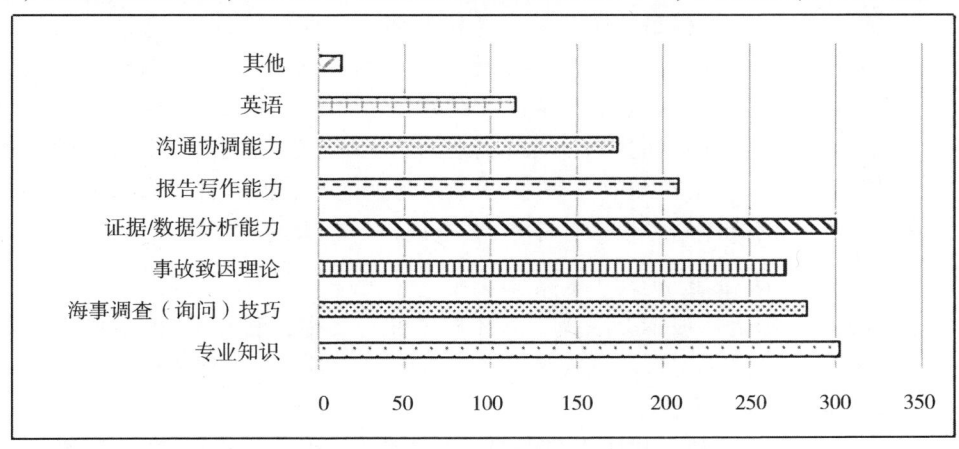

图1 希望得到培训的内容统计图

3.海事调查队伍管理滞后

观念是行动的先导。制度滞后是建设海事调查队伍的一大瓶颈。制度的好坏直接导致结果的巨大差异。良好的制度会使每个人的才能得到充分发挥;相反,则会阻碍发展。

(1)准入条件太过宽泛

海事调查队伍相应的适任标准只是概括性的描述,比如《中国海事局调查官管理规定》第二章第六条关于助理海事调查官的任职资格：

①持有海事行政执法证；②具有海事相关专业大专以上文化程度；③参加海事工作3年以上，从事水上交通事故调查处理工作1年以上；④经助理海事调查官适任培训，考试合格；⑤经年度考核、注册有效。这样的限定条件太过宽泛，没有详细的适任标准要求，而这样也会使选拔人才时可操作的空间加大。

（2）队伍人员管理不规范

从《海事调查官管理规定》的内容看，对海事调查人员是否流动以及如何流动并没有做明确的规定。实际上，海事调查人员流动的权力掌握在领导者手中，造成海事调查人员流动中存在因关系流动、因人流动的现象，更加大了海事调查人员职务晋升的难度。

海事调查人员的成长渠道很少。从助理海事调查人员晋升到中级海事调查官，最后晋升到高级海事调查官，对于他们来讲只是时间上的问题，并没有多少吸引力。在职业规范方面，海事调查人员的职业资格认证制度需要进一步加强。而对于其他的成长渠道，比如建立健全基层海事调查人员的流动机制，跨地区交流制度等，这些都还处于探索阶段。

4.海事调查队伍约束考核体系不完备

海事调查人员的考核是按照公务员考核的那一套标准进行的，考核采用定性的方法，比较单一，不够灵活，缺乏严密性和科学性。在海事调查中，海事调查人员经常涉及海事责任认定，对海事责任方进行处罚，协调受损方与责任方的损偿事务，但是由于受到种种因素的影响，会造成结论的不确定性。他们要对自己的调查报告负责，而调查工作不在绩效考核之中，结果可想而知。没有针对海事调查人员职位特征而建立的具体的考核指标体系，会造成评价较大的主观随意性。

5.海事调查队伍激励保障体系尚未健全

激励机制的缺乏从根本上限制了人才积极性的发挥，使得一些海事调查人员缺乏向上的动力。涉及海事调查人员生活和工作的诸多方面的保障机制是不健全的，不能为其解决后顾之忧。

目前，海事调查人员依然属于公务员系列。而现行的公务员薪酬制度给予的工资并不高，而且他们的福利水平也偏低，但是工作强度却非常大，待遇水平与他们的贡献和价值无法得到相等的体现，这就造成了许多人不愿意加入海事这一行。

调研数据显示更多的海事调查人员期待加入专业技术人员系列，由于海事调查人员主要负责调查、取证、分析原因、撰写报告等，其工作的性质偏重于技术而不是行政管理或公共事务管理，他们的工作和公安（刑侦、技侦）人员相类似，海事调查人员纳入公务员系列显然是不太合理的。

二、国外海事调查队伍建设的经验借鉴

"他山之石,可以攻玉。"一些发达国家早已建立起自己的海事调查人员管理制度。但总的来说,其海事调查人员的管理充分吸收了现代人力资源管理的营养,主要内容包括如何晋升与考核、如何进行职业化管理、如何进行职业培训管理等,这些都值得我们借鉴学习。

(一) 国外海事调查队伍建设举措

国外海事调查队伍建设起步早,已达到成熟阶段,尤其是英美两国的海事调查队伍设置模式,对于其他国家影响深远。英国海事管理可以追溯到 1698 年的海岸骑兵巡逻,而美国海岸警卫队则是世界各国海岸警卫队的鼻祖。后来日本、韩国、澳大利亚、加拿大等国的海事调查队伍组建中都有英美海事管理的影子,但是每个国家在组建海事调查队伍、人才培养等方面都有着不同的方式。鉴于此,本文希望通过对美国、英国、日本、韩国这四个具有代表性的国家的海事队伍情况进行分析,进而为我国的海事调查队伍建设提供一些借鉴。

1.美国:建立美国国家运输安全委员会与美国海岸警卫队

美国国家运输安全委员会(National Transportation Safety Board,NTSB)和美国海岸警卫队(United States Coast Guard,USCG)架构了美国海事调查的双轨,前者负责调查所有海事,而后者则负责所有海事中"重大海事"的部分,二者各自进行独立调查,并独立撰写调查报告,给出安全改进建议。

(1)NTSB 与 USCG 的基本职能

自 1967 年成立以来,NTSB 作为美国运输安全最高监察机构,一直致力于事故调查,几乎是一年 365 天,一天 24 小时随叫随到。它的基本职责包括开展独立事故调查,以确定可能的原因,确定安全问题,提高交通安全,倡导安全改进,发展安全研究,集中在更广泛的安全问题和主题领域,以便更好地执行任务,在其网站(www.NTSB.gov)上发布所有调查最新资讯。

USCG 成立距今已有 200 多年的历史,它始终致力于维护美国国土安全,负责沿海水域以及航道的安全、遇难船只的搜救、保护环境安全等任务。它是美国的海上综合执法机构,它的职责包括:对所有事故调查的管辖权,调查事故发生的原因;调查现行法律、法规与标准的执行情况,对违法行为或移交司法审判,或实施行政处罚。USCG 的总司令不会直接参与调查,而是派遣其下属海事调查分部(五大海上安全办公室之一)管理。

（2）NTSB 与 USCG 的人员构成

NTSB 有 5 名安全委员,每名成员由总统提名,经参议院确认,任期 5 年。一名由总统委任为主席,其余四名为副主席,任期 2 年。主席一职需要得到参议院的单独确认。没有指定主席的,由副主席代理。

NTSB 的海事调查人员由交通运输安全委员会依据海事调查岗位设置需要,对调查官所学的专业、工作经验,特别是从事事故调查工作的时间、能力、工作业绩和社会影响力等综合因素来选取任命,一旦被任命为事故调查人员就属于国家工作人员。这些事故调查人员没有强制的培训要求和标准,也没有考核指标,能否保持胜任就看具体的工作情况,但是,他们均为事故调查所涉及的专业和学科中的权威人士和专家。

USCG 的事故调查人员相对比较固定,这些人员的调动大多是在联邦交通运输安全委员会与海岸警卫队之间进行,因为这两个部门的工作有相同之处,且都直属联邦政府,工资与待遇均执行国家标准。总之,NTSB 和 USCG 都有一支专业资深的海事调查队伍,包括各个领域背景且经验丰富的人员,如他们中有的是企业家,有的是工程师,背景不尽相同,且都接受过正规培训,可以直接参与事故调查。

（3）NTSB 与 USCG 人员培训

NTSB 的海上交通事故调查人员基本上都是专业院校毕业的人员,且多数都有海上经历,大多都在船上担任过船长或轮机长,但是在从事海事调查工作之前,要有两年的工作经历,并要经过三个月的专门培训。

USCG 的海事调查人员必须经过专业培训,这种培训由海岸警卫队来选择培训项目、安排培训课程和确定培训时间。培训一般由海岸警卫队来负责,但是,也有委托航海院校或培训机构按相关课程来进行培训的情况。海事调查官从事事故调查前首先要经过三个月的学习培训,培训结束后要进行为期两年的实习,实习期满后由专家委员会根据实习结果、工作表现等进行评估,评估合格后方可从事事故调查工作。

（4）NTSB 与 USCG 队伍建设遵循的基本原则

第一,选聘专业化。美国海事调查部门对调查人员的职业进入门槛设有明确的规定,职务晋升也有一定的标准与程序。通常海事调查人员要经过三个月的专门培训,或者要求专业院校毕业且要有工作经验;USCG 的调查人员分为三个等级,分别是初级、中级、高级调查官,海事调查人员一般都从初级调查官做起,经过一定的年限后根据业务表现进行考核晋升。

第二,培训系统化。USCG 人员的培训内容涵盖多个方面,例如与海事调查有关的法律法规和国际公约、体系文件、与船舶相关的法定文件;人为因素调查;船舶结构、机械设备和防污染设备的技术要求、使用方法、维修保养和检验等;消防和救生设备的技术标准、操作方法,各种应急程序和消防救生演习要求;各种助航仪器和记录设备的使用、获取信息的方法;调查技巧与技术等。他们有完整科学的课表、有专业的老师、有教科书,这都使他们的培训更加系统化、专业化。在以保障海上人命和财产安全,保护海洋环境为宗旨的海事管理中,海事调查正向信息化、专业化和科技含量更高的方向发展。

第三,独立性强。NTSB 与 USCG 相互独立、互不干扰,这使得海事调查这一项技术含量高、难度大、影响广,具有挑战性的工作,得到了很高的社会认可,使其调查结论更具有权威性,有利于促进海事管理相关规则的修改和完善,避免或减少海上交通事故的发生,被社会各界所重视。

2.英国:设立海事调查委员会

英国的海事调查属于典型的单一制管理。英国的海上事故调查虽然由海事和海岸警卫局(Maritime and Coastguard Agency,MCA)和海事调查委员会(Marine Accident Investigation Branch,MAIB)负责,但是前者属于行政管理机构,事故调查只是它执法工作的一部分,其性质是执法调查;而后者才是专门处理海上事故的机构。

(1)MAIB 基本职能

自 1989 年成立以来,海事调查委员会(MAIB)一直是英国独立的海上事故调查专业机构。MAIB 的职责是通过查明海上事故的原因和情况并与其他方面合作来减小未来再次发生此类事故的可能性来促进海上安全。其开展事故调查的唯一目的是未来安全,不追究责任,不确定赔偿责任,也不执法或提出检控。

(2)MAIB 人员构成

整个 MAIB 有 4 个经验丰富的事故调查员团队,共有 35 人,调查人员分为调查总长和助理调查。每个团队有 1 名主调查员和 3 名调查员,他们来自航海、工程、造船或渔业学科。一个行政管理团队为调查员提供支持,另外还处理财务、合同、数据分析和出版物方面的事务。从事 MAIB 调查的都是航海、轮机或者船舶建造专业的资深人员,一般具有不同的经验和专长。通常要求具备以下条件:要拥有大学学历;拥有海上资历,懂得足够的船舶知识;并且要接受正规的培训。

(3)MAIB 人员培训

在英国,经过至少 2 年的岗前培训才能成为正式的海事调查人员。除此之外,MAIB 每年还会对海事调查人员进行内部培训,培训内容主要是与事故调查相关的专业知识,比如各类航海仪器的使用、海事法律法规、船舶操纵与避碰等。英国海事调查局在培训方面可谓是下了大气力,对人员培训都有比较详细的培训计划。

（4）英国的海事调查队伍建设特点

第一，合理的机构设置。MAIB其独立的机构设置和专业的人员构成最大限度地保证海事调查工作的有效开展。虽然人员精简，但是从事MAIB调查的都是航海、轮机或者船舶建造专业的资深人员，一般具有不同的经验和专长。采取分工调查，以集体讨论的工作方式，有效地利用有限资源，提高工作效率。

第二，严格的任职条件，规范的培训程序。岗前培训，获得上岗资格；上岗后定期培训。同时借助社会为自己服务，提升培训效果。多样的培训方法使海事调查人员可以通过各种渠道来提升自己的能力。

3.日本：成立日本海事审查厅

日本的海事调查管理同英国一样，采取的是单一制管理模式。2008年，日本运输安全委员会（Japan Transport Safety Board，JTSB）正式成立。

（1）JTSB基本职能

日本运输安全委员会致力于防止事故发生，减轻事故造成的损害，提高公众安全意识，进而改善交通安全；做好事故调查，彻底查明事故原因，通过发布安全信息，督促实施必要的政策措施，从而保障公众生命财产安全。

（2）JTSB人员构成

日本运输安全委员会的组织构成大体如下：设有1名委员长，7名全职委员，5名兼职委员，下设事务局长，其下有船舶事故调查官。

（3）JTSB调查队伍建设特点

第一，管理制度规范。JTSB的管理人员素质都很高，大多是博士毕业或是专业学校科班出身。对每一位管理人员的选聘，日本《运输委员会设置法》都有明确详细的规定，如委员长和委员，应由土地、基础设施、运输和旅游部部长经国会两院同意从被认定能够做出科学和公正判断的人员中任命。

第二，服务社会化、专业化。日本运输安全委员一直坚持透明、公开地披露事实信息，坚持提供最好的服务和最专业的调查。因此，JISB每年在其网站上都会发布最详尽的海事调查统计报告。

4.韩国：创立海事审判院

自1963年以来，韩国海事审判院（Korean Maritime Safety Tribunal，KMST）一直致力于确保海上安全，根据《海洋事故调查和法庭法》，通过调查所有类型的海事事故并确定其情况和原因，韩国海上安全法庭是海洋和渔业部的附属机构。韩国海难审判院（KMST）采用行政法院办案体系，与刑事、民事法院程序一样，它的运作也是独立的。

（1）KMST基本职责

KMST的主要任务是确定事故发生的原因，然后判断被发现犯有过失的船员和相关人员行为的适合性和正确性,提出合理的建议。此外,审判院还须在从已发生的海事中获得教训的基础上,将通知有类似险情、应纠正或改善的部门,以防止类似事故的发生。① 庭审调查的整个过程和责任判定均采用准司法的形式进行,但是它不具有司法审判权。

海洋警察厅的调查行为属司法调查,主要调查事故是否涉嫌犯罪,并根据其相应的法律做出处置,但其调查不妨碍 KMST 开展的海事调查工作。

(2)KMST 人员构成

KMST 组织结构设置大概分为两部分:一部分为中央海事审判院,另一部分为地方海事审判院。它们都由两大分支构成:一支为主管调查,而另一支为主管审判。

KMST 的调查官、法官的任职要求是相当高的。想要胜任调查官或法官基本的条件是具有至少 3 年的航海经验且有船长或轮机长证书;或者具有大副或者大管轮高级证书,且有不少于 3 年的相关工作经验。

高级调查官、审判员、调查官、助理调查官、助理审判员在韩国不仅是一种专业资格名称,同时更是政府公务人员行政级别的体现,不同级别的海事调查人员掌握的权力和享受的待遇差别很大。

海事调查人员无须持有专门的调查官证,但对调查官和审判员设定了任职条件,一般需要有一定的航海资历;助理调查官则一般从船舶安全检查员中选任。

(3)KMST 人员培训

中央院院长每年都制订培训和教育计划,并组织实施。培训分为基本知识培训和高级知识培训。初到审判院任职的人员必须参加基本知识培训,其余人员则每年要参加高级知识培训。同时,也会派遣调查人员到国外参加培训。

(4)KMST 队伍建设特点

第一,职业化、专业化趋势明显。韩国的调查人员选配不只限于证书,他们更多地看重能力,使得人员选配更多元。韩国的调查人员多属于全职人员,他们仅仅从事与事故调查相关的工作,不会兼职其他行政工作。KMST 要求调查人员具有航海资历,对于调查人员的专业限制更严格。

第二,形成专业团队,重视交流。韩国为专门应对处理重大的海事事故,建立了一支特殊海事调查团队(Special Investigation Team)。这支队伍有 1 名调查主管,来自中央,有 3 名调查人员,2 名来自中央,1 名来自地方。他们相互配合,共同完成任务。此外,韩国也不断加强与国际社会的交流学习,努力提升自己的调查水平。

---

① 孔佳,付玉慧,刘闯,等.中韩海事调查制度对比研究[J].中国水运,2017(09):26-28.

(二)借鉴与启示

这些国家海事调查队伍建设经验,可以对我国的海事调查队伍建设产生如下启示。

1.统筹海事调查队伍专业化、职业化建设

专职海事调查人员是指那些专门从事海事调查工作的人员,不是身兼数职,而是只搞海事调查。我国的海事调查队伍中虽然也有称作专职的调查人员,但是他们都不是真正意义上的专职,不像日本、韩国等国家的调查人员,只做调查不管其他行政工作。培养专职的海事调查人员有利于提高海事调查工作效率,提升调查质量;也有利于调查经验的积累与传承。海事调查工作专业性、实践性、经验性强,需要一支稳定的、长期从事海事调查工作的专业队伍,海事调查岗位应该与其他岗位区别对待,从事海事调查岗位工作的人员不宜频繁流动。

2.做好海事调查队伍人员的专业培训

英美等国对于海事调查人员培训是非常重视的。严格的岗前培训,完善的继续教育培训体系,使海事调查人员拥有丰富的知识技能储备。发达国家海事调查培训机构所开展的相应培训具有较强的针对性和目的性,而且也有条件开展具体实操培训,如事故现场模拟培训及实验室实操等。"模拟事故调查"不仅让受训学员具有身临其境的感觉,也让学员体会实际调查所需开展的现场取证程序、检查步骤以及事后总结汇报等工作,但是这样的模拟现场事故调查也需要很多的培训资金支撑,以及做好各方面人员的调配和相互配合的工作。这样的教学方式适合用于小范围的培训工作,若受训学员较多,可能培训效果也不明显。国外的相关培训着重强调专业技术,教学内容侧重于海事调查专业技术的提升;而我国的海事调查培训则需要从基础知识开始展开,教学内容侧重于理论知识,再逐步通过实际案例的学习,实地观摩,提高海事调查官的业务水平。另外,国外还号召鼓励非政府机构、组织参与进来,为海事调查人员的培养贡献力量。

3.建立合理的海事调查队伍管理制度

国外大多数体制成熟的国家,事故调查作为一个整体的部门,海事事故调查只是其中的一个小分支。比如美国国家安全运输委员会,整个委员会大约有400名员工,其中有25%的员工从事行政工作,其余75%的员工从事事故调查,而在这75%的事故调查人员中有一半人是专职做航空事故调查的。在所有的事故调查人员中,有19人是从事海事事故调查工作的。在19人中,有1人专职做行政助理,3人是全职经理。余下的15人作为海事事故调查官,其中有2人专职撰写海事事故调查报告,真正专职从事海事事故调查的有2位已退休的船长,2位在职船长和3

位具有大副资历背景的调查人员。

国外许多国家都建立了科学的海事调查人员管理制度。从海事调查人员的资历、不同级别调查人员应具备的相应技能、分级和晋升制度等方面，都有具体的要求和标准。不同级别的海事调查官应掌握的专业知识和技能也不相同。英国海事调查局(MAIB)将调查人员分为调查总长和助理调查，其中调查总长负责国际合作和项目策划。助理调查分成四个调查组，每个调查组由一名首席调查官和3~4名调查人员组成。英国从调查人员资历、掌握的知识及培训上都有严格的规定，一般需要经过2年3个阶段的培训才能成为一名海事调查官。从各国调查机构的构成体系来看，国外调查机构海事调查官的分级制度相对简单，且人员比较精简。

根据上述分析来看，可以借鉴英国海事调查人员分级比较简单的经验，借鉴美国根据事故等级进行分级调查的经验，对我国海事调查人员进行分级，并制定海事调查官的入选条件、准入资格、任职标准、晋升制度等。

三、进一步加强海事调查队伍建设的对策

加强海事调查队伍建设是应对新形势、新挑战、新任务的重要举措。建设一支高素质、高水平的海事调查队伍不仅需要有科学的指导方针，还需要有各种良好的机制。

(一) 拓展引进渠道、优化队伍结构

对于海事调查队伍而言，改变其结构不合理问题的重要途径之一，即是选用适合海事调查队伍发展的人员。具体可从如下方面入手：

1. 制订科学合理的用人计划

海事调查队伍应综合考虑人员年龄、数量、专业等相关因素科学规划，坚持队伍梯队建设要求，结合海事事业的发展战略目标制定详尽的用人规划，制订出切实可行的海事队伍发展长远规划和每年度的人员招聘计划。在目前情况下，改变海事局的组织结构和增加人员编制是比较困难的。在不增加编制的情况下，在直属海事局成立海事调查中心，作为内设机构，与安全处实行"一个机构，两块牌子"的管理模式是比较方便、易行的方式。这样既能保障海事调查人员队伍的相对稳定，又能通过岗位的设置调动大家的积极性。

2. 坚持海事调查人员准入机制

在海事调查人员的选聘问题上，要切实严把入口关。首先，选聘对象必须要有

从事该项工作的愿望，还需要具备较高的政治思想素质，并且应该具有良好的业务素质和业务能力。海事调查队伍的生机和活力源自这支队伍的每位成员。因此，坚持海事调查官准入机制可以使那些真正有能力且热爱海事调查工作的人进入海事调查队伍中来，这样有利于维持海事调查队伍的稳定性。

在海事调查人员的选拔过程中，要严格遵守选拔的原则标准。在制定原则与标准的过程中，注重系统性、可操作性与科学性，可以形成统一标准。也可以效仿技术类公务员招聘，先拥有执法证，再进行招聘考试。这样可以扩大人才选拔范围，招揽社会中的优秀人才加入，为海事队伍的长远发展提供不竭动力。

（二）完善海事调查队伍培养培训制度

海事调查人员的培训应该是持续不断地，应坚持理论与实际相结合，注重灵活运用理论，突出实效，应该以实际案例为先导，学会处理问题。

1.完善海事调查队伍培训体系

把好入口关的另一个重要环节就是建立上岗培训制度，即持证上岗。海事调查官的上岗培训是《海事调查官管理规定（实行）》与《中华人民共和国海事行政执法证》中明确规定的。

坚持海事调查队伍知识技能更新培训。首先，要加强海事调查官的职业道德培训。其次，要加强海事调查队伍的业务素质与业务能力培训，从经费与时间上予以保障。因为海事调查工作性质的独特性，必须不断更新知识与技能，这样才能使海事调查队伍持续发展。

改革培训模式，尝试实施个性化定制培训。尝试实施针对不同层次，甚至不同个人的个性化定制培训，以提高"实战"能力为目的设计培训内容和方式，不断提高我国海事调查队伍的业务水平。

继续培训，包括知识更新培训和专项培训，每2年不少于16课时，培训的内容应根据具体情况而定。知识更新培训，应根据更新的内容制定培训大纲；专项培训应根据具体的培训项目制定培训大纲。

此外，学习英国等西方国家，引进社会力量，加入海事调查人员的培训中。同时培养一批兼职的海事调查人员，以补充专职海事调查队伍。事故发生时，以便选配不同背景的调查人员，迅速组建调查组。

2.制定海事调查队伍培养发展规划

帮助海事调查人员制定职业生涯规划，培养专职的海事调查人员，拓展海事调查人员职业发展空间。海事调查人员可以根据自身具体情况制定一份职业生涯规划表。同时，各海事局也要为海事调查队伍做规划，要让海事调查人员知道做这行还是很有前途的。

首先,要建立完善的个人职业发展规划体系,为海事调查人员搭建适合个人发展的展示平台。其次,要打通其职业晋升通道,将海事调查人员个体奋发向上、敬业工作与个人的长远经济利益相结合,肯定其工作成果,增强海事调查人员成就感与价值感,提高他们的工作积极性。这样可以满足海事调查队伍达成目标所需要的各种资源、条件,有利于队伍的成长。

此外,为了提高海事调查队伍的整体知识水平,使海事调查队伍向职业化、专业化发展,海事系统应该推荐优秀的人员外出挂职学习,鼓励他们取得更高层次的学历,进而优化队伍整体结构,推动海事调查队伍向专业化发展。

(三) 健全海事调查队伍管理制度

培养专职的海事调查人员需要有配套的管理制度。制度是指导行动的方案。在制度上明确专职海事调查岗位的级别和待遇,使专职人员能够安心、专心地钻研海事调查业务和提高海事调查技能。有了待遇才有竞争,有了竞争才能保持队伍的活力。

1.完善队伍使用管理机制

现阶段的专职海事调查人员仍然属于公务员系列。这个对于偏技术的海事调查来讲显然已经不合时宜。应当把他们归入专业技术系列。而目前我国事业单位的人事管理制度,特别是职称管理制度一般都分为初级、中级和高级职称。三级调查官制度可以与职称管理制度直接对接,可以参照相关的人事管理政策对海事调查人员进行管理。

我国的海事部门既负责海事调查又负责责任认定、行政处罚和行政调解这一体制所引发的争议已无须赘述,这也是限制我国海事调查水平提高的主要原因之一。在这一体制短期内尚无法改变的情况下,设立一支由部海事局直接领导的海事调查技术机构,规定其职责就是查明原因,即可使这一机构摆脱判明责任及海事调解的束缚,全身心地投入事故调查工作中。事故原因调查清楚了,事故责任判定和海事调解的职责交由其他海事行政部门或海事法院按事故调查报告做进一步处理,从而在一定程度上实现了事故调查和责任判定的分离。

2.健全队伍的流动机制

大力推进海事调查人员流动机制的建设,要做好对人才的科学化管理,提拔、选送、输出优秀人才到其他重要岗位,抓好后备人员的培训与使用;实行竞争上岗、岗位轮换,建立正常的岗位交流制度。合理的流动机制可以使海事调查队伍保持活力,打通海事调查人员的职业发展渠道,保持他们的工作热情。完善海事调查人员选调机制,能够根据事故性质选调合适人员组建调查组。

3.建立人员退出机制

加强海事调查队伍的动态管理，做到有进有出，不断更新。退出机制，可以使人才合理流动，有进有出，进而使人力资源达到最优配置。这样可以为那些有能力、有意愿的优秀人才腾出施展才能的空间，有利于海事调查人员始终保持合理的年龄结构，对优秀青年人才的发展具有重要意义；有利于海事调查人员的健康发展。

（四）改进海事调查队伍的约束、考核机制

进一步健全对海事调查队伍的考核约束机制，切实强化对海事调查队伍工作的要求以及考核工作，做到赏罚分明，论功行赏。这也是进一步强化海事调查队伍建设、管理与使用的有效措施。

1.建立多等级的考核标准

海事调查人员的考核内容、标准与方法可以按照其应履行的职责与义务来确定。在制定考核标准时，应坚持客观、公正的原则；在考核方法与程序上坚持民主原则与可操作原则。

专业技术系列管理制度有相对完善的准入、考核、晋升、奖励、退出的标准，明确的级别和待遇。将专职海事调查官纳入专业技术系列，没有了公务员身份的限制，可以更广泛地吸引社会人才加入海事调查官队伍中来，保持队伍的竞争和活力；便于对海事调查工作量的考核；促使专职海事调查官钻研课题，参加相关的学术活动，发表学术成果，从而提升了海事调查的整体水平。借鉴专业技术类公务员考核办法，海事调查人员的考核内容应当包括：调查人员基本情况、思想政治素质、出勤情况、培训进修学习情况、主要工作内容、论文、报告、学术情况等。

2.建立考核监督问责制度

合理的考核机制也是有效监督制约机制，可以优化海事调查人员素质。建立与海事实际情况相结合的科学考核方案，可以为那些优秀的海事调查人员提供职业提拔、知识与技能培训等成长通道，激发队伍的工作动力，同时也约束了队伍中的不良行为，促进其改进工作。

建立考核监督机制，保证考核结果真实准确，保证考核的真实性、公平性、公正性，这样可以保护调查人员的工作热情，进而调动他们的工作积极性。对于绩效考核中存在的问题，要实行责任制，根除考核中存在的弊病，充分发挥海事调查人员绩效考核的问责机制，结合现有的监督，加大考核监督的力度。

3.建立考核反馈制度

考核的目的就是对海事调查人员工作进行客观有效的科学评价，提高调查人员办事能力水平，切实提高海事工作水平。建立考核反馈机制，目的在于提高考核

质量,一方面,它可以监督考核者,使其更加认真严肃地对待考核;另一方面,也可以给被考核者一个自我反省与申述的机会,同时达到激励、鞭策调查人员积极向上的目的。

(五) 落实海事调查队伍的激励、保障机制

在海事调查队伍建设过程中,如何采取有效的措施,调动调查人员的工作积极性,显得尤为重要。在现有的制度框架内,制定针对海事调查工作的激励机制,采取物质奖励或作为职务晋升的必要条件之一,例如,考虑除了专职海事调查人员外,其他人员参与海事调查属于加班,应得到一定的加班补偿;在职务晋升时,将参与海事调查工作的次数或质量作为重要的参考条件,或作为评定先进和各种荣誉称号的参考条件,来调动海事调查人员的工作积极性。

1.提高海事调查人员的工资福利水平

工资作为最基本的一种激励手段,能够有效调动海事调查人员的积极性,有利于提高工作效率。提高工资水平,可以吸引优秀的人才流向海事调查队伍。

健全海事调查队伍奖励机制,依据公平得当、及时有效、奖惩结合的原则,对在海事调查工作中兢兢业业、廉洁奉公、维护国家和人民利益等做出贡献的,给予肯定和奖励。海事调查队伍奖励机制的建设能够引导整支队伍积极向上,促使队伍成员素质不断提高。

2.建立科学透明的晋升通道

海事调查队伍中经验不足的青年人更加注重技能的提升;对于一些经验较足的人员则更加注重成就感与个人前途。这样就需要搭建一个成才的平台,对于不同的人员,满足他们的不同需求,进而使整支队伍不断发展进步。透明的晋升通道可以使海事调查队伍成员奋斗目标明确,更加安心于本职工作,也可以维护队伍的稳定。在海事部门设置专职海事调查职位负责辖区事故调查和安全形势研究工作,形成由下而上的晋升机制,保障海事调查队伍的相对稳定。

3.建立海事调查队伍的权利保障机制

海事调查人员的权利保障机制应坚持平等原则、层次原则以及权利与义务相一致的原则。平等原则是一律平等地享受法定的权利,不应受到职位、资历、家庭出身等的影响。层次原则是说海事调查官,他拥有身为公民的基本权利,也享有法律所规定的职权。海事调查队伍的权利与义务是一个不可分割的统一体。海事调查官的权利是其身份的保障,也是依法执行公务、履行义务的保障。建立海事调查队伍激励保障制度的目的在于为海事调查人员的发展搭建平台,让更多的人才有所作为,真正做到待遇留人、事业留人。

淮北市民办学前教育发展中政府扶持研究

王慧博

（学号：1120171938）

目前，民办教育机构已占据我国学前教育60%以上的市场份额，成为促进学前教育领域发展的重要力量，补充和完善了学前教育体系。但是目前的民办学前教育市场还不够规范和成熟，这些问题严重制约了民办学前教育的发展。究其原因，最主要的就是在民办学前教育发展过程中，政府对于民办学前教育的规划布局、政策落实、财政投入与监管等方面扶持力度不够，导致民办学前教育发展不足。因此，政府要加强对民办学前教育的扶持和监管，帮助其解决和克服发展过程中出现的问题和障碍，使民办学前教育能够得到健康可持续、长足稳定的发展。

一、淮北市民办学前教育政府扶持现状分析

本文对淮北市政府扶持民办幼儿园发展现状进行研究分析，在阐述政府扶持民办幼儿园发展所采取的措施和取得成效的基础上，总结了民办幼儿园发展中政府扶持存在的问题和问题产生的原因，使大家对淮北市民办学前教育发展现状的认识和了解更加深入、透彻和清晰。

（一）淮北市民办学前教育政府扶持所采取的举措及成效

近年来，为促进和支持民办学前教育健康有序发展，淮北市政府积极采取了一

系列举措,取得了很大成效,现总结如下:

1.采取的举措

(1)制定规划和具体扶持政策

根据《关于当前发展学前教育的若干意见》的有关要求,淮北市出台了学前教育三年行动计划,第一、二期行动计划都已完成。截至2018年年底,已建成、改建、扩建一批安全适用、符合办学基本条件的民办幼儿园。同时,以政府投入为主举办了共20所乡镇中心幼儿园,乡镇中心幼儿园覆盖率达100%,基本完善了农村学前教育公共服务网络,有效地缓解了"入园难"的问题,2017年至2020年的第三期行动计划正在进行,新建、改建、扩建同步发力,截至目前,淮北市学前教育促进工程共规划新建、改建、扩建幼儿园8所,其中新建幼儿园7所,改建、扩建幼儿园1所。

具体政策方面,淮北市政府先后出台了《支持民办幼儿园发展的意见》和《淮北市民办幼儿园管理办法》等规范性文件,对民办幼儿园的管理进行了相关制定,明确了政府和有关职能部门在促进和加强民办幼儿园管理和规范发展方面的职责,为规范办园行为和实施民办幼儿园质量监管提供了政策保障。

(2)财政投入。依据《淮北市普惠性民办幼儿园管理办法(试行)》,政府认定一批保教质量高、收费标准合理的民办幼儿园,以扩大民办幼儿园覆盖范围。政府采取了多种提高公益普惠性服务的手段,比如购买服务、以奖代补和派驻公办教师等,来进行民办学前教育质量的优化。

(3)师资队伍建设。淮北市师资队伍建设主要体现在提高民办幼儿园教师专业知识素养和能力上,学前教育资源的共享和幼儿教师的有序流动能够有效提升教师师资水平,激发民办幼儿园活力,进而提高民办幼儿园教学质量。在民办幼儿园师资队伍建设上,淮北市政府采取了公办引入的措施,为民办幼儿园派驻公办教师,以帮扶指导的方式提升民办幼儿园幼师队伍素质和专业能力。

(4)加强监管。淮北市政府组织设置了民办学前教育监管机制,对其管辖内新申办和已申办民办幼儿园、早教机构设施设备、人员配备、机构管理等方面的资质进行审核与监管。

2.取得的成效

在淮北市政府及各区、县级市政府的努力下,淮北市民办学前教育事业发展进步显著,可见政府的扶持举措颇有成效。这些成果主要在以下三个方面得到了体现:

(1)民办幼儿园数量持续增长

自从施行学前教育三年行动计划以来,淮北市民办学前教育得到快速发展。就淮北市民办学前教育发展的现状来看,幼儿园数量比2015年的232所增加了146所,民办幼儿园的数量达到163所,占全市幼儿园总数的44.2%。由此可见,民办幼儿园的占比明显提高,在社会的认可下,民办学前教育的发展速度节节攀升。

表1　淮北市民办幼儿园2015—2018年发展情况表

年份	幼儿园数量			
	幼儿园总数(所)	公办幼儿园(所)	集体办幼儿园(所)	民办幼儿园(所)
2015	232	156	35	41
2016	278	158	36	84
2017	306	160	38	108
2018	368	164	41	163

(2)提升了民办幼儿教师队伍的整体素质。

通过办公引入的方法,为民办幼儿园派驻公办教师,激发了民办幼儿园教师的积极性和主动性,幼儿教师的专业知识水平和自身素质显著提高,通过对调查问卷资料的分析,2018年淮北市民办幼儿园具有教师资格证的幼师占65%,占比显著提高。

(3)政府监管逐步健全。

政府在制定管理措施的同时,积极履行其监管职责。在政府转变职能的过程中,为民办幼儿园的建设创造有利平台。在实施学前教育3年行动计划的过程中,政府作为监管者,在学前教育资源配置、学前教育安全卫生监督等方面采取了较为有效的措施,发挥了有效的监督管理作用。

(二)淮北市民办学前教育政府扶持存在的问题

近年来,淮北市政府采取了一系列积极措施推进和扶持民办学前教育事业的发展,但是在其扶持民办学前教育发展中仍存在诸多问题,比如相关扶持政策落实不到位、财政投入不足、师资力量薄弱、监管不力等。综合实地调研和访谈分析,现总结如下:

1.相关扶持政策落实不到位

政府在民办幼儿园的发展中没有起到应有的主导地位,导致扶持政策的执行和实施不到位。《民办教育促进法》及其实施条例对专项资金的资助对象、扶持标准以及扶持形式如何实施等都没有进行明确规定,这些没有进行细化的政策措施不具备可操作性,导致政府对民办幼儿园的扶持政策效果有限,政策落不到实处,就无法真正扶持到那些需要扶持的民办幼儿园。

2.财政投入不足

目前,政府对民办学前教育财政扶持的意识不强、财政投入经费总量严重不足、财政投入方式太单一等因素都制约着民办学前教育的发展。目前,政府把学前教育和小学教育的资金捆绑在一起,没有明确的比例划分。因此,地方政府在支持学前教育方面具有很强的随机性。而民办学前教育又是学前教育中最薄弱的环节,其经费长期处于政府财政预算的边缘,使得民办教育经费的挪用和占用经常发生,使得政府对民办学前教育的实际投入非常少,很难充分发挥政府扶持民办幼儿园发展的作用。

3.师资力量薄弱

调查问卷资料数据显示,淮北市民办幼儿园整体的教师年龄平均在 35 岁以下,民办幼儿园教师学历主要有本科、专科及中专或者高中。其中本科学历占比仅6%,专科学历占比达到 34%,而中专或者高中学历的人数占比最多,达到 60%,如图 1 所示。这表明当前民办幼儿园教师学历主要集中在中专或者高中学历,大专以上学历人数过少,本科学历人数更少。

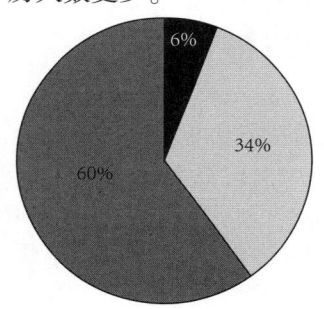

图 1　淮北市民办幼儿园教师学历结构图

另外,民办幼儿园教师工资待遇低,没有养老保险、医疗保险等社会保障,很难得到认可和尊重。据调查问卷结果统计分析,淮北市民办幼儿园教师反映最强烈的问题是工资待遇问题,月工资在 1 500~2 000 元,占比 25%;而 2 000~2 500 元工资占比最多,达到 59%;在 2 500~3 000 元以下只占比 12%;3 000 元以上工资更少,只有 40 人,占比 4%。微薄的收入加上福利保障的缺失,严重影响了民办幼儿园教师对职业的自我认同感,导致教师队伍稳定性差,难以建设结构合理、质量过硬的师资队伍。

4.监管不力

当前淮北市幼儿园教育并没有实行持证办学,这种无证办学的行为将会存在许多的安全隐患。当地政府部门需要对此进行加强监督管理,按照我国法律法规进行依法办学,幼儿园教育的经营需要教育部门及其他执法部门的联合监督,对违反法律规定的,要及时关停。实际上,政府在民办幼儿园的准入、收费、办学条件、师资质量等方面并没有严格履行监督职责,有严重的失职渎职行为,漠视法规、互推责任,导致民办幼儿园安全事件屡屡发生。

(三)淮北市民办学前教育政府扶持存在问题的原因分析

政府在对民办学前教育进行扶持的过程中存在诸多问题,对此我们必须深究其原因,探索出保障政府科学有效扶持民办学前教育健康有序发展的必要条件和有利因素。

1.政府扶持意识不强

中央政府高度重视民办学前教育,指出了学前教育发展的大方向,制定了扶持发展民办学前教育的相关政策。虽然有了政策支持,但对于淮北市地方政府来说,将这些政策付诸实施却很难。因为地方政府受固有体制的影响较深,扶持民办幼儿园的主体意识相对薄弱,再加上缺乏责任感,所以对民办幼儿园发展过程中存在的问题视而不见,抱着听之任之的态度。

2.法制不健全

当前,淮北市并没有健全的法律法规来推进民办学前教育的发展,所以才导致其在发展民办学前教育的过程中出现很多问题。例如:没有对民办幼儿园设立、变更与终止的审批所需提交的材料进行严格规定,导致审批过程缺乏充分的法律依据,难以依法行政;民办幼儿园没有对办学、招生、教学等标准进行细化,导致对民办幼儿园的监管存在很大漏洞。

3.教师保障机制缺乏

机制的缺乏主要体现在以下几点:第一,淮北市民办幼儿园教师没有全覆盖享受到最基本的社会保障。第二,民办幼儿园缺乏对教师发展的长远规划。大部分民办幼儿园对教师的聘用、续聘和解聘都没有规范的流程,和教师签订的合同内容也是极其简略,合同里对待遇、工作时间和保障制度等都没有详细的说明。第三,民办幼儿园人事管理缺位。有些民办幼儿园没有建立教师档案,对教师基本情况没有进行全面细致的了解。

4.监管机制不完善

淮北市政府因对民办学前教育设置的监管机制不健全而导致的监督缺位,主要表现在以下几个方面:第一,监管的实施缺乏法律依据,也就是对于民办幼儿园的监督管理不具有强制性。第二,没有设立有效的监督管理标准,淮北市政府在实施监督管理过程中,对准入标准、收费标准、安全管理标准等方面没有明确规定,由此引发了很多安全事故。

总体而言,对于民办学前教育有关的监督管理体系,淮北市政府并没有明确制定出来,当前只停留在要对民办幼儿园实行监管的责任意识上,并没有进一步开展实际性的有效措施。在这样的情况下,地方政府缺乏独立完善的监督管理机制会严重阻碍民办学前教育的发展。

二、国外和国内其他地区民办学前教育政府扶持的经验借鉴

国外和国内各地方政府纷纷制定了扶持民办学前教育发展的举措,从政策上、教师队伍建设上、财政资助上和监管上等不同方面对民办学前教育进行扶持,以政府作为主导,开展了丰富多样的资助项目,以保证每一个适龄儿童都能公平地接受高水平的早期教育。

(一)国外民办学前教育政府扶持的经验

针对国外方面,本文选择了美国、英国和日本三个国家的私立幼儿园,也就是我们所说的民办幼儿园,对其政府扶持情况进行介绍,并总结出可供借鉴之处。

1.美国:重视经费资助

1965 年,美国政府开始实施"开端计划",就是为了促进儿童的心理健康,为他们提供更优质的教育。美国政府通过购买私立学校用于学前教育的服务,其中顶尖的私立学前教育的优质资源显著优于普通公立学前教育[①]。为了使各个州县能够自助服务好私立学前教育,美国政府在 2007 年的时候就开始对所谓的"开端计划"进行了适当的调整。主要修订的内容就是希望各个州县在促进学前教育发展的过程中应该设立相关的研讨咨询会,这样不但可以体现出政府对于学前教育的重视程度,也能促进学前教育的不断发展。

为了促进私立学前教育的发展,美国联邦政府提出了许多有针对性的建议,为了帮助一些家庭条件较差的学生,政府专门向相关的教育机构进行适当的拨款,这笔资金可以以现金、学习或者生活用品等形式发放给学生,能够适当地减轻家庭负担。

2.澳大利亚:设立质量监管和评估系统

2011 年 8 月,澳大利亚成立了一个独立的具有国家级性质的儿童教育与保养

---

① 王纾然,程豪.美国政府购买学前教育服务政策及对上海学前教育的启示[J].外国中小学教育,2018(6):47-53.

质量保障局①,具有很高的行政级别,专门负责学前教育质量监管系统的运行,尤其是对私立学前教育机构。澳大利亚政府制定了《国家质量标准指南》,以供学前教育机构学习和参考,其中对评估步骤和方法进行了详细具体的介绍。首先,是自我评价,也就是在接受正式评估前,各学前教育机构要先进行自我评价,并针对不足提出"质量提高计划"②。评估完成后,评估机构会为学前教育机构提供有关提高质量的建议书。对于政府资助的早教机构,各州还提供专门针对教育质量提升的培训和指导③。其次,是对私立学前教育机构评定等级,通常采用评级制,也就是对私立幼儿园设立若干等级及其相应要求,对于在某项上评级低于标准的机构予以一票否决。但是在评级之后,还要提供后续的质量提升和引导服务,使监管评估制度不仅具有监控、评价的作用,还具备了激励、促进的功能。澳大利亚的评估系统具有强制性,不参加评级的机构将不准继续运营。

3.日本:立法保障民办学前教育的利益

日本在 1947 年颁布的《教育基本法》和《学校教育法》中,把幼儿园明确规定为是学校教育制度的最初级阶段④,确立了幼儿园在学校教育体系中的重要地位。私立幼儿园的法律体系主要是以《教育基本法》和《学校教育法》为基础,制定了独立的私立学前教育法律法规。这些相关的法律法规有着共同的特点,在资金运行、教师管理、儿童管理等各个方面都进行了明确的规定。不仅如此,这些法律法规还对学校法人的监督、教师队伍的调整、学校的财政收入等多个方面都做出了详细的规定。

(二)国内其他地区民办学前教育政府扶持的经验

国内方面,本文选择了杭州、泉州和天津三个地区的学前教育政府扶持经验进行介绍,并总结了可供淮北市扶持发展民办学前教育的借鉴之处。

1.杭州:制定扶持政策

杭州市出台了《杭州市人民政府关于促进民办教育持续健康发展的实施意见(试行)》(以下简称《实施意见》)。《实施意见》的主要内容旨在加大政策扶持力

---

① 刘昊.美国、澳大利亚学前教育质量监控系统比较及启示[J].首都师范大学学报(社会科学版),2013(6):131-135.

② 刘昊.美国、澳大利亚学前教育质量监控系统比较及启示[J].首都师范大学学报(社会科学版),2013(6):131-135.

③ 员春蕊.澳大利亚联邦政府学前教育质量保障发展研究(1983—2014)[D].长春:东北师范大学,2015.

④ 李芬.日本学前教育对赣州市学前教育的启示[J].大众文艺,2018(21):202.

度,从不断优化扶持民办教育发展的政策设计出发,创设一个促进民办学前教育发展的良好外部环境,扶持政策主要有:一是要依法保障民办幼儿园教师待遇。二是探索建立对民办幼儿园的师资扶持政策。三是要求进一步落实国家的民办幼儿园教育税收优惠政策。民办幼儿园要享受与公办幼儿园同等的税收优惠政策。四是完善公共财政扶持政策。在对民办幼儿园进行年度办学考核(考核包括民办幼儿园招生、教师聘用、师生权益、收费标准、财务管理、校园安全及鼓励符合条件教师参加机关事业单位养老保险等因素)的基础上,探索构建面向民办幼儿园的财政扶持政策,主要采取生均补助和项目补助等方式扶持民办教育发展。

杭州市高度重视扶持政策的设计,不管是师资建设方面,还是财政投入方面,都制定相关的扶持政策,为促进民办学前教育持续健康发展扶持政策提供了思路和改革方向。

2.泉州:重视师资队伍建设

为提升普惠性民办幼儿园师资整体素质,泉州市政府要求市教育局以及市财政局等各个相关的部门单位召开会议,提出一套合理完善的提高民办幼儿园教师素质的具体政策,以推进普惠性民办幼儿园师资发展。

(1)大力促进公办以及民办幼儿园师资进行学术交流:公办幼儿园每年选派1~3名骨干级教师到需要帮扶的民办幼儿园进行学术交流,与此同时,还要对其进行专业的指导,弥补需要帮扶的民办幼儿园的不足;在鼓励措施方面,相关的部门单位可以对那些积极开展帮扶工作的公办幼儿园进行一定的资金支持,还可以根据帮扶的效果对进行帮扶工作的教师给予适当的政策鼓励,激励公办幼儿园及公办幼儿教师积极地参与交流和帮扶指导。

(2)开展民办幼儿教师教育培训:政府定期开展专家讲座、专题研讨、外出参观等多种形式的培训活动,实现园长和教师的全员培训,积极举办民办幼儿教师专业能力提升短期培训,对不同等级、不同规模的民办幼儿园进行分期分批次培训。

(3)提升幼儿教师待遇:为了保障民办幼儿园幼师的工资待遇稳步提升,市政府设立专项资金,将教师培训、工资补贴、教研活动等都纳入专项资金扶持项目,把民办幼儿园必须和教师签订劳动合同、按时足额发放教师工资和按规定全员缴纳社保费作为申报教育专项资金的条件。

3.天津:创新准入制度

为了扶持和规范民办幼儿园发展,天津市对民办学前教育的准入制度进一步完善和细化,探索并实施了民办幼儿园的分类管理制度,与此同时,也设置了分类审批标准,推进民办幼儿园规范有序发展。即对民办教育机构进行分类审批和分类认证,对于符合标准的民办幼儿园,颁发办园许可证;对于不符合标准的民办幼儿园,坚决撤销。天津对民办幼儿园实行分类审批和分类管理,设置相应的审批标准,使得民办学前教育监管更加有效,有助于减少监管漏洞,增强管理力量和效率。

(三)启示

通过梳理国外和国内其他地区政府扶持民办学前教育的经验,我们可以从中得到启发和借鉴,探索适合淮北市政府扶持民办学前教育发展的政策体系和对策建议。

1.明确政府职责

政府是法律法规的制定者,在这个过程中起着重要作用,民办学前教育的扶持政策和制度都由政府来制定和完善。扶持政策的执行者表明根据民办幼儿园的需要,通过用地、税收等方法减轻民办幼儿园的经济负担;通过奖金或其他方式奖励成绩优异的学生和教学能力优秀的教师;可以投入资金和设备到条件困难的学校,向贫困的适龄儿童提供就学补助。规范办学的监管者要规范办园人员在民办幼儿园运营中的行为。

2.加快民办学前教育立法

从典型的国外政府扶持私立学前教育的基本经验来看,立法是各国政府扶持和管理私立学前教育最基础和最主要的手段,也是国家层面需要做到的重要内容。政府要确立和民办学前教育有关的法律法规,颁布和其有关的指导性政策。政府对民办学前教育的立场可以通过立法来明确,同时立法也可以使政府的扶持战略更加细化;政府在依法行政时,离不开立法,这也是重要法律依据,若有行为阻碍民办学前教育的发展,政府就可以行使自己的权利。

3.加大财政投入

从国内外政府扶持幼儿教育发展的经验中,总结出政府应当加大对民办学前教育的财政投入,政府的资助为民办幼儿园提供了一定的财政支持,减轻其运转过程中的经济压力,引导其提供更加优质、高质量的教育服务,同时吸引和激励更多有教育情怀和教育理想的人来投资学前教育,提高社会资金兴办学前教育的主动性和积极性,为民办学前教育的发展注入更多活力,从根本上推进民办幼儿园的规范发展、健康可持续发展,所以政府的财政投入在民办学前教育发展中发挥着积极的助推作用。

4.促进教师队伍建设

政府不仅要高度重视师资队伍的质量,还要确保教师的合法权益得到有效的保障。只有专业水平精湛的高素质教师才能提高民办学前教育的教学质量,为民办幼儿园开拓更加广阔的高质量发展前景,而强化教师待遇和权益保障才能提升教师的获得感、幸福感和荣誉感,进而使教师队伍得以稳定。

5.健全监管制度和质量评估标准

完善的监管制度和质量评估标准是提高民办学前教育监管效率的保障,而只有科学合理有效的民办学前教育监管制度和严格的质量评估标准才能更好地提高民办学前教育的发展质量,为幼儿营造一个良好的成长和发展环境。

确立民办幼儿园机构审批准入和幼师资格准入标准是实施有效的质量监管和保障的第一步,不同层次、类型民办幼儿园之间存在规模、质量差异,要进一步完善民办学前教育监管前的审批准入标准,并具体细化其审定指标,如天津市政府实行的民办幼儿园分类管理和分类准入制度有利于解决"入园难""入园贵"及无证园所的问题,有效地促进了民办幼儿园的发展。

三、淮北市民办学前教育政府扶持的对策建议

切实办好新时代学前教育,更好地实现"幼有所育"的目标,要有效行动实现"幼有所育"的美好愿望,这就要求国家和各地政府对民办幼儿园采取积极鼓励、大力扶持、正确引导、加强管理的措施。

(一)强化政府的主导地位

淮北市政府首先应该明确自身职责,对政府的工作内容进行不断细化,在民办学前教育的过程中应当给予更多的扶持,对于民办幼儿园的地位也应该从法律上进行确认,并保证民办幼儿园和公办幼儿园具有同等地位,将扶持民办幼儿园建设和发展作为工作的重心,在民办幼儿园的建设、税收、日常运转上提供优惠性政策。

1.科学规划布局

政府和各有关部门之间要对各自的职责进行明确的划分和规定,督促各方做好本职工作,努力为民办学前教育的发展注入各方资源。由县级人民政府负责制定和实施本行政区域内学前教育发展规划和年度规划,科学规划、合理布局学前教育资源。政府对民办幼儿园进行合理的规划与布局是制定民办幼儿园政策的起点性工作,是各种政策投入和财政投入的重要依据,也是各种扶持政策最终是否能发挥作用的前提条件。

如果政府财政资金非常有限,应该尽量关注和重视民办幼儿园建设。在对幼儿园布局进行规划的过程中,要结合区域的人口现状,并考虑到未来人口的变化趋势,实现"全覆盖"和"普惠性"。要按照"适度规模、确保质量、就近入园"的原则,为城乡幼儿提供就近便捷、层次丰富、灵活多样的学前教育服务。

目前学前教育存在着诸多问题，典型的就是学前教育资源不足的情况，所以在幼儿园建设过程中要制定一个统一的标准，通过撤、扩、并等方式大力整治全市范围内无证办园、违规经营、办学质量差的民办幼儿园，调整幼儿园布局，扩充教育资源，积极将布局调整后的闲置校舍改建、扩建为幼儿园。针对民办幼儿园资金不足的情况，要加大财政扶持力度，可以采用差额补助、鼓励银行为民办幼儿园提供低息优惠贷款等方式。

2. 推进政策制定

民办学前教育扶持政策的制定，首先要把握和明确民办学前教育未来的发展目标以及政府扶持的目的。根据民办幼儿园是否盈利，可以将其分为营利性幼儿园和非营利性民办幼儿园，在具体的管理过程中应制定可行的分类管理办法；对民办幼儿园教师管理模式进行不断的创新，保障民办学前教师福利待遇；在财政扶持方面，政府要完善学前教育经费投入机制，规范经费的使用，从而确保财政投入得以顺利进行；在监管方面，建立健全各有关部门分工负责的监管机制，加强对民办幼儿园准入、收费、安全防护、卫生条件和教师素质等各个方面的审核和监管。

3. 积极推进教育立法

淮北市政府可以向省人大提出关于加快我省民办学前教育地方立法的建议，促进民办教育发展的地方性法律法规和相关规章制度尽快出台，将民办教育相关法律、政策以及制度的制定和推进提上办事议程，这是政府的重要责任。

（二）加大财政扶持力度

要确保淮北市民办学前教育顺利发展，财政投入是一个非常重要的经济基础，县级以上政府应当把学前教育纳入国民经济发展规划中，建立完善的学前教育经费保障制度，和其他各相关部门通力协作、分工负责，同时结合实际情况，在明确扶持对象、标准和形式的基础上，加大财政投入，才能够保障资金真正发挥扶持作用。政府要在科学核定成本的基础上，提供财政教育经费的投入和支持，合理分担民办幼儿园的运转成本，在很大程度上减轻民办幼儿园的办园压力，也可以让更多的家庭和幼儿得到真正的优惠，同时减轻了家庭负担，提高了政府在学前教育方面的公共服务效率和质量。

1. 确立扶持对象和扶持标准

政府在扶持过程中，第一个方面是要对扶持的对象予以认定，申请政府财政扶持资助的民办幼儿园必须是经过审批机关审批通过，并取得合法办园许可证的，而且满足依法依规办园、面向大众、收费较低、无安全事故发生和无办园风险等条件，才有资格获得政府资助。

其次要确定扶持标准。淮北市还要具体结合本地民办幼儿园实际发展状况，探索建立财政资金与办园质量、收费水平、在园幼儿数等挂钩的具体扶持标准。在确定扶持标准的过程中，通常采用专家打分的方式，同时对民办幼儿园申报材料进行评审，以每个幼儿园获得的分数为依据对幼儿园进行分级，分级结果直接决定着各民办幼儿园所获得的财政扶持形式和具体补助资金额度，同时将获得资金补助的民办幼儿园名单在各区教育局官方网站向社会予以公示，以确保财政扶持民办幼儿园发展的过程和结果是公开透明的。

2.明确财政扶持方式

在明确建立健全公共财政政策支持民办学前教育后，要进一步明确公共财政的资助形式，以促进财政扶持民办学前教育。在接受政府扶持的过程中通常包含下面两种具体的方式：第一种方式是直接扶持，主要采取的方式有设置专项基金；第二种方式是间接扶持，对符合标准的民办幼儿园进行以奖代补，提高民办幼儿园教师待遇，以及其他方面的税收、用地优惠政策来间接扶持民办幼儿园的发展。

（1）资金奖补。通过奖补资金的方式引导和促使民办幼儿园提供优质的学前教育服务；鼓励民办幼儿园通过自主采取措施的方式，努力提高办园质量与水平，进而真正实现公办民办并举的学前教育体制，保障适龄儿童接受基本的、公平的、有质量的学前教育。根据补助对象的不同，可以分为对民办幼儿园的资助和对幼儿的资助两种。政府对民办幼儿园的资助采取直接给予现金奖励的方式。现金奖励的扶持方式可以促使民办幼儿园快速达标争优，缩小和公办园在办园条件和等级评定上的差距。根据幼儿园实际投资金额给予现金奖励，按照每所幼儿园的补助金额占总投入比重不超过20%，且最高不超过30万元的标准予以补助，比如对新建（扩建）民办幼儿园实际投资额50万元至100万元的，一次性给予10万元的奖励；实际投资额100万元以上至200万元的，一次性给予20万元的奖励；实际投资额200万元以上的，一次性给予30万元的奖励。奖励资金由市及县（区）两级按4∶6的比例分担。对达标的民办幼儿园，根据办园等级或年度考核结果给予现金奖励；对经过整改达标的民办幼儿园按园所规模进行奖励。在幼儿园进行扶持的过程中，通过贴补幼儿生均公用教育经费的形式对民办幼儿园进行扶持，可以按照办园等级对园内的所有幼儿给予生均公用经费，也就是等级补助制度。幼儿可以选择不和政府签订协议，只要达标就可以获得补助，也可以采取自愿的方式，选择和政府签订限价协议获得补助。

（2）税收减免。淮北市经济发展相对比较落后，若仅仅依靠当地政府的资金投入无法提供充足的民办学前教育服务来满足大众的需求。因此，还需采用一些非资金投入的方式进行扶持。比如在税收方面给予民办幼儿园一些优惠政策，如税收减免。民办幼儿园提供税收减免的扶持是指国家通过财税系统的免税、减税、退税或税前列支等措施,为民办幼儿园提供扶持的一种形式。建议淮北市政府根据本市实际情况对有些税种进行免征以及对有些税种进行减征,这是常用的两种方式。在对有些税种进行免征的过程中,具体又可以采用多种不同的方式,如税前列支和免除部分税收。税前列支的具体做法是为社会力量出资举办民办幼儿园,其投入园所开办建设的资金可以享受税前列支的优惠。免征某些税种,如营业税、企业所得税、契税、房产税、捐赠人的个人所得税及印花税等。减征部分税种是对某些税种采取减税率或低税率的征收政策,如城镇土地使用税、房产税、耕地税等多种税种。

不管是对民办幼儿园的部分税种免征还是减征,都需要借助政府的税收部门、财政部门及物价部门等的配合,要求这些部门必须深入贯彻落实相关的税收政策,使民办幼儿园真正得到实惠。税收的减免在一定程度上保证了民办幼儿园的公益性性质,减少了民办幼儿园的运营成本,有利于引导民办幼儿园向低收费、普惠性的幼儿园发展。

(三) 加强师资队伍建设

保证民办学前教育质量和教学质量的关键在于师资队伍的建设。教师队伍的素质和水平决定着民办幼儿园的生存和发展,只有不断优化师资队伍质量和力量,提高教师地位和待遇保障,提升幼师专业水平和综合素质,民办幼儿园和民办幼师才能获得更高的社会地位,教师队伍得到稳定,民办幼儿园的教育质量才能够得到保障。

1.提高教师地位和待遇

政府应明确民办幼师的身份地位,保证民办幼师享受到和公办园教师同等公平待遇和平等权利。民办幼师的工资要参照公办园教师工资收入水平,在资金允许的条件下,将基本工资和绩效工资结合起来,合理确定教师的工资收入,建立多劳多得的薪酬制度;在教师队伍建设过程中,也可以将民办幼儿园部分教师编制进来,民办和公办园教师在专业技术职务评定上享有同等待遇,可以在评先评优、职称评定、资格认定、教研教改等方面给予倾斜,解决教师的后顾之忧;政府不仅要督促民办幼儿园依法依规、足额足项为幼儿教师办理和缴纳最基本的社会福利保险,如养老保险、医疗保险和失业保险等,还要定期核查,确保教师真正享受到与公办幼儿教师同等的福利待遇;政府要严格规定民办幼儿园的聘任、续聘和用工制度,对民办幼儿园教师的聘用合同内容做出全面、清晰的规定,包括教师的工作时间、工资待遇、福利、合同期限以及离职或辞退的程序等条款,明确聘任双方的职责和权利,保护聘任双方平等的法律地位,更是从根本上保障教师的合法权益,稳定教师队伍。

2.加强教师培养和培训

要发展民办学前教育,必须加强教师培养、培训,政府应该重视幼儿教师的专业发展和职业规划的制定,创新培养模式,将民办幼儿教师培训纳入当地教师继续教育规划中,使民办幼儿教师在培训进修方面与公办幼儿教师享有同等的待遇,甚至在民办幼儿教师的培训、进修上给予适当倾斜,提高民办幼儿园教师的专业素质和教育教学能力。

首先,要建立健全幼儿教师培训制度,制定课程指导标准,定期开展短期培训,鼓励和引导幼儿园园长、教师等全员参与,为幼师提供职前培训、入职教育、职后培训和专业进修等各个阶段的职业教育培训,不断提升民办幼师的专业素质能力。其次,通过重点发展学前师范教育,从而培养出更多的学前教育老师,解决幼儿师资不足问题;最后,在培训培养工作做好的前提条件下,还要加强幼儿园教师的管理,对于没有教师资格的,要采取一定的措施予以免职,而且幼儿园的园长,也要具备符合要求的国家规定的证书,严格监控师资队伍的质量,为民办幼儿园办园质量的提高提供可靠的保障。

(四) 强化民办学前教育监管

为了提高民办学前教育质量,实现民办学前教育资源的有效供给,使得政府扶持更加科学有效,政府高强度的监督管理必不可少。无论是对民办幼儿园审批准入、资金运行和卫生安全的监管,还是对监管效果的评估方面,都是为了促进民办幼儿园的办学水平得到实质性的提高,所以政府的监管是扶持得以有效落实的关键,而政府扶持的最终目的就是使民办幼儿园的教学质量得以提升。

1.设置严格的审批标准

对于民办幼儿园的监管,必须要设置严格且明确的审批标准,标准应涵盖民办幼儿园的各个方面,如办园宗旨、办园规模、办园经费来源、收费标准、法人和园长的资格条件、教师标准、设施设备、卫生环境等。要明确准入程序,第一,由卫生、公安和消防部门对民办幼儿园的安全、卫生条件进行审核验收;第二,由教育行政部门审批民办幼儿园的办园质量标准,民办幼儿园的举办人应向教育行政主管部门提交真实、详尽的申请资料,如申请人资格、园长资格证明文件、幼儿园名称、地址和章程、经费来源证明文件、教师和保育人员名单和收费标准等一系列文件;第三,民办幼儿园在通过上述三个部门的审核以后,依据其法人属性到不同部门进行登记。在得到政府的批准、注册并领取办园执照后,方可经营。而相关行政部门处理与民办幼儿园的关系时,要严格遵循政事分开的原则,简化审批程序,依法保障民办幼儿园的合法权益。政府应结合淮北市的具体现实状况,制定一些切实可行的措施和政策,从而确保民办幼儿园良好健康地发展,同时履行好政府监督和管理的职责,不定期调查和研究民办幼儿园的情况,掌握民办幼儿园的发展动态,及时帮助其解决好发展过程中所遇到的阻碍和问题。

2.健全民办幼儿园经费监管体制

在民办幼儿园建设过程中,财务监管政策与财政扶持政策要同步建立和实施,从而使民办幼儿园的发展得以顺利进行,正如前文所述,监管是保证经费有效正确使用的关键,所以政府的监管必不可少。首先,在资金分配过程中,政府要通过实际调研,合理地确定经费分配的比例,保证经费在使用过程中恰到好处。其次,在对经费使用监管的过程中要确定相应的实施主体以及实施监管的方法,监管不能只是口头允诺,更要付诸行动。而由于民办幼儿园的数量庞大,财政投入又相对较少,市、县、乡镇各级部门尤其是审计、财政和教育部门要把对民办幼儿园经费使用的监管纳入各自的工作范畴,各个部门协调配合,为了使经费监管更加及时有效,监管主体可以落在各民办幼儿园所在辖区的各街道或者乡镇政府部门头上,由其定期对辖区内的民办幼儿园进行审计和监管,并定期上报到上一级主管部门进行备案;然后,对政府财政投入用于扶持发展民办幼儿园的经费实行年度审计,对挪用、截留专用经费的相关人员依法进行严肃处理,加大对违规问题负责人员的处罚力度,对违规违纪问题和相关人员进行通报,将审查结果、处罚决定和整改意见公布在本辖区园长会议上,而且审计部门要跟踪督办,保证监督审计成效。最后,政府要成立专门的民办学前教育经费监管组织,完善财政经费公示制度,严格按照"透明、公开、公平"的原则,加大财政经费使用的透明度,确保每一分钱都落到实处,保证经费监管的科学性,提高监管效率。

3.加强民办幼儿园质量监管和评估工作

民办学前教育质量监管的关键在于政府积极履行监管责任,各有关部门分工负责,协同配合进行监督管理。监管评估是政府有效扶持民办幼儿园发展、提高民办幼儿园质量的重要保障,政府要联合各有关部门建立健全监督管理组织,充实管理力量。教育行政部门应针对不同规模和不同办学质量的民办幼儿园制定相应的质量监管和评估标准,为分类监管和分类实施评估提供主要依据。除此之外,还要建立民办幼儿园年检制度,进一步规范其发展。

首先,落实政府对幼儿园和培训机构的监管责任,加大监管机构的建设力度,在督导的过程中为确保督导的有效实施,应该成立督导组,从而确保监管工作得到有效落实。此外,还要开展专项督查,确保一些重点扶持政策得以落实;完善和健全质量监管体系,强化对民办幼儿园教育教学质量、保教和教师质量、安全防护以及卫生环境等方面的动态监管,充分利用互联网等智能化、信息化手段,对不同区、不同等级的民办幼儿园,分别进行教学质量、教师专业能力与素养、办学条件、办园行为的评价和监督。其次,在督导的过程中要采取合理有效的方式进行,有效的考核制度以及责任机制都必须建立健全起来,幼儿园的发展情况、收费标准、幼儿园教师的薪资都要纳入考核的范围,以考核结果作为财政资金投入的重要标准和依据。提高民办幼儿园的办学条件、幼儿园教师薪资水平,以及促进幼儿园质量的提升是进行民办幼儿园监督和评估考核的最终目的。最后,加强质量评估检测,建立一支实践性强、专业化程度高的质量评估队伍,制定科学有效的质量评估标准和严谨的评估步骤,质量评估的范围要把整个市区以及城镇的各类民办幼儿园全部包括在内,评估工作开始之前,要提前告知民办幼儿园负责人,并要求其在有限的时间内向监管部门提交一份本园质量提升计划书,监管部门在评估过程中发表评论,并形成书面式的反馈书,民办幼儿园收到反馈书后要尽快做出整改反馈信息,再次提交,监管部门做最后评估,并将评估的结果告知民办幼儿园负责人,同时公之于众,整个监管评估过程不仅遵循了公正、公平、公开透明的原则,提高了评估结果的可信度,还保证了质量评估过程和结果的客观性、真实性和有效性。最后,利用评估报告和评估结果,对民办幼儿园进行资质认定,为政府决策提供更加准确科学的依据。这样的质量监管评估体系既有利于增强公众对质量评估结果的信任,又加强政府对学前教育质量的监督管理力度,保障民办学前教育的高质量发展。

交通运输部"喊话"网约车柔性管理研究

李昱瑶

(学号：1120171944)

网约车管理一直是社会关注的焦点，但以柔性管理思路分析网约车管理并不多见。本文将交通运输部"喊话"网约车作为柔性管理手段进行分析，为将柔性管理引入网约车管理的实践提供理论和现实依据。

一、交通运输部"喊话"网约车柔性管理现状分析

交通运输部"喊话"网约车是交通运输部对网约车平台管理过程中的一项举措，是互联网高速发展的时代背景下应运而生的管理手段。其为网约车行业管理带来了很多积极成效，同时也存在一些不足。

(一)交通运输部"喊话"网约车的原因

在互联网经济高速发展的时代背景下，多种原因使得交通运输部采用"喊话"方式对网约车行业进行管理。下面将从网约车行业存在问题、刚性管理效果不佳、"互联网+"新业态监管的时效性要求、网络传播的扁平化特点四方面进行分析。

1.网约车行业存在问题

作为运营出租车的一种，同时是"互联网+"新业态之一，网约车行业在发展过

程中面临很多问题,如补贴大战破坏市场秩序、非法运营问题,垄断、乘客安全问题,运输体验问题等。

网约车补贴大战对网约车市场秩序带来直接影响。自2012年电召乘用车出现以来,补贴大战成了网约车行业新产品抢占市场份额和现存网约车平台公司巩固市场地位的惯用手段。

这一轮补贴大战随即引发了网约车市场的一系列问题:一是尽管网约车平台对车辆和车主的准入条件做出显示,但是随着网约车平台补贴力度加大,大量新增车辆急于进入网约车市场,借用、冒用他人车辆和身份信息进行注册,使得注册信息和实际信息不符,增加了网约车平台管理难度,造成了安全隐患。二是刷单骗补风险增加。网约车平台补贴力度加大使得车主和乘客利用规则漏洞,获取更多补贴。甚至一笔交易只为获得补贴而没有真正的乘车需求,造成了社会资源的浪费。三是破坏市场秩序。网约车作为出租车的一种,是公共出行的补充。网约车价格应符合产品定位。价格过低会导致其他公共交通的乘客流向网约车市场,增加网约车市场需求量的同时,也会造成各类交通方式间的比例失衡。

网约车非法运营问题一直存在。《网约车经营服务管理暂行办法》(以下简称《暂行办法》)颁布后,各地《网络预约出租汽车经营服务管理实施细则》(以下简称《实施细则》)陆续发布,其中不乏对网约车的车辆和车主的资质的要求。由各平台自行负责审查网约车资质。但人车不符、网约车营运车辆或司机不合规等问题时有发生,对乘客而言是巨大的安全隐患。

乘客安全问题和运营体验问题涉及网约车平台的管理体制和管理效果。乘客安全问题对乘客利益的影响最为重大,一旦发生安全事故,就会造成无法挽回的人身伤亡等损失。

2.刚性管理效果不佳

在实际工作中,针对乘客投诉的网约车平台服务问题,政府部门不直接受理,乘客只能先向网约车平台投诉。如果乘客不满意网约车平台对于相关投诉的处理结果,才可以按照投诉的结果向政府部门反映。而政府部门一般会把投诉视作企业服务问题传达给当地市场监督管理局处理,并不会知会各级交通运输部门。网约车行业涉及的各监管部门存在不协调的情况。

网约车行业发展的同时,网约车监管也在逐步摸索,目前形成了"政府管平台,平台管专车"的模式。2016年11月1日,《暂行办法》正式施行,网约车的合法地位正式确立。《暂行办法》中对市场秩序等网约车行业广泛存在的问题做出了明确规定,总则中规定了网约车运价实行市场调节价,城市人民政府认为有必要实行政府指导价的除外。

虽然网约车合法性已经明确,但其市场监管依然存在很多难题。第一,网约车平台存在扰乱市场秩序的行为,每当有新产品进入市场,平台公司习惯以大额补贴提高市场份额。这既造成网约车平台公司之间的恶意竞争,也对传统出租车市场带来负面影响。第二,在网约车《暂行办法》出台以后,网约车不合规经营现象依然存在。《暂行办法》规定了车辆和司机的准入许可,实际经营过程中虽在平台用户注册时有相关验证环节,但漏洞百出,司机和车辆不能合法合规经营的问题时有发生。第三,网约车平台安全理念不够深刻,平台设计、产品功能、服务流程的不足导致安全隐患。

3."互联网+"新业态监管的时效性要求

"互联网+"新业态经济的发展带来人们消费习惯的不断改变。从"线下"消费到"线上"支付提高了消费的便利性,缩短了消费时间。与此同时,伴随互联网信息的快速传播,依托互联网技术的新业态的产品推广也非常迅速,如在网约车补贴战过程中,网约车平台通过手机应用程序页面、短信通知、广告弹窗等多种方式推送补贴政策。只需一天时间,智能手机用户就会知晓补贴信息,价格战的影响在短时间内就已经显现。在这种情况下,传统的行政规制手段因其严格的规章制度和复杂的行政程序很难快速反应。

4.网络传播的扁平化特点

互联网作为信息传播平台,缩短了信息传播的距离,互联网发布的内容省去了信息传递的中间环节,直接面向广大用户。在交通运输部"喊话"过程中,在官方网站和微信公众平台上发布的评论文章可迅速被各大互联网媒体转载,无须经过传统媒体稿件送审、排版印刷等复杂环节。而广大互联网用户既可以从互联网媒体上获取相关资讯,也可以直接从交通运输部官方网站和微信公众号中直接阅读文章全部内容。这在一定程度上减少了信息多次加工造成的失真。由此可见,互联网缩短了信息传播的距离,提高了信息传播的时效性和准确性。

(二) 交通运输部"喊话"网约车所采取的举措与成效

交通运输部对于网约车的监管属于行业监管。针对行业内出现的问题,交通运输部通过9篇评论文章"喊话"网约车:一是面向网约车平台,涉及了网约车合法合规经营、承担社会责任等方面内容;二是面向地方交通运输部门,对网约车监管尺度的进一步明晰。而这些面对两个主体不同层面的说服、建议和引导,相应地都取得了一些成效。

1.交通运输部"喊话"网约车形式与内容

在传统行政手段效果不佳的情况下,交通运输部进行了一次创新,采用"喊话"的柔性管理方式对网约车平台进行引导。针对网约车市场存在的不同问题,向地方交通运输部门、网约车平台发表意见。2018 年 4 月 9 日至 2018 年 5 月 11 日，交通运输部在官方网站、微信公众号等平台陆续发表了 9 篇评论文章，针对网约车现存问题发表看法。这 9 篇文章，一是强调了网约车平台应做到坚持公平竞争的市场经济原则、诚信经营的经营理念。二是提醒地方有关部门做好对市场环境的有效管理和监督，执法部门依法监管，有关部门继续坚持约谈制度，做到市场作用与政府作用的有机统一、刚性监管与市场调控相结合。

2.交通运输部"喊话"网约车取得的成效

对于网约车产品而言，同行业竞品之间的差异化小。作为网约车产品吸引用户、提高市场份额的重要手段，高额补贴多次出现在网约车市场中。而当网约车平台以高额补贴作为竞争手段时，其他网约车平台为保护市场份额，也会提高补贴来应对。以往的网约车补贴大战，只要有足够的资金支持，就很难停止。例如在 2014 年 1 月，"滴滴打车"接入微信支付，随后为抢占市场份额采取了"使用微信支付，乘客立减 10 元，司机立奖 10 元"的高额补贴政策。"快的打车"为了抢占市场份额，在 10 天后也出台了类似补贴政策，吸引更多网约车用户。"滴滴打车"只得再次提高补贴额度，"快的打车"也相应提高。竞争愈演愈烈，2014 年 5 月 17 日，双方取消高额补贴，但依然开展了"红包""积分"等抵车费的促销活动。直到 2014 年 8 月，两家打车平台才取消现金补贴。第一次补贴大战历时 7 个月。

而在 2018 年 3 月末，因"美团打车""高德顺风车"上线，再次掀起了多家网约车平台补贴大战。2018 年 4 月 19 日和 23 日，交通运输部分别发布了《网约车发展要"脱虚向实"》《"烧钱大战"不可持续》两篇文章，分析了"烧钱"补贴这一短视行为的潜在危害和不可持续性，建议企业以平等有序的市场秩序为出发点，把更多精力投入提高人民群众出行服务体验中。而这次补贴大战仅持续了一个月，就在交通运输部评论文章发布不久后大幅度降温。与之前相比，持续时间明显缩短。

在 5 月 10 日交通运输部的评论文章《不要把约谈当"耳旁风"》中，指出了部分网约车平台公司在被各地交通运输部门约谈时态度诚恳、承诺到位，但在随后的实际经营中却将约谈置若罔闻，对依法经营存在漠视和侥幸心理。与此同时，这篇评论文章也强调了约谈在管理部门指导网约车平台企业规范经营、改善服务、守住底线方面的重要性。管理部门要继续坚持约谈制度，并由一地单独约谈向多个城市联合约谈转变。这篇文章发布之后，各地交通运输部门开启了新一轮约谈。虽然多地联合约谈尚未实现，但很多省市，如广东、浙江、江西等，进行了多部门联合约谈。

在"乐清案"发生后，针对交通运输部"喊话"和巨大的舆论压力，滴滴公司进行了一系列整改。仅道歉声明就分别在 8 月 25 日和 8 月 28 日发了两次，8 月 26 日还公布了自查进展。但是，声明仅针对本案中滴滴客服未及时处理投诉表示歉意,并未涉及对顺风车产品及网约车平台深层次安全管理问题的深层次剖析。

在交通运输新业态联合安全大检查开始之后,滴滴出行的改进措施更加细致频繁,于2018年9月4日启动了安全大整治。滴滴一方面认识到问题严重性,另一方面担心惩罚措施过于严厉,交通运输部明确了对滴滴出行的监管是为促进网约车行业健康发展的大方向,为滴滴出行的改革提供动力。

交通运输部通过"喊话"网约车,明确了在网约车经营过程中,"烧钱大战"等经营策略的不可持续,向社会公众传达了众多网约车平台当前经营理念与人民群众利益的不一致性,同时也是上升到理论层面为网约车平台提供指导,并利用互联网平台广泛传播,直接面向最广大受众,扩大了影响。此举对疏导社会舆论、增强网约车监管工作的社会认可度起到了重要作用。

(三) 交通运输部"喊话"网约车存在的问题

交通运输部"喊话"网约车有积极成效的同时,依然存在很多不足。部分管理目的没有实现,同时暴露出网约车平台管理中存在的问题。

1.难以脱离其他管理手段独立存在

交通运输部发表了9篇关于网约车管理的文章之后,网约车补贴大战较之以往结束加快了,但与此同时,并不是只采用了这一种管理手段。《暂行办法》早已实施,而且从3月末开始,已经有地方政府部门陆续约谈网约车平台公司。无论补贴大战能够熄火,还是安全管理整改,都是几种管理方式共同作用的结果。

而网约车安全事故重灾区和整改重点,依然存在违法违规行为。《网络预约出租汽车监管信息交互平台运行管理办法》规定网约车平台公司应加强对数据信息的规范化管理,所传输的网约车运营服务相关数据,应直接接入网约车监管信息交互平台①。网约车平台公司数据传输至部级平台后,由部级平台将数据实时转发至相关省级平台及城市监管平台。此外,网约车监管信息交互平台所接收的运营信息数据,在线保存期限不少于6个月。根据交通运输部7月份的统计数据,滴滴公司共在60个城市取得经营许可,只传输了44个城市的运营数据,其中实时传输的经营数据和定位数据占比分别为59%和21%,数据传输不完整、不及时以及数据质量差等问题十分突出。

2.对网约车服务质量提升的推动作用较小

交通运输部在2018年4月至5月间的"喊话"网约车的文章中已经多次提到网约车平台提高服务质量的重要性。然而,2018年5月以后,网约车平台补贴大战虽然熄火,服务依然没有跟上。在网约车消费的过程中依然存在多个问题,比如爽

---

① 交通运输部.网络预约出租汽车监管信息交互平台运行管理办法[Z].2018-02-28.

约车频现、个人信息泄露、大数据杀熟、私自加价、交通事故赔偿困难、乘客给差评遭司机报复、乘客投诉回应不及时及问题不解决等。此外,中国消费者协会此前发布的《网约车服务体验式调查报告》也指出,部分网约车司机安全驾驶意识不强,存在诸多不安全行为。比如20.1%的体验员反映驾驶员行车过程中拨打电话,16.5%的体验员反映驾驶员在行车过程中不断玩手机;部分网约车平台设置不公平的订单取消条款,消费者取消订单需额外扣费;平台开具服务发票需要累积到一定额度,且部分平台不接受消费者自取发票,并收取消费者发票快递费用等①。

3.激发网约车平台的内在潜力不彻底

柔性管理的目的在于激发被管理者的内在潜力。交通运输部"喊话"的目的是引导网约车平台形成社会责任意识,主动关心市场秩序和交通安全,主动迎合人民利益,开发展更健康的发展模式和更科学的平台管理体制,但这一目的并未实现。在交通运输部"喊话"网约车之后,网约车平台公司并没有做出创造性更强的经营方式改革,整改措施依旧以应付政府部门为主。例如,网约车平台公司依然没有主动将乘客安全放在重要位置,网约车软件的功能设计和平台公司的投诉受理等多个环节依然是经济利益至上,没有充分重视乘客的人身安全。滴滴平台一键报警功能操作烦琐,实用性差。投诉功能必须手机归属地一致的投诉号码或加拨区号,否则无法接通,在交通运输部强调网约车平台公司要承担社会责任之后的几个月,网约车平台软件安全隐患仍频现,网约车平台安全事故再次发生。

(四) 交通运输部"喊话"网约车存在问题的原因分析

交通运输部"喊话"网约车问题的产生原因是多方面的,既有柔性管理本身缺乏强制力带来的影响,也有交通运输部在运用柔性管理手段过程中不能充分调动网约车平台积极性、缺乏网约车平台公众参与和激励措施等原因。

1.柔性管理手段缺乏强制力

交通运管部"喊话"网约车作为针对网约车行业的柔性管理手段,符合柔性管理特点,不具有强制性。"喊话"效果依赖于网约车平台改进自身问题的主动性。"喊话"目的在于正确引导舆论,阐明利害关系,从而激发网约车平台的内在驱动力。然而网约车平台公司作为营利性机构,将营利目的摆在重要位置,其发展改进并不愿以牺牲自身利益为前提。柔性管理中,在不具有强制力的管理方式面前,如何让被管理者产生内在驱动力也是问题关键,只有网约车平台产生内在认同感时,柔性管理手段才会发挥作用,达到管理目的。这样才能通过柔性管理手段激发出网约车平台公司的主动性和创造性,使其向积极方向发展。

---

① 中国消费者协会.网约车服务体验式调查报告［R］.2016-10-28.

2.没有充分调动网约车平台主动性

《暂行办法》及各地《实施细则》对网约车运营车辆及司机已经做出明确规定，如各地对车辆使用年限、自重、轴距等方面做出规定;对网约车司机的户籍、文化程度、有无犯罪记录等做出限制。网约车平台运营车辆和司机的审核许可由平台完成。网约车平台具体的审核方法和严谨程度影响了网约车车辆及司机的水平。在《暂行办法》及各地《实施细则》颁布后,网约车的套牌、驾驶人个人身份和其账号注册信息不一致等问题一直存在,而各大网约车平台却缺乏相应的监控手段。各级主管部门并不会直接对网约车的车辆和司机准入进行直接把关,只有针对已经运营车辆和人员的不定期抽查。这使得网约车平台服务车辆和人员良莠不齐,服务质量达不到预期。

3."喊话"过程缺乏公众参与

政府权力来自人民,并应服务于人民。在服务型政府建设过程中,更需要人民的广泛参与,才能维护好公共利益。在网约车平台管理过程中,需要网约车平台、消费者及社会各界的广泛知情和参与。而《暂行办法》颁布后,针对网约车平台的后续管理,缺少吸纳社会各界意见建议的环节。虽有征求社会意见、座谈会等相关活动,但效果不明显。"喊话"网约车之后,没有具体的措施客观评价"喊话"效果和公众反馈,不能及时收集社会各界的想法,从而使得交通运输部及各级交通运输部门、网约车平台、其他社会公众之间存在信息不对称的现象。这造成的直接后果是交通运输部对网约车平台现存问题的把握不准确。交通运输部认为的网约车主观问题,可能是网约车平台很难解决的固有局限。

二、网约车管理、国内外经验借鉴

虽然在国内外网约车平台管理中,柔性管理还缺少具有代表性的应用,但在国内外企业和公共部门,对柔性管理实践都有了一定的积累。多种多样的管理模式丰富了柔性管理在具体实践中的应用,具有一定的借鉴意义。

(一) 国内外企业柔性管理

企业柔性管理实践起步较早、内容较丰富,已经积累了丰富的实践成果。企业管理的经验为公共管理领域提供借鉴意义。企业柔性管理已经由最早的柔性生产扩展到了贯穿企业各个管理环节的柔性化。企业的生产管理、人力资源管理、销售管理、财务管理、行政管理等多方面都有柔性管理的相关实践。虽然公共管理与企业管理的管理主客体均不同,但企业管理的管理方法和管理理念为公共管理提供了借鉴意义。国外的企业柔性管理以日本企业为典型,其他国家也对柔性管理有所运用,提供了宝贵的实践经验。在中国企业中大连三洋的柔性管理也较为完善。这对公共管理领域的柔性管理有着借鉴意义。

1.本田公司:人人平等与宽松自由的管理理念

本田公司将宽松自由作为发挥柔性管理作用的方式。本田公司为员工构建了充分自由、相对宽松的人际环境,对人才采用"柔性"管理的方式,给员工充分自由,提高员工的工作热情。公司不提供明确的"职位说明书",也不硬性规定工作内容。以免职位说明书的存在对员工的工作造成过多限制,尤其是限制员工工作创造性的发挥。在没有职位说明书的环境里,员工充分发挥自身的创造性,激发自身潜能,提升工作动力,从而取得更好的工作成就。而部门经理的领导职责在于提供管理方向,设定好必要的组织结构,并鼓励员工把事情做好。也就是说,部门经理负责鼓励员工进行高效工作,可以从旁提供必要的协助,但不能直接干涉员工工作。

本田公司通过人事管理制度创新来提高柔性管理的实践动力。本田公司将所有新入职员工的所有档案材料一并勾销。这既包括从学校毕业直接进入公司工作的新员工,也包括从其他企业退职进入公司的成熟从业者。希望员工不必背负出身和背景带来的负担,消除顾虑,避免攀比,平等看待出身。这可以使员工在公司内更好地发挥自身才能,为公司创造效益。本田公司实施了"混血主义"的人事制度,即担任领导职务人员的亲属一律不得进入公司工作,以此来避免裙带关系,保持公司旺盛的创造力。本田公司既强调团队精神,也欢迎个性鲜明的人才。他们认为个性鲜明的人才往往最具有创造力。公司还规定,到50岁的高层管理人员要退出管理位置,为年轻人让位,以此为年轻职员创造更多发展机会,保证公司的壮大。本田公司的"柔性"管理策略为公司创造效益,同时也增加了员工对公司文化的认同感,这些举措带来了远低于其他汽车工业公司的员工流动率,仅为2%。

2.大连三洋:将柔性管理贯穿到企业各个职能部门

大连三洋制冷有限公司(以下简称"三洋制冷")成立于1992年,是国际一流的溴化锂吸收式中央空调专业制造企业。三洋制冷在企业经营管理过程中进行了柔性管理的实践并取得了很大进展。

通过实现组织结构的柔性化进行柔性管理实践。三洋制冷的柔性管理以"自我改善"为核心,这一新兴的管理理念难以和传统僵化的组织结构相适应。所以,三洋制冷改变了死板、陈旧的传统组织结构,灵活搭建职能部门,使其组织结构可以根据市场需要做适当调整。

三洋制冷实现了员工管理的柔性化。三洋制冷柔性化的员工管理强调企业规范的管理制度和员工灵活的应变能力相结合,并以高素质的人才队伍做支撑。三洋制冷柔性化的员工管理手段依靠员工的自我改善,要求员工积极思考,充分运用集体智慧。

由此可见,三洋制冷将各个管理职能注入柔性管理手段,使之成为一个完整的柔性管理系统。在这个系统中,企业的宏观价值导向提供指导作用,企业的组织系统、员工管理、现场管理、营销管理在其指导下实现柔性化。从表面上看,企业的管理模式处处充满柔性特点,实际上,比起企业制度约束和纪律监督来,企业的价值观更富有"刚"性。价值系统的构建为企业发展提供了支撑平台。在此基础上,为实现高水平的经营目标,企业的各个系统可以尽情发挥,以柔克刚。三洋制冷在实行柔性管理时并没有抛开刚性的企业制度,实现了在企业价值观下的自我约束、自我改善。

(二) 国内外政府柔性管理

政府柔性管理实践有待丰富,但依然有值得借鉴的典型案例。国外政府的柔性管理实践起步较早,国内在建设服务型政府的目标提出后,才逐渐有柔性管理在公共管理领域的尝试,但企业、政府的管理方式改革和管理模式创新有很多柔性管理特征。

1.日本:依靠行政指导的第二次世界大战后经济产业柔性管理

第二次世界大战后的日本的经济状况得到迅速恢复,并取得了举世瞩目的成就。这在一定程度上得益于日本当时的行政指导制度。行政指导制度是柔性管理在公共管理领域的具体应用。日本行政指导的产生是由于其第二次世界大战后的特殊国情。由于日本是战败国,美国在日本驻军。美国占领军"指导"日本的经济发展和社会建设。美国占领军进驻日本各国家部门,通过指示、警告、备忘录等非强制性方式指导日本政府,以此推行经济政治改革。此时的日本作为战败国,地位低下,这种"指导"收到了很好的效果。

引导日本经济成功的主要原因之一是日本的战后产业政策。日本政府,尤其是通产省等产业行政机关与产业界展开了密切的合作关系。第二次世界大战后的日本之所以能成为经济大国,原因是多种多样的。通常认为,这与美国在第二次世界大战后对日本的长期经济扶持密不可分。另外,在美国政府的启迪下,日本政府深入持久地将行政指导作为政府进行国民经济建设的重要手段,而行政指导的确在日本的战后经济恢复中取得了巨大作用。近年来,行政指导在世界各国都有涉及。

2.上海:社会工作柔性管理实践

1997年,上海市浦东新区引进了国内首批专业社工。当地居民反映,当时某辖区内存在环境卫生问题,有拾荒者在垃圾桶拾荒时翻捡随意,造成垃圾桶周围地面的脏污。为解决这一辖区卫生问题,辖区区委会按照传统的工作方式对拾荒者进行了常规教育和劝阻,同时物业公司要求小区保安加强小区内的巡逻检查。但拾荒者在居委会干部和小区保安巡查的间隔期间会重新出现。在经过一段时间的认真管理后,辖区内的卫生问题没有得到改善。如果靠禁止拾荒者进入辖区来解决问题,则会产生巨大的看管成本。如果靠增加清洁人员打扫次数来避免辖区的此类问题,会增加环卫工人的人力成本。一名刚参加工作的社工接手了这项工作,在经过深入了解之后,他发现拾荒者群体相对固定。随后,这名社工邀请拾荒者、物业公司以及居民代表召开座谈会,通过从中调解、多方协商,拾荒者、物业公司、居民代表终于达成了一致意见,拾荒者可以定时进入,但必须遵守卫生、安全拾荒的要求,监督工作由物业负责,并由物业为这些拾荒者配备门禁卡,无卡拾荒者会被禁止进入小区。

这件事说明了社工在社会管理和公共服务中发挥着"柔性化管理"优势的独特作用。通过社工的柔性化的有效工作,拾荒者受到了尊重和重视,居民满足了安全和卫生需要,物业公司明确了工作职责。社工从平等和尊重出发,没有采取刚性手段进行管理,而是重在关注被管理者的实际需求,协调各方面的利益,从而成功解决问题,且没有增加社会成本,充分体现了"柔性管理"的优势。

(三)国外政府网约车行业监管经验

网约车行业在世界范围内发展迅速,发达国家经过多年探索已经积累了丰富的管理经验,发展中国家也在积极寻找适合自己的管理模式。各国的网约车行业管理效果不一,风格迥异,但很多国家的实践可以为我们提供借鉴。尤其是有一些国家的网约车行业管理中也融入了柔性管理的理念。

1.英国:严格立法并充分利用社会资源

近年来,英美等国家的网约车行业发展迅速。其中,伦敦市的网约车监管政策被称为"伦敦监管模式",为我国网约车监管提供了借鉴意义。

在法律手段方面,伦敦市以《约租车法案》为依据对网约车进行监管。《约租车法案》对平台公司、车辆和司机都设置了相应的准入门槛。

在网约车平台运营方面,伦敦规定企业和自然人都可以进行网约车平台运营,取得"约租车经营者执照"后,在线接收和分配网约车预订请求。

在网约车司机和车辆层面,在确认车辆及其司机符合准入条件后,将颁发网络预约驾驶执照,准予进行网约车运营。

在网约车营运方面,首先规定了营运车辆的性质、体量、牌照。在伦敦,投入营运网约车必须以盈利为目的提供私人出行服务。

在对网约车行业的日常管理工作中,伦敦市交通局注重节约管理成本,提高管理效率。伦敦交通局要求网约车平台购买公共责任险,用于平台公司应对公共突发事件;要求营运车辆在营运前购买有偿租车保险,该保险承保范围包括司机、乘客、车辆的安全。伦敦交通局选择将网约车平台公司作为监管重点,派专人负责不定期对平台公司进行人员和车辆的合规检查,检查内容包括保险品种是否齐全、司机和车辆信息是否匹配、乘客遗落财物等事件的处理情况等。

2. 美国:加强数据合作并提高监管针对性

据统计,过去4年,美国至少有100多名Uber司机被指控性侵乘客[①]。美国政府和网约车平台采取多种措施加强安全管理。监管部门将监管重点放在了网约车平台是否履行了运营安全主体责任上。例如马萨诸塞州规范网约车平台的法案规定,网约车平台获得许可才能从事经营。网约车应在车辆前后挡玻璃上张贴网约车平台的统一识别,以便乘客更直观地识别出网约车。另外,监管部门要求网约车平台每年要进行不少于2次的背景调查,如发现问题,应立即将司机从平台上移除。监管部门则每季度审查一家网约车公司的背景调查程序和资质审查流程。如果发现网约车平台存在违规行为,将暂停或撤销其经营许可。此外,监管部门应加强与网约车平台的数据合作。监管部门与网约车平台进行数据对接,双方借助互联网技术加强网约车安全管理。

(四) 经验借鉴

国内外柔性管理实践和网约车行业管理为网约车平台的柔性管理提供了宝贵经验。既有加入柔性管理手段改进自身管理方法的经验,也有柔性管理与其他管理理念相结合的实践经验,为网约车行业监管过程中的柔性管理实践提供借鉴意义。

1. 柔性管理手段制度化

日本本田公司强调充分调动员工积极性,给予员工适度宽松的工作环境,为了实现这一目的,日本本田公司同时对办公条件、着装、称谓、规避裙带关系、档案销毁等方面做出硬性规定,并让硬性规定成为宽松灵活的工作环境的保障,为调动员工积极性和创造性提供保证。大连三洋从企业建厂制定的规章制度开始,便充分考虑到柔性管理的理念,以确保企业运行过程中的组织形态、员工管理、作业管理乃至市场营销方面的灵活性,打造适应程度高、灵活的社会组织,使得企业在无须强制力的要求的前提下实现创造性,提升对外部环境的敏锐度。无论是日本本田

---

① 刘涛. 美国加强网约车运营安全管理的做法和启示[N]. 中国经济时报,2018-09-06(005).

公司还是大连三洋制冷,在制度建立时,充分考虑柔性理念,在企业实施柔性管理的过程中,也依然坚持了必要的制度约束,使得制度约束和柔性手段相结合,二者相辅相成,共同实现管理目的。

2.柔性管理过程加强沟通协作

柔性管理的思维是一种非线性的思维方式,有共时性的特征,注重同一时期不同事物之间的联系。柔性管理强调"人性化",要把社会公众当成"感性人",倡导人与人之间的团结协作、充分沟通。将柔性管理扩展到社会治理领域,就要求政府与被管理对象、广大社会公众之间进行充分沟通、协调一致。

3.网约车行业监管灵活利用社会资源

英美两国的网约车行业监管没有停留在监管部门的单一管控,而是利用其他社会资源,并和网约车平台合作管理。英国伦敦对网约车平台的管理借助了第三方服务,强制网约车购买保险,以此来保障车辆、司机和乘客的权益。美国则引入了大数据技术,将监管平台和网约车平台的信息进行整合联动,一方面方便网约车行业监管,另一方面为城市交通行业管理提供帮助。柔性管理意在增强管理的灵活性和适用性。从这个角度来看,英美两国的网约车监管也是柔性的。与经济发展和科技进步水平相适应,与网约车监管需要相适应,充分考虑到网约车平台和社会公众的需求,提升管理效果。

三、改进"喊话"柔性管理的对策

交通运输部"喊话"网约车已经取得了显著效果,但其在网约车管理方面发挥的作用还有提升空间。其作为一种柔性管理手段,要充分发挥柔性管理手段的自身优势,并结合其他刚性管理手段,将取得的正面效果最大化。

(一)与"刚性"政府管理手段相结合

政府对网约车的柔性管理也同样需要与刚性管理手段相结合。只运用柔性管理手段,缺乏强制力和外在约束力,并不足以达到管理目标。柔性管理介入的同时,也需要将刚性管理的方法和尺度进行调整,加以配合。政府对网约车的规制要以人为本,符合国情。既要进行顶层制度设计,健全立法,完善监管制度,也要结合网约车行业实际,"因地制宜"地引导网约车平台健康发展。

1.刚性管理手段及时跟进

传统的刚性管理虽然意味着更高的管理成本、更繁复的受理程序、更严格的监管标准,但是也有着柔性管理不具备的优点。比如说,在网约车监管过程中,《暂行办法》中明确地规定了网约车平台存在违法行为时的处罚标准。网约车平台面对的法律约束具有强制力,但我国网约车行业发展时间还不长,相关法律法规尚不成熟,但对网约车平台的主观能动性也不能盲目依赖。通过柔性管理手段解决的问题,也需要其他刚性管理手段的及时跟进、配合才能达到持续性的管理效果。比如,对网约车监管而言,对网约车进行检查、对平台公司进行监督时要对评议网约车时提到的问题做充分考虑,甚至作为监管重点。

2.柔性管理手段规范化

规范化的柔性管理,可以明确柔性管理的适用情景、标准。增加管理过程的科学性、严谨性。在规范化设计过程中,应该做到以下几点:一是考虑法律法规的约束,这既包括法律法规对有关部门相关权利和管理职责的约束,也包括法律法规对相关行业即被管理对象的约束,应在法律框架内进行柔性管理形式和内容的规范化设计;二是保证柔性管理的灵活性和非强制性特点,既要在框架内进行"评议",又要确保"评议"时机和内容可以根据实际需要灵活处理。

(二) 加强与社会各界的协调配合

在实行柔性管理的过程中,多个利益方之间的协调必不可少。良好的协调机制可以提高管理效率,减少管理成本,以达到更好的管理效果。在管理部门与管理部门之间、管理部门与网约车平台之间、管理部门与社会公众之间,都需要足够的协调配合,才能实现网约车行业的协调发展。

1.加强与其他政府部门的协调配合

在我国,涉及网约车监管的部门很多,交通运输部下属运输服务司负责网约车的行业监管,而中国消费者协会从消费者利益角度关注网约车服务质量,市场监督管理局关注网约车市场秩序。三者都负责网约车监管,但各自角色并不相同。但网约车行业出现的问题往往涉及多个部门。比如运营安全问题,既涉及交通运输部职责范围内的网约车行业发展,又涉及消费者协会关注的乘客切身利益,甚至涉及治安、刑事案件,需要司法机关履行职责。交通运输部发表文章评议网约车,消费者协会曾召开座谈会与网约车平台展开交流,各地方市场监督管理局、物价局等通过约谈等方式和网约车平台交流沟通。

2.加强与网约车平台的协调配合

政府部门应做到既要将一部分监管权力下放到网约车平台,又要让网约车平台有足够的配合度支持网约车管理工作。在该模式下,一是政府可以通过法律文件明确网约车监管标准,由网约车平台具体负责监管工作,由政府负责对网约车平台的不定期抽查,检查网约车平台的服务质量和合规情况。二是加强与网约车平台间的信息共享。利用大数据实现政府部门和网约车平台的信息共享,在法律法规和客观条件允许、保护好个人隐私的前提下,将各自的信息数据做交换,将政府部门掌握的犯罪分子信息共享给网约车平台,同时将网约车平台的客流量数据、车主信息、投诉信息等及时共享给有关部门。双方可将信息数据进行专业分析。在突发事件发生时,可以第一时间依靠更全面的信息进行专业判断。这既可以提升管理效果,也可以增加网约车平台的配合度。

(三)加强公众参与

充分发挥"喊话"的效果,不仅需要"喊话"这一手段本身的不断优化,还需要提高其传播效果。加强公众参与,可以促进"喊话"内容的传播,也有利于获取舆论反馈。加强公众参与,要从扩大宣传、沟通渠道入手,还要注重公众的信息反馈。

1.利用新媒体信息传递优势

要充分利用新媒体平台的传播优势。一方面,政府部门可通过官方网站等形式进行信息传递和信息搜集,发布信息由政府把控,确保了信息传递权威性。另一方面,注重手机反馈平台的建设。政府在自己的网页制作中,将接受公共服务的公众、公共服务提供者、其他社会主体进行区分,提供不同的手机终端,每一个群体都可以直接进入特定的手机终端进行信息反馈。

2.提升信息公开效果

提升信息公开效果,首先要从现有信息公开渠道入手。在现有的交通运输部信息公开渠道中,交通运输部官方网站作为政府网站,常用作发布政务信息和交通要闻,专业性较强,难以让社会公众产生主动关注、主动浏览的积极性。《交通报》作为交通行业媒体,同样是行业内相关人员等主动关注。因此,应改变官方微信公众号等公共媒体平台发布内容专业性较强、便民性较弱的特点,利用好媒体平台,增加对普通社会公众的吸引力,从而提高社会公众的关注程度。

3.建立扁平化公众参与渠道

公共部门的柔性管理则要求政府在管理过程中坚持扁平化的原则,尽量将政府与公众之间的沟通壁垒打破,并建立政府与民众之间的双向联系,以此来增强管理的灵活性和时效性。随着时代发展,互联网成为实现扁平化公众参与的重要渠道。政府可以通过网络平台实现信息公开,公众也可以通过网络平台及时获取自己所关注的信息。在互联网平台积极进行信息公开可以提高公众的参与意愿,提升公众的参与能力。以此来了解社会公众的真实意愿,提高政策制定的科学性和民主性。

4.丰富社会公众信息反馈方式

交通运输部"喊话"对象主要是网约车平台,网约车平台是社会公共服务的提供者,其服务质量与社会公众息息相关。加强公众信息反馈,就要鼓励来自公众的监督反馈。在网约车行业监管中,尤其需要来自消费者的反馈。接受服务的公众对服务的质量等问题进行反馈,提出意见或建议。政府部门及时听取反馈信息,分析反馈结果。服务提供者在提供服务过程中,发现自身问题或发现服务受益者存在任何问题都应及时反馈给政府,以便于政府及时做出政策调整。

（四）以激励和诱导为驱动促进网约车行业发展

运用柔性管理手段时,鼓励方法应改为"以内激励为主"。刚性管理模式以外在的激励为主,主要依靠外部工作条件进行。柔性管理模式则是以内在的激励为主。尊重网约车平台的需求,依靠网约车平台的自身特点,肯定网约车平台成功实践,激发网约车平台改善经营现状的潜能。

1.鼓励网约车平台的成功实践

滴滴出行应用程序安卓版本更新公告,涉及的滴滴出行功能改进包括安全、隐私等方面,可以看出滴滴出行取得的进步。滴滴出行应用程序的功能改进,一定程度上增加了网约车的安全性和隐私保护力度,提升了对乘客的利益保障,为网约车平台发展提供助力。网约车平台管理中,应对这些成效予以充分肯定,明确网约车平台成功实践的积极意义,为网约车平台的持续优化提供动力。

2.给予网约车平台适度自由

在立法方面,通过法律手段对网约车行业做出限制;在监管策略选择方面,对不同地区、不同网约车产品分门别类地进行监管;在市场监管方面,预防和打击网约车行业垄断。针对网约车行业监管,通常采用的监管模式是实行政企合作监管,建立复合的监管主体。而在具体的各种监管手段中,表现为加强对网约车主和车辆的资格审查,严格限制准入条件也是网约车监管中的常见方式,但是通过分析各地《实施细则》的相关规定可以发现,很多地区对网约车的审查力度过于严苛,这样使得网约车市场进入存在困难,反而会导致网约车行业规范和自发的网约车市场规律难以发挥作用。

3.加强与网约车平台的信息沟通

网约车作为一个共享经济形式,不但可以将现有私家车的闲置资源有效利用,也有利于解决现阶段我国普遍存在的城市公众交通紧张问题,但是,不难发现,市场调节和网约车行业的摸索,不足以确保网约车行业的健康发展。目前来看,这一新兴的市场力量也存在一些问题,依靠自身调节很难解决,需要主管部门、社会各界的及时沟通协调。只有政府部门加强与网约车平台的沟通,才能及时、准确获取网约车平台的需求。面对网约车平台公司存在的问题,交通运输部应及时与平台公司沟通,了解平台公司的困难,及时调整管理方案。做到一方面要监督网约车平台,另一方面要了解平台难处,以便提供帮助,促进网约车行业的发展。

河南省政府推动人才集聚研究

任远

（学号：1120171946）

河南省地处中原，虽长期以来是人口大省，但人才输出量大，人才总量不足，难以满足产业结构优化升级的需求。

在新形势下，国家实施中原经济区发展战略，力图推动中原崛起。面对前所未有的机遇，河南省需把自身打造成人才集聚地，为实现国家发展战略、推动河南发展提供强劲的人才保障。

一、河南省政府推动人才集聚的现状分析

近年来，河南省政府为推动自身经济发展进入快车道，对全省今后几年人才工作的总体目标进行了较为细致的规划，包括人才的需求量及需求类型，重点聚焦高层次人才，出台了相应的人才政策，以期发挥"用一贤而群贤毕至"的效应，为河南省的发展引进强劲智囊团。

（一）河南省政府推动人才集聚的举措和成效

河南省政府依托国家重大人才工程，着力打造中原特色人才品牌，以中长期及短期规划为依据，出台向人才倾斜的政策，取得了显著成效，集聚了一批人才。

1.人才总体规划

自国家实施建设中原经济区、推动中原崛起战略以来,河南省加快实施"人才兴豫"战略,出台了一系列人才优惠政策,创新人才工作机制。《河南省中长期人才发展规划纲要(2010—2020)》对全省的人才工作做了较为细致的规划,到 2020 年,河南省人才总量目标达到 1 160 万人,占人力资源总量的 14%,人才贡献率达到 35%。到 2020 年,全省建成 50 个国家级重点学科、实验室、工程技术研究中心,20 个省级海外高层次人才创新创业基地,2 万个企业研发团队,省级重点支持 400 个掌握产业关键技术的创新团队。实施"创新龙头企业培养工程",力争在"十三五"期间培养 50 家创新龙头企业。

2.出台人才集聚的相关政策

早在 2009 年,河南省就放眼海外,出台了《河南省委办公厅、省政府办公厅关于引进海外高层次人才意见》(豫办〔2009〕18 号),即"中原百人计划",建立海外高层次人才信息库,计划用 5~10 年时间重点引进 120 名在海外获得博士学位的领军人才,建立 10 个海外高层次人才创新创业基地。设立专项办公室和专门服务窗口,为海外高层次人才提供"一站式"服务。开辟绿色通道,为海外人才及其家属提供准入、出入境便利,除了给予每人 120 万元的奖金外,政府还以资金、项目等方式支持海外人才创新创业,并予以减免税收优惠。

2017 年,河南省出台了《中共河南省委河南省人民政府关于深化人才发展体制机制改革加快人才强省建设的实施意见》(豫发〔2017〕13 号),规划到 2020 年,全省高层次人才总量突破 45 万,具体人才队伍规划如表 1 所示。

表 1 河南省高层次人才规划 (到 2020 年)

两院院士	国家百千万人才工程	国务院特殊津贴专家	中原学者	省优秀专家	省政府特殊津贴专家	省杰出专业技术人才	省学术技术带头人	博士后研究员
25	120	2 800	60	1 800	600	100	2 200	4 500

同年,发布了《关于实施河南省高层次人才特殊支持"中原千人计划"的通知》(豫组通〔2017〕44 号),计划用 5~10 年的时间重点支持 2 000 人,打造中原系列人才品牌。"中原千人计划"遴选对象分为 3 个层次,对经认定的人才颁发证书,并给予配套的特殊支持,如表 2 所示。

表 2　河南省"中原千人计划"分类及配套政策

中原学者(100 名)		中原领军人才(1 300 名)	中原青年拔尖人才(600 名)
自然科学、工程技术领域		科技创新、创业、企业家、文化名家、教学名师、名医、技能大师	自然科学和工程技术类、哲学社会科学和文化艺术类,具有博士学位
经费支持	≥200 万元	≤100 万元	≤50 万元
政策倾斜	设科学家实验室,"一事一议,按需支持"	科研项目优先立项、期权、股权、企业年金激励措施,可组建创新团队	支持自主选题研究,相应自主支配权

出台《河南省高层次人才认定和支持办法》(豫人才〔2017〕5 号),聚焦"三区一群"[郑州航空港经济综合实验区、中国(河南)自由贸易试验区、郑洛新国家自主创新示范区和中原城市群]等国家战略规划,突出"高精尖缺"导向,实施高层次人才重大工程,集聚国内外高层次人才,对高层次人才有了较为细致的界定和明确的奖励补贴。同时,设立中原院士基金作为专项科研经费,鼓励用人单位积极探索别出心裁的高层次人才激励方式,如股权、期权等,为高层次人才配偶就业、子女就学等方面提供便利。

此外,河南省政府鼓励和支持省内各地区结合当地实际情况,大胆探索聚才引智的优惠政策,为河南省集聚人才。各地区纷纷响应号召,"智汇郑州""河洛英才"等地方聚才引智项目初出茅庐。

3.人才集聚初具规模

在政府的政策推进和号召下,河南省的人才环境得到一定程度的优化,集聚了一批高层次人才,有效地充实了河南省人才队伍,全省人才总量、结构和层次都有了明显改善,离规划目标也越来越近,区域核心竞争力与自主创新能力有了大幅提升。

自 2015 年以来,引进各类外籍专家 2 万余人次,其中:诺贝尔奖获得者、外国科学院、工程院院士等国际顶尖人才 40 余人次,3 位荣获中国政府友谊奖,1 位入选中国工程院外籍院士,199 位入选国家高端外国专家项目和首席外国专家项目,429 位入选国家重点引智项目。2016 年,高新技术产业化指数为 65.95%,较上年度提高 4.80 个百分点,高于全国水平,人才的科研攻关能力和水平有了显著提升,加速了科技创新及科研成果转化,全省经济发展迈上新征程。

4.高层次人才载体逐步增多

政府不断完善对人才载体的建设,力图提升全省对人才的吸引力与承载力。截至 2017 年年底,全省共设立博士后流动站 64 个、工作站 190 个、博士后创新实践基地 290 个,组建博士后科研创新团队 50 个,累计招收博士后 3 517 人。

不断提升对海外人才的承载能力。2017 年新建国家级海外智力成果推广基地 1 个,省级 12 个,执行出境培训项目 51 项。全年建成 12 家留学人才创业园,引进顶尖外国专家 15 人、高端外国专家 84 人,留学归国 3 752 人,其中,硕士研究生以上学历占 59.3%。

自中原经济区战略实施以来,人才的聚类效应、知识溢出效应以及二者联动产生的经济辐射效应十分明显。

(二) 河南省政府推动人才集聚存在的主要问题

河南省的人才工作起步较晚,加上创新能力根基薄弱、缺乏吸引人才的高端平台等问题,政策涵盖面不广、突破性不大,导致对人才的"拉力"十分有限,人才集聚面临困境。

1.高层次人才集聚速度慢

河南省集聚的高层次人才数量较少、速度较慢,在全国排名比较靠后,与发达地区差距更加悬殊,即使与邻近省份相比,情况也不容乐观。以 2017 年两院院士数量为例,河南省在与周边 6 个邻近省份的对比中排名第 5,如表 3 所示。

表 3 2017 年河南省两院院士人数与邻近省份比较

湖北	陕西	山东	安徽	河南	河北	山西
47	45	25	24	14	7	6

2.忽略集聚河南籍高校毕业生

河南省是高考大省,河南籍高校毕业生是河南省最宝贵的人力资本构成,但政府却鲜少关注他们的动态与需求、整合相关信息和资源,较少引导他们回乡建设河南,且缺乏明朗的优惠政策,致使其回豫就业率不高,很大比重的毕业生流失到其他地区。以 2017 年为例,省外河南籍高校毕业生 13.7 万人,而回省就业的仅 2.3 万人,占省外就读高校毕业生的比重不到五分之一。

3.人才集聚工作涵盖面较狭隘

通过分析河南省的人才工作发现,政府主要侧重于集聚在专业领域已有建树、能够引领某一领域发展方向的"高精尖缺"人才,希望借助此类具有权威性的人才来实现全省人才水平的提高,这本无可厚非,但人才工作仅仅着力于原本就稀有的高层次人才势必收效甚微,且高层次人才也需通过各类人才的通力配合才能发挥最大的效应,实现自身价值,同时也能有效地历练各类人才,实现人才水平的全方位提升。现有政策对人才的覆盖面较窄,各层次人才间存在严重断层,忽视对各种层次人才的储备,对全省实现深远持久的发展是严重的短视,也不利于进一步集聚高层次人才、铸就人才。

4.对人才服务体系的建设较欠缺

人才服务体系的缺失导致人才不能快速精准地了解市场需求和信息,用人单位也无法获取全面的人才数据库,供需双方的信息不对称,人才难以集聚。

河南省政府在推动人才聚集上孤军作战,较少调动市场的力量和资源,导致人才服务机构缺乏规范性引导,缺乏服务意识和市场意识。

此外,公共部门服务人才的机制建设缺失,公益性组织的作用没有得到有效发挥。

5.人才后续培养不足

人才培养是推动区域人才集聚的重要途径,在信息技术瞬息万变的当下,人才通过形式多样的研修及产学研交流,能及时掌握最前沿的信息和科研动态,激发创造性思维,发挥自身效用,更好地实现自身价值,从而增加对所在区域归属感,人才培养水平直接制约着区域发展方向及发展水平。

(三) 存在问题的原因分析

河南省政府推动人才集聚的成效不足,是对人力资本的投资不完善、自身建设不足等综合作用所致。

1.建设规划及保障机制不健全

长期以来,河南省政府缺乏集聚人才的前瞻性眼光和整体战略部署,经济发展过分依赖物质资源和较低的劳动力成本,忽视了最为关键的人才资源,用于人才引进的资金、政策投入不足,没有突出的项目支持,加上薪资水平与福利政策等均无法与发达地区相抗衡,难以构成吸引人才的绝对优势。

全省没有形成尊重知识、人才至上的社会氛围,无法满足高层次人才的尊重需要,更难以为高层次人才带来归属感和融入感,致使高层次人才数量少、密度低。全省经济发展后劲不足,忽视对文化理念和形象的展示,高层次人才不愿来、留不住。

政府人才工作部门与用人单位之间的信息交流渠道没有打开,人才信息共享度不高,政企的通力合作没有得到较好实现,全省民营企业尚未形成比较成熟的人才工作机制。缺乏对全省人才数量及结构的动态统计及规划机制,对人才情况的更新较慢,不利于准确实时地掌握人才信息和及时对政策进行相应调整。

2.引才聚才的载体和平台不多

重点学科、实验室无论在数量还是质量上均有待提升,教育科研领域的人才载体不足;科研机构、国家级和省级以上产业园区、研发中心、孵化器等高端载体也相对偏少,不利于科研成果的转化。

近年来,在国家战略的实施推进下,河南省政府积极响应号召,不断加大对人才载体的建设力度,但大部分载体仍处于初级水平,缺乏对能起到引领作用的核心载体的建设。省内龙头企业引领与辐射作用没有得以极致发挥。高端学术交流平台不足,致使高层次人才难以及时掌握国际前沿的信息和技术成果,不利于创造性思维的激发与对行业的引领。

3.对人力资本的投入不够

教育及科研经费作为衡量人力资本投入的重要指标,是教育事业发展和科研水平提高不可或缺的物质保障。长期以来,河南省对人才发展平台的投入不足,用于高层次人才的专项基金更是供不应求,缺乏人才建设基金。

河南省教育及科研经费投入远远低于广东、上海、江苏等沿海发达地区,2017年全国研究与实验发展(R&D)经费为 17 606.1 亿元,研究与实验发展(R&D)经费投入强度(R&D 经费支出与国内生产总值生产总值比重)为 2.13%;而河南省研究与实验发展(R&D)经费为 5 820 538 万元,投入强度仅为 1.31%,教育及科研经费投入常年低于全国平均水平。

4.省内经济发展水平有待提升

河南省地处中原腹地,近年来,经济发展虽然迅速,但与沿海发达地区仍存在一定差距。区域通过发展经济,可以吸纳各种生产要素,加速产业结构的优化升级,明显提升人才吸引力水平。本文以经济增长率、人均生产总值、人均收入水平等作为衡量区域经济发展水平的指标。2017 年河南省生产总值仍然保持在全国第五名,但由于人口基数大,人均生产总值、年平均工资水平均远远低于全国平均水平,与发达地区的差距更为显著。

河南省产业结构总体布局不合理,发展不均衡,第一产业所占比重较高,且存在产业链短、附加值低、发展粗放等问题;第二产业仍过分依赖能源资源,且以低端供给为主,高端供给严重不足;第三产业比重偏低,发展水平仍在低位徘徊,与发达地区差距显著。

二、国外与国内其他地区政府推动人才集聚的经验借鉴

随着全球科技变革和创新型社会发展的不断深入,人才的作用日益显现,纵观国内外,经济较发达地区政府推动人才集聚的工作早已展开,虽然具体实施方略各不相同,但最终都殊途同归,并取得了先行优势。国内外政府的很多政策和措施都

值得河南省大力借鉴。

（一）国外政府推动人才集聚的经验

国外政府是人才集聚的弄潮儿，通过不断调整和变革政策导向、强化教育资源优势、改善创新创业环境、完善移民政策、加强知识产权保护等措施，吸引了大批国际人才，率先抢占了人才之战的先机，并享受着人才集聚结出的累累硕果，国外政府的很多做法都值得河南省借鉴。

1. 美国硅谷：提供高科技平台

被誉为国际人才高地的硅谷，享受着人才为其发展带来的红利，但在人才的集聚上，政府给予硅谷的不是资金扶持，而是尊重其自然发展轨迹，全力做好后勤保障，不遗余力地打造人才发展环境，鼓励支持创新创业并提供高水平、专业化的服务，为人才扫除一切可预见的阻碍创新创业的障碍。

对硅谷而言，政府是服务型的政府，为其创造了完善的法制体系、人才激励机制及风险投资机制，加速市场的有效运转及人才的集聚。同时，素来享有硅谷"金手铐"美誉的期权奖励制度，通过对科研人员的研发成果进行物质化，激发了企业核心成员的热情，形成了争先创新的环境氛围。

美国重视对教育的投资和人才的培养，逐年加大对大学的扶持力度；鼓励企业参与科研投入，要求所有用人单位为员工设立专项培训基金，对不达标企业强制征收国家技能开发基金。正是由于美国政府对教育、培训和研发的重视，使得美国拥有的研发人员数量及其研发投资占国内生产总值的比重均居世界之首，取得的各项高科技成果总量占世界的三分之一。

2. 澳大利亚：完备便捷的人才移民政策

澳大利亚有着较为完善的移民政策，具体涵盖了技术移民、投资移民（商业移民）、雇佣者提名移民、杰出人才移民四项，以学历水平、年龄、语言能力、工作经验、技能等各项指标为依据逐项进行打分，以最终各项的分数加总为分类依据。澳大利亚出台了《澳大利亚移民条例》，明文规定社会公民和执法机构在人才集聚和管理方面的一切工作都必须严格遵守法律。

此外，澳大利亚拥有国际一流的居住环境和享誉全球的一流大学；完备的法律制度，全社会重视规则和信誉的良好氛围；开放包容，鼓励创新；尊重知识，尊重人才，通过网络和各种方式向全世界宣传人才政策、办理流程等，增加了对各国人才的吸引力，使得澳大利亚的人才集聚模式发挥了优势。

3. 日本筑波科学城：政府高度支持

筑波科学城一经建成，大量科研人员就在政府的倡导下从东京迁移至筑波，并相应地得到优惠政策。由于日本政府为筑波科学城提供了保姆式的一条龙服务，科学城环境优美，适宜居住，并且配备了完善的基础设施建设和相应的法律规范，如《筑波研究学园都市建设法》。为给筑波的发展注入创新活力，为人才提供载体和平台，政府还把东京教育大学(后更名为筑波大学)迁到筑波，力图推动国内顶尖教育和研究机构向筑波地区集聚，为科学城提供知识源。政府通过税收优惠、奖金补助及长期低息贷款的优惠政策，进一步完善对技术研发和创新创业的支持力度。

筑波科学城是典型的政府主导的人才集聚，在筹建初期，日本政府对筑波科学城就有了整体规划，从政策、资金、人员配备、科研平台的搭建、基础设施建设等方面给予大力支持，带动了筑波的发展，实现了人才集聚。

4.德国"精英大学"：高校与人才协同发展机制

精英计划由研究生院、卓越集群和未来构想三条线路构成，基于项目对申请评选的大学进行资助，每所大学可以申请一条或者多条线路中的一个或多个项目，而只有一所大学在三条线路中同时得到了资助，才能被称为"精英大学"。

"精英大学"的核心内容是科研和国际化人才的培养，旨在加强德国的大学与国际一流大学的科研、项目合作，集聚了大量的尖端科研人才，为人才提供最前沿的科研成果平台，推动科研成果的升级。作为德国极负盛名的理工大学，德累斯顿工业大学建立了科研联盟，与国际著名大学保持校际合作和跨领域研究，每年申请专利数目超过140个，其在科研方面的强劲优势也为当地集聚了众多知名企业，形成高新技术产业集群，德累斯顿也因此被誉为"德国的硅谷"。

(二)国内其他地区政府推动人才集聚的经验

自改革开放以来，我国一些地区政府较早地开始了对人才集聚的摸索，并结合区域实际，不断创新和完善相关政策、法律法规，人才集聚工作已初见成效。

1.上海国际人才高峰建设

自改革开放以来，上海以求贤若渴的姿态，聚天下英才，在人才的集聚上不断探索，打造出国际人才高地。不断加大科技人才开发投入，在全国率先推出"启明星计划"，10年间累计投入资金3 877万元，培养造就了一大批高层次科技人才。自2015年以来，上海先后推出人才"20条""30条"到打造"人才梦之队"，鼓励人才创新创业。通过"百千万海外人才凝聚工程"，集聚科研团队和高技能人才，组建与国际化产业相匹配的人才队伍，建立上海自贸试验区海外人才离岸创新创业基地，探索可复制、可推广的离岸创业托管模式。发挥上海自贸试验区、张江国家自主创新示范区的联动优势，推进人才政策先行先试。截至2017年，在沪工作外国人数量21.5万，以全国23.7%的比例拔得头筹。设立"浦江计划"，集聚海外留学人才及团队。

2018 年，上海正式发布了《加快实施人才高峰工程行动方案》，采用国际通行的人才遴选和工作机制，推行"量身定制、一人一策""高峰人才全权负责制"，打破行政级别、事业编制、工资总额等传统壁垒，并给予高峰人才科研装备优先使用权，为高峰人才的高质量研发提供制度、设备及政策支持。

通过市场的力量，实现了对人才信息的跟踪服务，分层次、分领域建立人才信息库，实现人才资源共享。公共服务与市场机制有机结合，双管齐下，增强了人才集聚的综合优势。

2. 深圳虚拟大学园

深圳虚拟大学园实行"一园多校、市校共建"的创新型模式，集聚国内外高端院校落户园区，规模不断扩大。目前，成员院校由清华大学、北京大学、香港大学等在内的 60 所知名院校构成，徜徉在虚拟大学园，就像是在国际名校间穿越。

高校的教育、科研成果等优势资源，为高端技术人才提供高水平的培训和技术指导，使人才潜能不断被开发，充分释放能量。虚拟大学园形成了从学士到硕士、博士的全方位培养模式，探索出了具有深圳特色的从短期专项到为企业量身定做的订单式人才培养体系，截至 2018 年年底，累计培训 32.6 万余人，其中：博士 1 968 名，硕士 46 198 名，本科生 66 086 名，订单培训 110 653 名。

21 世纪初，虚拟大学园先后建立了孵化器和国家大学科技园，把深圳的政策、资金及市场等优势资源与高端院校的科研成果完美融合，加速科研成果的产业化进程。国家大学科技园占地 28.4 万平方米，建筑面积达 48 万平方米，建成了清华大学、北京大学、哈尔滨工业大学等共计 15 个产业化基地，随之而来的是大批国家级重点实验室的引进及平台建设，设立了包括 74 个市级以上重点实验室等在内的创新载体及研发机构 227 个，孵化科技企业 1 265 个，成为"国家高新技术创业服务中心""博士后科研工作站""高校学生科技创业实习基地"。

此外，深圳推行较为灵活的人才流动机制，鼓励区域内外事业单位的科研人才在履行本职工作的前提下，带自己及团队的成果通过与企业合作或在岗创业、离岗创业等形式进行科研成果产业化并获取收益。

3. 江苏：完善人才发展环境

江苏推出人才新政，改革"高层次创新创业人才计划"和"333 高层次人才培养工程"，纳入市场和地方评价机制，细化各类人才、项目的遴选与承接平台，明确各部门职责。

值得关注的是，江苏省政府对培养或引进人才、重大项目的单位也给予丰厚的奖励，充分调动用人单位对人才培养的积极性，对不同类别的人才采用分类评价的形式，推动人才评价的去行政化，提高市场话语权；倡导以才引才，动态调整人才举荐专家库,形成人才参与推动人才发展的良性机制;鼓励科研人员离岗创业,加速科研成果转化;创建人才管理改革试验区,探索更具吸引力的人才管理理念及机制。

加强人才载体建设,截至 2018 年,江苏省有国家级和省级重点实验室 171 个,国家级企业研发机构 145 个,科技服务平台 277 个,工程技术研究中心 3 404 个,企业院士工作站 326 个,国家认定的技术中心 117 个。

江苏省政府推动人才集聚的成效斐然,不断提升对各类人才的吸引力,截至 2018 年,全省人才总量突破 1 232.8 万人,其中,两院院士 98 人,位居全国前列。

(三)启示

通过对比国内外的先进做法及经验,我们不难发现,虽然存在着社会制度、发展水平、文化背景等方面的差异,但是国内外在集聚人才的策略上有异曲同工之妙,值得河南省潜心学习,但在借鉴其他地区经验做法时,政府也需充分认识到自身发展的不足之处,另辟蹊径,创造有河南特色的人才集聚模式,切不可好高骛远,使人才集聚工作无功而返。

1.政府资金扶持力度大

国内外人才集聚工作取得突出成效的地区大都得到政府财政的大力支持。政府注重在生活上对人才加以侧重,对于不同层次人才设有对应的落户补贴标准,主要涵盖人才的安家费用、社会保障等方面。此外,对人才的配偶与子女也有妥善安置。设立人才专项发展基金,通过不断完善高等院校和科研机构的基础设施建设,及时更新、升级科研设备,为人才提供良好的科研、创新创业环境。同时,政府注重通过给予补贴奖励或税收优惠等形式调动企事业单位培养、引进人才的积极性。优厚的人才政策和待遇是人才自身价值实现的必要条件,河南省政府需不断完善并规范人才政策,加大对高校、科研院所的资金、政策扶持力度。

2.吸引海外人才

留学人才是我国人才资源的重要组成部分,因其高素质、高层次的特点,对地区的经济发展能产生至关重要的作用。在经济全球化的背景下,越来越多的河南学生选择到国外就学。针对留学人才出台有吸引力的政策,在避免人才流失的同时,能集聚大批海外人才,大大提高区域人力资本存量。海外人才凭借其世界一流的教育背景和与国外的信息交流网络,往往掌握着最为前沿的知识和科研水平,加上观念的差异,能为区域发展注入新鲜血液,有效提升区域国际化水平,对区域科技攻关能力、管理水平的提升,创新能力的突破,经济结构的调整等都能产生举足轻重的影响,为区域发展提供源源不断的智力支持。

3.优化人才环境

国内外人才集聚的成功经验都重视对人才环境的优化,政府服务意识较强,意在为人才的成长和发展提供最大可能。除了较为完备的基础设施为人才的衣、食、住、行提供舒适、便利外,还注重满足人才的精神文化需求,联合高校、科研院所建设重大创新载体,为人才提供平台,以更深层次挖掘人才的潜能,从而达到人尽其才的效果,有效打破人才的"候鸟效应",使人才能够长期居于当地,成为区域发展的引擎,充分发挥人才聚集的规模效应。

4.以产业集聚推动人才集聚

在我国,产业集群主要集中在以长江三角洲、珠江三角洲和环渤海地区为代表的东部沿海发达地区。产业集群具有较高的资源配置效率和强大的竞争优势,是促进区域经济发展的有效途径,有利于最大限度地整合资源,有效节约运输和生产成本,产业间的合作可以使信息的获取途径更为广泛、全面、畅通,为高新技术产品的研发和升级减少阻力。同时,产业的集聚促使管理水平的升级,会对已集聚的人才的能力提出更符合时代发展的要求,敦促人才不断学习,以全面提升自身能力,从而推动产业集聚。产业的集聚与人才的集聚可以形成良性循环,协同推动区域的发展。加强产业集群的环境建设,营造有利于产业集群形成、发展与壮大的氛围,既能保持产业集群的活力与竞争力,又能不断推动人才集聚。

三、河南省政府推动人才集聚的对策

由于市场发展尚不完备,加上高校资源的不足,河南省的人才集聚需要依靠政府的主导力量,加大投资力度,打造高端平台,不断优化环境。

（一）完善政府对人力资本的投资

若想实现长期有效的可持续发展,必须坚持将人力资本投资放在中长期规划中,为人才搭建一条持续的、可预见的进步渠道,用人才综合素质的提高带动区域综合竞争力的提升,反过来成为人才工作软环境改善的催化剂,形成正反馈。

1.提高教育投资的效率

政府可联合市场、高校,发挥各自的职能优势,通过大数据分析,整合劳动力市场对人才的需求类型,结合河南省中长期发展规划对人才的要求,并以此为导向适当调整高校专业、课程设置及相应的招生规模、师资力量、配套设施,确保高校的教学与培养模式能与社会需求相匹配,与产业结构的调整升级协调发展。

高校可引导教师到企业进行短期实践,增强实践能力的同时,深化理论知识,对教学质量的提高大有裨益;也可鼓励引进名企员工或企业家等有实践经验的社会人士到高校与师生进行实践交流。

政府需构建劳动者终身职业培训体系,提升企业的人力资本投资意识,引导企业根据自身发展战略增加对员工(包括农民工)的培训投资,使企业与人才能与时俱进,不断顺应瞬息万变的市场需求。提高人才的人力资本投资意识,使人才的知识、技能、健康水平等不断提升,更好地为经济社会发展贡献力量。

2.推动省内高校发展

政府需高度重视区域内高校发展水平的提升,以高校的发展推动人才集聚。一方面,高等院校是人才集聚的依托,高校既是人才的主要供给者,又是人才的重要集聚平台,对人才的集聚有着无可替代的作用。另一方面,发展水平高的院校势必会对高考成绩优秀的学生产生巨大的引力,而作为未来经济社会发展的主力,高校毕业生有着不可估量的潜力。

在国家对高校做出"双一流"(建设世界一流大学和一流学科)建设新部署的背景下,河南省政府可创新制度和措施,充分利用区域特色及优势资源,通过吸引国内外知名大学到河南省建立分校或研究机构、合作建设重点学科等形式,实现师资力量和科研成果的共享,带动省内高校的发展和层次的提升,为河南省提供较高水平的人才培养夯实基础,吸引优秀的学生来河南学习。同时,政府需关注来豫求学的毕业生,针对他们的需求出台有吸引力的政策,增强他们的集聚意愿,鼓励他们留豫工作。同时,高端院校的科研成果处于产业链的前端,搭建创新产业孵化器,能加速创新成果产业化进程,产生经济效益,加速人才集聚。

3.规范人力流动机制

一方面,政府应协同高校、用人单位引导人才树立正确的价值观和择业观,在全省营造讲诚信、重视规则的氛围,强化人才的法律意识、责任意识和契约意识,加强人才诚信体系建设,避免人才待价而沽,扰乱人才流动秩序。另一方面,政府应积极引导用人单位树立正确的人才观,坚信庸人是放错位置的能人,不吝惜组织员工定期培训、自我学习,缩短知识更新周期。

人才的合理流动是推动生产要素优化配置的重要形式,是人才为在激烈的市场竞争中脱颖而出促使自身不断增值的动力,加速末位淘汰,对社会转型发展大有裨益。流水不腐,户枢不蠹,人才的合理流动可以不断为人才队伍注入活力;同时,促进信息的沟通与交流,增进人才对市场的了解与筛选,提升人才与岗位的匹配度,是人才充分发挥自身价值的重要保证,大大提高区域的创新活力。

政府可以成立专门机构,根据人才流动的动因、人才的价值、造成的影响、流动的区域等对人才流动情况加以评估,并以此为依据,对出台的政策进行合理调整。只有建立良性有序的人才流动机制,才能贯彻落实十九大的要求和河南省高层次人才引进导向,培养造就一大批具有国际水平的科技人才和创新团队,为实现科技强国梦、人才强省战略贡献正能量,把河南省建设成为各类人才竞相奔赴的圆梦之地。

(二)打造人才集聚载体和平台

政府应打造多元化人才集聚载体和平台,依托国内外高校与科研院所的力量,通过多种渠道建立与人才的交流与联系,完善人才市场体系,优化人才发展环境,吸引人才在河南省集聚。

1.深化与著名科研院所、高校合作

高校和科研院所是科研成果产生的源泉,通过与国内外知名高校、科研院所的合作,利用好其人才、科研成果及设施等优势资源,建立高水平科技孵化器,集聚大规模高层次创新人才和科技人才的同时,推动科研成果的转化,孕育新兴产业,推动河南省产业结构优化升级。

政府应推进科技成果使用权、处置权、收益权改革,打破体制障碍,使产权明晰。同时,强化校企合作,结合高校及科研院所的科研优势和企业的市场研发与推广优势,加速科研成果的产业化进程,反过来再推动人才集聚。此外,可借鉴深圳虚拟大学园的经验,探索适合河南省省情的逆向产学研路径。

2.拓展聚才渠道

主动加强同国内外人才的交流,建立豫籍学者、专家联系制度,在全国重点城市建立人才工作中心,大力宣传河南省的人才政策和区位、文化优势。加强对国家级、省部级科研平台的建设,缩短设备更新周期,为人才提供具有吸引力的高层次发展平台;定期举办服务于高层次人才的国际交流会,充分利用中国国际人才交流大会和相关网站等平台,向国外发布河南省人才需求信息。

进一步完善河南省人才信息库和大数据建设,拓展全省人才工作的网络平台,及时更新相关数据及信息,使用人单位及时获取相关的人才信息。拓宽企业和科研团队的信息交流渠道,深化科研团队与产业集群的产学研结合,以人才带动项目,推动人才集聚。

3.加强人才市场体系建设

市场作为资源配置的主体,在人才集聚中的作用不容小觑。政府相关部门应搭建完备的人才信息化网络平台,统筹规划全省总体人才布局,整合汇总政府出台的人才政策,积极引领市场参与到推动人才集聚的工作中。政府应放宽人才市场

准入条件,进一步消除制约人才市场发展的体制性障碍,畅通人才与市场的流通渠道。政府适时放权于市场,促使公益性与经营性并重的多元化人才市场服务体系的建立。

针对河南省人才市场体系尚不完备的问题,可以出台相应的优惠政策,吸引国内外资深猎头公司和人才服务机构落户河南,借鉴其人才开发的经验及管理水平,引领人才市场体系的完善。政府也可以积极引导有潜力的企业派专员到国内外人才市场较完备的地区进行学习、考察,深入了解先进的运行模式和管理机制,有针对性地用于河南省人才市场体系的建设上。鉴于当前省内人才市场体系尚不完备,要充分把国内外优质教育培训资源利用到河南省的人才队伍建设上,通过其培训管理制度,进一步提高河南省的人才质量。

4.优化人才发展环境

人才发展环境作为与人才的成长发展密切相关的各种外部要素的总和,主要包括生活环境、经济环境、政治环境等方面。人才倾向于向发展前景良好的环境集聚,因此,要优化人才成长环境。根据马斯洛的需要层次理论,人才作为社会人中的具有高附加值和稀缺度的群体,有更高层次的自我实现的需求,良禽择木而栖,人才在流动时会更加看重今后的成长空间,因此,必须为人才实现自身价值创造条件。

政府应充分发挥模范作用,通过新闻宣传"唯才是用"的理念和对人力资本投资的重视及采取的行动、取得的成效,借助"互联网+""智能+"和大数据平台,加大对人才政策的宣传力度,大力弘扬政府先进的人才理念,推动全省形成"百花齐放,百家争鸣"的良好局面。同时,加强娱乐、休闲运动设施建设,扩大其服务范围,为人才提供便捷的生活娱乐服务。

"梧高凤必至,花香蝶自来",良好的区域环境就像是高耸入云的梧桐,自会引来凤凰齐飞,因此,政府应统筹各方力量,打造能切实吸引人才、留住人才的美丽环境。

5.重视引导河南籍在外人才回归

政府可建立省内外豫籍专家、学者联系制度,建立省外人才信息库,深入了解河南省对人才的"推力"因素,针对人才的需求制定优惠政策,为人才提供更多有力的政策支持和服务,变"推力"为"拉力",吸引本省人才回流。开辟本省人才回流绿色通道,为人才搭建交流平台。举办专场活动,大力宣传介绍河南省人才政策及人文生活等优势,打响"豫见未来""老家河南"的品牌,促进人才与企业和团体的信息沟通。此外,政府应促进用人单位对回流的人才进行妥善安置,做到人尽其才,真正发挥人才效用,避免人才的再次流失。

(三)筑牢聚才软硬件环境

环境优美、经济发达的地区对人才的吸引力更大。河南省作为中原经济区的重要省份,要利用国家支持中部崛起的有利时机,发挥人口大省优势,以提高人口质量为核心,推进以人力资本为核心的二次人力资源开发,充分释放人力资本红利,完善河南省顶层设计,配套法律法规及优惠政策,完善基础设施建设,营造宜居宜业的外部氛围。完善人才引进、培养政策,营造包容的社会文化氛围,健全公共服务体系,为人才提供宽松的制度环境。为人才提供优美、宜居的生态环境,丰富的文化设施及便捷的信息网络平台。

1.提高全省综合实力

一个地区的经济发展水平越高,生产的边际效应也就越高,对人才的吸引力和承载力就越大。河南省仍需大力发展经济,明显提升人才吸引力水平。"人均可支配收入和人均消费品零售总额可以反映一个城市居民的经济生活水平。一个城市居民收入越高,越有利于人才的培养和教育,越有利于人才的引进。"①畅通政府与企业之间的交流渠道,推动产业结构的转型升级,培养新的区域增长极,拓宽增长极的辐射范围,切实提高经济实力,提高居民的收入水平,为全省综合实力的提升提供强劲动力。

2.完善基础设施建设

河南省人口众多,为缓解基础设施供需之间的矛盾,持续高效地扩大供给规模、合理化供给结构,提升区域人口承载力,紧跟经济社会快速发展的步伐,基础设施建设的不断完善势必是一场持久战。基础设施建设能加速资源的集聚,为市场规模的提升创造有利条件,降低交易成本,为企业的发展创造前所未有的机遇,孕育新的产业和企业,加速产业集群的发展壮大。基础设施的建设、运营及后期维护都能提供更多的就业机会,发挥乘数效应。政府可以广泛运用"智能+"管理和城市服务,优化公共服务资源配置和社会服务体制,完善公共服务设施的全方位布局,不断扩大供给规模,提升为普通民众提供社会服务的效率,促进经济的发展,增强对人才集聚和吸纳的支撑能力。

3.提高人才服务水平

巩固专门的人才网络体系的建设,用于人才政策的发布与集中,对不同行业、类型的人才给予细化的政策支持,最好能配备准确的数字(如人才普遍较为关注的住房类问题),便于人才对政策的查询与解读。搭建专门的线上线下对接的网络化

---

① 马进.区域人才环境评价指标体系的构成要素[J].人事管理,2003(9).

平台,快速高效地受理人才落户、住房、社保办理等生活问题。设立人才综合服务专业化窗口和人才服务专线,提高人才服务水平。定期调研省内高新技术产业,实时了解人才的生活、工作等情况及需求,设立专门的答疑和维权机构,切实保障人才的合法权益,不断更新人才服务清单,把握人才动向。

4.培育产业集群

政府可通过政策支持、税收补贴、完善配套设施建设等方式,吸引国内外知名企业进驻产业集群,带动河南省高水平就业的同时,学习并利用他们的先进管理经验、科研设备及水平、项目优势等;吸引有潜力的中小型企业,试点新型的薪资、激励制度,从源头调动员工的积极性,提高企业向心力与凝聚力;培养本土企业,打造创新产业链和河南特色产业链,优化和完善产业结构,注重培养并发挥核心竞争力,加强上中下游产业的深度合作、无缝对接,推动产业集群深度转型。

产业集群会对周边区域人才迅速形成"虹吸"效应,可以带动周边区域的各类生产要素助力产业集群发展,提供更多就业岗位,带动周边区域发展,进而提高全省实力,不断提高辐射范围,以增长极推动人才集聚,以人才集聚推动增长极的成长及扩大,由此推动全省经济水平持续向好。

苏州市立医院信息化建设研究

鲁润曦

（学号：1120172311）

随着信息技术不断融入人们的日常社会生活中，新的信息化技术、数字化技术被更新和发明，新的信息化理论不断被提出，相应的医院信息化建设的发展也有更高的需求。在医院行政和临床领域更大范围地使用信息化手段，可提升效率，提高医疗精准度和弥补管理上的空缺。加大信息化建设的管理理论和实施理论的研究力度，通过理论研究来提供指导方案，推动医院信息化建设的发展，并通过总结发展趋势，进而起到对苏州市立医院信息化建设发展的引导作用。

一、苏州市立医院信息化建设现状分析

苏州市立医院在信息化建设的道路上已有十多年的发展历史。医院在软件系统、硬件设备以及管理模式等方面都取得了一定的成就，但伴随着信息化建设发展步伐的加快，也暴露出信息建设规划落后、管理机制不完善以及信息化专业人员储备不足等主要问题。

（一）苏州市立医院信息化建设的举措与成效

在近十年的发展过程中，苏州市立医院在信息化建设过程中取得了一定的成绩，但仍存在一些不足之处，会经常遇到一些困惑，如发展方向不明晰等。需要我

们更进一步地分析苏州市立医院信息化建设方面存在的缺陷和不足,总结经验教训,以便在日后的医院信息化建设规划上更完善、发展方向上更明确、发展措施上更有效,提高苏州市立医院信息化建设的整体水平。

1.所采取的举措

苏州医院在 2005 年开始了信息化建设。医院引入杭州创业软件股份有限公司作为合作伙伴,共同开发 HIS 系统,首次对苏州市立医院的患者诊疗信息进行电子采集。随后在 2007 年,苏州市立医院分别启用了电子胃镜系统和气管镜管理系统。

在 2009 年,苏州市立医院启用了 EMR(Electronic Medical Record)系统,将病人的住院诊疗操作和信息详细录入电子病历中,让医护人员从繁重的手工记录和翻查病历操作中解放出来。同年,医院还启用了苏州市立医院一卡通自助设备,该设备有着“四位一体”的功能,将医保卡、就诊卡、银行卡和健康档案卡综合到一台机器上,助力解决患者看病烦、看病难的问题。随后每年都有便民设备的引入和使用,比如苏州银行的自助机、自动叫号机、自助取号机等设备。

为了方便医生在门诊就医,并实现患者资料数据化、病历书写规范化以及就诊精准化的目标,苏州市立医院在 2010 年启用了门诊电子病历(Electronic Clinic Medical Record)系统。

在影像系统方面,苏州市立医院同步启用 PACS(Picture Archiving and Communication Systems)和 RIS(Radiology Information System)两个影像相关的软件系统,并将影像诊断结果与电子病历接口打通,医生可以在电子病历界面调阅病人的影像诊断报告。

为了配套医院整体的改造建设,医院在硬件方面也采取了大量措施。医院在 2009 年进行了门诊大楼的系统集成和技术改革,添加大楼智能化系统,逐一安装了综合布线系统、计算机网络系统、视频监控集中管理等系统。

为了响应苏州市卫生健康委员会在 2016 年提出的“531”行动,苏州市立医院“531”行动急救指挥中心正式启用。医院引入了麦迪斯顿公司的急救系统,急救指挥中心的建设和设备投入为病人,尤其是脑卒中病人、胸痛病人、重大创伤病人的及时救治提供了保障。

2.取得的成效

通过近十几年的不断发展,苏州市立医院已经成为苏州市当前信息化程度最高的市属医院之一。机房的改造和升级让信息设备能够在更好、更安全的环境中运行,也让医院在等级评审时能符合信息建设相关的信息安全等级保护要求。

软硬件的不断投入和升级为临床一、二线的医护人员的工作提供了诸多帮助并节约了许多宝贵时间,在以往相等的时间内,信息系统可以帮助医护人员提供更多的诊疗辅助,直接提高了诊疗效率和诊疗准确度。而在行政管理运营上,信息系统也实现了更加高效的审批流程并真切地响应了国家节能环保的号召。

此外,信息化建设管理委员会的成立给医院信息化发展提供了建设指导作用,所有信息化建设的需求从委员会中临床一线实际需求出发,避免了因信息化建设的独自盲目发展而造成的浪费。另外,也给信息化建设提供了监督作用,使得信息化建设的发展方向更明确,建设执行效率更高。

(二)苏州市立医院信息化建设中出现的主要问题

回望过去十几年苏州市立医院信息化建设的发展历程,其间各项措施所取得的成绩虽然突出,但仔细分析,其中也暴露出一些问题。主要问题如下:

1.信息化建设目标与当时技术脱节

医院业务的多样性和追求稳定的特点决定了医院的信息化建设需求会相对复杂,与此同时信息化浪潮带来了很多新的技术和信息咨询,让决策者们在制定信息化建设规划时可参考和可选择许多"高大上"的方案,却忽略了一个真实的情况,技术方案的先进性并不代表技术方案的成熟可靠性。比如在市立医院信息化建设发展规划之初,医院希望三个院区能够共用一套系统,三个院区的数据互相流通,形成闭环,并实时进行互相备份,一旦某个院区的系统崩溃,另外两个院区的系统可以同步远程给予支持。

2.信息化建设过程中缺乏医务人员广泛参与

医院已经上线的众多系统,每年都要花费巨额资金请软件公司维护,其中以HIS系统为主。维护费用中一些是因为医疗政策的改变,所以必须请软件公司维护,做升级改造而产生的,但更多的系统改造和升级所实现的功能是在软件需求分析阶段就应该考虑到的。

比如对于病程录的要求,省病历书写规范规定病人自入院起前三日必须一天记录一条病程,后面可隔三日记录一条病程;病程首页必须记录清楚病人的姓名、性别、年龄、住址、诊断等信息,不得漏填;在电子病历软件设计之初,需求只是要求其提供正常记录的功能,工程师最多会针对记录的内容进行非法字符的甄别,可是对于记录字数等不会有限制措施。当遇到不按照规定执行病历书写的医生时,就只能找出问题病案,让其重新填写。上述要求在病历书写规范中很早就有提及,但直至2018年中期,医务科才提出要对电子病历进行改造,把相关的限制功能加入其中,从而规范医务人员的书写。

类似问题举不胜举,对于这些零碎功能的实现,软件公司要考虑人力成本、资源成本和项目安排等,报价就不会太低,就算是长期合作的伙伴,也只能报一个不算贵的"友情价"。就如同购买商品时,单件价格往往高于批发价格一样。当很多类似工作因前期设计未做充足准备,项目验收过程不做精心梳理和检测,导致在现实使用过程中提出众多补充功能修改的需求,给医院的信息化建设发展带来了资金成本和时间成本负担。

3.信息化平台建设不到位

苏州市立医院信息化建设目前大多情况仍处于"哪里提出需求,哪里就搞信息化建设"的状态,且当前软件投入已经大大超过硬件投入,但医护人员仍反映信息系统反应慢、卡顿,用户体验感差等问题。巨大的投入并未带来想要的结果,这也反映了信息化建设资源投入规划管理的不到位,规划管理缺乏前瞻性且对"边际效用递减"的认识不够充分,未能合理规划信息化的流程和资源投入。

医院当前没有适合的信息化管理组织。2016年市立医院各院区组建了本区信息化建设领导小组,小组的成员多为临床科室主任和职能科室领导。尽管他们在其科室具有绝对话语权,能代表科室在信息化建设事务中的态度和意见,但是在信息化建设过程中,每到细节沟通和具体执行的环节时,参与人员大多以科室秘书或者其他非领导人员为主,领导只需负责大方向的判定。这导致信息化建设的过程中,科室秘书或非领导人员不在信息化建设小组中,且执行人员不固定,这样的组织方式和组织流程无形中带来了沟通成本的提高。

4.缺乏信息化建设专业人才

人才作为信息化建设的主体,在信息化建设中起到决定性作用,而人才的专业与否也决定了信息化建设水平的高低。

信息科作为苏州市立医院信息化建设的执行部门,信息科科员也是信息化建设的一线工作人员。历史原因导致年长的信息科员是非信息专业出身或是"半路出家",新招的信息科员也存在非信息专业人员。科室目前除领导外大约9人,软件信息相关专业毕业人员占44%;人员学历方面,研究生占11%,专科生占22%,本科生占63%。在这样的人员技能背景和学历条件下,本该通过信息科科员解决的很多问题,不得不安排给软件供应商的工程师去解决,增加了医院信息化建设的成本;同时也导致信息科的职能不能得到有效发挥,且动摇了信息科在医院信息化建设领域的话语权。

(三) 存在问题的原因分析

以上四个主要问题看似很简单,但却能够直接或间接地影响医院的运营和生产。其最终导致的结果是影响了患者的就医过程,而服务质量的下降使得患者的就医满意度下降。对于这些问题的主要原因,做了如下分析:

1.建设规划的科学性有待提高

以当前信息化技术为参照,回顾医院HIS系统规划设计之初,其讨论的方案已涉及云计算、分布式存储、区块链等技术,在当时这些技术都不成熟或还未被发明。在2006年8月9日,云计算概念首次被提出,次年10月开始推广计划。直至近几年才有了成熟的方案供使用。分布式存储技术在国外虽已有多年开发和使用历史,但是在对数据一致性要求比较高的应用场景下,其性能优势无法得到发挥。因为对于分布式的结构,数据同步是一个问题,虽然技术进步很多,但还是不如传统存储设备数据存储方式可靠。当前苏州市立医院系统主要使用的是ORACLE数据库,所以分布式存储技术并不适合医院的系统环境。区块链技术随着网络、硬件的发展在近两年才进入商用阶段,而在十年前的设备条件下,则是完全不可能实现的。

2.各方参与共建的意识不强

医院信息化建设不是某个人、某个部门的事情,其需要全院职工共同参与到其中,发挥各自作用。可在最近的很多案例中,依然能发现共建意识不强的现象。

例如在3.2.2中所描述的问题在软件设计之初是完全可以避免的。只需要医务科、护理部能够共同参与软件使用需求详细制定的过程中,多部门联合共同对照病历书写规范来想措施、提需求,敦促工程师实现功能,就可以使电子病历程序更好地规范医护人员的书写记录,培养医护人员的良好书写习惯。如果在软件设计之初没有时间参与,也可以在软件结束前的验收过程中仔细研究,将软件使用与医务行为管理相结合,提出修改建议。

3.信息化平台资源配置不完善

随着苏州市立医院信息化建设的不断发展,医院出现各科室争抢信息化建设资源的状况,而导致这种状况发生的主要原因是响应文件要求,医院每年投入在信息化建设上的资金为利润的1.5%。这使得医院的信息化建设资金比较紧张,各个科室不得不尽全力向信息科争取资源,导致医院的信息部门在信息化建设的过程中更多地处于被动状态。

而医院内一直有临床优先、医技其次、行政后勤最后的不成文规定,这使得在大多数情况下,临床科室会先提出信息需求,比如系统升级、硬件升级、更换系统供应商等,再以临床的特殊性和紧迫性来促使信息管理部门临时或尽快安排其指定功能的上线。这样的流程和环节极不利于信息化建设的规划和发展,但这也从另一方面反映了作为信息化发展方向的决策者和管理者,信息部门不能细致入微地了解各科室的需求,合理分配自己所拥有的资源,迫使临床必须通过一些方式来"要资源"和"抢资源"。

如果有规范化的管理措施,能够合理安排资源的投入,则可以在信息建设过程中起到事半功倍的效果。

4.专业人才的引入力度不够

医院信息化建设飞速发展也是近十年的事情,信息科在未独立成为科室前是与病案室融合在一个部门的。在信息科成立之初,需要有年资的人作为领导者,另外因为当时的人事吃紧,所以从经常接触计算机的收费处抽调人手来扩充队伍,在当时,这是权宜之计。后来医院开始信息化建设时对于人员的招聘没有严格按照需求来,使得信息科的人才一度处于专业混乱状态。

另一个原因是信息相关人员"重技术,轻业务"的传统"工程师思维"导致信息科对医务工作的学习不够充分。而现实的工作中,无论是解决业务问题,还是参与新系统的设计规划,都必须紧贴医务工作这条主线。因为信息科作为医技部门、临床的辅助科室,其是为了贴近、方便医务工作而执行其职能的,所以信息科人员应该放弃工程师思维,从业务经理的角度出发来进行培训、规划,通过对医务知识的学习,将信息知识与之相结合,更好地完成科室工作。

二、国外与国内其他地区医院信息化建设的经验借鉴

在总结和分析了苏州市立医院信息化建设过程中存在的问题并找到其主要原因后,我们可以再将眼光放远一点,了解国外、国内的各医疗体系、医疗机构的信息化建设,以供借鉴和参考。

(一) 国外医院信息化建设概况

发达资本主义国家的信息技术起步比我们早,医疗信息体系的建设更加完善,对我们的借鉴有重大意义。下文分别简单介绍美国、欧盟、日本三个医疗信息化建设历程。

1.美国:建立医疗信息系统

美国医院信息化对电子病历的应用是一个重点。美国医疗信息和管理系统学会(Health Information and Management Systems Society, HIMSS)在 2005 年针对美国医院电子病历的实施和应用的情况,设计了一个分为 7 个阶段的电子病历的分级体系。该模型从阶段 0 到阶段 7,每个阶段都有一些特定要求,医院满足这些要求才会被认为信息化达到了该阶段的水平。

《美国经济复苏与再投资法案》(The American Recovery and Reinvestment Act, ARRA)中的一个主要内容是《经济与临床健康信息技术法案》(Health Information Technology for Economicand Clinical Health Act, HITECH Act)。该法案当时提出了

刺激方案,用近200亿美元来鼓励医院、医生诊所等医疗机构创建并使用电子健康档案(Electronic Health Record,EHR)。并且该法案还有严格的审核标准,若是医疗机构想拥有获得政府奖励基金的资格,其必须证明所使用的电子健康档案是"有意义的",《经济与临床健康信息技术法案》的颁布对美国医疗信息技术行业带来很大的积极影响,对整个美国医疗信息技术市场有相当大的促进作用①。

在21世纪初,第二轮区域卫生信息化建设开始,该项目为区域医疗信息组织(Regional Health Information Organization,RHIO)。当时很多组织机构都对区域医疗信息组织非常推崇。在2004年随着国家政策逐步出台,美国成立了医疗信息技术国家协调官办公室,该机构专门从事统筹工作,负责并统一安排全国的区域卫生信息化。自2004年起至今,美国大约有100个官方认可的区域医疗信息组织项目,并且在这些项目中投入了大量的资金。目前该项目的建设取得了一些成功,另外还有一些项目探索出了持续发展的运营模式,在可持续发展的运营模式下成功地实现数据共享。

2.欧洲国家:建立数字医疗体系

英国(当时的英国还没有脱欧)国家卫生服务战略主要包括三个方面:第一个是为每个人建立终生的电子健康档案。第二个是将海量的最新临床研究成果和最后的实践应用技术收集汇总在国家卫生电子图书馆。医生、护士和其他临床技术人员等通过国家卫生电子图书馆的查阅和使用能够获取最新且同时是最需要的信息。第三个是通过互联网服务提供的网上挂号预约、网上开电子处方、电子预约检查和电子病历等功能,人们可以得到快速、便捷的服务和建议。

德国硬件设备的规模、档次都非常高。另外,其医疗机构使用的软件系统集成度也很高,他们使用的系统一般以大公司的HIS为系统中心,将各家厂商的不同子系统集成到一起,从而共享各子系统所获取的信息资源。从软件、硬件之间的接口,到数据字典的建立等各方面都充分体现了德国人对标准化的强烈意识。而在电子病历的实施方面,医生可通过互联网查询到病人的检查结果,将结果直接复制进电子病历中,并签名负责。其电子病历由文秘人员输入,医生校对、打印和亲笔签名。

3.日本:注重实用的电子病历以及区域合作医疗

作为e-Japan(实现日本型IT社会之构想)的一环,日本厚生劳动省于2001年年底发表了"保健医疗领域信息化蓝图"。到2006年年底,日本要求全国大、中规模的医院以及诊所等医疗机构的电子病历系统普及率须达到60%以上。

日本在医院建设发展的过程中,充分重视信息化建设并积极推进了诊疗过程、

---

① 刘晓,俞志元.美国医院和区域卫生信息化发展及对中国的借鉴[J].医院信息学杂志,2010,31(5):8-11

行政管理和医院服务这三大线的数字化,使医院基本具备了数字化医疗、数字化管理和数字化服务的基本功能。其在医疗信息化建设的理念、内涵、深度方面,与国内医院相比有很大的优势,其信息化建设中的一些经验值得学习和借鉴①。

(二)国内其他地区医院信息化建设情况

国内信息化建设起步较晚,但是信息化建设发展速度远快于国外。国外需要经历信息化建设的起步、换代变更的过程,而国内通过对国外医院信息化发展过程的回顾,可直接跳过信息化建设之初的那些经验,用最新的经验和理念来指导信息化建设发展。

1.上海:从数字化医疗到交互医疗和认知医疗

自20世纪90年代中期以来,上海在医院信息化建设发展的道路上已经走了20多年。

现如今民众越来越重视自身的医疗保健,期望得到更好、更全面、更优质的医疗服务。上海作为一线城市,其医疗机构在汇集了大量优质医疗资源的同时也面临着巨大的医疗压力。面对每天大量的就诊患者,医院需通过信息化手段来提升运营效率,使医生能够在诊疗过程中实现快速诊断,短时间内明确方案,从而缩短患者的治疗周期。而信息化建设作为辅助医院发展的重要手段,其发展流程分为如下三个阶段,如图1所示。

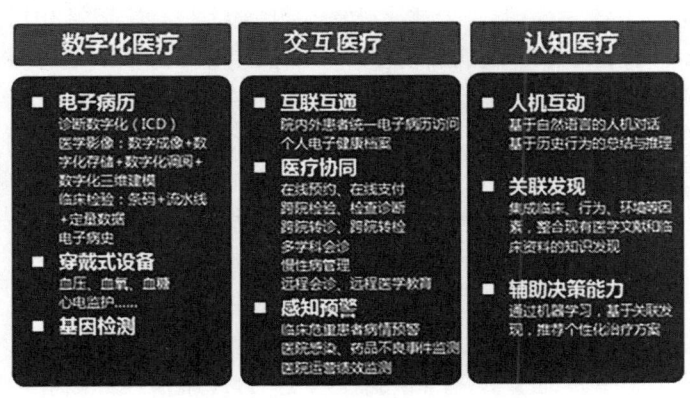

图1 医院信息化发展流程②

---

① 范启勇,曹剑锋,孟丽莉,等.日本医疗信息化建设的启示[J].中国数字医学,2012,7(3):118-120.

② 从数字化医院到认知医疗[EB/OL].畅享网. http://www.vsharing.com/k/vertical/2017-8/721682.html.

2.浙江:智能医院的建设

在改善患者体验和提高管理效率的双重需求下,当地的医院在成立之初便提出建设智能医院的构想。而其采用的高效措施即物联网技术可以加强设备与设备之间的联系和协同,建立综合的管理体系,提升诊疗服务质量。

医院 App 的推出为患者的就诊便利性提供了支持,患者可以在 App 上完成预约、挂号等操作。除了用手机 App 来帮助患者缩短就医时间以外,医院还通过推送科室介绍、医生介绍、检查项目介绍等措施,让患者的等待时间变得充实,进一步减小医患距离,让患者增加对医生的信任度。此外,当患者进入医院后,其携带的移动设备可以通过医院的免费 Wi-Fi 接入互联网,而当患者住院时,其病床上方的 iPaD 可以提供治疗费用的查看,另外也可以通过 iPaD 观看健康科普视频和电视,病人饿了还可以用 iPaD 点餐。

医院采用手术室医疗行为管理系统,该系统可以实现自动识别、准确控制进出、自动分发衣物、智能收集衣物、衣鞋柜智能分配等功能。该系统由射频芯片安装在手术服和手术鞋内,如果医生未按规定穿着手术鞋服,就无法进入手术室。系统能够做到全程监控与管理,提供规范化、标准化的手术流程。

(三) 经验借鉴

1.重视信息数据的支撑作用

目前,我国大多数医院都处于数字化医院建设状态。从数字化医院这个名称中我们可看出其核心是数字化,在信息部门看来最重要的就是信息数据。数据采集来自入院的人工登记、病房护士登记、区域卫生网络调用、设备采集等手段。

通过这些手段,数据会呈现爆炸式的增长。一个 128 排的 CT 影像 150 MB,一个人全基因数据为 1.5 GB,一家三级甲等规模医院一年的存储量至少需要 40 TB。

(1)通过这些数据可以实现就诊过程的最优化,以患者为中心,运用信息采集技术,着力解决诸如门诊"三长一短"等现象。当患者就医时,不需要通过笔头填写,而是直接用社保卡等设备来直接采集数据,方便就医。

(2)通过这些数据可以助力精准医疗。充分利用系统信息集成,让医护人员可以第一时间了解患者的基本情况和既往病史,为快速精准诊断和治疗方案的拟定提供依据。

(3)管理的智能化需要现代化的通信设备和通信手段来给予帮助,设备的自动化、实验室自动化等手段通过对大量数据的分析,能够实现最佳效率,有助于降低劳动成本,能够减少医护人员的工作量。

(4)通过电子病历的使用,让诊疗过程、检查、检验和既往病史数字化,可以使得患者的病历更加全面和直观,确保医疗信息的完整。而将诊疗信息存储在硬盘上则有助于长久保存并可随时查阅,且节约纸张和笔墨,节省了医院的耗材开支成本。

(5)通过医疗信息的数据化,有助于提高医疗环节的准确性。比如通过条码来确保唯一性等,让流程更加规范和安全。

2.结合自身需求科学设计建设方案

在美国,医院对信息化建设的投资回报率(Returns on Investment,ROI)的关注,使得医院能够在信息化建设的投资方面实现效益最大化,从而带来更多的价值。

由于对信息化建设规划和信息化投入是可以间接产生收益的投资,那么在医院信息化建设的战略规划上,领导层则应当高度重视。在规划阶段,医院应当明确信息化的目标和回报期望,根据实际的行政管理和诊疗业务情况,结合自身的需求,分析医院强势科室和弱势科室,从而判断信息建设的重点发展方向,并根据医院未来规划设定系统实施的优先顺序。

3.打破系统间的信息壁垒

系统间的信息壁垒之所以存在是因为在过去没有意识到信息联动的作用,仍处在单纯数据的采集阶段,而如今设备性能和系统架构的升级使得信息需要快速采集、流通和交互,所以可以采取以下措施:

(1)打通医院间的信息孤岛

对外打通信息孤岛可以理解为建立和加入区域医疗体系,将医院之间的数据共享。欧盟探索国家层面上的共享卫生信息模式和日本积极推进"无缝链接"的区域合作医疗都共同指出了医院需要发展区域合作信息技术的方向。通过区域合作技术的使用,可以进一步降低医院的资源浪费情况,使得患者的就医数据可以随时调阅,了解既往病史,方便查明病因;同时也使得患者可以接受更加一致的诊疗,而无须去另一家医院换一个治疗方法。另外,区域共享医疗技术的发展,也倒逼医院将所有的厂商的接口统一化和规范化,降低了系统二次开发的难度,节约了接口成本。

(2)打通医院内部的信息孤岛

对内打通信息孤岛指将医院信息化的集成度提高,将医院更多独立运行的检验检查系统融入统一医疗平台,这样做的意义在于可以打通医院内部流程,便于对内部流程的改造,从而方便医院的高效管理。同时,改错时也可以起到内部系统接口统一,从而降低开发成本的作用。

4.结合最新技术不断创新

当前最新的技术为人工智能,但是凭借医院的信息人员是无法完成这种高新技术的。在发展高新信息技术的时候,医院所具有的优势是拥有海量的病患基础数据和病患诊疗案例。这些资源是众多高科技企业眼中的稀缺资源,所以医院可以制定并实施完善的信息隐私安全措施,在此基础之上与高科技企业携手,共同推出人工智能产品。用海量的数据来做机器人训练,从而让机器人学会自我甄别病情,为医护人员的诊断和治疗提供建议和帮助。

物联网技术随着5G技术的到来已经逐渐展露其强大的实用性。医院应当跟踪该技术,结合医院内部管理需求适当引入产品,通过管理制度的完善与信息技术的增益,使得医院的运营更加高效和规范,从而减轻医护人员的工作压力并提升患者对诊疗服务的满意度。

三、进一步加强苏州市立医院信息化建设的对策分析

通过对医院信息化建设相关理论的学习以及对国内外医院信息化建设经验的借鉴,发现苏州市立医院在信息化建设中存在规划滞后、人员参与度低、建设管理不够规范以及信息人才匮乏等问题,通过以上几个问题的原因分析,提出了以下几点解决思路:

(一)提高信息化建设的前期准备工作水平

医院信息化建设是一个相对复杂的工程,涉及多方面的资源整合,所以在信息化建设前,应当设立明确目标,给予合适的规划和政策支持,通过管理制度来规范流程。

1.提升信息化建设整体规划水平

信息科学技术飞速发展的今天,苏州市立医院在进行信息化建设前应当先提升整体规划的水平。

一是用更多的时间和精力钻研信息化建设的各个环节,并考虑清楚医院信息化建设的方向。

二是多看和多问。信息化建设不是某一家单位的事情,所有行业都有或多或少地涉及。苏州市立医院在进行信息化建设规划前,应当多走出去实地参观、了解和学习其他单位的信息化建设过程,参观范围不应仅限于医院,也可以是政府机关、各职能部门或企事业单位。

三是多练和多学。信息化建设规划中的"规"是指法规、标准、章程。这些可以通过学习相关课程、专业知识、各种规范从而加深对其的认知和理解。建设前多学习和多了解信息安全制度、信息管理制度等,促使信息化建设的实施更严谨、更

具备科学性、更方便管理。

2.加强对信息化的安全管理

第一是安全管理。在所有的生产管理过程中,安全永远处于首位。在信息化建设过程中也是如此。信息化建设中的安全主要涉及三方面:一是机房的安全,二是数据隐私的安全,三是网络安全。

机房作为医院重要数据保存单位,应当严格参照三级等保的规定制定各项建设标准。按照等保要求建设不仅是为了通过每年的机房检查,更是为了确保机房能够在更加安全的环境下运行。另外,对机房已有的设备应当进行改造,如灭火装置改为二氧化碳灭火;在每个机架安装温控和电控设备;机房地板改成防静电地板。

对于数据,医院应当规定每台计算机使用者设置密码,其登录的软件系统也须设置密码,安装杀毒软件并打开防火墙。对运行的系统应增加软件监控,随时监控数据异常,防止统方、数据泄露的情况发生。在面对数据爆发式增长的情况时,医院应当积极扩容,增加和更换存储设备。

第二是医院科室信息化建设的顺序管理。对各个科室的信息化需分清主次和轻重,并坚持自己作为管理科室的原则。信息人员要时刻掌握全院信息化建设状态并汇总至信息主管机构,信息主管机构根据科室是否为重点科室、科室信息需求的紧迫性来逐一安排信息化建设。

(二)提高各方对信息化建设参与度

在苏州市立医院信息化建设的过程中出现了很多困难,经过细致分析后发现其主要原因是医院内外缺乏积极性而导致信息化进程停滞不前,在面对这样的现状时,医院应当抓住积极性的主体"人"这一根本因素来进行政策制定。

1.提升医院内部参与度

信息科可以根据信息化建设任务的繁重和复杂程度,与考核办一起联合制定如下政策:

调动科室主要负责人的积极性。对于主动参与信息化建设并提出完整需求分析的可给予科室绩效加分,这样可以让科室在年底获取更高的绩效积分。对于非重点科室或住院量极少的科室而言,这是拉近与排名靠前科室绩效的机会,决定科室年终可以获得比往常更多的精神奖励和物质奖励。从另外一个角度来说,绩效落后科室的行为同样也会促进绩效靠前科室对信息沟通的重视。

在科室层面,也可使用同样的方法。对科室需求分析积极参与的医护人员,在年终科室评优时可根据提供的有效分析的多少给予个人绩效加分或个人晋升加分。用绩效激励的手段来集思广益,调动积极性。

2.提升医院外部参与度

医院信息化建设少不了内部医务人员的参与,更缺不了外部的供应厂商提供的帮助。在信息化建设的过程中,信息科作为与供应厂商接触最多的部门,应当积极合作,共创共赢。

在医院信息化建设已实施多年的情况下,医院仍有很多非主业务的空白区域有待进行信息化建设,这些空白区域的建设往往是很多供应厂商都没有涉足的。医院应当积极联手厂商,挖掘潜在需求,共同开发系统。

相比厂商,医院信息科人员更加理解业务、懂得流程,而厂商则更加懂技术、懂市场。医院信息科应该做好流程梳理、需求分析和产品设计,厂商可以提供工程师和技术来实现产品,且产品的版权为两家共有。这样,当市场上大多厂商没有非业务空白区域的产品时,产品一经研发便有可能获得市场认可。

这样一方面可以提高厂商对医院项目的重视程度,从而提高参与度;另一方面可以给医院带来一定的经济效益,也间接地提升了信息科人员的业务水平。

(三) 加强信息化平台建设

信息化平台建设的主要目的是更好地集中资源,为信息化建设提供支持,所以信息化平台建设的优劣,一定程度上也决定了信息化建设的效率高低。

1.建立信息化建设执行委员会

信息化建设管理委员会是信息化建设的领导组织,管理委员会成员以院领导和各科室主要领导为主。

信息化建设管理委员会集中了全院最强有力的行政资源,这是它的优点,但也有从组织成立之初就自带的缺点,即组织里都是领导,缺少具体办实事的人。常常会因为沟通不畅,最终使得信息化建设的进度落后于计划,所以需建立医院信息化建设执行委员会,作为医院信息化建设管理委员会的执行机构。

医院各科室推荐一人选为科室信息化建设联络代表,形成以信息科为中心,各需求科室执行者为联络点的组织架构。联络代表人选以科室主治医生为佳,因大多主治医生年纪集中在 30~40 岁,接受过系统的计算机和网络使用培训,同时他们对本科室的业务流程和业务需求有一定深度的了解。

这样的组织架构和办事流程弥补了先前的不足,避免了人员安排的随机性,将任务安排给指定人员执行,便于任务完成进度的跟踪。会议决定事项统一由信息科负责组织落实,使得信息科能更好地根据实际情况管理整个医院的信息化建设。

2.整合各软件系统资源

医院目前拥有大量的软件系统,每个系统几乎都有独立的开发厂商,这带来的结果就是系统间不便于联通。需要数据时只能通过系统间单独做接口,进行二次开发来完成业务需求。这带来了成本的上升和资源的浪费。

针对这一现状,医院可以建立自身的数据平台,将现有软件系统的数据资源梳理、整合进数据平台。首先数据的融合不是单纯将所有数据导入一个数据库里那么简单,而是要经过筛选,统一数据类型、数据接口和数据应用这三个步骤。

建设数据平台的好处在于:首先,使得接口规范化,这为以后其他软件的接入调用和原系统的二次开发提供了便利。另外,也使得厂商之间无须再谈接口费用浪费资源在商业交涉上,从而节约了开发的资金成本,更重要的是节约了开发时间,一定程度上也避免了厂商之间互相扯皮现象的发生。其次,数据平台的建立便于系统的高度集成化,可以同时从多个方面给医护人员提供医疗数据。通过减少信息的碎片化,让医护人员能更准确地知晓患者身体状况,从而提供精准的治疗,提升服务品质。另外,对数据进行分析,也可以给医院的运行管理提供便利。管理者可随时掌握患者就诊状态,了解医护人员的诊疗过程。再次,通过数据平台的建设,也为进一步的区域医疗共享技术奠定了基础,病患在医院的数据不再是只停留在本院的"死档",而是随着病人在区域医疗范围内到处调阅的"活档"。最后,对于数据平台的资源除了各系统厂商以外,也可以发挥医联体的作用。通过对各联管社区数据的收集,建立居民档案,从而方便社区居民的就医,给医院带来更广的医疗辐射范围。

3.打通信息系统间的壁垒

数据融合平台的建成可以实现医院的诊疗过程、患者的个体数据无障碍共享。而在医院内部的行政管理系统中,也存在信息系统之间的壁垒。下一步工作即是打破医院内部行政管理系统间的"信息壁垒"。

医院拥有护理管理系统、人事管理系统、考核管理系统,院内 BBS、OA 系统,以及物资管理系统和排班系统。这些系统的功能都很强大,能够很好地满足各自业务需求,但是在这些系统之间并没有集成,导致很多行政资源的浪费,所以医院可以实施 OA 系统的改造,将各大系统与之相联。之所以选择 OA 系统进行改造是因为 OA 系统是每个人都有账号的系统。通过 OA 系统与各大系统的互联,个人可以很方便地查阅自己的考勤、年终考核和日常排班。员工直接在 OA 系统上通过物资申领接口来申请物资,查看申请流程和申请进度。行政工作上,领导也只需登录 OA 系统就可以进行物资申请的审批,还可以进行公文的批阅与回复。

通过院内信息系统间的连接,可以大大方便日常行政的运行。许多原本需要人来回跑、传递的纸质材料,都可以直接通过 OA 系统实现数字化办公。通过数字化办公,可以对很多行政流程进行改造,使之简单化、快速化、安全化。这样不但更加方便,也更加地绿色环保,节约纸张和耗材,为行政的高效运转和成本的节约带来帮助。

4.用前瞻性技术结合当前成熟技术助力信息化建设

物联网技术和智能认知技术以及医用机器人是目前医用最前沿的技术,而医院内的 App 产品等已经上线,并有 18 936 人的日常用户量,用户使用已成熟。

在此条件下,医院可以引进物联网技术,通过厂商提供的院内导航技术与医院成熟的 App 产品相结合,病人只需在家用 App 查出诊专家、预约挂号并在网上缴费,到医院后便可以通过手机 App 上的条码自动取号。当系统知晓病人挂了某科室的号并且手机 App 定位已在医院后,便自动指引患者快捷到达挂号的科室,完成从查询到预约、缴费、指引一条龙的服务。

通过手机 App,病人就诊后,可以凭借条码去药房自助取药,发药机器人会根据条码查询对应的医嘱和处方单,将病历与医嘱核对确认匹配,然后通过传送带将患者的药品送出。这样可以避免药房门口每天排长队取药的现象,节省了药房工作人员找药的过程,更加高效和方便,有助于提升患者的就诊体验。

另外,医院还可以引入沃森机器人,作为拥有苏州肿瘤中心资质的医院,可以通过沃森机器人的引进来提高医院的智能化诊疗水平,给年资较长的医生提供建议,帮助佐证诊疗方案,给经验缺乏的医生更多的案例分析,帮助其学习,使其在诊疗水平上得到提高。

(四)打造专业的信息化建设团队

医院信息化建设的决策机构是医院信息化建设管理委员会,执行机构是医院信息化建设执行委员会,中间的连接点是信息科。信息科作为第一实施机构,科员的整体素质、业务能力和水平是非常重要的。

1.建立科学合理的信息人才招聘制度

招聘进入医院的人员首先应当是专业对口或相关的,目前医院信息科主要的工作涉及软件工程、数据库操作、计算机原理、网络实践等,这些内容基本是计算机相关专业的学生都会学习的课程。而对于医学院信息管理类毕业生而言,医院信息科的工作其实已经超出了其所学范围。在医学院,他们更多的是学习医学相关的信息知识,侧重点不同。医学院毕业生基本没有丰富的代码经验和项目实战经验,这往往导致其进入医院后很难与驻场工程师打成一片,使得沟通成本提高。

在面向应届毕业生招聘时,应当优先考虑计算机类的学生,其次再考虑医学院信息管理类的学生。而对于社会已就业人员跳槽进入医院的,其一般都有相对丰富的工作经验,那么招聘时就应当侧重于社招人员的技能。判定其是否是单位所需,能否创造更大的价值。

招聘时除了对应聘者技术、能力的考核以外,还需要对其情商进行考核。现实中,很多技术类工程师都有一种优越感。这对于在医院这种事业单位而言是不太和谐的因素,会给团队带来不好的影响,导致信息科整体工作效率的降低,增大了信息化建设的遇阻概率。

在信息科人员的聘用制度上,实行统一标准。当前执行的是双轨制,分编内和人事代理。在国家倡导同工同酬的情况下,医院应制定措施,在确保工资和奖金同等发放的前提下,五险一金也同等缴付,让所有人员可以在同样的薪资条件下安心工作。

2.合理规划人才结构和分工

因为信息化建设是一个长期工程,需要有人一直坚守在某一岗位上,所以要优化人员结构,按照当前人员数量,年龄相近科员的年龄差距最好控制在3岁,换句话说科室配置人数不变且没有人员流失的情况下,应当每3年招聘1人。这样的情况有利于科室人才储备的可持续发展,避免了断层现象的出现。

首先,每个人有自己所习惯的工作方式、擅长的工作内容和喜爱的研究方向。对于信息化建设这样的大工程,应当做到"人尽其能,物尽其用"。只有通过合理的分工才能有助于对人力资源的充分使用。

其次,要合理分工,注重分工的有效性。按照工作内容的性质、级别分配给专业、特长适合的科员,以便于开展工作为目的,整合拆分并行,这样才能职责清晰、任务明了、方便管理和统筹规划,从而提高执行效率。

再次,需要对分工的可行性进行判断,如果不行,立刻停止并重新分配。对于能者多劳的科员,给予更多关注和奖励,不挫伤能力强的科员的工作积极性。对于能力略差的科员,则应适当给予帮助和关心,对分工任务给予减轻。

最后,需要经常对分工进行效能验证,增强科室凝聚力。用实际工作的成效来作为标准,从而判断分工是否合理。如果分工合理,则所有科员都全身心投入工作中,此时科室凝聚力最强、工作效率最高。若发现工作效能降低了,则应深入团队中,找出原因,及时解决;否则效能降低,并造成负面情绪蔓延,不利于工作的开展。

3.加大医院信息化专业人才培养力度

信息科应当加大对人才的培养力度,不定期安排人员参加学习班和各种培训。通过不断充电学习,让信息人员的整体能力有所提升。

信息科可以采用类似医护人员规范化培训的流程,对刚入职的科员开展为期一个月的规范化培训,培训和学习医护知识。对医护知识和医疗常识的学习可以帮助科员更好地理解业务需求,在信息系统开发的过程中帮助有需求的科室与厂商之间进行沟通。

信息科还可以每年申请经费,用于邀请专家对科员进行培训。其培训方向可以是专业技术知识培训、有效沟通管理培训、网络信息安全培训或者项目管理培训等。通过邀请专家进行培训,提升信息科的整体学术水平和知识储备,让信息科建设与外界同步,了解业界最新技术水平,时刻为医院信息化建设做好充分准备。

另外,对于信息科员培养需要做到一视同仁,所有可以参加的培训机会做到全员通知,让科员自选参加与否,通过合理机制,让科员自由竞争,而不是指派谁去,避免产生较坏的影响。

D 市新媒体广告政府监管研究

郑雪

（学号：1120172320）

近年来，随着我国社会信息化程度不断提高，互联网等新媒体广告技术已经完全融入人们的生活之中。但是，由于新媒体广告发展技术快、普及程度广，很多地区对于新媒体广告的治理还没有跟上其本身的发展速度以及治理需求，使得其在发展中存在着一定的问题。在这一背景下，本文以新媒体广告政府监管为例，分析了目前存在的相关问题，以求促进其进一步发展和完善。

一、D 市新媒体广告政府监管现状

为了更好地明确目前新媒体广告政府监管中的难点与重点，本文将对 D 市新媒体广告监管的现状做总结，分析当前 D 市政府在新媒体广告监管方面的主要措施和成果，梳理了现有的法律法规，总结了新媒体广告监管的结构和相关职责，并通过文献研究的方法对新媒体广告监管工作进行了综合研究。调查、分析、了解 D 市新媒体广告存在的问题，阐述 D 市政府部门在新媒体广告监管中遇到问题的原因。

（一）采取的举措与成效

在新媒体广告市场中，由于相关法律法规的缺失，网络广告市场秩序处于无序状态。随着我国对于新媒体广告监管的重视程度不断增加，逐渐加强对新媒体广告的监管，坚持依法有效监管网络广告的原则，加快新媒体广告监管体系的建设，并取得了一定的进展。

1.采取的举措

（1）强化服务促进新媒体广告的发展

D 市积极贯彻国家对文化产业的扶持政策，充分发挥广告的引导服务功能，积极支持广告企业转型升级。将"广告策划、创意、设计、制作"列入国家产业结构，鼓励举办活动，起草《关于促进文化产业发展的意见》，带动 D 市广告产业发展，支持文化创意产业和广告服务企业做大做强，培育和规范新兴媒体发展，进一步加强广告服务。D 市正面引导信息数量统计表如表 1 所示。

表 1　D 市正面引导信息数量统计表

信息类型	数量/家
经济发展	286
企业服务	118
个人典型	67
政策解读	196
品牌推荐	102
其他	189

（2）加强新媒体广告监管

加强 D 市新媒体广告监管一直是最重要的工作。负责全市新媒体广告监管工作的人员，妥善处理各类投诉，使消费者满意。在依托省级广告监管中心的同时，及时了解和掌握新媒体广告的动态，新媒体应进一步增强自律意识，加强对广告内容的审查，及时运用行政指导手段要求新媒体配合和加强广告审查。

（3）扎实开展专项整治行动

D 市每年都有各种专项整治行动，工商部门要加强与卫生、药品监督等部门的沟通，共同发布专项文件，针对情节严重危害群众健康的虚假新媒体广告，包括医疗、药品、医疗器械、保健食品等涉及群众健康和生命安全的新媒体广告进行严惩。新媒体广告监管部门根据专项整治行动要求，明确工作重点，细化职责，落实到位，形成有效的监管体系，以虚假医疗和非法新媒体广告为重点，充分发挥部门协作优势，部署到位，统一行动。

2.取得的成效

目前,D 市实现市、县两级监控全过程，新媒体广告经营单位数量和新媒体广告经营营业额逐年增长,新媒体虚假、违法广告不断受到打压,D 市新媒体广告监管取得了显著成效,定期通报监测结果,处理问题,进一步规范户外新媒体广告审批程序。

(1)新媒体广告日常监管长效机制初步建立

D 市采取各种措施不断加强对新媒体广告的日常监管,以引起社会各界对违法广告的关注。同时,D 市还采取月报、季报、年报等形式一直坚持开展专项整治工作,定期通报广告发布情况;同时,D 市还定期向社会通报包括新媒体广告在内的典型违法广告案例,召开全区广告监督联席会议,通报广告监管中发现的问题。通过不断加强对新媒体广告的日常监控,共同研究解决方法和策略,加强了对新媒体广告的监管,初步实现了广告监管的长期有效性。

(2)虚假违法新媒体广告整治力度不断加大

自 2005 年以来,D 市经过几年的整顿,新媒体广告违法率逐年下降,如图 1 所示。虽然每年的重点都不一样,不断对虚假、违法广告进行整治,但是虚假和非法的新媒体广告一直是专项整治的重点。同时,越来越多的 D 市新媒体广告处罚案件从另一个方面表明,D 市加强了对新媒体广告违法行为的监管,取得了一定的成就。

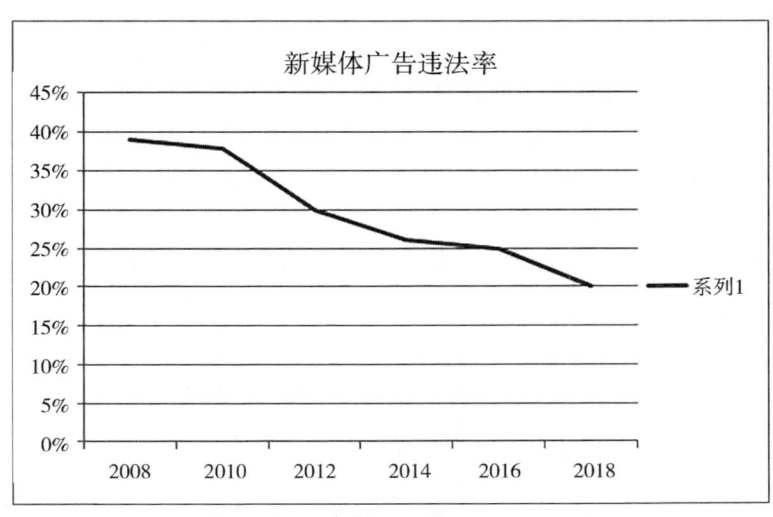

图 1　2008—2018 年新媒体广告违法率

(3)新媒体广告监管体系日趋完善

目前,全区新媒体广告监管人员 100 余人,由部门组成的 D 市广告监管联席会议建立了联席会议制度。为做好新媒体广告的监督工作,通过联席会议,初步实现了新媒体广告监管的专业化,实现了各部门与广告监管职能的协调,形成了监管合力,实现了全区域广告监管的综合管理。

(二)新媒体广告政府监管存在的主要问题

我国新媒体广告业的发展总体上是健康的,但实际上监管的滞后和缺失没有根本改变,很难满足新媒体广告发展的需要,没有从根本上摆脱"执行难"的监管问题。

1.监管部门负责内容界定不清

第一,监管部门与新媒体的关系尚未理顺。D市各级电视台大多由广播电视行政部门设立。广播电视行政部门作为裁判员和运动员,尽管经过多年的文化体制改革,在《新媒体广告播出管理条例》中规定,仍实行了许多"局站一体化"的管理体制。

第二,多头管理。根据《中华人民共和国广告法》的规定,将药品、保健食品、医疗等特殊广告的行政审批权列入食品药品监督范畴。其广告监督权由工商行政管理部门行使。在当前的新媒体广告监管体制下,新媒体广告的独特现象是由多个行政部门进行管理。在实际监管工作中,这种属于不同部门的审批监督制度,往往导致部门之间利益冲突,容易导致自律监管,进而导致新媒体广告监管的缺失或重叠。

第三,运动式执法居多。D市工商行政管理总局、国家广播电影电视总局等11个部门联合制定了违法广告整治制度,在一定程度上集中力量对一定违法行为进行管理。然而,这些阶段性成果的实现往往以牺牲政府的权威为代价。专项整治行动是广告监督部门在日常监督中监管不到位的无奈行为。广告监督中的清理整顿、集中整顿和专项行动是执法的常见形式,严重损害了法律法规的权威性,专项整治行动过分强调效率,往往通过加大处罚力度来达到短期整治效果。

2.监管专业技术人员不足

随着科技的发展,D市政府工商行政管理局对监管人员的要求也不断提高。相关行业主管部门对于新媒体广告监管的技术手段不断更新,以满足广告监管的需要。因此,市政府工商行政管理部门负责新媒体广告的监管工作。D市新媒体广告监管人员基本情况如表2所示。

表2　D市新媒体广告监管人员基本情况

地区	专业构成					专兼职	
	法律类	公共管理类	理工类	网络安全	其他	专职	兼职
A区	1	4	7	4	6	15	7
B区	3	3	5	2	8	17	4

如表 3 所示,从实际情况看,工商行政管理部门名义上是新媒体广告监管的主体。为此,一些非法的新媒体广告商、广告经营者或网络平台企业利用监管漏洞发起恶性竞争。然而,由于法律法规的不完善,以及新媒体广告传播速度快、传播范围广的特点,新媒体广告的监管工作量巨大,使得新媒体广告监管的主要责任难以被承担[①]。

表 3　主要监管部门及监管内容

主要监管部门	监管内容
区委宣传部	时政新闻类新媒体平台
发改委	政府网站
文体局及其下属单位	音视频应用
网安大队	公共信息网络
电信部门	电信增值业务
其他	行业类新媒体等

3.监管数据收集不全面

要想获取全面的监管数据,监管部门不仅需要使用复杂的技术手段,还需要具备高专业知识。新媒体广告不仅在形式上越来越多样化,而且在技术含量上也越来越高,相应地,也就需要采用更加先进的技术手段才能收集全面的监管数据进行监督。过去监管者只需凭直觉阅读、观看广告内容,就能够获取足够的数据信息,在发现不当广告发布时及时采取措施,但是近年来监管部门的监管遇到了更多的新情况和新问题,基层监督部门加大了对各类新媒体广告的检查力度,但效果并不明显。由于缺乏监测技术和设备,无法实现全天候实时监测。

4.虚假欺诈广告监管力度不足

新媒体广告发布后,无须向工商行政管理机关报送广告样本。传统媒体广告形式单一,新媒体广告形式多样,虚假、违法形式多样。工商行政管理部门没有办法及时检查和定期保存这些广告。在新媒体时代,存在着虚拟性和无边界性,很难获得证据。同一商品或服务的广告形式可能多种多样。

执法部门需要从复杂的广告中对新媒体广告进行比较筛选,由于缺乏此类广告过滤系统,无法实现对新媒体广告的动态监控。然而,依靠现有的监测方法需要大量的人力和物力资源。一是工商行政管理部门无法保留广告样本,即使发现违法广告,一旦被删除,工商行政管理部门也无法恢复原有的广告内容。二是工商行

① 田旭明.新媒体广告监管与政府执政能力提升[J].中共中央党校学报,2015(1):23-25.

政管理部门无法保留广告样本。当事人可以采取各种技术手段,如禁止下载或加密。三是在互联网、手机等新媒体上发布的广告,更新速度快、广告量大。目前,工商行政管理部门没有足够的技术和人力来监管所有的广告。四是在广告监督过程中,当事人对广告监督部门获得的广告内容可以拒绝承认,各部门也无法追寻。这一系列问题给工商行政管理部门认定和查处非法广告证据带来了困难。

（三）存在问题的原因分析

针对新媒体广告政府监管存在的具体问题,下文具体分析了出现这些问题的相对应的原因。

1.监管对象责任难以区分

新媒体广告具有传统广告不具备的优势。尤其是在当今网络时代,越来越多的广告商选择新媒体广告开展自己的营销活动,其在广告行业中的比重逐年上升,但是,监管部门仍不愿意看到一些特点,如新媒体广告的无限开放不断涌现出巨大而难以计算的数据,随时修改和删除新媒体广告的先进手段,以及获取证据的困难,监管当局面临着严峻的挑战。

2.监管人员业务水平不高

就新媒体广告的监管而言,政府工商行政管理部门往往对大众广告、各种形式和瞬息万变的新媒体广告感到厌倦。其他市场监管相关政府部门,如广告业、文化、卫生、公安、药监等机构,没有建立紧密联系,很难形成对新媒体广告的综合监管力量。

一是由于新媒体广告是通过网络技术产生的一种新的广告形式,具有鲜明的特点和较强的技术性,我国政府部门的行政主管对新媒体广告的监管不甚了解。二是人才引进机制不完善。一方面,目前D市政府监管的专业技术人才只有公安部网络安全组的几名人员,D市新媒体政府监管专业技术人员严重不足。另一方面,面对新媒体监管的重任,D市监管人力资源还远远不够,但没有及时"招兵买马"引进人才填补空缺。正是由于专业人才的缺乏和技术的落后,相关部门在新媒体的监管中不能"借力",这也造成了监管不力的局面。

3.监督相关立法相对滞后

随着社会的逐步发展,我国现行广告法的局限性越来越突出,许多内容已不能满足社会的需要。正是因为我国新媒体广告在发展初期不能依靠,新媒体广告在监督管理过程中不可避免地出现,没有规章制度,这往往导致被动的局面。对广告主体发布虚假广告或者非法广告的处罚,没有具体规定,但是,由于对新媒体广告缺乏完整的法律规定,使得法律难以处理不良的新媒体广告。

一是惩罚更加随意。对于非法的新媒体广告,立法初衷很好,规定处罚为"广告费的一至五倍"。然而,在实际的商业活动中,新媒体广告成本的监控是很困难的。在实际运作中,广告主或广告商可以将广告成本开具多张发票,,在新媒体广告被判定为非法广告后,对广告商进行罚款处罚时,因为没有直接证据,只能按发票的低广告成本处罚,或者按发票的多广告成本处罚。即使处罚标准是固定的,处罚的数额存在较大差距,处罚的监督效果也会有所不同。在次还是五次的处罚上仍然存在很大的随意性。对同一违法广告,应当按两倍标准和五倍标准处罚。"在一次还是五次的处罚上仍然存在很大的随意性。对同一违法广告,应当按两倍标准或五倍标准处罚。

二是新媒体广告监管广告披露制度滞后。目前,我国新媒体广告业正处于发展的初期,许多条件和制度尚未成熟完善,导致新媒体广告真实性大幅下降,对消费者利益造成严重损害。随着科学技术的发展,新媒体广告作为一种新型的广告形式,在广告市场上已悄然占据了重要地位。从目前广告披露制度的监管现状来看,《中华人民共和国广告法》对广告披露做出了一些具体规定。它不仅规定了商品或者服务广告应当披露的有关内容,而且要求广告主明确披露有关商品的性能、产地、用途、质量、价格和健康状况。对于生产者或者服务者的内容、形式等广告,也对披露的形式做出了较为明确的要求,如对广告使用数据、统计数据、调查结果、摘要、引文等涉及专利产品或者专利方法的,明确要求其具有真实性、可操作性、可交付性和可识别性。

三是新媒体广告缺乏市场准入制度。对于新媒体广告的市场准入制度,就传统广告的法律监督而言,由于我国在市场准入方面采取了严格的准入原则,只有具备国家规定的市场准入条件,并取得了相应的资格,才能实现新媒体广告的市场准入。这样,从事广告经营的法人或者经济组织就具有相应的经营资格和相应经营范围的行政许可,从而可以依法对其进行行政监督。例如,最常见的电视、广播和海报广告受一系列法律法规的管制。然而,新媒体广告是不同的,由于其数量众多,表现形式多样,很难有效地对其进行监控。最重要的原因是我国新媒体广告市场不完善,突出了新媒体广告市场准入制度的缺失。因此,建立适合我国国情的新型媒体广告市场准入制度势在必行。

4.广告媒体监管缺乏自律

行业自律组织过于依赖政府行政、缺乏独立性和自主权的形式,其自律功能不能充分有效地发挥。如果行业自律组织制定的自律规则难以实施,广告行业的自律就不能独立发挥作用。甚至有的空壳公司使用伪造的公司名称,或者以其他企业的名义进行虚假广告的传播,以欺骗消费者。在管理体制上,政府监管是主要途径,行业自律组织相对薄弱,社会诚信约束体系尚未完全建立。较高的司法成本使行政监督成为我国广告监督的重要方式。

目前,由于自身缺乏专业性和较高的成本,许多领域已将部分业务移交给第三方自行管理和"幕后指挥"。由于新媒体广告行业的自律组织往往由政府主管部门设立,这部分受众的个体自发行为,由于政府干预力度过大,损害了公众对新媒体广告监管的积极性和主动性。笔者认为,D市新媒体监管水平有限,新媒体本身具有鲜明的时代特征。如果有合适的第三方平台,政府在后台控制第三方,更好地实现对新媒体的监管。同时,D市绝大多数观众不知道如何保护自己的权益,所以当自己的利益因虚假和非法的新媒体广告而受到损害时,如果损失很小,他们往往会采取宽容的态度,只有少数受损的观众会对其产生吸引力。同时,也会导致企业违法行为的可能性增大,无法有效抑制企业的违法行为。

二、国内外新媒体广告政府监管的经验借鉴

为了促进我国政府更好地了解到在新媒体广告监管中的不足,需要借鉴国外政府对新媒体广告监管的经验,基于此,本文对美国、英国和加拿大新媒体广告法规的实施情况进行研究,同时对国内其他三个市进行研究,并总结其经验和做法。

(一)国外新媒体广告政府监管概况

由于各国经济发展水平的不同和法律制度完善程度的不同,以及网络广告本身的开放性和跨区域性,网络广告的行政监管体制也存在差异,下面本文将以美国、英国和加拿大三个国家为例进行分析。

1.美国公开整体规划网络

美国尚未制定统一的《广告法》,广告法律法规大多分散在相关的商业法规中,以实现政府对新媒体广告的监管。这些政府部门普遍推广了相关的网络技术,但这并不妨碍政府对广告业实施严格有序的管理。此外,联邦贸易委员会有权就恶意欺诈消费者的新媒体广告向当地法院提起诉讼。对于那些触犯法律的人,法院可以冻结他们的所有资产,并用它们来补偿消费者。如果指控成立,触犯法律的当事人因参与新媒体广告的违法行为,需要承担相应的经济补偿,甚至遭受刑事处罚。它通过法律的有关规定、消费者的投诉和举报以及以往的案例论证,认定广告是否违法。

第一,消费者隐私保护。《保护儿童网络隐私法》要求,广告商在广告活动中注意消费者隐私保护。它还明确规定,在互联网上收集儿童的姓名、家庭住址、电

子邮件地址、兴趣爱好等个人广告,企业应允许消费者自行决定自己的个人广告,并且必须征得儿童父母的同意,让消费者知道企业如何收集个人广告,企业必须确保收集到的消费者广告是安全的。

第二,确定新媒体广告活动的主体。在美国,从事新媒体广告活动的网站须经委员会批准并获得相应的营业执照,根据美国新媒体广告管理手册的要求,还需要承担相应的责任,新媒体广告必须遵循联邦贸易委员会法案中有关广告信息真实性的标准。同时要求明确责任,指出对被投诉侵权的广告,互联网上诉必须能够核实其真实性。广告经营单位主要负责保证新媒体广告的真实性。此外,广告经营者和传播平台,对新媒体广告经营单位的相关资质和新媒体广告活动参与者的责任有明确规定。相关规定每年更新一次。

第三,对虚假广告的监督和问责。美国联邦贸易委员会认为,与印刷广告、电视广告和广播广告一样,它明确规定,新媒体广告的宣传必须采取直接、清晰、全面的方式来展示产品和服务的真实表现。此外,联邦贸易委员会还设立了专门电话热线,积极参与广告的传播、筛选和编辑过程,鼓励消费者主动曝光各种非法的新媒体广告,维护消费者的权益。

2.英国以 ASA/CAP 为中心的新媒体广告自律准则

广告标准管理局(ASA)是英国广告业建立的一个自律组织。它是一个自律组织,因此没有执法权。该机构不是由英国政府资助,而是从广告业筹集资金设立。随后成立的广告实务委员会(CAP),是一家拥有 375 名会员的非政府新媒体广告行业协会。其成员主要是本地大型媒体和技术公司。在英国拥有全国新媒体广告监管体系,在新媒体广告自律管理中发挥着重要作用①。以 ASA/CAP 为中心的英国新媒体广告自律组织,以及全英广告协会、英国广告主协会、英国广告联盟等一大批行业自律组织,制定相应的指导方针。根据各自的行业特点,要求每个成员自觉遵守,成员之间也要相互监督。在统一自律准则和相关法律原则的前提下,调整以避免违反上述原则等;张贴在网站上的广告必须与其他非广告有显著不同,需要有独特的标记。

一是行业自律管理。面对网络环境下一些特殊商品广告出现的新问题,由广告实务委员会草拟及执行的《非广播条例》是英国广告业的最高自律准则。其主要包括三个方面:(1)特殊商品的广告监管。广告实务委员会充分理解和思考各行业的意见。同时实施了以往非广播法令对卷烟、酒类、药品、儿童用品等特殊商品的监管,内容已做相应调整。(2)在新媒体上使用广告标志。2013 年,新媒体广告法规开始实施。根据新媒体广告平台的要求,新媒体广告发布平台必须明确标

---

① 谢胜男.英国新媒体广告自律管理[J].编辑之友,2015(10):107-112.

识新媒体广告,即要求发布平台在新媒体广告上添加"广告"标识,提醒网络浏览器这是一则广告。(3)新媒体广告监督的范围。根据收费广播的规定,新媒体广告的监管范围包括广告主在其网站上或其他免费在线空间上的广告活动,也就是说,新媒体广告平台必须让互联网用户清楚地知道,会监管与网络用户合作且通过其私人账户进行的广告活动会处于监管状态。

二是行业自律组织。英国新媒体广告业自律主要集中在广告实践委员会和广告标准局。前者是英国最重要的综合性广告自律组织,负责制定和修改广告行为准则;而后者是英国专职第三方广告行业自律组织,负责执行广告行为规则,并监督后者裁决的执行。

3.加拿大广播电视及电信委员会依法管理

加拿大强调通过建立新的媒体实名制来加强"自律"。加拿大对新媒体的监管是严格和规范的,实施《互联网实名制法》还意在要求新媒体行业严格自律,要求新媒体服务提供者根据服务内容,将使用者年龄必须限制在18岁以上。加拿大政府通过广播电视电信委员会监管新媒体广告,将新媒体的负面舆论广告分为两类:攻击性广告和非法广告。到目前为止,新媒体广告监管的总体意见经历了诸多法律调整和完善,创新性地提出了新媒体广告监管的"共同监管"理念。攻击性广告主要依靠用户和行业的自律来解决问题。主要监管机构由政府、国有电视台、消费者协会和新媒体广告公司组成,辅以自律道德和新媒体知识教育。非法广告负责依法实施新媒体广告的预注入机制。开展新媒体广告活动的社会监督检查。未经审查机关审查批准的新媒体广告,不得发布,并依照法律制度从严处罚,这已成为政府新媒体广告监管制度的有益补充。

(二)国内其他市新媒体广告政府监管概况

近年来,随着我国新媒体广告的规模不断扩大,国内各地区对于新媒体广告的监管重视程度也在不断增强,包括武汉市"六个规范化"建设、温州市广告媒体专项考核、上海市全过程治理模式等,这些优秀的新媒体广告政府监管模式可以为其他地区进行的新媒体广告监管提供借鉴。

1.武汉市"六个规范化"建设

武汉市广告监管部门加强基础队伍建设,针对新媒体广告的监管提出"六个规范化"建设方案,目标是有效减少非法广告率;进一步推进广告监管的规范化、广告监督与考核工作规范化,注重加强个案调查;进一步推进规范日常广告监督工作,注重完善广告监督手段;进一步推进广告监督执法工作的规范化;进一步促进广告自律的规范化,报纸、电视台、广播电台等媒体都纳入了信用评估的范畴,重点建立广告监督信息平台;进一步提高广告监督执法规范化水平,加强标准化管理,重点实施《大众传媒广告发布条例》。在武汉市政府指导下,通过大力把握"六个规范化"建设,将成立广告联合检查组,通过对全市广告监管信息平台的广泛调动,对新媒体广告经营单位进行联合监督。

2.温州市广告媒体专项考核

为使评估更加科学合理,温州市正式将县级媒体广告净化工作列为线路考核项目。市政府组织了宣传、工商、文广等部门的论坛,形成比较完善的评价指标体系。市工商行政管理局对违法广告建立了快速预警机制,制定了《媒体广告信用评价管理办法(试行)》,并依法取得广告许可证。以深化对虚假违法广告联席会议制度的监管为重点,市、县委宣传部门把媒体广告宣传效果评价作为广播电视媒体、报纸出版单位和相关负责人绩效考核的重要指标。市政府已向市媒体发布了《涉嫌违法严重广告的"责令改正通知书"》,对媒体发布的涉嫌违法广告,通过广告监测报告制度和行政指导访谈,进行快速预警。将媒体广告净化评估结果作为指导,对调查发现的涉嫌违法广告进行调查和查处。温州市制止违法广告活动,要及时通报,并在萌芽状态下尽可能杜绝违法广告,有效防止虚假违法广告的发布。同时,市场将制定一个典型的违法广告宣传体系作为监督和管理全市报刊、广播影视业的重要依据。

3.上海市全过程治理模式

上海市采用事前通知、事中监控、事后查处的管理模式,形成了宣传、服务、发展引导、宣传、曝光等综合治理模式。经过调查、处罚,建立健全虚假、违法广告的审查提示制度和监督制度,改进了会员单位之间的信息共享和有效衔接。上海市广告管理系统形成垂直管理模式,改变传统的以案件调查为基础的监管方式,工商部门坚持监督与发展相统一的理念,快速反应调查处罚机制和违法广告公告制度,维护权利和服务,丰富了监管的内涵。联席会议机制在推进依法普及和日常监督管理的基础上,确保了非法新媒体广告的后续管理措施。

上海市在进行实践总结和沟通协调时,逐步将现行的法律法规应用到具体的执法环节。由卫生部门和食品药品监督管理部门发布的网站广告具有网络经营许可证,要求设立离线实体旅行社,各会员单位可以参照市交通管理部门的规定依法关闭网站,以旅行社的名义与消费者签订旅游合同,发证部门开展广告监控工作,加强合作,共同开展对非法新媒体广告的联合治理,通过规范广告商的资格,通过联席会议的沟通协调,保护广告内容的真实性和合法性。各成员单位按照各自分工履行职责,相互配合,避免重复监控,节约行政资源,充分发挥综合治理的效果。

(三)对我国新媒体广告政府监管的启示

美国、英国和加拿大都重视根据本国网络广告发展的现状制定符合本国国情的法律,通过仔细分析武汉、温州、上海三个市的新媒体广告政府监管概况,我国需要在结合自身问题的基础上对他国的做法进行借鉴。

1.加大政府监管执法力度

国外非常重视根据本国新媒体广告发展现状制定法律。重视新媒体广告的立法活动,并不意味着要通过修改《广告法》,制定《新媒体广告法》这一专门法律。虽然新媒体广告也是一种广告表现形式,但本质上是相同的,不过新媒体广告又不同于传统广告。由于新媒体广告的立法存在诸多新情况,我国有必要对新媒体广告的立法给予更多的关注,以促进新媒体广告市场的繁荣与发展。在《广告法》的指导下,要着力深化联席会议制度,制定新媒体广告监督管理的具体规定,通过对新媒体广告活动的投诉、举报和申诉,对新媒体广告做出专门规定。这样不仅可以节省大量的立法资源,而且可以使广告监督领域的立法有机地协调。纠正虚假广告和违法广告,进一步推进综合管理标准化,使新媒体广告的共性和特点得到体现,并使其具体化。视觉工作也可以有序地进行。

2.提升新媒体广告的认知度

在西方国家,人们不仅具有很强保护自身合法权益的意识,而且在对新媒体广告进行监督时也有很强的诉讼意识,他们会积极提出非法新媒体广告的侵权行为和给他人造成的损失,告诉大众争取赔偿的权利。美国消费者有强烈的权利保护意识,因为仅仅依靠政府和行业的自律是不够的。一旦发现违法广告,将积极抵制,并向有关部门投诉。

新媒体广告监管是一项复杂而庞大的工程,还要发挥舆论监督的作用。这表明,美国消费者具有强烈的社会责任感和维权意识。为了提高公众意识,使公民积极参与非法广告的治理,增强公众抵制非法广告的意识,使公众成为广告的监管者,政府有必要公开通过各种渠道对广告法律法规进行宣传和普及。在我国,消费者在这一方面的意识薄弱,新闻媒体对新媒体广告的监管大多停留在曝光水平,鼓励消费者、消费者协会和新闻媒体积极参与新媒体广告监督。针对新媒体广告报道,形成良好的社会共治氛围,使所有人都能参与新媒体广告的监督。

3.加强新媒体广告行业自律建设

新媒体广告作为互联网发展的衍生产品和新事物,不可避免地会遇到传统监管部门对其监管的诸多障碍。由于新媒体广告本身的跨区域性和高技术性,再加上新媒体广告数量庞大,有限的政府监管力量陷入困境,无法有效地投资于行政管理领域。中国广告协会在2007年设立了互动分支机构,并颁布了相关行业自律规范,在2015年,他们还发布了移动新媒体广告用户、移动视频广告、移动新媒体广告效果的相关行业标准、互联网协会的评估和地理广告。根据以上介绍,美国、英国等国家不仅有专门的行业自律组织,形成了较为完善的新媒体广告行业自律体系,而且行业自律组织承担了新媒体广告监管的大部分责任,实现了新媒体广告行业的自我管理①。行业自律组织的出现,可以有效地弥补传统政府监管的缺陷。

4.政府严格规范新媒体广告标志

新媒体广告作为互联网发展的产物,涉及广告营销、社会经济学、计算机网络技术等多个领域。因此,新媒体广告的监管应综合考虑各种因素,体现出较强的综合性、专业性和技术性要求。传统上,广告对消费者负有社会和法律责任。它依赖于工商行政管理总局。如果进行监管,必然会遇到许多监管障碍,因此有必要设立专门的新媒体广告监管机构。广告在真实性的基础上生存。广告商还需要确保受众能够接受和理解相关的声音、节奏、音调和动画长度的广告,必须区分优先次序,优先考虑,以确保新媒体广告的全面真实性和整体真实性。美国在医学、保健食品、化妆品等突出问题上,建立了完善的监管制度,建立了目前世界上权威的新媒体广告管理机构。由于新媒体的特殊性,该管理机构有权对不符合规范的违法广告进行有效监管。

三、加强 D 市新媒体广告政府监管的对策

政府在对网络广告进行监管中,不仅关系到我国网络广告市场的发展环境,而且对网络广告行政监管中遇到的问题进行详细分析,关系到我国广告消费者合法权益的保护。本文结合所讨论的问题和实际情况,提出了政府对新媒体广告监管的四个方面的对策,包括完善新媒体广告监管的法律法规,优化新媒体广告的社会环境,增强新媒体广告行业的自律意识和规范新媒体广告行业秩序。

(一) 完善新媒体广告监管的法律法规

互联网是一个技术密集型产业,也是技术升级最快的领域之一。因此,在广告监督的实际工作中,具体的行业主管部门或单位,如新闻出版、食品药品监督、广播影视等部门,也有相应的审查责任。同时在新媒体广告监督管理中,需要在新媒体广告管理法规的主体上,形成新的媒体广告管理法规。

1.修订新媒体广告管理法律法规

我国现行的广告监督制度,在新媒体广告监管的主体上,针对新媒体广告活动

---

① 熊波.新媒体时代中国电视产业发展研究[D].湖北:武汉大学,2013.

的监督,可以分为两类:主管部门和监督部门。其中各级政府工商行政管理部门是新媒体广告法律监督的行政主体,也是新媒体广告法律监督的执法者。依法行使行政监督职权,在新媒体广告管理法规的主体上,形成新的媒体广告管理法规。新媒体广告依赖于网络媒体和广告数据的载体。新媒体广告的有效监管必须有强有力的专业技术支持①。中国新媒体广告市场从成立到今天,除了法律法规、体制机制、人员等因素外,广告技术因素是非常重要的方面。

2.构建有效的执法监管体系

D市工商行政管理机关的职权是:起草有关广告的各项法律、法规草案和文件;监督具体的广告发布活动和业务活动;查处有关的违法广告。坚持学习与实践相结合、培训与使用相结合,加强对广告法律法规专业知识的培训,加强典型案例等执法实践的培训。提高执法人员的监督技能,增强执法能力。工商行政管理部门应当及时向公安等单班辖区发送案件线索,加强广告交流,为办案提供必要的信息和广告,加强典型案件等执法行为的培训。通过执法支持,提高广告监督的有效性。及时了解、分析和判断新媒体广告监管的新特点和新趋势。加强市场经济知识、互联网应用等专业知识的培训。指导整个行业或特定区域产业的发展。通过寻求执法方面的支持与合作,提高有效执法水平。积极与检察院就涉嫌犯罪、取证、定案等刑事案件进行协商,向法院请求司法执行保障,建议建立协调机制。同时,加强执法的衔接和沟通,协调行政执法中的矛盾和纠纷。提高监督执法人员的能力,加强针对工作人员的知识更新和相关能力培训。

(二) 优化新媒体广告的社会环境

为营造新的媒体广告市场环境,应注重提高管理效率,制定了顶层规划和综合规划,坚持硬约束与软约束的统一,进而推进我国政府、企业、社会的法治建设。

1.倡导社会主义广告价值观

新媒体广告市场的所有活动都是通过活动主体与新媒体广告市场生态环境的互动来实现的。其中,新修订的《广告法》和《互联网广告管理暂行办法》在社会上得到了广泛的宣传,扩大了宣传的覆盖面,提高了宣传的知名度,消除了各种疑问,为广大参加者和消费者解释了疑问。在新媒体广告活动中,营造良好的社会监督执法氛围②。

通过人性化执法,防止网络上虚假广告造成的信任危机,被处罚的广告企业或负责人能够了解行政执法的初衷,引导新媒体广告企业积极维护互联网安全。

---

① 唐芳.新媒介环境下的广告监管研究[D].湖南:湘潭大学,2010.
② 陈德兴.关于加强新媒体广告监管的思考[J].中国工商管理研究,2014(02):37-40.

2.构建真实可信的广告道德规范

从某种角度看,广告更能直观地反映这一时期的社会文化发展。从现代治理的角度看,新媒体广告监管体系的构建也有一个重要的方面,即充分发挥消费者协会、新闻媒体等社会组织的作用,社会组织从产生到实际运行都具有公益性、非营利性和自治性的特点。它的成员和组织活动有更多优秀、平等的志愿服务。广告传播的真实性原则要求新媒体广告既不能夸大事实,也不能虚伪。在我国基层社会治理中,新媒体广告平台可以成为教育和提高网民道德文化水平的新阵地。新媒体广告的表现形式和创作风格必须真实,广告传播的内容不应被视为客观报道,使受众对内容本身有不恰当的认知①。建立真实可信的广告道德体系,自律组织应高度重视新媒体广告文化道德建设,对我国新媒体广告社会责任的构建具有重要意义。此外,诚信为本、真实可信的新媒体广告消费理念符合中国国情,使新媒体广告成为引领主流价值观的新亮点,体现了人与社会利益、物质的和谐统一。因此作为新媒体广告的重要来源,需要引导新媒体广告积极发展,尊重中国悠久的道德文化。不断提高新媒体广告的创意和设计水平,使新媒体广告积极发展,广告受众在接受广告的同时获得了更多的积极能量。

3.吸取新媒体广告中的传统文化精髓

新媒体广告不仅具有经济属性,而且具有文化属性。当一个广告创作在传播中能够表现和传播我们优秀文化的精髓时,它能使受众产生共鸣。广告承载着文化。只有扎根于文化土壤中,广告才能蓬勃发展。新媒体广告作为文化宣传的重要组成部分,将新媒体广告融入当地文化特色,可引导受众接受健康、向上的价值观和生活品质。随着消费者消费观念的成熟,这种广告不仅使消费者受到精神的影响,而且赢得了经济、文化的双重利益。同时,它们也体现了良好的企业社会责任感。因此,必须从悠久的民族文化和灿烂的现代文化中汲取营养。在监督中通过文化整合和文化包容,担负起传承中华民族优秀传统文化的责任,可以有效地整合传统文化和现代广告,明确广告的积极走向。

(三) 增强新媒体广告行业的自律意识

监督管理部门是第三方自律审查机构的职能部门,普及道德,加快制定行业自律规则。目前,许多新媒体广告主面临着广告信任危机,社会责任逐渐成为新媒体广告的主要标准,关键是增强广告行业的自律意识。

---

① 查灿长,孟茹.第四种力量的崛起:网民舆论监督助推新媒体广告行业自律[J].上海大学学报(社会科学版),2015,32(03):118-128.

1.加大公益新媒体广告的投放

公益广告是媒体进行公民道德教育最普遍的传播形式,可促进社会秩序的稳定发展。媒体可以利用公益广告改变人们对社会现象的看法和立场,加大对公共服务广告的投资是广告业的责任,引导人们的行为规范,禁止新媒体广告服务商为非法、有害、不良广告提供收费业务。因此明确立法要求网络运营商严格规范收费业务,加强对第三方支付平台的监管,要求金融机构加强对银行收费服务的监管,禁止提供收费业务。依法严厉查处为色情等非法新媒体广告服务的违法行为,严禁非实名制网上支付渠道;严惩提供者和为色情等非法新媒体广告经营者发布广告的广告主,告知传播秩序的行为,严格查处互联网、手机等新媒体广告服务商的非法广告,提供者有利害关系、共谋的违法犯罪分子;著作权行政管理部门应当加强著作权管理,新媒体广告服务主管部门要严厉打击网络负面广告炒作策划和新媒体报道中断。依法打击网络侵权行为,坚决切断在互联网上传播淫秽色情广告的连锁利益,加强对网络经营者特别是网络接入服务单位的检查。

2.注重新媒体广告主的自身形象建设

随着网络技术的不断更新,新媒体广告的具体监管过程中会暴露出越来越多的问题。同时定期组织行业协会会员学习国家法律法规及相关政策,这就要求形成与法院判决类似的广告审查标准,普及道德,加快制定行业自律规则,目前,许多新媒体广告主面临着广告信任危机,社会责任逐渐成为新媒体广告的主要标准,需要坚决摒弃不良广告。为了提升新媒体广告主的文化形象,把广告的社会效益和经济效益放在相同的位置,在广告创作中展现丰富健康的精神生活,新媒体广告应努力在经营态度和文化氛围上寻求突破和发展甚至使其成为一种社会风尚。

（四）规范新媒体广告行业秩序

对于广告相关产业链,可通过优秀的媒体广告建立积极的模式。同时推进非法广告监管力度,鼓励广告经营者使用关键词过滤、禁止使用的语言等技术屏蔽手段,也要加大法律宣传力度,从源头上减少非法广告投资。

1.收集个人信用记录和智能辅助软件的开发

一是收集个人信用记录。在建立大数据广告数据库的过程中,尽可能多地从不同的来源甚至不同的结构中收集数据,并实时更新和维护,要不断提高新媒体广告数据的收集能力,必要时与历史数据进行比较,通过对收集到的大量广告进行分析和处理,剔除虚假数据,保留历史数据,要按一定类别划分数据,并不断提高新媒体广告数据的存储容量,在一定数量上获得收益。

二是智能辅助软件的开发,应具备以下功能:(1)对非法新媒体广告的投诉和举报,帮助新媒体广告监督部门在新媒体上获得更多广告。开辟投诉举报台、广告反馈窗口等渠道,及时通报,以便及时发现问题,鼓励广大群众积极参与新媒体广告监督工作。(2)监督与案件调查的有机联系,对虚假的新媒体广告进行分类归档,形成一个顺畅衔接的新媒体广告监管系统。将监测到的非法广告自动传送到相关的地区,一旦发现广告主发布的非法广告涉嫌虚假宣传,确保及时调查,并对新媒体广告的违法行为进行处罚。(3)新媒体广告发布的动态监管,采用云计算处理和实时返回大数据软件的方式。实施新媒体广告发布的 24 小时动态监管,对收集到的数据进行分类存储,反映 D 市新媒体广告市场的运行情况。(4)广告违法行为的实时预警。如来源发现、取证、案件调查结果反馈等,监管部门将向责任人发出诚实的警告,并向公众公布。(5)根据新媒体广告监测数据中的广告违法率,根据信用度实现网站的分类和监管,设立违法金额违法性质的综合指标,对征信机构进行分类监督。对新媒体广告发布软件的信用度进行综合评价,并进行排名,从而得出新媒体广告发布软件的信用度。

2.推广优秀新媒体广告树立正面典型

在新的媒体环境下,以广告发布者为中心的传统监管模式逐渐转变为市场经营者预警的监管模式,吸引广告经营者,并将其推向新出现的广告经营者。在企业登记注册过程中以电子邮件的形式免费梳理复杂的广告法律法规。对于广告相关产业链,通过优秀的媒体广告建立积极的模式。同时推进非法广告监管口岸,鼓励广告经营者使用关键词过滤、禁止使用的语言等技术屏蔽手段,加强法律宣传,从源头上减少非法广告投资。通过上下游产业的规范化,如管理咨询、市场调研、营销策划、商务展览、企业公关等,实现积极导向。在广告设计和制作环节,加强法治宣传。通过提升整体市场秩序,可以促进优秀媒体广告的推广,通过有趣、科学的方式建立积极的模式,促进新媒体广告经营者的自律。通过前期监督与服务的有机结合,用较短的"微电影"教学影片讲解广告法律法规和典型案例,减少后期非法广告的产生,提供丰富的自学视频,借鉴大学网上开放课程的形式,特别是引导广告公司员工积极参与培训,从而更好地推广优秀媒体广告,树立正面典型。

镇江市公共文化服务供给研究

缪众

（学号：1120172331）

改革开放四十多年,我国的社会生产力水平显著提升,人们的物质生活水平明显提高。精神文化生活需求已经成为人民美好生活需要中不可或缺的重要组成部分。

本文阐述了镇江市公共文化服务供给的现状,指出其中存在的主要问题,并对问题成因进行了剖析,运用公共文化服务供给体系相关理论,有针对性地提出对策和建议,这对于镇江市的城市社会发展有着十分重要的意义。

一、镇江市公共文化服务供给的现状分析

镇江市作为江苏省常住人口最少的城市,2017 全市完成生产总值总量为 4 015 亿元,增速在 7.2%,属中速水平,位列江苏省十三个地级市中的第十,人均生产总值 12.9 万元,位列全省第五。镇江市公共文化服务供给发展放在全国整体考量,正处于发展较为良好的阶段,服务供给水平也一直处于一个较平稳的发展水平,公共文化服务供给能力和绩效管理水平稳步提升,但是存在的问题也比较突出,比如发展后劲不足、供给存在短板、制度设计尚不完备等情况,影响了公民满意度的实现。因此,笔者结合镇江市 2013—2018 年的公共文化服务供给实际情况,对于问题的根源进行一些探索分析,进而有针对性地提出对策建议,以期改善镇江市公共文化

服务供给发展不均衡的现状。

（一）镇江市公共文化服务供给概况

近年来，镇江市围绕公共文化服务体系示范区建设的中心任务，不断探索创新，在提升公共文化服务供给方面取得了一定的成果。可以说，镇江市的文化供给在某些方面已经走在了同类城市的前列，在丰富文化产品供给以及后期绩效管理等方面，已经开启了较有成效的探索，但短板不容忽视，需要结合以后的发展目标进一步完善。

1.镇江市区公共文化服务概况

镇江市位于江苏省西南部，长江下游南岸，地处长江三角洲顶端，西临南京，东南连接常州，北濒长江，与扬州、泰州隔江相望。下辖：京口区、润州区、丹徒区、镇江新区、镇江高新区、丹阳市、扬中市、句容市。其中市区范围主要包括：京口区、润州区、丹徒区、新区。

镇江市区下辖 9 个镇、133 个村民委员会、18 个街道、158 个居民委员会，土地面积 1 088 平方千米，建成区面积 141.3 平方千米。2017 年，镇江市区生产总值 1 878.70 亿元，其中第一产业 29.79 亿元、第二产业 874.89 亿元、第三产业 974.01 亿元，人均生产总值 15.25 万元。市区人口总数 102.93 万人。

截至 2017 年，镇江市区公共文化服务供给基本情况如下：

（1）文化设施：文化事业机构数为 54 家，主要为艺术事业单位、图书馆、博物馆等。市区娱乐场所 182 家，互联网上网服务营业场所 187 家。

（2）广电设施：镇江市区现有广播电台、电视台、有线电视传输单位、电影院 23 座，市区有线电视用户 31 万户，其中数字电视用户 28 万户。

（3）体育设施：镇江市区拥有体育场地 78 个，其中体育场 31 个、体育馆 19 个，2017 年总计使用场次 42 436 次。

2.镇江下辖县级市公共文化服务概况

镇江市丹阳、扬中、句容三个辖市共下辖 22 个镇、356 个村民委员会、7 个街道、120 个居民委员会，土地面积 2 752 平方千米，建成区面积 77.3 平方千米。2017 年，丹阳市生产总值 1 233.27 亿元，人均生产总值 12.54 万元；扬中市生产总值536.20 亿元，人均生产总值 15.63 万元；句容市生产总值 530.20 亿元，人均生产总值8.468 3 万元。三个辖市人口总数 167.97 万人。

截至 2017 年，镇江市区公共文化服务供给基本情况如下：

（1）文化设施：文化事业机构数为 55 家，主要为艺术事业单位、图书馆、博物馆等。辖市娱乐场所 313 家，互联网上网服务营业场所 267 家。

（2）广电设施：三个辖市现有广播电台、电视台、有线电视传输单位、电影院

27座,有线电视用户47万户。

(3)体育设施:三个辖市拥有体育场地114个,其中体育场33个、运动场27个,2017年总计使用场次27 302次。这也是较为突出的表现。镇江在居民活动方面,能够合理利用体育场所开展活动,这对于和谐社会的建立有着深远的意义。

3.镇江市公共文化服务供给形式

近年来,镇江市对照国家级公共文化服务体系示范区创建标准,摸清城市家底,重整规划,查漏补缺,公共文化服务供给取得了一定发展,形式内容丰富多样,制度体系建设逐步完善。

(1)公共文化设施网络建设。镇江市正在打造城市"15分钟文化圈"和农村"10里文化圈",四级公共文化服务设施网络逐步完善。全市千人拥有公共文化设施面积约199.7平方米,位居江苏省第三位。市区有公共图书馆、博物馆、文化馆、美术馆、非遗展示馆等公共文化设施,丹阳市、句容市、扬中市有公共图书馆、文化馆,但均缺少科技馆和剧院。

(2)公共文化服务供给。镇江市每年送戏下基层不少于500场、送书30 000册、送电影6 000场,看5场以上戏剧或文艺演出。全市有8家公共图书馆、8家文化馆、56个文化站、9家公共博物馆(纪念馆)、1家美术馆,全部实行免费对外开放。

(3)公共文化服务与科技融合发展。镇江市建成了江苏省首个地级市公共文化服务云平台——"文化镇江云",整合全市文化活动、文化场所、艺术普及、文化团队等各类文化资源。

(4)公共文化服务社会化建设。镇江市出台了《镇江市向社会组织购买公共文化服务实施办法》,设立政府购买公共文化服务资金,预计每年800万元,纳入本地财政预算。镇江市同时建立了"淘文化网"公共文化产品和服务社会化运作平台,使向社会力量购买公共文化服务与培育社会化公共文化服务力量相结合,规范和引导社会组织健康发展。

(5)公共文化服务体制机制建设。镇江市成立了市公共文化服务体系建设协调组,加强公共文化服务体系建设的统筹和领导。市属文化单位全部建立法人治理结构,组建理事会、监事会。镇江市出台了《公共文化服务相关制度》,建立了《镇江市创建省公共文化服务体系示范区文化专家咨询论证制度》《镇江市公众参与制度》《镇江市文化援助制度》《镇江市公共文化服务志愿管理制度》等一系列公众参与的公共文化服务建设、管理、运行、考核评价机制,但公共文化服务绩效考核结果尚未纳入各级领导班子和党政领导干部绩效考核体系。

(6)公共文化服务保障。2016年镇江市人均文化事业费52.83元,位于江苏省第五位。乡镇(街道)综合文化站在岗人员平均不足3人。行政村和社区没有公共财政补贴的专职工作人员,只有兼职人员,一年每人补贴平均 2 000~3 000 元。市级公益性文化事业单位业务人员占职工总数比例达 90%,县级公益性文化事业单位业务人员占职工总数比例达 90%。

(二)镇江市公共文化服务供给存在的主要问题

镇江市是国家公布的首批中国历史文化名城。它具有浓厚的文化底蕴。政府在公共文化服务的供给上,将历史资源的挖掘、地域特色的显现和现代文化的繁荣结合起来,初步形成了有效的文化服务供给体系,但放眼国家文化发展战略,对照国家文化服务示范区的建设标准,以及人民群众对美好生活的追求,在公共文化服务供给上还存在许多突出问题。这些问题的存在,拉低了群众对于镇江市公共文化服务的满意度,制约了镇江市公共文化发展的速度,降低了公共文化服务供给的质量,亟须抓住主要矛盾核心节点加以解决完善。

1.公共文化服务供给主体单一

改革开放之后,公共文化服务由政府一家供给的局面逐步改变。镇江市一直以来积极尝试和探索公共文化服务供给主体的多元化,但实际社会效果并不尽如人意,公共文化服务的供给仍然是由地方政府主导的自上而下的供给模式。诚然,地方政府在其所管辖的区域范围内,承担起公共文化服务供给的主导作用,具有其积极意义和现实价值,但在日新月异的当今社会,地方政府无法包办一切,镇江市公共文化服务由于其供给主体单一而带来的矛盾也日益突出。

"一家独大"的公共文化服务供给主体,造成的结果是其他供给主体的服务空间被严重挤占。一方面,镇江市地方政府不堪重负,政府供给始终处于"预算缺口"的困难境地。自身动能本就缺乏,更缺少外部助力,导致公共文化服务供给难以有效惠及人民群众。同时供给理念、供给方式、供给内容等一系列关键环节难以创新突破,公共文化服务供给全面提质增效的进程缓慢。另一方面,镇江市本级以及各辖市区均未出台向社会力量购买公共文化服务实施办法,也未明确购买公共文化服务指导目录,除"淘文化网"演出等少数成功案例外,鼓励社会力量参与公共文化服务建设的成功实践不多,镇江市虽然建立了文化志愿者队伍,镇(街道)综合文化站、村(社区)综合性文化服务中心也都有自己的业余文艺团队,但因管理机制不健全、组织化程度不高,作用发挥不明显,影响力不大,社会组织参与公共文化服务的渠道不多。

2.公共文化服务供给内容单一

2015 年年初,中共中央办公厅、国务院办公厅颁布了《国家基本公共文化服务指导标准(2015—2020 年)》,同时印发了《关于加快构建现代公共文化服务体系的意见》,对地方政府应向人民群众提供的基本公共文化服务项目和硬件设施条件、人员配备等做出了明确规定。这其中包括了文化设施、广播和电视设施、体育设施、可移动设施、读书阅报、收听广播、收看电视、本地演出和辅助设施等内容。相比之下，镇江市公共文化服务供给的内容很大程度上还局限在传统单一的文化服务项目上，在覆盖面上还有许多不达标，个别还有缺项，在公共文化服务的多样化、高层次化上尤显不足。镇江市公共文化服务供给内容单一的具体体现，可以概括为两个方面。

第一，内容创新性不足，难以满足新时代的要求。问题主要集中在内容创新的载体上，镇江市公共文化服务供给大部分时候仍局限于在图书馆、文化馆、博物馆等文化场馆载体上进行。而镇江市在这些重要载体的建设和改造上进展十分缓慢，部分文化场馆设施老旧、场地局限，甚至出现音乐厅建成数年由于手续不全，迟迟无法投入使用的情况，文化阵地缺失使得先进的内容无法引入，创新的理念无处落地，优秀的人才难以集聚。镇江市打造的"文化镇江云"平台，虽然积极运用了互联网时代全新的载体形式，但其主要功能还局限于信息发布，而其发布的公共文化服务内容本身又回归了传统文化场馆。缺少创新的土壤，创新活力明显不足。

第二，内容针对性不足，难以满足多层次的需要。镇江市公共文化服务供给仍存在"一刀切"的现象。从不同年龄层次的角度来看，当镇江市在开展文化"六进"活动时，内容往往局限于送戏、送演出、送电影等，从实际情况来看，受众集中在中老年人，对年轻群体缺少针对性。从不同需求层次的角度来看，镇江市目前想听到高质量的名人讲座难，想去音乐厅享受高雅音乐会难，想去剧院观赏高水平的剧目难，对高层次的文化需求供给力度不够。

3.公共文化服务供给数量不足

镇江市公共文化服务供给数量短缺，核心问题在于公共文化设施总量不足，利用率不高，质量较低，与城市人口和社会文化需求不匹配。镇江市本级公共文化设施从"十一五"到"十三五"均未有大的发展，市图书馆新馆建设列入"十二五"规划，"文化四馆"建设规划已经市政府常务会议和市规委会审查通过，但至今都没有正式启动。目前，全省其他12个省辖市在"十一五"到"十二五"期间全部完成新一轮图书馆、文化馆建设，镇江市公共文化场馆建设水平在全省处于落后位置。文化设施数量不足，单位文化服务供给也捉襟见肘，以镇江市图书馆和文化馆为例，图书馆平均每册藏书年流通率、人均年增新书量、文化馆（站）服务受众人次数量明显不足，而人员及经费的配套也仅够保障场所日常运转，要实现充足供给依然有显著差距。

镇江市基层文化阵地尤其是镇村两级文化阵地重建设、轻管理的现象还在一定程度上存在，没有较好地发挥公共文化设施的服务功能。部分镇级综合文化站建成后，实际开放率低，部分村（社区）文化活动室作为村、社区综合服务站使用等情形较多,存在"建而不用、挪作他用"的现象。有些乡镇文化站管理粗放,存在阵地出租或转作经营性使用现象,群众对此常有反映。

4.公共文化服务供给城乡之间不均衡

镇江市虽然地处长三角经济发达地区,2018年生产总值进入全国前60强,经济发展快速,但城乡之间公共文化服务供给不平衡的矛盾依然十分突出,大型综合型的公共文化设施相对集中在城市,同时文化活动的组织开展也较多地选择在城市人口相对密集的区域进行。农村的公共文化服务仍以乡镇文化广场、农家书屋、文化下乡活动为主,公共文化服务基础薄弱,与城市公共文化服务供给无论是在效率上还是质量上都存在明显的差距。

镇江市镇(街道)、村(社区)公共文化设施分布不均衡。根据实地走访居民搜集到的情况来看,乡镇公共文化设施有的不能覆盖到自然村,有的文化活动广场建设地点比较偏僻,有的图书阅览室距离人口集中的地点路程较远,交通不便,村民前往阅读费时费力等。同时,镇(街道)文化站建成县级图书馆、文化馆分馆占比也不高;村(社区)综合性文化服务中心仍然存在不足,主要有开放项目不丰富、活动空间空置、延长开放时间不足、服务质量不高等问题。镇江市本级应配备的流动文化服务车,所辖的丹阳市、扬中市并没有购置,这也间接导致了所辖市每年下基层流动服务、流动演出、流动展览的次数和镇江市本级的供给水平有明显差距,同时,乡镇公共文化服务供给标准化、规范化程度也仍有较大的提升空间。

5.公共文化服务供给对象缺乏参与

公共文化服务的形态发生了显著的变化,特别是文化消费的个性化特征越来越明显,这就要求公共文化服务的提供者和服务对象之间形成良性的互动。一些文化场所长期门可罗雀,个别博物馆陈列内容多年未变,一些文化机构推出的新的文化活动,被误解为"收费骗钱",少有人主动参与,造成群众性文化活动的氛围不浓。公共文化服务对象受文化素质、闲暇时间和思想观念等因素的影响,对公共文化服务存在认识上的误区。在城市实地考察访问过程中,对政府提供了哪些公共文化服务、应当提供哪些公共文化服务,绝大多数人说不出一、二、三来,普遍知道的就是图书馆等文化场馆。绝大多数人认为公共文化服务供给是政府应当履行的职能,是为民办实事,而忽视自己在公共文化服务方面的需求表达。

供需双方之间的信息不对称,对公共文化服务供给的质量也有严重的影响。一方面,服务供给方提供的信息不畅,如每逢民俗节日的系列文化活动信息发布面不广,知道的人不多,一些大型文化活动事后在报纸、电视台上宣传,群众才知晓。另一方面,服务场所的查询方式落后,迁址新增等变动情况不能及时更新,阻碍了人民群众有效地参与到公共文化服务供给中来,社会民意对于公共文化服务供给的相关反馈信息无法得到及时有效的收集和传达。如此一来,双向渠道均不畅通,直接导致人民群众成了公共文化服务供给被动的接受者,甚至不会去思考自身实际需要的文化供给,就更谈不上主动参与其中,为社会改善和提升公共文化服务供给水平贡献力量。同时,地方政府部门在人民群众需求导向信息不足的情况下,也难以精准定位,提供人民群众普遍喜闻乐见的公共文化服务,进而可能导致公共文化资源的浪费。

(三)镇江市公共文化服务供给存在问题的原因分析

公共文化服务的供给是当前经济社会发展的一个热点问题,也是人民群众翘首以盼的民生需求。查摆问题、分析原因,才能推动公共文化服务供给向更高水平迈进。镇江市公共文化服务供给存在的问题有些是整个社会发展过程中阶段性矛盾,有些是地方制约因素所致。本文在对镇江市公共文化服务供给存在的问题进行具体分析的基础上,以综合研究成果为基础,从多个角度探讨造成这些问题存在的原因。

1.地方政府重视程度不够

一个国家或一个地区公共文化服务建设水平的高低,在很大程度上取决于当地政府对公共文化服务供给的重视程度。近年来,我国公共文化服务支出虽然大幅度增长,但与西方中等发达国家相比,我国文化事业的支出只占国家财政支出的1%,未能达到世界平均水平。镇江市作为江苏省土地总面积最小、常住人口最少的地级市,2018年,全市完成生产总值总量为4 050亿元,增速在0.99%,经济总量位列江苏省13个地级市中的第十,人均生产总值12.7万元,位列全省第五。2018年的财政收入为302亿元,增长幅度为4.8%。虽然经济总量不小,但是增速下滑明显,地方经济发展面临着巨大的压力,"吃饭"财政成为头等大事,在财政预算安排中,对文化事业的投入常常变成了"减项",一些公共文化建设项目一直停留在规划阶段。如镇江市图书新馆、科技馆等项目,年年列入建设计划,年年无法开工。

2.人才队伍基础薄弱

公共文化服务机构从业人员是公共文化服务有效供给的重要支撑力量,地方政府作为公共文化服务供给中占主导地位的主体,其人才队伍建设更是重中之重。目前,镇江市公共文化服务机构的工作人员明显不足,从事与公共文化服务相关的专业研究人员严重缺乏,一些文化场馆仅仅满足最低开门运转的状态,提供灵活、高效、有针对性的服务常常停留在计划中。例如,市级图书馆、文化馆,缺少阅读推广、文艺创作表演、经营管理的领军人才,基层文化人才配备不足,高层次文化人才占比不高,县级图书馆、文化馆具有副高职称的工作人员仅占5.6%。镇(街道)文化站工作人员、村(社区)综合性文化服务中心专/兼职文化辅导员"不专职、不专业、不专心"局面没有根本改变,人员流动性大,队伍不稳定;上岗前没有必要的文化职业素质要求,工作中接受专业培训的机会不多,专业素质和业务能力有待提高;在实际工作中,镇(街道)文化站专兼职从事公共文化服务的工作人员也就1~2人,村(社区)工作人员(包括书记、主任)一般5~8人,但承担了二十多项工作,一人身兼数职,专心从事公共文化服务工作精力难以保证。

3.政策支持缺乏

近几年,镇江市认真落实国家《公共文化服务保障法》,按照省政府一系列指导工作意见,大力推进公共文化服务,自"十一五"起,在每个时期的地方国民经济和社会发展规划纲要中,都将提供全面、优质的公共文化服务作为规划中的重要内容。镇江市分别制定了《镇江市基本公共文化服务保障实施标准》《镇江市公共文化服务目录》《镇江市向社会购买公共文化服务实施办法》等政策措施,为完善公共文化供给体制打下了良好基础。但从政策体系上看,重规划、重标准,而支持性政策相对较少,比如鼓励社会力量参与公共文化建设的政策、公共文化建设投资的相关政策、社会及公益组织文化实施对公众开放的指导性意见等。

4.需求表达机制不健全

社会民众是公共文化服务供给的主要服务对象,但同时也是整个过程的重要参与者,他们的需求表达对于调节公共文化服务供给起到至关重要的作用。镇江市的公共文化服务供给需求表达仍然停留在初级阶段。一方面,社会民众的需求表达渠道缺乏,人们无法及时、有效、自主地参与公共文化服务供给活动。另一方面,供给机构对相关的需求的重视程度不足,对需求表达缺少整合分析,很难及时、准确地反映出真实问题。这就导致了供需双方缺乏良性互动,需求表达对公共文化服务供给的调节作用不明显,供需不衔接、不对称,造成了很多公共文化资源的浪费。

5.绩效评价机制缺失

以绩效管理作为评价公共文化服务供给效能的重要手段,有十分重要的意义。对公共文化服务的供给既能够发挥驱动引导作用,又可以发挥管理约束作用,更有助于地方公共文化服务供给体系不断完善,可持续发展。虽然近年来镇江市公共文化服务供给水平有了很大提高,但是公共文化服务供给的良好评价机制尚未形成,镇江市公共文化服务体系建设协调机制虽然有工作方案,但是一直没有出台实施,各辖市区也均未成立公共文化服务体系协调组,公共文化服务体系建设没有列入各级党委政府的绩效考核。

二、国外与国内其他地区公共文化服务供给的经验借鉴

在国外,西方发达国家更早就对公共文化服务供给体系建设进行了积极的探索实践,至今其供给的完善程度和科学性仍不断发展。系统地对国内外先进地区公共文化服务供给体系进行分析,对镇江市更好地提高自身发展水平有着积极的意义。

(一) 发达国家公共文化服务供给多元模式构建的经验借鉴

在美国以及日本对于公共文化服务供给的研究和实践起步较早,相关理论体系已经较为系统,实践做法也已十分成熟。尽管我国的国情与它们存在差异,但是我们应当善于吸纳利用它们的先进做法,以此为基础探索出适合我国国情的公共文化服务供给模式。此外,美国和日本在发展公共文化服务供给的过程中也不可避免地遇到了一些问题,但是其解决问题的方式更加值得我们在自身发展的过程中吸收借鉴。

1.美国:以市场机制为主体

美国作为一个社会公共服务体系较为健全的国家,其公共文化服务资源广泛,公共文化服务供给的实现主要依靠社会力量来进行。而政府发挥的作用更多的在于与市场供给相互补充,为市场供给提供保障。

第一,政府以间接扶持为主。美国公共文化管理体系采用的是去中央化的管理模式,即没有一个专门的行政部门对文化进行直接管理,而是形成一套自上而下、从政府到社会对文化进行间接管理的工作体系。这样一来,就给了社会公共文化服务供给机构较大的自主权,它们可以根据人民的诉求去生产供给较为受群众欢迎、体现时代特点的文化产品。美国政府扶持公共文化服务发展的机制可以分为三个层级:第一层级,主要在国家层面由总统和艺术与人文委员会负责开展文化相关的顶层政策设计;第二层级,主要由美国联邦公共文化服务机构和赞助机构组成,如基金会、图书馆、美术馆等;第三层级,主要为美国艺术与人文委员会及文化基金会在各州、市地方设立的分支机构。

第二,以社会投入为主要渠道。一方面,美国政府大力引导公共文化服务供给机构主动寻求社会资本配套或赞助;另一方面,美国政府积极鼓励社会力量投入公共文化服务供给建设中,利用税收减免政策调动社会上有实力的企业、团体或个人的积极性。

第三,实现行业协会自律管理。从政府角度看,美国政府在主要依托社会力量发展公共文化服务事业的同时,特别注重引导相关行业的自律。其主要做法是,通过与各类行业协会和民间社团组织,如广播业者协会、电影协会等保持紧密的联系和沟通,指导他们制定行业行为准则、自律公约等制度,以此为抓手保障社会力量合理参与公共文化服务活动。从行业协会角度看,与美国政府保持紧密联系,有助于行业意识的传达,向联邦政府争取政策、立法等方面的支持,维护行业自身的权利。

美国以市场机制为主体的公共文化服务供给模式的实现方式,所带来的启示是:第一,政府应当以服务为导向,更加注重制度法律层面的科学设计,作为公共文化服务的参与者,更多地发挥引领和带动作用。第二,丰富的社会资源要充分调动起来,为公共文化服务供给注入可持续发展的动力。第三,政府需要与各文化相关行业紧密联系、积极互动、公共发展,构筑良好的社会参与公共文化服务的生态,吸引更多投入,形成良性循环。

2.日本:政府职能结构转型

在日本,政府在每个社区都设立了公民馆。设立公民馆的主要目的是建立起一整套完整的公共文化服务体系。供给本地区的社会民众进行文化休闲娱乐活动,开展多种与教育和学术有关的文化活动,提升居民的精神文明素质和教养,培养科学健康的精神生活方式,提高居民的个人情操,传播日本文化,同时也可以达到社会保障的目的。

第一,合同外包接入公共文化服务供给。这种方式与西方发达国家的第三方公共文化机构有很多类似的地方。政府进行适当的放权,将公共选择的权利交给市场和第三方机构,这样可以很大程度上提升文化产品选择的自主性,社会民众的需求也可以更好地得到反映。日本在很久之前就执行了指定管理体系,将公共产品的生产与产品评估交给了第三方机构,政府自身主要负责公共产品的监管,这样就保证了第三方机构有效地实施政府的决策。

第二,非营利组织促进企业对公共文化服务的赞助。20世纪90年代,受到经济萧条的影响,日本福利事业的规模有所缩小,近年来随着政府投入和扶持的力度加大,公益机构又焕发了生机。这些非营利组织为企业参与公共文化服务供给提供渠道,向公共文化服务提供捐赠或赞助的企业通过向政府制定的非营利机构申报,经审批备案后可以享受政府配套的优惠政策,公共文化服务供给方则直接向这类非营利性机构提交申请,经审查后可以获得赞助款项。也可以说是文化类非营利组织搭起了企业和公共文化服务供给方联系互惠的桥梁。

第三,居民志愿参与公共文化服务供给。在日本,尽管社区居民对于公共文化产品的支出贡献还十分有限,但是作为实际公共文化的享有者,社区居民能够参与到公共文化的生产中,就是一个很大的进步,因为在这个过程中,公民的需求可以得到一个合理的表达。日本很多社区都会建立一些文化相关会社,通过集体的力量来保证自身的需求得到满足,这也是行使人民权利的重要途径。

日本在公共文化供给中进行政府职能结构转型,带来的启示是:第一,政府在公共文化服务领域合理的减政放权有利于供给主体的多元化发展,这其中政府应当把握好的是供给质效和目标任务。第二,以民间非营利性组织为桥梁,有助于突破政府职能的局限,盘活社会资源,激发市场活力,且非营利性组织的活动均在政府的可控范围内,有利于公共文化服务供给的良性发展。第三,居民志愿参与是公共文化服务供给中必不可少的一部分,需要长远规划,悉心引导培育,尽快形成完整的供给链闭环。

(二) 国内城市公共文化服务供给的经验借鉴

2011年以来,我国文化体制改革进入快车道,国内公共文化供给模式不断创新发力,随着实践探索的深入,越来越多的地方因地制宜地在完善和提升公共文化服务供给上已经取得了一定的成效。长沙市和苏州市作为国家公布的首批公共文化服务体系示范区就是典型代表,有诸多值得学习和借鉴的经验。

1.长沙:构建文化立体网络

长沙市的公共文化服务供给水平在近几年取得了长足的进步,这些发展一方面得益于国家的政策支持以及财政的投入,另一方面也在于长沙政府制定了适合自身实际的公共文化服务发展道路,这对于保证社会公共文化服务供给的质量有着至关重要的影响。

第一,建立了较完整的公共文化法规体系。公共文化服务供给作为长沙市政府重点的社会民生服务项目,在制度层面受到了高度的重视,长沙市为此专门制定了一系列公共文化相关法律法规。这些法律法规,一方面,都是结合长沙实际情况编制,全面覆盖了所有公共文化活动类型,以保障它们的顺利进行;另一方面,也体现了长沙市地方政府执法为民的理念,保证了公民参与公共文化生活的积极性。

第二,公共文化服务财政投入不断提高。从近年来的统计数据可以看出,长沙市现代公共文化服务体系投入的资金数量呈现出一个稳步增长的趋势,仅仅是2015年的投入,就比前一年增长了近7%,这也表现出了长沙市政府进行公共文化试验项目的决心。同时,有一部分的资金来自社会公益机构和团体,这也是当前社会公益事业不断发展的趋势在公共文化服务供给上的良好体现。

第三,公共文化服务网络设施不断完善。长沙市在公共文化设施的建设方面也领先国内很多同类城市。文化设施就是公共文化服务的有形载体,因此,长沙市政府特别注重将资金用于建设一些居民常用的设施,比如图书馆、影剧院等。据统计,2018年长沙市已经拥有14个公共图书馆,保证了人民都能享受到文化的氛围。

长沙市在公共文化供给中构建文化立体网络的实现方式,带来的启示是:第一,地方政府要主动作为,敢于作为,避免缺位,承担起在公共文化服务供给中应当履行的职责。第二,地方政府在推进公共文化服务供给体系建设的过程中,应当把制度保障、经费支撑摆到重要位置,未雨绸缪、提前布局,为公共文化服务供给打下坚实的基础。第三,地方政府在布局公共文化服务供给网络的时候应当长远考虑、科学谋篇,在供给的数量、种类、质量上都充分考虑。

2.苏州:重点提升有效供给

苏州市的公共文化服务供给发展道路与长沙市有所不同,由于苏州市较早就进行了公共文化服务设施共建共享机制的建设,大力推进城乡公共文化事业均等化发展。因此,其在公共设施的建立与绩效评估方面的经验已经相对成熟,其目前发展的着力点主要在于公共文化服务有效供给的提升。

第一,以社会群众为导向,苏州市着力建立起了一套完整的需求表达机制,目的是使社会民众的需要能得到更好的反映。这样可以统筹全市公共文化服务供给的有效发展,找出适合公众文化需要的高质量产品。此外值得注意的是,苏州市在绩效评价体系的制定过程中,社会群众的意见也有着参考指导作用。群众的满意度往往是供给是否达到预期目标的重要评价指标。

第二,以供给主体多元化,改善公共文化服务设施供给机制。苏州市不断鼓励公共文化服务供给主体的多元化发展,以文化功能转型为出发点,通过文化事业管理、合同承包、特许经营、委托、补贴、销售等方式,引导文化企业和文化社会组织提供文化设施和服务。

第三,以长效资源整合,提升公共文化设施服务供给能力。为有效解决苏州市公共文化服务设施存在的多头建设、资源分散、缺乏整体规划等问题,苏州市政坚持共建共享的理念,实施公共文化的集约化管理,改变以往"政府管理和政府办公"财政资源的运作模式。同时,苏州市政府通过定期开放和租赁,将企业、事业单位和社会组织的文化服务场所纳入城乡公共文化服务设施体系,并巩固了各种设施的优势,实现资源、受众和管理方法的整合。这样也就提升了整体文化设施的服务供给能力的水平。

苏州市在公共文化服务供给中重点提升有效供给的实现方式,带来的启示是:第一,地方政府要重视社会民众对公共文化服务供给的反馈信息,注意科学地分析并以此导向对公共文化服务供给进行及时的调整。第二,地方政府应当正确地处理好与多元的公共文化服务供给主体之间的关系,既要激发它们的活力,发挥它们在供给中的效用,也要注重监督管理保证供给质量。第三,地方政府除了要提升公共文化服务供给的数量和种类,对已有的供给形式要常抓不懈,始终保持其能够高质量地服务人民群众,提供令群众满意的公共文化服务。

三、推进镇江市公共文化服务供给的对策建议

近年来,镇江市虽然在基层公共文化服务体系建设方面取得了长足发展,公共文化服务供给能力和水平也日益提高,但是就整体水平而言,与国内先进城市的差距仍在拉大,各辖市区发展也不够平衡,基层公共文化服务体系建设还存在着一些不容忽视的问题和不足。

(一)拓展公共文化服务供给的多元路径

在单一的公共文化服务供给路径已经无法适应社会发展需求的情况下,镇江市亟须拓展公共文化服务供给的多元化路径。地方政府方面,需要向服务型政府转变,厘清自身权责,市场方面则需要盘活社会资源,扩大市场供给。群众方面,需要积极参与到公共文化服务供给体系的建设中去,不做局外人、旁观者。实现镇江市公共文化服务供给在多元化道路上可以齐头并进,供给水平不断提升。

1.政府供给发挥主导作用

在由政府主导的公共文化服务供给功能上,镇江市仍然需要有所作为。镇江市应当加大公共文化设施建设力度;继续高标准开展国家级基层综合性文化中心建设试点,统筹建设集多种功能于一体的文化服务中心;加快推进有线电视数字化、双向化进程,充分利用广播、电视、网络双向互动功能,为各级政府便利服务提供窗口和平台,向社区群众推送本地化、分众化的优质文化教育内容。

2.市场供给促进资源合理配置

企业作为市场的基本单元,企业运营的最终目的是获得利益的最大化,在这种情况下,企业会使用多种手段扩大自身的盈利空间和市场份额,企业同时也需要从内部改革出发,关注产品的质量,满足不同群体消费者的需求,还需要提高管理方法,提高自身的核心竞争能力,增强自身的多元属性和自主性,改变传统的僵化的供给体制,引入市场机制,提高文化资源的配置效率,解决公共文化可控资源不足的问题。此外,企业之间的竞争一定是以人民群众的需要为前提的,也就是具有趋利性,这就要求企业尽快找出居民对于文化产品的需求点,带动整个企业的全盘发展,这样市场就可以真正发挥出配置市场资源的作用。政府和市场供应不应仅限于监管,而需要围绕"公共利益"的核心寻求合作。应该指出的是,当市场进行公共文化服务或产品生产时,有必要充分保证公共文化服务公平。

3.群众参与建设

群众是公共文化服务供给的最直接受益者,公共文化服务的供给不是一个单向的输送过程,而是集成了生产、供给、反馈、调整、再生产的完整闭环。第一,地方政府应当建立健全公共文化服务政府采购和资助目录,加大政府购买服务力度,镇江市应当完善"淘文化网"公共文化产品和服务社会化运作平台,鼓励社会力量通过多种方式参与公共文化服务体系建设。第二,应当发挥城乡基层群众性自治组织的作用,加强与非营利性第三方组织的合作,促进文化非营利组织,民间非企业组织和公益文化组织参与公共文化建设服务。第三,推动专业艺术院团、艺术院校等建立健全文化志愿服务制度,鼓励艺术家、专家学者等社会知名人士开展经常性文化志愿服务。

(二) 强化公共文化服务供给的政府投入

地方政府在公共文化服务供给体系的建设过程中要能够积极作为、敢于作为,在资金和人才保障两个方面,政府投入是对公共文化服务供给正常开展的基础保障。同时,由于有了政府牵头,对于广泛调动社会资源参与公共文化服务供给建设也有着积极的引导和催化作用。

1.调整和优化政府公共文化服务资金保障的投入

镇江市可以从以下几点入手:第一,努力扩大资金总盘子,实施保障标准,设立专项的公共文化服务资金,加大公共文化建设投入。第二,加大在关键领域的投入力度,建设一批现代化公共文化场馆,新建区级图书馆新馆,完成镇江博物馆扩建、镇江市民间文化艺术馆迁建并对外开放。第三,统筹兼顾,适当向薄弱环节倾斜,以构建镇江市"均衡发展,优质高效"的现代化公共文化服务供给体系为目标,完善以城带乡联动机制,实施文化惠民工程,大力开展流动文化服务,针对特殊群体开展文化关爱服务,将外来务工人员文化需求保障纳入常住地公共文化服务体系。

2.稳定和加大公共文化服务人才队伍建设的投入

镇江市地方政府应当从充实公共文化建设队伍、培塑文化人才、强化人才队伍三个方面入手。第一,充实公共文化建设队伍,大力招引人才,增加镇(街道)综合文化站核定编制数,在村(社区)综合性文化服务中心配置公共财政补贴的专兼职文化辅导员岗位。第二,培塑文化人才,提升队伍整体素质,可以通过建立科学的人员选拔和人才培养流程,提高人才的合理配置,提高政府公共文化管理部门人员的专业素质,保证公共文化事业的稳定运行。第三,强化人才队伍,整合已有人力资源,建立镇江市文化专家库,实施文艺新秀培养工程,启动镇江文艺名家培养计划,在有条件的地方推行通过政府购买服务方式,选聘文艺骨干充实到公共文化服务基层一线。

(三)完善公共文化服务供给的保障机制

要使公共文化服务供给保障机制更加完善:第一,健全公共文化服务供给政策支持机制,从顶层设计上给予支撑。第二,构建公共文化服务供给需求表达服务机制,是实现公民参与度的可行性手段。第三,构建落实公共文化服务绩效评价机制,引导和约束公共文化事业始终保持良性发展。

1.健全公共文化服务供给政策支持机制

镇江市地方政府近年来对公共文化服务相关的政策制度保障机制建设十分重视,这也成为镇江市公共文化服务发展良好的重要助力,但由于基础薄弱起步较晚,尚未能形成健全的体系机制。建议从以下几个方面加以完善:第一,加强顶层设计,强化创建领导,提升公共文化建设认知。由镇江市级层面的领导小组统筹推进各项工作。第二,突出改革创新,开展制度设计研究。着力当前公共文化重点改革任务,以增强人民群众"获得感"为根本。第三,加大法律支撑,落实创建责任,增强公共文化建设"刚性"。镇江市地方政府制定出台《镇江市公共文化服务保障办法》(简称《办法》),将示范区创建标准写入该办法,进一步明确公共文化服务内容、种类、数量、水平和政府保障责任等。

2.构建公共文化服务供给需求表达服务机制

镇江市努力构建的公共文化服务供给体系是立足于长效的可持续发展的,为实现这一目标,就必须构建成熟的公共文化服务供给需求表达服务机制,力争供需双方无缝连接,公共文化需求可以充分地表达并在接下来的供给中得到体现。目前看来,镇江市在这一方面的努力成效初显,还需从以下几个方面持续推进。第一,拓展完善渠道阵地,坚持疏通发挥各地文化站、新闻、报纸、电话等传统信息传输渠道功能,同时加大移动终端等现代信息网络技术应用,建立以网站、微信和微博为基础的公共文化网上服务平台。第二,系统整合分析需求信息,对于公共文化服务供给需求信息要及时收集分类汇总,指定专人、专门部门制定针对需求信息的规范化处理操作流程,注重对需求信息的分析研判。第三,向实际供给有效转化,社会民众集中合理的公共文化需求应当及时转化为对下一阶段公共文化服务供给的导向。

3.构建公共文化服务供给绩效评价机制

镇江市的公共文化服务供给绩效评估体系还处于起步阶段,其深度和广度仍然不足。科学的公共文化服务供给绩效评价机制需要从公共文化服务供给的投入、过程、产出和结果四个方面加以综合的评价,施行有效的监督约束,提升社会民众对公共文化服务供给的满意度。第一,镇江市级政府部门应将公共文化服务供给建设情况纳入政府绩效考核,参考先进经验,因地制宜制定科学可行的评估办法,提高地方政府公共文化服务供给的评估能力与监督能力,制定镇江市公共文化服务绩效考评办法,从公共文化服务内容、公共文化服务基础设施、政府经费投入、公共文化服务满意度层面建立评价机制。第二,定期召开公共文化服务协调工作会,加强与政府其他相关部门的沟通,协调解决资源消耗过剩与短缺的问题,整合资源,合力探索实现镇江市公共文化服务有更高质效的供给。第三,组织对相关公共文化服务供给单位进行考核,考核和评价的标准为民众的满意度和社会效应,民众参与公共文化服务供给的监督、评估是不可或缺的重要环节,有助于政府提高服务意识与能力,对民众需求做出积极回应,加快公共文化服务供给体系建设,也有助于市场和社会力量的广泛参与监督。

南京市低碳城市建设研究

孙洁晶

（学号：1120172333）

中国一直将低碳和可持续发展作为各级政府发展的目标。同时在国际上，中国积极践行国际承诺，履行全球最大的发展中国家的责任。

本文以现代工业发展给全球生态环境带来诸多不利影响，世界各国开始寻求保护环境、节约资源的生产、生活模式为研究大背景，以理论基础为指导，从生态、能源、经济、交通等方面进行积极探索，从而实现探索人类社会可持续发展有效路径的研究意义。

一、南京市低碳城市建设现状分析

南京是江苏省的省会，是长三角洲地区的重要门户城市，也是长三角地区和华东地区唯一的特大城市。南京有 11 个市辖区、87 个街道和 13 个镇，总面积 6 587 平方千米，常住人口为 833.5 万。其中，城镇人口为 685.89 万，城镇化率为 82.3%。南京市的自然环境、城镇发展和产业特点决定了南京城市发展必须走低碳发展的建设道路。

（一）南京市低碳城市建设的举措及成效

南京市政府立足于南京城市发展的现状，结合城市在资源、文化、经济、产业、交通、消费、生活等方面的实际情况,积极采取相关举措,在低碳城市建设方面取得了一定的成效。

1.所采取的举措

近年来,南京市政府在低碳城市建设模式、体制、政策等方面开展了积极探索,在低碳发展转型过程中取得了一定成效。南京市政府在低碳城市建设中所采取的举措主要分为以下三个方面:

(1)建立可持续发展的长期规划

南京市政府以国家和省政府发布的相关政策为建设指导,旨在创建资源节约型、环境友好型社会。根据可持续发展的建设原则,制定了包括从顶层设计角度出发的全局规划方案,如《南京市"十二五"规划》,此外,南京市政府还从城市生态化建设,城市管理长期规划、道路交通管理和绿色低碳交通运输推行等具体实施层面制定了详细的规划方案。从宏观把控的角度,为南京低碳城市建设提供长期的,具有战略性、指导性、原则性的规划指引,进一步明确目标以及建设方向。

(2)制定具有约束性的法规标准

南京市低碳城市建设不仅是南京实现转型创新的发展,也是提升城市国际化水平、提高城市综合实力和可持续发展能力的重要路径。南京市政府在建立可持续发展的长期规划基础上,坚持监管并举和依法管理两大原则,从南京市机动车尾气排放、全市范围内的节能监察、民用建筑节能规范、"散乱污"企业专项执法检查、生活垃圾分类收集管理、煤炭消费总量控制、能源消费结构转换等方面制定了具有约束性的相关法规标准,从具体实施层面,为南京市低碳城市建设提供法律政策保障和标准引领。

(3)促进相关项目方案建成落实

南京市低碳城市建设在明确的长期规划指引下,在具体实施法规标准的约束监管下,政府部门也相继出台支持奖励政策,积极促成相关低碳项目方案建成落实。政府更主导开发了城市级别的公众服务移动应用软件——"我的南京",成为全国第一个奖励市民低碳出行的城市。"十二五"期间,南京市积极寻求国际合作,促进国内外先进低碳生态技术相结合,继江心洲中心生态岛近零碳排放示范工程启动之后,全面打造南部新城中芬低碳生态试点示范区和江北新区低碳生态示范区。同时,在吸引投资的过程中,南京市建立了"低碳门槛",低碳标准被纳入各项评比等约束性指标当中。

2.取得的成效

尽管国内外经济环境复杂多变,但南京市政府坚定不移地完成了"十二五"规划确定的主要目标和任务,确保"十二五"期间的建设发展进度,南京市低碳城市建设也取得了显著成效,集中体现在以下几个方面:

（1）经济发展水平

"十一五"期间，南京市积极推动产业结构优化升级，在做大服务业、做强制造业方面狠下功夫，第三产业增加值比重稳定在50%以上，2010年达到50.7%，分别超过全国7.7%和全省11.2%。产业发展基本形成"三二一"的格局，但仍未摆脱重化工的特征。"十二五"期间，南京进一步深化产业结构调整，生产总值的比例从2010年的50.7%增加到2015年的57.3%，领跑全省。同时，加快实施产业内部结构调整，大力发展战略性新兴产业，全市六大类九大战略性新兴产业2015年的主营业务收入达到5 948亿万元，较同期增长10.7%。

从目前产业结构调整的结果来看，南京市低碳城市发展的重点战略依然是进一步加大加深产业结构的调整，推动支柱产业的提升和绿色发展，引进并升级改造重化工行业的低碳技术，进一步探索低碳经济的深入发展。

（2）能源消耗与碳排放

"十二五"期间，南京市在调整产业结构为主线的基础上，对1万余家企业的节能低碳行动进行深度推进。加快推进节能减排技术的升级改造，提高能源利用效率，全面开展节能减排工作。2015年，全市能源消费总量达到5 300万吨标准煤，比2010年增加18%。全市万元地区生产总值综合能耗已降至0.62吨标准煤，总量下降28.7%，位居全省前列，超额完成了省政府下达的"十二五"期间万元地区生产总值综合能耗降低的节能计划。其中，冶金、石化、电力、建材四大高耗能行业增加值占全市规模以上工业的比重从2010年的33.8%下降到当前的28.3%。

（3）城市生态环境变化趋势

因为在能源消耗和碳排放方面取得的显著成效，南京市的生态环境建设也得到进一步加强。"十二五"期间，南京市开展了"9322"等行动，对全市环境进行综合整治，全面提升了城市环境治理水平。南京市完成了玄武湖和金川河约57平方千米的区域雨污分流建设任务，创建了排水达标区；重点集中整治了南十里长沟主流河道以及南河、清江河、龙江河等20余条黑臭河道；全面实现52千米滨江风光带岸线贯通和沿线景观绿化工程，新增游园绿地100个和林荫道200个，有效地提升了城市环境品质。

（二）南京市低碳城市建设存在的主要问题

虽然南京市在低碳城市建设过程中取得了一定的成效，但是也存在不少问题，比如：发展规划与目标不够明晰、协调发展程度不够、相关资源配置不到位、宣传普及程度不高等。唯有及时提出方案来解决这些问题，才能更好、更快地推动南京低碳城市建设的发展。

1.发展规划与目标不够明晰

低碳城市的建设顺利发展，必须以保障低碳城市建设顺利进行的各项政策制度为先行条件,制定明确的发展规划和目标。

目前,在南京低碳城市建设的规划过程中遵循"自上而下"的规划模式,认为政府部门是低碳城市建设的主体,在规划过程中多以政府诉求为主,忽略了企业、居民等城市主体对城市建设和发展的影响,尚未将各阶层的利益进行充分考虑,也未融入低碳城市建设的规划中,缺乏更全面的利益诉求,造成规划方案和建设目标的偏差与不合理。因此,南京市低碳城市建设的规划体系尚不完善,低碳城市建设也无法全面、有序地深入开展。

同时,南京市在低碳城市建设政策制定方面存在一定问题,政策内容尚不具体、不明确。对于如何落实国家和江苏省低碳城市建设的要求,如何促进生态文明发展,如何推进南京市低碳城市建设等都没有形成有针对性的、具有地方性和约束性的法规政策,更缺乏具体的执行规则和程序。

2.协同发展程度不够

在南京市低碳城市建设尚未形成明晰的规划目标和政策制定不完善的现状下,低碳城市建设过程中各部门相互协调发展的程度也不尽如人意。就目前南京市政府涉及低碳建设的管理部门而言,不仅职责划分不明确,各种审批流程复杂烦琐,工作效率低,管理方法单一;而且,在提供公众服务方面,也缺乏从社会公众愿望的角度和需求多样化的角度考虑,仅仅是独断地、单一地、一厢情愿地强制提供。同时,南京市政府各职能部门间尚未形成市级层面的信息网络办公一体化系统,无法实现多部门协同办公,这在一定程度上也为南京市低碳城市建设带来很大的阻碍。

3.相关资源匹配不到位

南京市政府为保障低碳城市建设的资金供给也制定了相应的财税政策,除中央政府的专项资金外,南京市政府也对专项资金进行了配套。对于节能减排示范工程和新能源汽车推广,给予相应的资金补贴,分级分档减免企业的减排税收。这只能缓解南京市低碳城市建设中的资金压力,无法从根本上解决低碳城市建设的资金供给问题。

从目前情况来看,南京市低碳城市建设中还存在着低碳产业人才发展缓慢;低碳城市发展路径规划尚不明确,人才定位和技术发展难以把握;低碳技术瓶颈突破能力难以满足低碳城市建设的需求;低碳教育和培训进展缓慢,低碳专业技术人才紧缺;基础设施配套滞后,人才和技术缺少长期发展平台等几个方面的问题。

在国家大力推进"互联网+绿色生态发展"以及江苏省积极构建区域碳市场的背景下,南京市于2013年在全省率先构建了建筑能耗在线监测平台。这些网络信息平台的构建,仅仅是部分产业领域或者部分地区的信息共享监测平台,统计资料不翔实,数据标准规范不统一,信息数据存在重复性。在南京市低碳城市建设过程中市级层面的、规范性的、数据健全的、具备实时监测预警功能的低碳管理云平台尚未建立,无法摸清全市碳排放家底,缺乏相对完善的碳排放数据统计核算管理体系,对南京市的节能降碳潜力更无从得知。

4.社会群众认知度不高

自从国家呼吁发展"低碳"以来,南京市政府也对低碳知识进行了大量的宣传和普及,南京市社会群众对基本的低碳知识有了初步了解,已经建立了一定的低碳意识,但对低碳的内涵并没有深刻的理解。受到年龄层次、工作性质、文化程度、家庭环境和经济状况等因素的影响,不同人群获得低碳相关知识信息的渠道不同,接受程度也不同。虽然网络普及是目前南京市低碳信息普及和鼓励群众参与的主要方式,但是社会群众获取渠道更多来自报纸、杂志、图书、电视,从而导致低碳信息无法进行更为广泛的和深层次的宣传和普及,社会群众的参与度也未达到理想状态。

(三) 南京市低碳城市建设存在问题的原因

及时对南京市低碳城市建设过程中存在的问题进行剖析,有助于政府决策部门及时调整政策法规和实施手段,从而确保低碳城市建设在正确的道路上稳步前进。

1.管理机制体制有待健全

2008年南京市政府印发了《南京市深化城市管理行政执法体制改革工作方案》[①],该方案旨在以南京市已经实行的城市管理相对集中行政处罚权为基础,理顺行政执法权限,明确行政执法责任,提高行政执法水平和效率,从而完善相对集中行政处罚权制度。该方案从行政执法者权益角度出发,管理理念仍处于以"管"和"罚"为主要手段,管理工作也处于运动式、迎查式、突击式的初级阶段。

与传统的城市发展相比,低碳城市的建设更注重长期的生态收益。因此,南京市政府应实行以低碳环保、生态文明、经济增长三者协调发展为中心的评价体系,推行城市建设管理的科学策略,结合南京市的城市政治管理机制体制、财税金融等经济管理机制体制及科教文体卫等管理机制体制,建立全面的、科学的、高效的低碳城市建设管理机制体制,使南京市低碳城市建设的政策措施从城市政治、经济和社会管理等各个方面得到切实落实。

2.建设体系发展有待成熟

城市建设规划体系应包括建设规划法规体系、建设规划行政体系和建设规划

---

① 南京市人民政府.市政府关于印发《南京市深化城市管理行政执法体制改革工作方案》的通知[Z].2008-07-01.

运作体系,城市建设规划体系为城市建设发展提供制度框架和组织结构。我国的城市建设规划系统尚不成熟,在城市建设规划的法规体系、行政体系和运作体系上都不是很完善,尤其是传统的总体与地方二级建设规划制度已无法满足现代城市建设发展的需求。

城市建设规划的主要对象是城市的空间系统。2007 年,南京市制定了《2007—2020 年城市总体规划方案》,从市域、都市区和中心城区三个层次对南京城市建设进行了近期、中期和长期的建设规划,以经济发展更具活力、文化特色更加鲜明、人居环境更为优美、社会更加和谐安定的现代化国际人文绿都城市为城市建设发展目标。

南京市低碳城市建设目前以降低碳排放强度为核心目标,因此体系建设也围绕这一核心目标展开。就现有建设程度来看,在碳排放实时监测、汇总统计和实施在线监管体系方面的建设尚未健全,滞后于节能减排工作的需求,更缺乏统一的市级层面指标管理体系。南京市低碳城市建设应从碳排放、经济发展、社会进步、交通出行方式、人居环境和自然环境这六个主要方面着手,在注重以节能减排为核心目标的基础上,通过产业结构调整和低碳技术创新,大力发展低碳经济、绿色交通、清洁能源等,以建立起全面完善的低碳城市建设体系。

3.资源配置有待到位

资金、人才、信息、技术等资源配置是否到位,直接影响到南京低碳城市建设的发展速度。目前,支持南京市低碳城市建设的配套资金仅来源于国家及地方政府的财税支持,资金来源渠道过于保守。南京市政府应积极争取与地方商业银行的合作,为低碳企业、低碳项目提供绿色信贷服务。同时,积极获取国际金融机构的资金支持,以确保低碳城市建设的资金配套来源。

在南京市低碳城市建设的现阶段,低碳技术人才的引进和发展受到过度关注,而忽略了低碳管理人才以及低碳教育培训的发展,从而导致人才资源配套失衡。因此需构建完善的低碳人才发展体系,确保低碳城市建设中各环节、各阶段、各领域人才资源都得到有效配置,也为管理部门和具体实施部门在低碳城市建设的各阶段提供有效的技术支持。

南京的低碳城市建设已经进入一定阶段,但南京市的碳排放家底尚未摸清,碳排放数据尚未统计,体系指标尚未规范,节能降碳潜力更加无法估算。这有悖于国家"互联网+绿色生态发展"的大背景,南京市政府迫切需要借助互联网大数据技术的帮助,在网格化管理制度的监督管理下,搭建市级层面的、规范性的、数据健全的、具备实时监测预警功能的低碳管理云服务平台,为南京市低碳城市建设提供良好的信息资源配置。

4.宣传引导有待加强

企业和社会公众作为低碳城市建设中的重要参与主体,建立自主的低碳意识和自觉的低碳行为,这将有助于低碳城市建设的快速发展。南京市政府职能部门应建立完善的舆论引导机制,并通过多渠道的宣传引导方式和多手段的鼓励支持计划增强宣传低碳理念,提高企业及社会公众的低碳城市建设意识。除此之外,也应充分利用经济杠杆的导向作用,通过减免减排税收、新能源奖励计划、节能电器补贴、低碳积分兑换、公共交通出行优惠政策、阶梯电价水价等手段,积极引导企业及社会公众改变生产模式、经营模式、生活模式、消费模式,自觉履行低碳城市建设的责任。

二、国外与国内低碳城市建设的经验借鉴

世界大多数发达国家在城市建设模式上已向绿色、低碳和循环性模式发展转型。截至2017年,我国已经在29个低碳试点省区确定了81个低碳试点城市,低碳城市建设已全面启动。国内外低碳城市建设均取得了良好的效果,并根据自身特色形成不同的发展重点。作为国家发改委指定的第三批低碳试点城市,南京市需借鉴国内外低碳城市的建设经验,以更好地建设符合南京市实际情况并具有南京特色的低碳城市。

(一)国外低碳城市建设概况

随着工业文明的高速发展,资源、能源的日益短缺,生态、环境破坏程度的加剧,越来越多的发达国家已经意识到走可持续发展道路的重要性,开始积极探寻绿色、低碳和循环性模式的发展路径,并取得了不俗的成效。

1.瑞典:以可持续行动计划推动低碳城市发展

瑞典充分利用高度发达的科技和工业,积极探寻清洁能源开发和利用的发展路径,并在提高能效、降低碳排放等方面处于世界前列,是低碳城市发展的国际典范。自20世纪60年代起,瑞典始终将环境保护放在首要位置。20世纪70年代全球石油危机爆发,以瑞典为首的北欧国家在能源效率和可再生能源方面投入巨资,积极探索热电联供、区域集中供热、节能建筑、风电、水电、垃圾发电、生物燃料等技术,成为世界领先的清洁能源出口国,打破经济发展、能源消耗和温室气体排放三者间的直接联系。

为了节约能源,提高能源效率和有效保护环境,瑞典政府自20世纪60年代开

始制定了一系列政策措施,建立了相对高效完善的低碳政策体系,其中包括产业、能源和气候等多种因素。2009年2月,瑞典发布了一份关于可持续发展能源与气候的新政策文件,其中指出了瑞典能源和气候政策的制定应以环境保护、竞争力和安全为基础;该能源政策还明确了2020年之前瑞典可持续发展的各项指标,可再生能源比例增加到50%,交通运输部门的可再生能源比例达到10个百分点,新能源效率再提高20%,温室气体排放量减少40%。

瑞典在低碳城市建设的过程中,坚持以可持续发展为主要指导思想,坚持以可持续行动计划助推低碳城市发展。瑞典以可再生能源的开发利用对能源消费结构进行调整,以废物回收再利用实现"变废为宝",随着节能设备的普及和能源利用率的提高,通过环保技术的创新来提高污染防治的能力。马尔默是瑞典可持续发展行动计划推动低碳城市转型的典范,马尔默市政府于2001年开始对城市进行改造①,用太阳能、风能和垃圾发电这些百分之百可再生能源作为城市能源,实现了由工业为主的城市向低碳、环保、生态城市的完美转变。

瑞典不仅在低碳经济发展方面取得了显著成就,而且在国际环保产业和能源技术发展方面也走在世界前列。瑞典政府的管理法规政策、能源可持续发展战略、可再生能源技术和节能降碳措施皆为南京市低碳城市建设带来了巨大启示。

2.英国:探索零碳排放的开发和建设运营模式

2003年,英国发布能源白皮书"我们能源的未来:创建低碳经济",树立了英国将在2050年之前实现从根本上变成一个低碳国家的能源发展总体目标。欧盟在《京都议定书》中承诺,2012年欧盟温室气体排放量将在1990年的基础上减少8%。英国政府已经明确表态,在欧盟内部的"减排量分担协议"中,英国承诺减排12.5%,这高于平均减排目标4.5%。

伦敦贝丁顿零碳社区位于伦敦西南的萨顿镇,社区配备公寓82套,办公和商住面积约2 500平方米,总占地面积约16 500平方米。社区于2002年完工并投入使用。贝丁顿社区从规划到设计,再到建筑的选材和建设过程,能源规划和循环利用以及环保策略等硬件环节都充分体现了"零能源"的理念,并且在文化、道德、管理体制的建立上也充分整合了"零能源"的理念。社区的建筑材料均使用回收建材,建筑窗框选用木材而不是未增塑的聚氯乙烯材料,建造过程中秉承"就近取材"的原则,大部分木料和玻璃都是从附近建筑工地上"挑选"出来的,这相当于在制造过程中减少了大约800吨的二氧化碳排放量。英国冬季寒冷漫长,约有大半年的采暖期,社区的采暖系统未采用传统的采暖系统,而是采取通过减少建筑热损

①　何永.马尔默的可持续发展建筑群[C].中国城市规划学会2002年学术年会,厦门,2002:340-345.

耗、充分利用太阳能等环保措施。利用每个家庭的朝阳玻璃房,最大限度地吸收太阳的热量。建造房屋时采用可储存热能的建筑材料,室内温度达到一定程度时,可自动储存热能,从而减少暖气的使用。屋顶种植大量景天植物,冬季可防止室内热量流失,夏季可隔热降温。社区居民的生活用电和热水由社区的热电联产系统集中提供,热电联产系统的发电站利用木材等废弃物进行发电。该社区种有一片三年生长的树林,面积约为70万平方米,通过在树木成长过程中对二氧化碳的吸收,帮助社区实现零排放的能源供应系统。该树林每年的砍伐量不得超过三分之一,并及时补种上新的树苗,依此循环。社区可循环利用的节水系统建有独立的污水处理系统和完善的雨水收集系统。社区结构也创造性地利用"棕地",生活与居住空间有效混搭,不同收入阶层人群混合居住,这不仅能形成社区的多样性,而且有效地促进了当地的经济发展。办公与住宅建筑、公共设施(如运动场、超级市场、洗浴场所、娱乐中心等)共存混搭,有效地缓解了交通出行能耗;同时,社区还积极倡导绿色交通,建立良好的公共交通网络,推广合用和租赁汽车,以满足居民的不同需求。

贝丁顿社区的实际经验与多年运行模式证明了随着可持续发展技术和可持续发展观念的成熟,零碳排放的发展模式更有利于低碳城市的建设和城市可持续发展能力的提高。

3.美国:优化土地利用与功能布局,推行绿色交通

1970年至1990年的20年间,美国道路车辆千米数年增长率高达3.2%,全部能耗中的22%为道路运输能耗,在这其中石油又占据了94%。面对这一问题,美国政府相继制定了《联运地面交通效率法案1991》《21世纪交通公平法案》《安全、负责任的、灵活的、有效率的交通平等法案2005》等,美国政府开始了优化土地利用与功能布局,促进绿色交通发展的重大变革。20世纪末,美国地方政府提出了"精明增长"的理念,并获得了广泛的社会共识①。"精明增长"强调土地利用应采取紧凑模式,交通开发模式以公共交通和行人交通为基础,并充分利用混合功能土地,实现经济、环境和社会之间的平衡。政府还限制了"城市扩张范围",同时从行政和经济两个方面采取措施,以遏制郊区化的发展速度。20世纪80年代,美国城市规划领域还出现了"新城市主义"这个新名词,强调了建筑物的高密集性、独立的步行区域、人与自然的和谐共处②。

---

① 孙轩,杨晓东,黄斌.美国城市如何实施精明增长管理[J].中国经济报告,2017(08):106-109.

② 王丹,王士君.美国"新城市主义"与"精明增长"发展观解读[J].国际城市规划,2007(02):61-66.

与此同时,在绿色交通发展中,美国除了注重交通与资源和谐、交通与环境和谐外,实现以最小的成本或者最少的资源来维持交通的需要,并努力创造清洁空气和保护环境。美国政府还十分关注交通与区域的和谐、交通与社会的和谐,注重城市空间结构与土地利用的协调发展,最终达到创建宜居城市的目标,实现城市与自然和谐相处的可持续发展。

优化土地利用与功能布局,推行绿色交通作为一种可持续发展的城市建设发展模式,是降低交通运输带来温室气体排放量、促进城市低碳发展的重要手段。

(二)国内低碳城市建设概况

受国际大环境的影响、生态资源的限制,我国也开始了绿色、低碳、循环性可持续发展的探索道路,积极推行低碳试点城市建设,逐步形成具有地方特色的建设模式,为低碳城市的普及提供经验指导。

1.深圳:创新成为绿色低碳发展关键词

深圳市率先在全国开展绿色低碳的探索,通过对交通、建筑、生产、生活、消费等进行全面低碳绿色推广,提高社会发展进程中的绿色要素,积极探索构建绿色低碳经济体系。在国际环境和国家形势的影响下,深圳低碳发展模式由"十一五"时期的"优先能源结构调整与循环经济发展模式"向"十二五"时期的"创新推动供应端与需求端共同减排"进行了重大转变,并逐步形成清晰的、可行性较强的绿色低碳发展路径。

深圳市政府颁布了《深圳市低碳发展中长期规划(2011—2020年)》,划定了中国第一条生态控制线,并启动了中国首个碳交易市场。深圳不仅是全国单位面积经济产出最高、创新创业能力最强的城市之一,也是目前国内战略性新兴产业规模最大、集聚性最强的城市①。依靠清洁能源作为发展保障,削减产业、交通、建筑三大行业的能源需求,重点开展先锋低碳示范行业。作为新能源汽车应用和推广的首个示范城市,深圳已经成为世界上新能源汽车保有量和使用率最高的城市。同时,深圳市政府还大力构建低碳交通网络,灵活运用市场机制,完善市场行为,宣传低碳理念,引导公众参与,营造全民低碳氛围,使得绿色低碳的理念深入人心。

2.杭州:"六位一体"绿色低碳城市交通先行

党的十八大报告中提出了"全面落实经济建设、政治建设、文化建设、社会建设、生态文明建设五位一体总体布局"。在积极推行这一理论体系的基础上,杭州市政府于2010年制定了《低碳城市发展"十二五"规划(初稿)》,明确建设低碳经

---

① 深圳市发展和改革委员会.关于印发深圳市低碳发展中长期规划(2011—2020年)的通知[Z].2012-05.

济、低碳建筑、低碳交通、低碳生活、低碳环境和低碳社会"六位一体"作为杭州低碳城市的建设标准。

杭州市低碳城市建设侧重于宏观层面的空间布局规划,建设成为相对独立、设备齐全的紧凑布局,以促进公共交通的使用和步行,方便市民减少出行距离,从而达到低碳的目的。杭州是一个以第二产业为主导、能源消耗量较大的传统加工业高度发达城市,高新技术产业产值偏低。在公共交通设施上,杭州大力推广地铁、公交车、出租车、水上巴士、公共自行车五种交通工具"零换乘"的公共交通模式,并率先在全国推出绿色免费自行车,同时增加对新能源汽车的资金支持。杭州作为全国著名的风景旅游城市,公共交通的重要性更不言而喻,杭州市公共交通集团根据城市特色,不断优化城市公共交通线路,借助互联网、信息化技术、数字化手段搭建了"5+3"公共服务信息平台和公共自行车服务系统,从公路、铁路、民航三大出行方式上为公众提供更加便捷的服务,全面助力绿色低碳交通的推广,积极打造智慧型低碳数字城市。

3.镇江:能源结构与产业结构的调优升级

镇江是国家第二批低碳试点城市。在低碳城市建设中,针对镇江市重工业密集、能源消耗过高的现状,创新性地在全球首创以碳平台为基础,建立起以碳峰值、碳考核、碳评估、碳资产管理为核心的低碳城市管理体系。对能源结构和产业结构重点进行优化调整,取得了较好的成绩,并得到国际社会的高度评价,也为国内其他地区的低碳城市建设提供经验指导。

2013年,镇江市政府积极响应"互联网+"的发展理念,对政府内部多部门数据进行有效整合,建立起全国第一个用信息化手段管理低碳建设的市级层面服务平台——镇江市碳城市建设管理云平台。同时,镇江市整合国土、环境、资源、产业、节能、减排、降碳等数据资源,应用互联网技术,汇集数据、管理、服务、交易、查询5大交易功能,对全市碳排放相关数据进行直观的、全面的、实时的在线监察①。镇江市重工业产值超过规模以上工业总产值的80%。为实现重污染、高能耗工业发展现状向绿色环保工业转型,镇江市加大对传统化工向精细化、清洁化新材料发展的力度,进一步引导建筑材料行业向新型节能环保产品发展;严格控制高污染行业规模,优化全市产业结构,同步推进传统行业减排和推动传统产业向高附加值产业转型;大力提高可再生能源的利用,加速新能源电动车的普及,对家庭采用太阳能光伏电站等新能源提供优惠补贴政策;坚持"公交优先"的绿色公共交通发展战略,在政府多手段的指引下,镇江市的能源结构和能源消耗发生了重大改变。

---

① 刘婷婷,董玉峰,康琳婕.镇江市低碳化城市发展模式的创新与借鉴[J].国际商务论坛,2016(11):23-26.

(三) 经验借鉴

通过对国内外优秀低碳城市、地区建设的案例分析,南京市政府在工作机制体制、城市建设体系、资源配套、宣传引导等方面深受启发,为南京市低碳城市建设提供了良好的经验借鉴。

1.创新的工作机制体制

创新的工作机制体制,应在先进的政府管理理念指导下,以管理空间的细化、管理对象的量化以及管理流程的优化为实现目标,推进工作机制体制改革,对管理资源进行有效整合,理顺现有管理机制体制,建立更具有针对性的、精确的低碳管理政策制度。避免当前政府部门各自为政、协调配合度不够、互相推诿的现象,建立长期高效统一的联动机制,充分发挥各职能部门的作用,确保低碳城市建设稳步推进。

2.完善的低碳城市建设体系

完善的低碳城市建设体系是低碳城市建设顺利发展的重要基础保障。低碳城市建设体系的构建不仅包括低碳政策体系的顶层体系构建,还包括低碳技术体系、低碳能源体系、低碳产业体系、低碳建筑体系、低碳交通系统和低碳消费体系等具体实施层级的体系构建,从机制、政策、技术、生产和生活等方面为低碳城市建设提供"参照物",不仅为政府决策层提供有效的建设目标,也为具体实施层提供明确的建设标准。

3. 充足的资金、人才及信息基础

充足的资金供给、良好的人才资源和全面的信息资源是低碳城市建设顺利发展的重要基础保障。财税政策与银行绿色信贷、国际金融机构资金支持等相结合的资金供给模式,不仅可以有效保障低碳城市建设的资金供给需求,还可以带动城市金融国际化、多样性的发展。完善的低碳人才发展体系是低碳城市建设体系的重要部分,为低碳城市建设各时期、各层级、各领域长期提供所需人才,确保低碳城市建设各阶段的管理需求和技术需求。顺应"互联网+绿色生态发展"的大背景,搭建政府层面的、规范性的、数据健全的、具备实时监测预警功能的低碳管理云平台,为低碳城市建设提供完善的、标准的、全面的信息基础。

4.良好的全民互动氛围

低碳城市建设进展到一定程度后,社会公众仅仅具备基础的低碳知识已经无法满足低碳城市建设的需求,更需要社会公众建立起自主的低碳意识。良好的全民互动氛围有利于社会公众进一步提升低碳意识,调动社会公众的低碳积极性和自觉性,从而带动社会公众的低碳行为。通过政府主导的全民互动氛围构建,不仅可以加强政府、企业、公众间的互动交流,还可以帮助政府了解企业和公众的真实想法和低碳政策、低碳措施贯彻落实情况,帮助企业和公众建立低碳意识。由低碳意识主导的低碳行为,是低碳城市建设必不可少的重要组成部分。

三、南京市低碳城市建设的对策

通过对国外和国内低碳城市、地区建设成功案例分析和经验成果借鉴,对南京市低碳城市建设现状进行梳理,本文拟从创新低碳城市管理机制体制、完善低碳城市建设体系、优化低碳城市建设资源配置、加强低碳城市建设宣传引导四个方面提出建设性意见。

(一) 创新低碳城市管理机制体制

南京市应充分考虑到现有管理机制体制管理主体多元化、管理权限多元化、管理手段多元化、利益诉求多元化、技术标准多元化的现状,建立创新的事权科学划分、机构高效整合、职能机构优化、决策机制完善、协调统一的低碳城市管理机制体制。

1.政府治理的低碳管理考评机制

根据南京市目前政府管理模式以及工业结构和能源结构,建议从碳排放总量和碳排放强度两个维度来建立低碳管理考评机制。建立低碳管理考评机制时,还应充分考虑历史排放量和实际减排能力,建立分级评级指标。考评机制还应包含资源利用、经济贡献、环境效益和社会效益四个准则的多个指标体系,从根本上控制高污染和高排放项目的资金供给,以达到根治的效果。

2.社会公众的低碳普惠机制

南京市政府应根据城市建设特点建立具有创新意义的政策体系,并对低碳项目试点运行、积极搭建低碳信息管理服务平台、选取有代表性的项目进行探索开发等,以政策鼓励、商业激励和减排量交易为引导手段,建立面向不同社会公众的低碳普惠机制。低碳普惠机制以提高社会公众的低碳意识来有效促进消费的低碳化,塑造共享低碳发展新业态,以"互联网+低碳"的信息化创新模式来帮助社会公众提高低碳意识,引导社会公众自觉主动地参与低碳城市发展建设。

3.市场化驱动的碳排放权交易机制

2017 年,江苏省 1 392 家企业参与了碳排放直报,其中 474 家企业拟纳入碳排放权交易市场。从行业上看,发电行业纳入碳交易排放量最高,钢铁行业其次,化工、水泥、电网、造纸和纸制品生产4个行业纳入碳交易排放量也到达了千万吨级别①。南京经济建设模式已经正式进入以服务经济为主导的低排放产业结构体系阶段。因此,市场驱动的碳排放权交易机制也是南京市低碳城市建设现阶段迫切需要的政策工具。

南京市也应积极使政府政策与市场机制相配合,尽快建立符合南京市现状的低碳市场平台,完善资源市场定价和碳排放交易机制,为低碳经济发展开辟融资渠道。在完善与碳交易相关的法律政策体系及碳交易运行的数据核查体系基础上,创新支撑碳交易的投资、价格及金融政策;打破行政区域的限制,努力建造自由开放的碳排放权现货交易市场和碳排放权期货交易市场,为全省乃至全国碳市场建设做好准备;加强与碳交易有关的配套制度建设的同时,在资源产品生产领域引进竞争机制,有效发挥市场各主体的功能作用;建立友好公平的竞争环境,将资源利用、能源消耗和污染排放的负外部化进行内部化,并通过市场交换的方式实现资源在不同主体间的合理分配和补偿,以建立符合绿色发展理念的消费环境。

(二)完善低碳城市建设体系

完善的低碳城市建设体系为南京市低碳城市建设提供自上而下的良好环境和发展空间,不仅有利于本土低碳人才和技术的发展,更有利于吸引优秀的国际低碳人才、低碳技术和投资资金。

1.发展以产业准入为核心的低碳经济

南京经济建设模式跨越了以工业为主导的经济发展阶段,正式进入以服务经济为主导的低排放产业结构体系阶段,实现了从工业化后期到后工业时期的转变。在现有基础上,南京应进一步加强低碳经济的发展,扩大低碳产业链发展。继续推动电子信息、石化、钢铁、汽车四大支柱产业的提档升级,加大重化工行业低碳技术引进和改造;大力发展低能耗、高附加值的低碳产业,优先发展绿色新能源、电力自动化、智能电网、节能环保、轨道交通、新材料等新兴产业;同时注重现代服务业的发展,加速经济发展方式由高碳向低碳的转型,资源消耗和产业发展模式从高能耗、高排放转变为节能减碳、减排。借鉴国际经验,实现低碳经济发展的机制创新,将低碳经济载体作为培植低碳产业和转变经济增长方式的重要平台,推进低碳产业基地、低碳技术孵化器等载体的建设,从而壮大低碳产业的发展。

---

① 全国碳排放交易进入倒计时 江苏省纳入企业数居前列[N].中国经济报,2016-08-04 (A2).

2.以清洁能源替代为重心的能源结构

改善能源结构,优先发展新能源产业是建设低碳城市的重要手段之一。优化能源结构,充分利用电力、天然气、太阳能、地热能等清洁能源,构建以新型清洁能源为主要消耗能源的、具有南京特色的城市能源支撑体系,确保南京市能源供应绿色经济、安全稳定。

(1)优化能源结构。在全面实施国Ⅲ油品供应的基础上,逐步实现南京主城内所有加油站供应国Ⅳ清洁油品;扩大天然气利用范围,推进南京市天然气网络建设,提高清洁能源应用水平;除对煤炭能源消耗进行能源改造外,进一步加强煤炭终端消费的总量控制和全过程监管;积极实施国家可再生能源优惠政策,引导太阳能、生物质能和地热能等可再生能源的开发、推广和使用。

(2)推广高效清洁能源利用技术。推进能源管理标准体系建设,严格控制高能耗产业增长速度,抓好工业节能降耗工作;利用大容量、高参数的超(超)临界燃煤发电技术,实现煤炭资源的清洁化利用。

(3)加快智能电网建设。用智能化手段全面提高发电、输电、变电、配电、用电和调度等电力生产和使用,构建全过程的智能化电网技术支持体系。

3.创新自主研发与合作引进并重的低碳技术

南京市除积极学习、引进国内外先进低碳技术、寻求多方合作外,还应充分发挥南京教育资源发达和科研资源雄厚的优势,整合南京地区高校和研究机构的科研资源,构建综合性的低碳技术创新和研发的综合服务平台,增大对战略性新兴产业领域核心技术研发的支持。

南京市政府应通过合作引进和自主创新,形成具有自主知识产权的低碳先进技术,并注重对低碳经济具有指导作用的关键性技术的开发及推广,从而有效降低技术成本,为南京市低碳城市建设创造良好的技术条件。

(三)优化低碳城市建设资源配置

对资金、人才、信息三方面的资源进行有效的优化配置,就是为南京市低碳城市建设提供坚实的基础保障。

1.加大低碳城市建设的资金投入

在国家推动绿色金融发展的政策背景下,系统地利用地方商业银行和金融机构开展绿色信贷服务,支持实体经济的绿色低碳转型。政府职能部门还应转变金融观念,积极争取支持我国低碳发展的国际金融机构以及发达国家的资金支持渠道,与国际接轨,建立起符合国际标准的低碳城市建设资金供给体系。

2.夯实低碳城市建设的人才队伍

低碳城市建设人才队伍的夯实,首先需要建立清晰的低碳发展人才战略模型,明确低碳城市发展人才体系建设的战略目标以及重点战略发展方向,同时细分具体战略任务。

低碳城市建设涉及机制体制改革、科学技术创新、经济转型优化、管理模式转变等各方面内容,人才类型涵盖自然科学、社会科学和人文科学三大学科。因此,必须从人才工作架构、人才机制体制、专业人才队伍、创新创业服务平台和友好的人才发展环境等方面同步开展低碳发展人才的体系建设,并使其达到理想的水平,能够充分适应低碳城市建设发展各阶段和各层级的全方面需要,为南京市低碳城市建设提供强有力的人才支持和知识保障。

3.加强低碳城市建设的信息共享

在"互联网+绿色发展"和"互联网+低碳"的大环境下,充分利用互联网、云平台、大数据等先进技术建立低碳城市建设的信息共享平台,也是现阶段低碳城市建设的必要手段。

基于互联网技术的低碳城市建设信息共享平台,不仅具有可以高效整合数据、管理、服务、交易、查询、监测等功能,更有利于整合国土、资源、环境、产业、节能、减排和降碳等数据资源。低碳城市建设信息共享平台的构建有利于南京市政府摸清碳排放家底,建立完善的碳排放数据统计核算管理体系。

(四)加强低碳城市建设宣传引导

扩大宣传渠道,引导企业和公众有意识地向低碳生产和低碳生活模式转变,是南京市低碳城市建设全面、长久发展的重要保障。

1.拓宽低碳城市建设宣传渠道

南京市政府应拓宽低碳城市建设的宣传渠道,构建高效全面的低碳城市建设宣传引导体系,加大宣传力度,使低碳城市建设的理念渗入社会各个方面。

传统宣传渠道多半存在费用高、受众覆盖面不全的问题。在自媒体高速发展的情况下,南京市低碳城市建设的宣传渠道可以扩宽至政府官方渠道、论坛渠道和社群渠道。通过政府门户网站、官方微博和官方微信公众号进行宣传引导,不仅可以增加宣传的可信度,也更具有权威性,同时还可以提升政府形象。

2.引导低碳生产、生活方式

构建低碳社会不仅需要实现城市居民日常生活模式的低碳化和消费模式的低碳化,还需要实现企业生产经营模式的低碳化,并通过"源头—过程—结果"三者相互控制,以达到社会与自然系统和谐发展的局面。因此,低碳城市的建设和发展不仅是政府的单一行为,更需要政府、企业和公众的相互合作。在低碳城市建设和运营中,以完善的低碳市场发展环境为基础,通过市场调节的手段对低碳产品、低碳技术和低碳服务进行全面市场化,才能激发企业积极性和能动性,才能对居民的消费习惯和生活习惯产生影响,逐步改变城市主体的消费模式和生活模式。

因此,南京市低碳城市的建设需要注重企业和公众的全民参与,努力将"低碳"的发展理念深入城市主体精神中。南京市政府可通过制定相应的低碳优惠激励政策和低碳市场扶持政策,来引导企业和公众积极遵循低碳生产和低碳生活的绿色可持续发展生产方式和生活方式。

除对企业实行政策鼓励、商业激励外,也应要求企业实行环境公开制度,规范自身生产和管理行为,自觉接受外部监督。同时企业内部也应有组织地分步开展"低碳减排"活动,把低碳意识、环保理念植入经营决策中。通过优惠政策、节能补贴、碳积分兑换等措施,倡导公众自觉选购低碳产品、公共交通出行和垃圾分类等行为,引导公众逐步转向低碳消费和采取低碳生活。

镇江新区网格化
管理研究

裴溪纹

（学号：1120172341）

随着经济社会的快速发展，网格化管理在社区管理、社会治安、市场监督、市容环卫等多个领域得到扩展，并逐渐与计算机技术、定位功能等网络技术相结合，成为目前社会治理领域十分重要的一种管理模式。但我国网格化管理和现代信息技术的结合还处于初级探索阶段，还有很多尚待解决的问题和急于提高的地方。本文首先梳理了国内外现有的网格化管理理论的相关研究，分析了国内较有特色的城市网格化管理发展现状，在此基础上，本文对镇江新区网格化管理模式进行了深入的研究分析，总结了镇江新区网格化管理模式所采取的一系列措施和取得的成效，分析了目前该模式还存在的问题及原因，针对这些问题提出了改善性的意见和建议，具有一定的理论意义和实践意义。

一、镇江新区网格化管理现状分析

实行网格化社会治理是提高社会治理科学化水平的重要途径，是强化组织建设和创新社会治理的重要手段。自 2017 年 6 月开始，镇江新区按照省委提出的"改革要向系统化、集成化方向推进"的改革思路，镇江新区党工委管委会提出了以构建具有开发区创新特色的网格化社会治理和公共服务新模式为总体目标，以服务产业和项目为核心，以便利化为主题，在全省创造性探索具有开发区特色的网格化管理模式。

(一) 镇江新区网格化管理采取的举措与成效

镇江新区网格化管理是以集成管理中心为依托,将辖区划分为三级网络体系,在探索社会治理创新的基础上,打造了"让网格成为采集信息、发现风险的首要感知触角,化解矛盾、消除隐患的首要前沿阵地,便民利民、解决问题的首要服务窗口,群众自治、多元参与的首要共治平台"的联动管理机制。

1.所采取的举措

2017年9月,镇江新区建成了两级指挥中心,一级指挥中心设在新区集成管理指挥中心,二级指挥中心设在各镇街道、园区板块,累计接入10个部门23个系统平台、2 000余个视频监控、65 017个城市部件。同时,在原有的社区网格长的基础上,将三级网格进一步优化,首批招录了12名专职巡查督办员,配属了970名网格员,建立了考核督办、群众监督两项机制。

(1)以提高思想认识为基础强化组织领导。镇江新区党工委、管委会高度重视,全区上下合力推进网格化社会治理工作与集成管理相结合。一是坚持高位推动。精准集中发力,成立了以市委常委、新区党工委书记为第一组长,党工委副书记、管委会主任为组长和16个职能部门一把手为成员的创新网格化社会治理机制工作领导小组。二是坚持多措并举。党工委、管委会主要领导多次听取网格化社会治理工作情况汇报。三是坚持协调联动。由镇江新区党工委、管委会统一领导,政法综治牵头,将网格化社会治理与新区集成改革有机结合,确保了工作有序推进、有力开展。

(2)以科学划分网格为基础夯实各项工作。在网格划分、队伍配备、责任清单、信息采集等重点工作任务上下功夫。一是网格划分求"科学"。以地域特色管理网格为基础,分类别、分区域、分功能建立"横向到边、纵向到底"的网格化社会治理体系。二是网格人员职责求"清晰"。全面整合综治、民政等原有基层网格人员队伍,定格、定员、定责、定岗,镇(街道)二级网格配备"一长三员"、园区二级网格配备"一长一员",指挥中心对"每一长每一员"的岗位职责、岗位要求、身份待遇统一标准、逐一审核。三是队伍配备求"专业"。进一步明确了网格员队伍的基本构成、职责任务、考核办法等。截至目前,全区共配备网格人员970名;已建立党组织153个;党员882名,占91%。四是责任清单求"细化"。按照基层社会治理"一张网"的总体要求,积极会同组织统战部、公安分局、安环局等部门将综治、公安、安环、城管等涉及基层社会治理的部门工作全部整合,初步形成了安全生产、环境保护、城市管理、社会治安4大类,30小类,317细类责任清单。五是信息采集求"全面"。截至2018年年底,全区共配备移动终端设备572部;举办各类专题业务培训

20 场次,覆盖网格率 100%。

（3）以强化信息管理为基础组建"1+7"两级中心。即:1 个区级中心——镇江新区集成管理指挥中心;7 个分中心——镇江新区集成管理丁岗(新能源产业园)指挥分中心、镇江新区集成管理大路指挥分中心、镇江新区集成管理姚桥指挥分中心、镇江新区集成管理大港指挥分中心、镇江新区集成管理丁卯(镇江国家大学科技园)指挥分中心、镇江新区集成管理新材料产业园指挥分中心、镇江新区集成管理航空航天产业园指挥分中心。

（4）以资源整合为基础建立信息处理机制。将集成管理平台建成全区大数据管理、分析、处理平台,指挥中心积极推进"两个互联互通"和"三项数据接入"工作,推动网格数据的及时采集和事项的及时处理。

两个互联互通:一方面是"1+31",即区指挥中心与各机关职能部门实现互联互通。目前已完成 31 个部门专线的布设。所有工单可以在第一时间由区指挥中心向各机关职能部门实现派单分拨。

三项数据接入:一是接入了网格人员实时管理数据。指挥中心统一为分中心指挥长、二级网格网格长、巡查员和三级网格长发放移动手机终端 572 部,通过手机 App 的"上下班"签到,两级中心均可以对网格人员进行实时定位、即时连线、轨迹查询。二是接入了多类视频监控系统平台。在原有平台接入的 1 300 多个视频监控的基础上,新接入丁岗镇、姚桥镇 79 个自建监控数据。三是接入了全区综治重点人员数据。将全区综治重点对象信息接入平台,通过部件设施、视频圈选、路径指选等举措,将其主要活动范围纳入两级中心常态管控;在两级中心平台增设综治专用界面,建立个人子系统,专人专用。

（5）以加强业务培训为基础落实管理考核。在业务培训上,指挥中心(分中心)、各职能部门负责对指挥中心(分中心)人员以及"一支队伍"的业务培训和指导,要求所有人员做到"理论结合实战",努力实现"一人多能",打造一支精干的管理队伍。在管理考核上,实行分层分级管理和考核,指挥中心(分中心)工作人员由指挥中心(分中心)制定细则管理考核。

2.取得的成效

2017 年以来,镇江新区在探索网格化管理过程中,逐步形成了极具新区特色的"十网合一"网格化管理模式。

（1）社会治理不断精细化。镇江新区实施网格化以来,整合了各部门力量,初步构建了党建、综治、社保、执法、安监、环保、城管、民政等十大类基层网格归并为一张综合社会事务网格的"十网合一"网格化管理模式,正逐渐变粗放式管理为精细化治理,使大量基层矛盾发现在网格、解决在网格,全面提升了全区社会治理水平。

(2)增强了为民服务效率。网格使得基层工作的针对性和管控能力增强,将辖区划分成一级一级网格后,配备的网格员可以深入了解群众的日常生产生活状况,对于镇江新区党工委、政府以及上级的一些政策文件、法律法规可以及时有效地宣传到基层群众中去,在矛盾化解、收集民情民意等方面,网格也起到了十分积极的作用。

(3)打破了部门沟通壁垒。网格化管理和现代信息技术的结合极大地提高了政府部门之间的沟通和协调,打破了教育、民政、综治等各个职能部门分别向社区下达任务的局面,起到了一个桥梁作用。

(二)镇江新区网格化管理中出现的主要问题

将网格化管理与现代信息技术相结合是新区社会管理创新之举,集成管理指挥中心运行一年多以来还处于探索起步阶段,距离集成指挥中心真正成为全区网格化集成的中心,成为全区所有应急反应第一时间进行信息研判、信息反馈、信息调度、考核评价的平台达到这四个"第一时间"的要求还存在一定差距。

1.集成改革的成效不明显

镇江新区党工委决策开展网格化管理与集成改革相结合,是为了进一步理顺全区社会治理的体系,发挥网格真正的作用,简化工作流程,更好地服务企业与百姓,但改革进行到现阶段,充分暴露出了各级重视程度不够的问题。一是网格化管理存在"上热下冷"现象。党工委领导对于这项工作全力推动,但是部分部门与板块对于这项工作"假重视,真不抓",各分中心职责履行不到位,为了迎合改革而改革,不能主动将自身工作与改革相结合,基本还停留在被动处置工单的初级阶段。二是集成改革作用没有充分发挥。网格事项从巡查发现到工单处置,再到督查督办的闭环操作没有真正实现。集成平台上,普遍性、敏感性、突发性、重大的事项信息无人报、滞后报,对疑难问题处置缺乏有效抓手。三是集成改革的宣传力度不够。"3+1"基层网格清单、"88012345"新区服务热线等好的做法,在群众中的宣传力度不够,群众参与监督的氛围不浓,镇江新区人对"88012345"知晓率不高,尚未能使"12345"政务服务便民热线工单量有明显的下降。

2.网格设置仍有盲区

一是层级问题。目前各网格层级数过多导致网格运行不够高效、工单处置流转时间过长,容易出现超时工单。大部分三级网格不参与工单处置,自管工单主要由二级网格巡查发现上报、二级网格自身办结。二是界限问题。全区网格划分基本上是以行政区域为界,各网格边界之间的道路、河道等容易产生网格事项的部分没有全部进入网格内,出现了二、三级网格只管行政区域、小区楼道内部事务的问题,没有真正做到网格全覆盖,如丁岗平昌片区的社区只负责社区院墙内事务,不在社区范围内的邻里中心由镇主要领导担任网格长,网格责任难以落实。三是权责问题。部分网格只有社会事务的管理职能,没有执法的权限,网格内的许多问题各分中心无法妥善处置,特别是大港街道属地范围内的新材料产业园、综保区、航空航天产业园,虽然设置了两个分中心,但园区内网格暂时只承担了园区内安全、环保的网格职责,园区内社会管理事务仍然需要大港街道处置,但实际的园区管理权限不在大港街道,处置不顺畅。

3.各级网格人员履职不到位

目前的各级网格人员普遍存在职责不履行或履职不到位的现象。一级网格的指挥长指挥调度作用发挥不明显;在 2018 年年中的一次抽查中发现,各分中心没有将集成改革要求在绩效考核中落实到人,除大港落实了 3 名人员日常坐班外,其余分中心人员分工交叉,一人多岗,职责混乱。大路、航空园分中心长期无人值守,丁岗分中心大屏不开。二级网格的"一长三员"职责不清晰,定职不科学,多数人员疲于应付在网格工作和本职分工的工作。多个二级网格仅由受理员一人扮演几个角色。三级网格长空有头衔,不问"网情",没有真正第一时间沉下去收集上报网格事项,存在本职工作应接不暇、网格管理力不从心的现象。

4.居民参与度不高

网格化的功能设置有浓重的政府主导色彩,将一些镇街道(园区)和村社区的职能下沉到网格一级来承担,网格和社区承担的众多事务中却缺少了居民自治的色彩。镇江新区网格化管理中的一级、二级网格负责人分别是镇街道(园区)一把手和村社区一把手,网格日常工作极大程度上依靠政府指派,以行政化的方式在运行,这在基层治理、信访维稳等方面取得良好的效果,但是在这样的政府主导的治理环境下,居民参与公共治理的空间被制约,网格化管理缺乏社会力量的参与,社会组织和社会团体无法参与到基层治理中。

5.网格作用发挥不够

集成改革的基础在网格,但目前全区的基层网格在作用发挥上不理想。一是网格重要事项完成不了。真正重要的网格事项发现不了,或者虽被发现,但基层干部出于躲责免责和怕投入、怕花精力等方面考虑,被一、二级网格层层过滤,到不了集成指挥平台。部分网格为了完成巡查上报任务,自编自导自演本就属于村(社区)职责范围内应该做的事上报工单,造成平台自管工单虚增。二是网格事项协调联动难。网格清单中的事项形成工单后,在实际操作过程中,经常出现部门与部门间、部门与属地间协调联动不顺畅的现象。有些基层网格反映上来的事希望区级层面解决,绕了一圈,还是交由村(社区)属地去处理。集成的资源整合、协调联动没有真正落实。

（三）存在问题的原因分析

镇江新区网格化管理虽然推进速度很快，但由于运行时间较短，仍存在不少问题。造成网格作用发挥不够、成效不明显，网格人员履职不到位，居民参与度不高等问题的原因，既有管理体制的磨合转变不够、网格管理人员的素质不一等问题，也有技术问题和群众自治意识的问题。下面主要剖析以上问题的成因。

1.管理体制的磨合转变不够

网格化管理模式有别于传统的治理模式，传统的治理模式是纵向的，是从上到下单向运行的；网格化管理模式却是扁平化、多元的。通过网格员收集信息、解决问题，不能在网格、村社区解决的问题上报到镇街道（园区）或区级机关部门解决，实现自下而上、三级联动的操作。镇江新区实施网格化管理的平台机构和人员编制上级尚未批准，在实际工作中缺乏有力抓手，并且现有的网格化管理模式的推行大量依靠政府职能部门，很容易造成体制重叠。

2.网格管理人员素质参差不齐

网格化管理将许多政府职能下放至网格一层，实现政府对社会群体有效监管的同时，也加重了基层网格的负担。一是队伍专业化建设不足。二、三级网格化管理人员主要由村社区两委干部和生产队队长、楼栋长和园区部门工作人员兼职担任；巡查员中仅有12名是专职聘用人员，其余62名均是兼职巡查员，专职比例仅为16.2%。二是网格化管理人员素质参差不齐，镇街道除丁卯街道的社区干部外学历普遍偏低，年龄结构偏大。

3.群众自治意识不强

镇江新区在网格化管理模式中没有充分考虑为居民提供和创造参与社会治理的渠道，大部分居民对网格化管理还缺乏基本的了解。受我国传统文化的影响，政府在网格化管理中容易忽视自身的"服务"职能，没有合理健全的机制让居民参与到自治工作中来，有的村社区本身也怕麻烦，不愿居民参与到村社区工作中来，只有在完成上级一些创建任务时，才会主动联系居民。网格化管理最初的理念是为了便于管控基层，维护社会稳定。这一理念致使政府几乎垄断了所有的公共事务，居民也会受以前"单位制"的影响，认为自己是被动的接收方，属于被管理对象，在网格化管理过程中不会主动配合和支持网格化管理工作，居民自觉参加社会管理的兴趣偏低。村委会和社区居民委员会是我国基层群众自治组织，但居民尤其是社区居民，随着社会的发展、工作节奏的加快，邻里之间的冷漠度非常高，居民既不了解社区工作，也不关心公共事务，对社区的归属感和认同感不强。

二、国内其他城市网格化管理的经验借鉴

在网格中植入现代信息技术,将网格的理念融入社会治理,是新时代基层社会治理的创新之举。网格化管理的实践早于理论,实践探索至今,许多试点城市都形成了与地方特色相符的实践经验。

(一)其他城市网格化管理的先进经验

将网格的理念融入社会治理,将现代信息技术融入网格化管理,是我国基层社会治理的创新之举。网格化管理于 2004 年在北京东城区最先试点,率先在全国开始了现代信息技术和网格化管理相结合的理论和实践探索。继北京东城区试点以后,国家住房和城乡建设部在全国先后确立了三批网格化管理的试点城市:2005 年深圳、上海、杭州等 10 个城市被确立为第一批网格化管理试点城市;2006 年重庆、天津等 17 个城市被确立为第二批网格化管理试点城市;2007 年舟山、宜昌等 23 个城市被确立为第三批网格化管理试点城市,三批试点城市中共有 37 个城市通过了住房和城乡建设部验收,各个试点合格的城市在工作探索中,都探索出了符合城市特色的实践和理论经验,为其他城市推广网格化管理模式提供了可复制、可借鉴的经验。本节主要总结北京东城区、上海长宁区、浙江舟山和南京仙林街道在网格化管理方面的实践成效。

1.北京东城区:万米单元网格

说到网格化管理经验,最先想到的都是北京东城区。作为首都的核心功能区,它拥有全国最先进的城市数字管理技术,于 2004 年开始在全国率先试点将信息化融入网格化管理。其特点和经验主要有:

(1)科学划分网格。东城区首创了万平米单元网格,以 100 米×100 米(即一万平方米)作为一个基本单位,通过地理编码和信息技术,将辖区划分出 589 个网格,并将网格内的城市管理对象、内容、数量等进行数字化,涵盖 7 大类核心(人、地、物、事、情、组织和房)、32 小类、170 项信息、2 043 项指标,实现了"人进户,户进房,房进格,格进图"的工作目标,由城市监督员对所分管的网格进行全天候监控,在空间管理上实现了四个层级的管理架构。

(2)建立信息综合平台。东城区网格化管理是在信息技术和大数据充分运用的基础上运行的,运用地理编码技术,通过信息平台将按照地理坐标所在的网格收集上来的无序的资源和信息进行整合,从而实现信息和资源共享。管理的对象既

包括城市市政、基础设施,也包括市容市貌、公共安全、社会秩序等,依托"城管通"信息系统快速采集和传送现场图像,提出了六步闭环业务协同法,形成了"问题发现—问题搜集—问题立案—处理问题—民意反馈—办结评价"的工作流程,有效地提高了社会治理效率。

(3)实施监管分离。东城模式将监管权与管理权、执法权分离,创新了"双轴化"的城市管理体制,即:城市管理监督中心是"监督轴",负责对事件进行分类汇总;城市管理指挥中心是"指挥轴",负责指挥协调、下派任务。居民可以将网格发生的事情反馈给监督员,监督员接到居民反映后将事项报至城市管理监督中心,再由城市管理指挥中心将事项派单给相关部门或组织联合执法,最后再由监督中心对指挥中心的处理结果进行跟踪和监督,两个中心各司其职,有效地解决了网格化管理中职能交叉的问题,使城市管理工作形成了闭环。

(4)由"管理"向"治理"转变。经历了起步阶段后,北京东城区注重将行政管理和居民自治相结合,将网格化管理的范围延伸到经济发展、市场监督管理和公共服务等领域,开始注重社区的多元参与,倡导和鼓励居民参与社会治理,推动社区由"管理"向"治理"转变。

2.上海长宁区:发挥社区自治作用

住建部在对上海实地考察的基础上,将上海长宁区的华阳街道作为试点,实现了网格化管理在街道一级层面的运行。在试点推进网格化管理模式前,长宁区华阳街道的"凝聚力工程"这一社会治理模式也引起了社会各界的关注。

(1)建立"一中心一系统"。因为试点单位为华阳街道,所以长宁区直接将社区作为一级网格布局,共划分成1 459个网格,华阳街道则作为整个网格的资源整合平台。"一中心一系统"即在网格内建立一个指挥中心一个应急系统,由111个监督员利用网格化信息平台对全部网格进行动态监管,监督员和居民一起及时发现、反馈问题,而后快速处理和有效解决,实现了市、区、职能部门和监督员之间的联动。

(2)将党建纳入网格。华阳街道创新运用党建引领作用,将街道党工委的作用延伸至社区一级,打造了社区党工委的领导模式,运用社区党建的力量推动网格化管理,增强基层党组织在社会管理中的政治核心作用。通过党组织工作全面覆盖,整合网格单元内的所有党建资源,充分发挥了社区党组织的战斗堡垒作用和党员的先锋模范带头作用,进一步完善了网格保障体系,构建了基层党建创新格局。

(3)发挥社区自治作用。网格化管理将更多的社会管理职能下沉至社区一级处理。华阳街道通过对社区管理职能的调整和完善,明确了居民自治权利,将权利交给社区。社区则通过引进、成立社会组织,将更多的行政职能转移给社会组织开展服务,引导鼓励居民参与到社区治理中来。同时,华阳街道引入物业公司,使物业管理快速进入市场化渠道,规范物业的管理行为,物业管理招投标被全面推进,积极推广专业化服务,提高物业服务的整体水平。物业公司甚至在很大程度上弥补了政府管理手段的短板,提高了社区管理的工作效率。

3.浙江舟山:组团式服务

浙江舟山是全国第三批试点网格管理的城市,2007 年年底普陀区桃花镇先行试点,在此基础上,2008 年 8 月按照"网格化定位、组团式联系、多元化服务、信息化管理、全方位覆盖、常态化保障"的要求,在全市全面推行了"网格化管理、组团式服务"工作,在网格的管理服务上,形成了"网格管理服务团队+网格党小组"的组织架构,加强了基层社会治理。

(1)根据地域特征合理划分网格。舟山市是浙江省一个群岛城市,群岛地域分散的地理特征给社会治理带来了很大的不便,舟山市以家庭为基本单位,不拘于人口或面积,根据自身人口分布、性质类别和地理特征,将渔村、城区等区别标准划分为网格,渔村因居民较为分散,网格划分在 15～100 户;城区因居民居住密集,网格设置也相应扩大,共划分了 2 464 个网格,并将党员安排至网格区域负责联系群众,消除基层社会管理与服务的"空白地带"。

(2)建立服务团队。舟山市在推行网格化管理的过程中,通过建立网格服务团队,将服务理念融入其中。网格服务团队不仅包括政府、公共职能部门工作人员和社区工作人员,还包括普通群众等非专业人员,普通群众中包含了医生、教师、退休老干部、渔农专业人才等人员,针对每个网格的特色合理配置人员,通过这些人员发挥各自优势,组成了相对较为专业的团队。

(3)党员入格联系群众。舟山市群岛分布,地形地貌独特,群众居住较为分散。为加强基层党组织的影响力,舟山市在网格化管理中将党小组编入网格,1 名党员联系 10～20 户群众,网格中的每名党员都有各自的责任分工,要求每名党员每月进行 3 次走访,深入了解所联系的群众思想状况和生产生活情况,并对走访到的问题建议进行反馈汇总;要求每个网格党小组每月召开 1 次工作例会,分析梳理群众意见建议,研究对策措施并抓好落实。舟山市利用这种将社会服务和党建工作融入网格化管理的模式,实现了社会管理的无缝隙。

4.南京仙林街道:三化融合

南京仙林街道是栖霞区的窗口街道,位于仙林大学城核心区,是一个新成立的街道,成立之初各项基础工作薄弱,基层管理体系不健全。随着城区建设的快速推进,城市管理的要求也越来越高。仙林街道在探索实践网格化管理的过程中,逐渐形成了"三化融合"的特色,即:网格化管理、社会化服务和信息化保障。

(1)建立三级网络体系。根据社区分布、人口分布以及面积等综合情况划分了 7 个一级网格,在一级网格中,以道路、小区等为基本单位,划分出来 136 个二级网格,在二级网格中,以驻街单位为依据划分出来1 760个三级网格,大到万余人的高校和小区,小到个体经营的店铺都属于三级网格,形成了一张覆盖整个街道的大网络,点面结合,对辖区内所有事件进行及时处理。成立7个"功能型"服务办公室,按基层党建、经济发展、城建城管、文化事业、人才商务、安全民生、群众工作,对街道20多个内设科室职能进行优化重组。每个服务办公室负责捆绑1个一级网格,与社区党组织责任共担、工作共抓。

（2）制定网格管理责任制。明确各级网格人员职责,要求所有的党员干部统一佩戴党员标识、工作牌,统一着装黄马甲,每天至少巡查2次网格,每月至少赴网格群众家里开展1次服务,确保每个网格都做到定人、定岗、定责任、定标准;要求网格人员全天候上路巡查管理,在每个网格中配备城管志愿者队伍,加强日常执法,在城市管理中实行责任制。此外,仙林街道先后出台了22项实施办法、15项工作职责和9类考核办法,形成了一套完整的网格化管理体系。

（3）快速处理问题。能够及时发现问题是网格化管理的优势之一,快速将问题处理到位是网格化管理的核心。仙林街道要求实行网格员"首问负责制",对群众反映的问题一办到底,一般性问题在1个工作日内,重难点问题在5个工作日内要整改答复到位,遇到重大问题难以解决的要及时上报信息。此外,仙林街道还建立了网格化管理联席会议制度,每天下午四点半召开点评会,每周五下午召开例会总结本周内的网格化管理工作,从问题发现到问题解决形成了闭环。

（二）经验借鉴

网格化管理模式是基层社会治理的创新举措,通过优化管理流程和改善治理结构,帮助政府解决了很多社会问题和矛盾。纵观全国较为典型的四个城市网格化管理案例,可以发现,与传统的网格化管理相比较,现代网格化管理依靠了现代信息技术完善了基层治理结构。

1.注重理论与实际相结合

在借鉴试点城市的典型做法时,要注重与地方实际相结合,不能一味地照搬照套试点城市的典型做法。例如上海长宁、浙江舟山和南京仙林街道,在网格化管理模式上都是借鉴了北京东城区的基本网格架构,但都结合了城市的实际情况,对网格进行了必要的优化。长宁区结合党建工作的引领作用推动网格化管理;而浙江舟山结合了自身的地理特点划分网格,并将社会管理的重心从"管事"向"服务人"转变;仙林街道则由小区物业主任担任了网格工作监督员,帮助网格共同处理问题。

2.加强资源的整合与配置

北京、上海、舟山、南京等地推行网格化管理后,都实现了社会资源的整合,对基层网格做到了实时监控,一网协同,加大了政府的监管力度。现代信息技术的融入,实现了辖区内部全方位的互联互通。例如北京东城模式建立的城市管理监督中心和城市管理指挥中心,无论是网格里社会管理的哪个方面发生了问题,都可以及时通过这两个中心传达到相关的公共部门,畅通了社区干部、群众、居民反映身边问题的信息渠道,也有利于政府职能部门及时掌握辖区情况,便于了解问题、解决问题,提高了公共服务的效率,提升了政府形象。

3.重视建立社区网格化管理保障体系

注重建立社区网格化管理保障体系,例如上海长宁区进一步完善政策、法规,修改街道办事处条例和社区居委会工作条例等规定,实现政、社分离,对职能部门管理和属地管理单位之间的权限做出明确界定,新形势的发展得以被适应;南京仙林街道网格化管理的特色是引入物业公司和社区基层党组织这两个概念,使物业管理快速进入市场化渠道,以此规范物业的管理行为,全面推进物业管理招投标,积极推广专业化物业服务,提高物业服务的整体水平。

4.以服务居民为落脚点

据不完全统计,北京东城区在推行网格化管理的 6 个月内共计收集了民情民意 7 000 余条,信访量大幅下降,化解了 500 多起矛盾;上海长宁区社区实行网格化管理三个月就准时处置案件、办结案 17 586 件,有效立案 1 639 件,从 2004 年 10 月 22 日开始至 2009 年年底,长宁区共立案处理各类城市管理问题 28 万余件,为过去处理问题量的 6 倍;而问题办理平均解决时间为 6.5 小时,仅为过去办结时间的 1/18。社区网格工作人员在第一时间化解了很多问题和纠纷,将矛盾消除在基层第一线,实现了"小问题不出格,普通问题不出社区,突出问题不出街道,重大难问题及时上报区政府处置"的目标。社区管理机构办事效率的提升也激发了社区创新管理的积极性。

三、镇江新区网格化管理的优化对策

镇江新区在探索网格化管理实施过程中,虽然在短短的时间内将集成管理指挥中心实体化运作,充分向全省展现了新区速度,但是,在快速推进网格化管理的同时,离"有魂、有用"的目标还有差距。比如,两级指挥中心协调相关职能部门发挥作用的中心凝聚能力不够,导致集成调度的力度还不够;基层网格划分的科学合理性不够,导致网格员与网格数匹配度还不够;分中心一支队伍的作用释放不够,导致综合执法的综合度还不够。针对目前网格化管理工作存在的问题,还需要重新布局网格、重新配置人员、重新定义职责、重新梳理清单,大力度削减网格层级,加大条块联动力度,组建配强网格事项处置的"三支队伍",以认真、较真、顶真的工作作风,切实解决网格化管理与基层实际工作"两张皮"的问题。

(一)进一步定格、定员、定岗、定责

网格布局要更加优化。在区域划分上,各分中心应当充分依据"地理布局、任务相当、方便管理、界定清晰"的原则,优化调整网格分布。在力量配置上,应当按照"定格、定员、定岗、定责"的要求,一级网格管理人员要常驻分中心,确保工作上下无缝衔接;二、三级网格要配齐配强网格长、网格员,明晰责任,张榜公示。

1.明确指挥体系

针对集成管理指挥分中心职责履行不到位的问题,要建立集成管理指挥层级体系,党工委分管领导牵头推进,各属地板块、机关部门实行"一把手"负责制,一般问题要在属地板块和相关职能部门解决;集成管理指挥中心负责推进疑难复杂工单在属地板块与部门间的协调配合,避免网格用一些属于村(社区)职责范围内应该做的事上报工单,造成平台自管工单虚增。

2.明晰网格职责

取消原有作用发挥不明显的三级网格,将这三级网格的工作职责上移至各村(社区);改变原有的"一长三员"配备,各村(社区)调整为网格长加若干分片网格员的模式,网格员不再参与村(社区)其他事务,专职负责片区内的网格事务,促进网格化管理服务职能的实现。部分镇街道范围内园区网格的问题,建议由专业园区负责网格内事项的巡查发现上报,镇街道代为处置垃圾清运等社会管理类问题。

3.网格划分全覆盖

各分中心要根据最新的网格划分要求,突破原行政划分的原则,重新调整优化网格边界,按照网格四至无死角的要求,重新划分各村(社区)网格范围,再根据实际情况,划分相应片区,优化网格人员,在每一个网格范围内张贴网格员公示牌,将片区责任到每个网格员。同时,对现有的572部工作手机,按照最新的网格设置要求,将发放范围限定为分中心指挥长、分中心负责人、专职巡查员、网格长、网格员等岗位,并对工作手机进行科学管控。

(二)落实网格人员专职化、专业化

网格化管理需要组建专业素质好、服务精神佳的队伍。要组建网格事项"信息上报、工单处置、督查督办"三支队伍。同时,充实村社区干部,落实网格人员专职化,才能够提高网格化管理效率,促进新区网格化管理健康发展。

1.组建专职化队伍

组建网格事项"信息上报、工单处置、督查督办"三支队伍,信息上报由基层网格员负责,工单处置由各村(社区)、各分中心负责,相关职能部门配合。督查督办由党政办、纪工委、集成管理指挥中心负责。分中心内指挥长建议由镇、街道党(工)委副书记担任,充分发挥集成指挥调度优势,分中心工作人员至少配备一名部门中层干部和一两名工作人员,专职专岗,坐班工作。网格长继续由村书记(社区主任)担任,网格内按照划片数量配备网格员,网格员原则上从"两委"班子成员中产生,每个村(社区)至少选配2人担任网格员,专职负责网格内的巡查处置、工单上报。2个街道网格事项较多,可根据实际工作量增加人员数量,并按划分的片区承担网格事项发现上报职责,兑现督查考核。

2.加强技能培训

加大网格化队伍的培训力度,对现有的网格化队伍进行有针对性的岗位培训,增强培训的实效性。培训内容不仅要包括网格化管理、公共服务理念、信息化专业知识和业务流程知识,还要包括网格所涉及的民政、卫生、信访、安全、党建等所有社会公共服务的内容,不断提高网格员主动发现问题、分析问题、处理问题的意识和能力,提升网格员的社会服务水平,不断优化网格员的业务水平。同时,要加大村社区干部的培养选拔力度,要把村社区干部中最适合的人选送到网格化队伍中。

3.引进专业社工人员

可以学习发达国家社会治理的先进经验,在社区治理中通过政府购买服务的方式,引进专业的社工人才,辅助网格员,充实基层社区治理的队伍。同时,通过镇江新区社区工作者职业体系建设,建立社区工作者"三岗十八级"岗位等级序列,全面推广"双全"社工管理方式,引导社区工作者走向专业化、职业化。此外,要积极鼓励社区党员、退休党员干部、志愿者团队发挥各自的特长,充实社会管理和服务工作力量。通过这三种方式来弥补现有的村社区干部素质不高、缺乏专业的网格人员等不足,提高社会治理水平,满足居民需求。

4.加强服务理念

当前,镇江新区网格化管理模式偏重于依靠现代信息技术治理,对于网格化的工作流程、网格员的工作责任以及网格化管理的目标都建立了条条框框的硬性标准。对于网格化管理目标的实现偏重于依赖技术力量.造成网格员在管理过程中只重视划分到网格的政府行政职能,忽视了公民真正的需求,以管理者的姿态出现在所管理的网格,从而忽视了社会治理中最重要的服务理念。无论是集成管理指挥中心、分中心的工作人员还是具体的网格工作人员,都应当重新认识社会治理的真正目的和意义,加强社会服务意识,在网格工作中真正做到以人为本、主动服务。

(三)强化条块联动

网格化管理重新整合了政府各个职能部门的行政管理职能,从镇江新区目前的网格化管理实践来看,职能部门之间联动处理机制和扁平化的操作体系尚未完全实现。因此,在理顺网格架构、重构网格化人员队伍的同时,必须加强各部门间的沟通协调,建立健全部门联动机制,实现条块联动。

1.实行双向派单

为进一步提高属地办理"12345"热线、宜地民声微信公众号、手机巡查App、简易信访事项四项工单的质量和效率,切实压实部门履职、减轻基层工作负担,要建立网格重要事项由职能部门牵头负责制度,对工单实行双向派单的制度;要加强重大工作、阶段性工作与网格融合,简化派单中间流程,避免属地多线接单,避免职能部门之间相互推诿扯皮。

2.健全联动协调处置机制

加强集成管理指挥中心顶层设计,提高资源的整合能力,资源的指挥统一由区指挥中心通过各职能部门统一执行。指挥中心每月要将群众反映强烈、属地处置困难的工单派至各牵头部门。各牵头部门落实专人跟进工单办理进展,每月由部门领导召开疑难问题协调会;每年力争解决一到两个影响较大的重难点问题。协同办理情况在年终考核中按处置质效,部门与属地按照3∶7的比例落实处置责任兑现考核,同时加大协同办理质效在部门绩效考核中的权重,扣分不设上限。

3.优化工单处置时限

当前,镇江新区网格化管理中还存在工单处置流转时间过长,容易出现超时工单的现象。要进一步优化工单处置流程,将原有工单处置时限调整优化为三类,进一步提升办理质效:第一类为一天办结,包括咨询求助类、简易城市管理类等工单;第二类为两天办结,包括投诉举报类、建议意见类、安全环保类等工单;第三类为五天办结,包括公共设施维修类工单。以此形成一套科学、有序、合理的工单处置时限。

(四)精准化制定两类清单

管理机制不健全,网格化管理就难以形成合力,就形成不了良好的效果。镇江新区要真正实现网格化管理精细化、扁平化、信息化,不仅需要强化条块联动,建立高效的运行机制,还要建立健全网格清单。

1.完善网格任务清单,加强宣传发动

各镇、街道要根据自身实际,将本区域内的重要工作充实到任务清单中,还要注意将部门参与的网格事项与属地的实际情况相结合,确保网格任务清单不留死角盲区。同时,要认识到随着社会发展,社会矛盾越来越突出,政府承担的社会责任越来越大,但是政府的资源和村社区工作人员的能力始终有限。针对种种现状,可以从合作治理的理论出发,提高站位,探索网格化管理主体多元化的路径,加大网格清单的公示宣传力度,发动广大人民群众积极参与网格化管理引入更多的居民和社会组织的力量。

2.实现网格事项"查干督"责任闭环

制定《全区基层网格事项处置责任分解图》,明确各级网格人员、职能归口工作内容和处置流程。明确网格事项上报、网格事项处置、督查考核闭环工作要求,梳理各镇、街道、村(社区)条与块、集成改革与本职工作的相互融合,对工单处置的所有时间节点和职责分工进行明析,便于操作和责任追溯,以实现从问题的发现到问题处理再到对问题处理结果的监督整个流程标准化操作。

(五)强化考核督查

随着网格化管理逐渐成熟化,政府承担的职能越来越多,网格化的考核体系也需要逐渐完善,要通过对网格中的人、事、物和组织开展常态化的督查考核,提高镇江新区网格化管理的效能。

1.开展飞检督查

镇江新区网格化管理工作要以管理互联网思维为核心,以问题为导向,着力压缩层级、压紧流程、压减总量、压实责任,建立三支专职队伍和"查干督"责任分解工作体系,制定出考核—通报—问责"三位一体"的网格化管理考核评价机制。指挥中心要加大对各级网格管理、履职等方面的督查,以不定期、不打招呼的方式对基层网格的人员工作情况及巡查质效开展飞检,对不在岗、不作为、不到位等问题即查即提醒。

2.严格考核问效

指挥中心负责构建导向鲜明的考核机制,聚焦服务质量和效益,对各分中心和网格员开展绩效考核,探索将改革成效的监督权、评判权真正交给企业和群众。加强对各分中心、各村(社区)网格化管理与集成管理改革工作的考核,一是要严明基本工作要求,加强对分中心人员在岗在位、村(社区)网格长和网格员履职情况、日常考核考勤的检查;二是要加强对检查情况的运用,对在飞检中发现的问题及时给予提醒、督查,对相应单位实施扣分;三是要加强反向倒查考核,将"12345"热线、"88012345"新区服务热线、宜地民声微信号中群众反映强烈、反复投诉、基层网格没有主动发现上报和及时处置的问题,每月要定期反向倒查至各村(社区)、各片,对网格员反向溯源,督查问责;四是要加强质效排名考核,对各分中心、村(社区)工单办理质效,如满意率、办结率等指标,每月打分,全区排名,通报结果在新区《圌山报》上刊登。同时加大与督查办、纪工委联合督查力度,以督查结果倒逼基层网格实效体现。

(六) 加强指挥中心自身建设

为了切实发挥网格化管理的功能和效能,在加大对分中心和网格人员的监督检查力度的同时,还要建立内部自我监督机制,加大集成管理指挥中心的自身建设。重点从以下三个方面着手:

1.落实反向督查制度

指挥中心负责对分中心、基层网格的飞检、督办、考核等工作。在工作落实过程中,更应进一步强化指挥中心工作人员的责任心,他们的所作所为都要对集成改革工作成效负责。要不定期采取反向督查的方式,督促中心人员的工作落实情况,对于工作随意、不负责任、讲人情做"老好人"等情况,发现一起,要严肃处理一起。在集成管理指挥中心内部要建立严格的考评机制,建立个人工作实绩档案,与个人的评先评优、工资绩效、提拔任用相结合。

2.严抓专职巡查员队伍建设

加大对 12 名专职巡查员的管理力度,落实专职巡查员巡查上报、巡办督办、现场核查等工作职责,每月对专职巡查员工作质效进行排名,要让每月排名与工资绩效挂钩;加强巡查业务培训,提高对网格事项的甄别水平,形成程序规范、部门衔接顺畅、协调有序的良性工作机制。

3.提升指挥中心工作人员能力素质

围绕提高工单处置质量,由各职能部门组成宣讲团,通过理论授课和现场教学等方式,定期开展指挥中心和分中心相关工作人员业务培训、工作交流,着力提升工作人员业务水平,从而破解网格化管理工作中"网情上不来""推诿扯皮""做好做坏一个样"等问题,持续推进网格化管理改革力度,切实提升新区社会治理水平,更好地服务镇江新区群众、企业需求。

镇江市"有桩+无桩"共享单车规范管理研究

吴玥

（学号：1120172344）

为引导共享单车在镇江市城区健康有序发展，明确政府监管责任和企业主体责任，建立规范市场秩序，推动绿色低碳出行，共享单车发展应坚持城市经营、精细管理的理念，遵循"服务为本、规范有序、强化安全、信用监管、多方共治"的原则，以满足市民需求为导向，有效解决城市交通出行"最后一公里"问题，促进现代化山水花园城市的建设。

一、镇江市"有桩+无桩"共享单车管理现状分析

近年来，共享单车作为国内交通出行的新型选择，经过近十年的发展，已经在大中小城市普及。镇江市"有桩+无桩"共享单车正是按照低碳城市建设要求以及江苏省交通运输部门关于发展城市慢行交通的要求，结合镇江本地的实际情况，不断探索"有桩+无桩"共享单车的管理经验，形成一套行之有效的管理措施。本文将针对镇江市"有桩+无桩"共享单车管理的现状、问题以及解决措施等问题逐一探讨。

（一）镇江市"有桩+无桩"共享单车管理的现状

自2014年以来，镇江市积极响应江苏省交通运输厅关于完善城市慢行交通的

要求，以解决广大市民出行"最后一公里"为出发点，积极鼓励共享单车在我市健康有序发展，先后通过招投标引进了有桩共享单车和无桩共享单车两种形式的单车，并进行了有益探索与实践，在规范停放、有序服务、融合互补发展等方面取得了一定的成果。

1. 镇江市有桩共享单车管理的基本情况

镇江市有桩共享单车（原名镇江市公共自行车服务系统）是由政府投资建设、镇江市公共停车管理处监管、永安行公司负责运营的单车服务系统，是镇江市 2013 年度民生改善项目之一。原计划到了 2020 年，在全市建成公共自行车站点 800～1 000 辆，投放有桩共享单车 2.5 万辆。

截至 2018 年，全市已建成公共自行车站点 385 个，投放公共自行车 12 050 辆，总投资达 1.2 亿元。截至 2018 年，已办理借车卡 8.2 万余张，平均每辆车单日使用次数近 6 次，累计借车次数突破 950 万次。镇江市统计局数据显示，市民改为公共自行车出行，和乘坐公共汽车相比，累计减少汽油消耗 50 万升，减少二氧化碳排放 1 300 吨；和自驾车出行比较，减少汽油消耗 743 万升，减少二氧化碳排放 15 500 吨。

2. 镇江市"有桩+无桩"共享单车管理的基本情况

镇江市政府希望建设"镇江模式"的无桩"共享单车"，打造"有桩+无桩"共享单车精细化运营服务体系。

（1）弥补有桩共享单车空缺，进行试点投放。2013 年福建省三明市组建了市公共停车管理处，专门负责有桩共享单车的建设和监督管理。在监管部门的管理下，三明市在镇江市区投放了 5 445 辆有桩共享单车，配备客服、巡检、维修、调度人员 95 名，与城市管理部门形成良好的联动机制。

（2）划定准入条件，招投标引入企业运营。经过为期一个月的试点投放，镇江市政府为避免已在其他城市出现的共享单车运营商无序竞争与运营、共享单车管理先乱后治的情况，提出在投放前制定详细的规划方案并出台相关管理办法的建议，做到先规范再有序发展，明确准入条件，也要指定退出机制，规范企业运营，在此背景下，镇江市于 2017 年 8 月出台了《规范镇江市城区共享单车发展的指导意见》，提出四个企业准入条件。

（二）镇江市"有桩+无桩"共享单车管理存在的问题

镇江市在"有桩+无桩"共享单车管理的过程中虽然取得了一定的成绩，但是受到硬件设施、资金投入、系统平台、技术水平、人才素质以及企业运营等多重因素的影响，镇江市在规范管理"有桩+无桩"共享单车的过程中也遇到了一些问题亟待解决。

1.缺乏明确的管理方向和计划

虽然镇江市政府在 2013 年就将建设有桩共享单车列入四大民生工程的重点项目推进,并且制订了一系列的工作计划、财政预算、实施方案,但是镇江市政府的工作人员在慢行交通方面专业性的缺失,导致对共享单车的规划设计的理解和把握上存在偏差和瑕疵,在投放规模、站点分布、配合城区道路改建、扩建以及财政负担和长远设计上缺乏含技术支撑的专业指导。

目前,镇江市对于"有桩+无桩"共享单车的管理大部分还局限于眼前亟待解决的一些困难和需要,没有长远去考虑和解决规划和发展走向的目标和计划,并且类似指导意见和周边城市可以供借鉴和参考的范例非常稀少,考核评分也没有相关的标准。

组织机构设立不及时,工作指导不专业。部门人员多从原市政设施管理处调拨,没有专门招录负责城市慢行交通管理的专业人才,组织管理机构的临时设立,加上人才缺乏,导致监管起步较慢,在工作指导的专业性上亟待加强。

2.相关法律法规不完善

2013 年有桩共享单车入驻镇江,2017 年 4 月无桩共享单车试点投放。三年间,一直没有成文的法律法规或者指导意见来规范相关管理。镇江市公共停车管理处作为"有桩+无桩"共享单车的监管部门,对镇江市市区的共享单车一直以内部的考核办法及考核细则进行监管。

(1)缺乏管理依据,造成舆论误解。镇江市采取"先规范试点后有序投放"的原则,限制共享单车企业在未能满足规范管理的条件下无序投放、大批涌入镇江市场,但因为缺乏相关管理依据,部门违规投放的企业在论坛大肆炒作,认为政府对共享单车的管理系刻意垄断,没有相关的法律依据和规范文件作为依据。加快镇江市管理部门加快推进指导意见的起草,直到 2017 年 8 月 10 日,镇江市政府办才正式发布《关于规范镇江市城区共享单车发展的意见(试行)》。

(2)缺乏法律依据,无法依法问责。2017 年 8 月,镇江市政府办正式发布《关于规范镇江市城区共享单车发展的意见(试行)》,从保障广大市民资金安全、规范城市静态交通秩序等方面出发,规范了"有桩+无桩"共享单车的运行,但在违规投放的处罚、数据对接智慧平台不到位等企业违规现场的处罚主体上规定得不明确。

3.智慧平台功能不健全

自镇江市发展共享单车以来,智慧平台将"有桩+无桩"共享单车的监管纳入其中,但因为平台初期建设不包括该项目,故在后期的监管过程中,智慧平台的功能较为欠缺,主要表现在以下几个方面:

(1)无桩共享单车部分数据未能对接平台。部分用户数据涉及企业营利和隐私,企业和监管部门未能达成共识,所以导致监管部门在对无桩共享单车的数据进行监控时,只能掌握粗略数据,详细骑行量和站点分布情况均由企业提供,存在数据捏造和水分。

（2）有桩共享单车与无桩共享单车系统数据未能实现共享。有桩共享单车的骑行数据较为全面,由于建设时间较早、系统并未升级,在功能的便捷性上仍有欠缺;镇江市无桩共享单车的运营完全由上海钧正网络科技有限公司负责,涉及用户隐私及企业商业营利等各方面因素,有桩共享单车在智慧平台上的数据是由第三方提供转接的,并不是第一手数据,真实性有待加强,并且数据并不全面。

4."有桩+无桩"互补机制未形成

自 2017 年镇江试行"有桩+无桩"共享单车差别融合管理以来,镇江城市管理部门积极参考其他城市管理经验,对"有桩+无桩"共享单车的管理采取一系列措施,进行了各类有益探索,但由于各方面原因,"有桩+无桩"共享单车的协作互补机制还没有很好地形成,主要表现在以下几个方面:投放区域和数量未能形成互补;租车使用渠道未能进行较好的整合;运营管理推诿扯皮时常发生。

（三）存在问题的原因分析

镇江市城市管理部门在探索"有桩+无桩"共享单车规范管理的过程中,虽然取得了一定的成效,为镇江市低碳出行和完善城市慢行交通系统作出了贡献,但是在管理的过程中仍有部分问题亟待解决,究其根本,笔者认为有以下几个方面的原因:

1.规划及保障措施不完善

镇江市规划部门未将"有桩+无桩"共享单车的管理纳入城市慢行交通的长远规划中去,导致站点分布和车辆投放不能因时制宜、因地制宜。投放运营以来,"12345"热线以及市长、局长信箱中反映站点和投放区域未能及时调整的建议占总建议的 35%。2013 年运营至今,拆除有桩共享单车站点 7 个,多个市民建议新增的有桩共享单车站点因经费问题未能建成。

经费预算未能和财政部门达成共识,导致后续经费未能及时跟上。镇江市有桩公共自行车三期概算测算总投资为 2 000 万元(包括 60 个站点、1 500 辆公共自行车),分为五年支付。由于一、二期建设费用过大,加之 2016 年镇江市财政压力超负荷,导致三期资金未能如期落实到位。

2."有桩+无桩"管理模式不成熟

2017 年,镇江市率先探索"有桩+无桩"相结合的共享单车管理模式,镇江城市管理部门的工作人员先后赴南京、上海、成都等城市对投放共享单车管理情况进行学习调研,希望在借鉴其他城市管理经验的基础上,结合镇江本地实际,形成适合镇江市的"有桩+无桩"共享单车管理模式。然而在调研过程中,调研人员发现并无相关先例可供借鉴。较为相似的城市有武汉、昆山,但前两座城市中有桩共享单车与无桩共享单车均为竞争或者平行发展的关系,没有形成"有桩+无桩"管理模式。加之镇江有桩共享单车三期因经费问题搁浅的特殊原因,使得镇江市的共享单车面临的解决困境没有可以借鉴的先例。

3.大数据管理水平有待提高

在大数据利用方面,镇江城市管理部门仍存有几点欠缺:

一是没有掌握大数据来源的主动权。无论是政府出资的有桩共享单车建设,抑或是纯企业运营的无桩共享单车建设均如此。虽然镇江市在"有桩+无桩"共享单车的管理过程中,两者都做到了将数据接入智慧平台,为政府部门管理提供依据,但是数据都是由第三方提供的,无论是数据的及时性还是真实性,都需要进一步商榷。

二是没有利用好大数据做好宏观调控层面的工作。政府部门因为人才技术等方面的欠缺,不能积极迅速地从指挥平台提供的大数据上分析出潜在问题,从而及时调整共享单车在镇江投放比例,也不能通过调整镇江市停车设施规划来体现政府管理部门的人性化的关怀,不能有效提升共享单车的使用和管理效率,从某种层面上来说,这样的不作为也是由大数据管理水平欠缺导致的。

4.政府监管及行业交互力度不够

现阶段,市场上出现的有桩或无桩共享单车问题都普遍集中在有序停放、僵尸车回收、损坏车辆修理等上,在镇江城市管理部门对"有桩+无桩"共享单车的考核细则和考核标准上,对有桩共享单车与无桩共享单车的共建共治共享要求的力度不够,没有做出硬性要求,导致有桩共享单车与无桩共享单车的合作共赢成为纸上文章,浪费调度、保洁等人力物力。

镇江政府部门也未及时开放 App 或者官方网站,整合"有桩+无桩"共享单车资源,实现支付手段一体化,将镇江市民卡、公共交通一卡通统一端口,实现有桩共享单车与无桩共享单车的通用。并且永安行和上海钧正在无桩共享单车上的投放存在一定利益竞争,导致行业交互力度不够,数据共享方面难以满足"有桩+无桩"共享单车差别融合管理的要求。

二、国外与国内其他城市共享单车管理的经验借鉴

2007年，共享单车在国内出现，在近十年的时间迅速发展壮大，并不断本土化，成为完善城市慢行交通的重要组成部分。而在国外，共享单车的发展优势集中在有桩共享单车上，在公共服务项目实现盈利、管理模式创新等方面值得我们借鉴。

（一）国外共享单车管理情况

共享单车最早起源于国外，有桩共享单车更是在20世纪50年代以后逐渐走向正规、趋于成熟的。本文选取法国巴黎和荷兰阿姆斯特丹作为范例进行参考，镇江市"有桩+无桩"共享单车应该吸收诸如这两个国外城市有桩共享单车管理的成功经验，走出符合地方实际情况并且有自身特色的发展道路。

1.法国巴黎：有桩共享单车实现盈利

巴黎的有桩共享单车租赁系统名为velib，目前是除了我国以外，世界上最大的自助式的有桩共享单车租赁系统，在巴黎设立1 200个有桩共享单车站点，运营的共享单车超过16 000辆，运营首年用户量超过了2 000万人次。

打造品牌效应是巴黎velib运营盈利的关键，在运营有桩共享单车的同时，运营公司开发了一系列相关文化创意的延伸品，比如说印上velib LOGO的咖啡杯、手机挂件袋、超市购物袋，以及与城市有桩共享单车相同配置的品牌单品，在此基础上开通了有桩共享单车的品牌官网，将所有的商品和有桩共享单车的信息及时地在官网公布，极大地增加了便民性。

巴黎的velib的运营商在有桩共享单车的运营上也可圈可点，通过卡车调配来缓解城市潮汐现场带来的空桩和满桩的现象。支付方式更是显得多元化，带芯片的visa和master信用卡既可以租车，还可以通过官网和App下单，更可以在租车点的锁车桩上直接下单。同时为骑行者提供了月卡、年卡等优惠选择，很大程度上加强了用户对品牌的忠诚度，并且velib在质量和维修上都投入了很大的花销，保证有桩共享单车的完好率和用户体验，这些都是法国巴黎velib获得盈利的细节。

2.荷兰阿姆斯特丹：设立共享单车市场

荷兰的阿姆斯特丹是世界共享单车起步最早的国家。据统计，在荷兰，有桩共享单车的保有量超过了一百万辆，有桩共享单车在主城区的出行方式中所占比例超过了65%。

有桩共享单车无疑成为阿姆斯特丹市民出行的主流选择之一。面对这样的情况,荷兰政府为了进一步加强有桩共享单车的管理,在 2016 年设立了阿姆斯特丹第一任"自行车市长"。由捷安特生产商的任职人员安娜路特纳当选。自行车市长不属于荷兰阿姆斯特丹政府官员,没有直接行使行政职权的权利,它受雇并且服务于非政府组织。自行车市长的工作是接受各方对有桩共享单车的意见和建议,沟通政府、企业和公众,并且不断地出谋划策,逐渐完善阿姆斯特丹的城市慢行系统。

(二) 国内其他城市共享单车管理情况

国内的共享单车起步时间相较于国外虽然比较晚,但是在发展规模和速度方面赶超了国外其他城市,尤其是在无桩共享单车方面。如今共享单车已经迅速地在国内大中小城市中普及开来,不同城市都结合各自地方的特点发展了一套共享单车的管理方案,有很大的参考价值。

1.南京:"有桩+无桩"共享单车并行发展

在南京,有桩共享单车与无桩共享单车都占据了一席之地,两者并行发展。截至 2018 年,南京的有桩共享单车站点超过了 2 200 个,有桩共享单车投放量约10 万辆,人均每日的骑行量约为 15 万次。有桩共享单车系统由三家企业分别独立运营,分别在主城区、江北区、江宁区投放与管理。在如此大的规模下,南京市公共自行车公司升级了官方 App,在南京地区实现了扫码借车。

此外,南京市的无桩共享单车并未受到有桩共享单车大面积运行的影响。2018 年年初,南京交通、交管、城管等三部门联合公布,南京合法上牌上路的无桩共享单车数量为 30 万左右。南京的有桩共享单车和无桩共享单车的并行发展,虽然在投放量和给市民带来的可选择上显得多样化,但是给政府的管理部门带来了很大的管理难题。总体来说,南京市的部分做法值得镇江市借鉴,部分问题需要镇江市引以为戒。

2.武汉:"有桩+无桩"共享单车的竞争战

武汉是同时发展有桩共享单车与无桩共享单车的城市之一,也是有桩共享单车和无桩共享单车在市场竞争的过程中被淘汰的典型案例之一。

武汉的有桩共享单车"车小蓝"在经过三年多的艰难运营后,最终退出,取而代之的无桩共享单车仅仅在一年的时间内就在武汉投放了 70 万辆,给城市交通带来了极大的管理压力。武汉城市管理部门始料未及,不得不发出禁投令,限制无桩共享单车的投放。为此引发了很多市民的不满,他们认为免费性质的有桩共享单车给收费营利性质的无桩共享单车让路,是文明的倒退,并且禁投令遏制不住的违规停放的无桩共享单车对路面资源造成严重浪费。

3.昆山:有桩共享单车运营到期全面出新

昆山市区公共自行车租赁服务项目(一期)于2011年8月投入运营,市区二期于2012年12月投入使用,在昆山城区设立100个站点,同时扩容一期的58个站点,新增投放3000辆自行车、4300个锁车柱,运营期为5年,年投资额为814.3万元,总投资额为4071.54万元,截止到目前整个系统运行完好,大大方便了市民出行,缓解了交通压力。在这样的大背景下,昆山市区公共自行车租赁服务项目三期计划于2013年9月开始,采购单位为昆山市城市综合管理处,本次项目在昆山市区原有一期及二期的基础上增设100个公共自行车站点,同时扩增一、二期的21个站点,新增投放3000辆自行车、4000个锁车柱,租赁服务期为5年,年投资额为760万元,管理软件、UPS、办卡点、调度中心、办公设备、维护人员等共用原有一期设施并做相应扩容。在原公共自行车系统软件上深度开发,进一步提升智能化运营功能,充分使用原系统服务器、办卡点、调度中心、办公设备等,减少费用支出,缩短系统的建设周期。

(三) 经验借鉴

国内外有桩共享单车及无桩共享单车管理都具有明显的地方色彩和特色,为镇江市"有桩+无桩"共享单车的规范管理提供了经验借鉴。

1.把握好"有桩"与"无桩"的营利与服务平衡问题

镇江市城市管理在规范"有桩+无桩"共享单车发展的过程中,应该转变陈旧的管理观念,不应当认为纯公共服务项目应该是不营利的。相反应该积极借鉴法国巴黎velib有桩共享单车的运营模式,发挥有桩共享单车的特性,借助互联网和品牌效应,实现有桩共享单车的盈利。

2.加强共享单车机构建设与法治化建设

镇江市为进一步加强"有桩+无桩"共享单车的管理,2013年成立科级建制单位镇江市公共停车管理处,隶属于镇江市城市管理局,专门负责有桩共享单车和无桩共享单车的监管问题。镇江市公共停车管理处正式在编人员15名,职能主要包括三方面:一是负责镇江市区道路临停泊位和社会经营性停车场的管理工作;二是负责镇江市非机动车公益岗人员的管理工作;三是负责镇江市区"有桩"与"无桩"共享单车的监督和管理工作。由此可见,"有桩+无桩"共享单车管理工作并不是镇江市公共停车管理处的主要工作职能,并且人员少,专业人才缺乏,所以在"有桩+无桩"共享单车管理的过程中,只靠城市管理局的一个下属部门单一监管是远远不能发挥规范管理作用的。

应当由镇江市城市管理部门牵头,建立"有桩+无桩"共享单车行业协会,设立会长,效仿阿姆斯特丹,接受各方对有桩共享单车的意见和建议,沟通政府、企业和公众,并且不断地出谋划策,逐渐完善镇江市"有桩+无桩"共享单车的系统。

三、实现镇江市"有桩+无桩"共享单车规范管理的对策分析

进一步强化和规范镇江市"有桩+无桩"共享单车管理,需要管理者正确和深入地认识当下镇江市的共享单车现状和实际,在此基础上,摆正定位,理清思路,多措并举,才能在规范管理上取得显著的成效。

(一)强化镇江市"有桩+无桩"共享单车的整体规划和投放

1.科学规划"有桩+无桩"三年实施方案

镇江市城市管理处于共享单车管理的转型期间,开创了全新的管理方式,即"有桩+无桩"共享单车差别融合管理。"有桩+无桩"一体运营管理是镇江较早提出的全新的管理理念,没有其他实行城市的管理经验可以借鉴,需要摸着石头过河,自行探索。镇江市城市管理部门应当合理解决有桩共享单车与无桩共享单车因为缺乏规划所面临的各类问题,科学规划"有桩+无桩"共享单车的发展方向,制定三年发展实施方案,全面考虑在规范管理过程中有可能出现的问题,并积极制定举措和预案,做到未雨绸缪,事半功倍。

要科学规划"有桩+无桩"共享单车三年实施方案,首先要召开相关部门联席会议,协同规划、城管、公安、物价、交通运输局等部门,邀请各类专家学者以及市民代表出谋献策,科学理性分析镇江市"有桩+无桩"共享单车发展现状,建立与城市空间承载能力、停放设施资源、公众出行需求等相适应的车辆投放机制。主城区(京口区、润州区)共享单车实施总量控制,按照城市发展规模和人口增长比例适度调控。在此基础上,对有桩共享单车及无桩共享单车如何进一步实现一体化管理进行研讨。三年实施方案中应明确指导思想和基本原则,划定重点任务和工作要求,建立"有桩+无桩"共享单车管理领导小组,将管理任务层层分解,下发到各个责任部门,按步推进,逐年考核,半年进行一次管理情况督查,并召开推进会,确保镇江市"有桩+无桩"共享单车管理有规划、有计划、有推进、有落实。

2.转变投资运作以平衡服务与盈利

在转变投资运作方式、平衡服务与盈利的过程中,镇江市城市管理部门可以借鉴法国巴黎velib的有桩共享单车的运作模式,联合丹徒、丹阳、大港的有桩共享单

车,打造品牌建设,首先建立"有桩+无桩"共享单车官网,开发设计有镇江本地特色的骑行LOGO,并且以低廉且与骑行相关度较密切的用品为原型,生产品牌文化衍生品,如带有"有桩+无桩"共享单车LOGO的环保买菜手提袋、小书包、保温杯、骑行挂件,有收藏价值的实体月卡、季卡、公交一卡通等,实现优质服务与盈利,保证"有桩+无桩"共享单车能够有足够资金运转,实现按期续建、更新换代,为市民提供更加舒适便捷的骑行服务。

3.结合民生需求优化骑行条件

在镇江市有桩共享单车运营及外包服务到期面临续建资金无以为继,市民普遍认为现有的有桩共享单车车身沉重、零件落后、骑行体验差的大背景下,笔者建议应当由市城管局牵头组织编制《互联网+有桩共享单车优化项目实施方案》会同市发展和改革委员会、市财政局、市司法局、市公共资源交易中心等相关部门,召开实施方案的讨论会,建议将有桩共享单车原一、二期及三期续建项目与镇江市互联网+停车全覆盖特许经营项目捆绑,并轨融合发展,实现"共建、共运、共维、共享"。

以上述建议实现三个优势。一是实现稳定资金来源。因原先的镇江市有桩共享单车的运转资料来源是由市交产集团(原市交通投资公司)分批上缴市财政,再由市财政核拨市停车管理处,建议中提出的互联网+停车资金源也由市交产集团拨付,实现项目整合,可以实现停车资源盈利填补有桩共享单车亏损的现状,合理解决资金问题。二是通过有桩共享单车的续建,实现有桩共享单车的服务优化,追赶无桩共享单车的服务水平,更好地使"有桩+无桩"共享单车项目服务于市民。三是有利于建立道路临停资源和"有桩+无桩"共享单车资源的一体化调度分析机制,在结合镇江市公共停车管理处行使对道路临停泊位与"有桩+无桩"共享单车的监管职能的基础上,将两个项目进行整合并轨,将数据统一接入智慧平台,实现城市静态交通与动态交通的一体化分析,对智慧城市交通建设具有积极作用。

4.建议建立共享单车地下停车库

共享单车地下停车库,又称下立体式智能共享单车停车库,目前已经在日本多个城市,以及国内的成都成功推广,给镇江市"有桩+无桩"共享单车的规范管理带来了借鉴和参考。下立体式智能共享单车停车库,既满足了共享单车日常停放的需要,引导公众绿色出行,又能最大限度地减少占地,成为城市环境的一个有益补充,实现了公共资源的最大化利用。这个试点项目的建成,对规范共享单车停放、集约利用城市空间、改善城市市容环境、解决市民出行"最后一公里"等具有重要意义。试点成功后可以全面推广应用。

(二)结合镇江本地实际进行"有桩+无桩"共享单车差别融合管理

镇江市"有桩+无桩"共享单车是共享经济下的产物,其中既有共性特点,又有差异性。镇江市城市管理部门要在深入了解和掌握"有桩+无桩"共享单车特点的情况下,利用共性特点和差异性,制定合理有效并且符合本地实际的政策,实现"有桩+无桩"的规范管理。

1. 坚持面向主体与收费政策差异化

因为项目性质的差异,镇江市城市管理部门在进行"有桩+无桩"共享单车管理的过程中在几个方面要注意保留有桩共享单车与无桩共享单车的差异。

首先,有桩共享单车与无桩共享单车的定位差异。"有桩+无桩"共享单车的差别融合一体化管理,要有准确和清晰的定位。镇江的有桩共享单车,用户数已达23万余人,累计骑行量2 361万余次,受众稳定、骑行需求量较大,是政府推行民生工程的举措之一;无桩共享单车则是为市民提供多样化和更便捷服务的第二选择。镇江市城市管理部门在规范管理共享单车的过程中要坚持有桩共享单车的公共服务性质不变,坚持无桩共享单车的市场导向不变,才能保障市民的权益、维护社会稳定。

其次,有桩共享单车与无桩共享单车面向主体的差异。镇江市有桩共享单车起步较早,借车途径主要有镇江市公共交通一卡通与镇江市市民卡以及扫码租车。镇江市无桩共享单车服务群体更偏向学生和上班人士,骑行路线中,以江苏大学、江苏科技大学门前至万达、苏宁等商圈线路更加频繁。综上所述,镇江市城市管理部门在制定管理政策时,要注意两者服务群体的差异,提供多样性、指向性的服务。

最后,有桩共享单车与无桩共享单车收费政策的差异。在收费政策上,坚持有桩共享单车骑行一小时之内免费不变,保证公益性质。无桩共享单车的收费需在物价部门的指导下,根据市场调节。

2. 坚持运营调度一体化

要做好镇江市"有桩+无桩"共享单车的规范管理,也要坚持一体化管理,才能使得监管部门的管理形成合力,主要有以下几个方面:一是管理团队的融合,目前有一支具有丰富管理经验且较为稳定的服务团队负责市区有桩共享单车的运营。二是站点资源的融合,目前公共自行车站点附近停放大量无序单车。通过有序摆放、就近调运、指定清拖的三步管理模式,将资源进行综合利用,有效解决当前的困惑。三是在慢行交通支付方式探索方面,目前公共交通支付方式正在向多元化发展,云闪付的各类 Pay,以 Apple Pay 为代表的基于银联云闪付的各类 Pay 和银联 ODA。在市场合作层面,可以与银行、第三方支付机构对接,由其提供信用资金做担保;政府合作层面,积极融入省市社会征信体系系统建设。

(三)加强停车智慧平台建设

"有桩+无桩"共享单车的投放离不开云计算与大数据的支撑,伴随着2013年有桩共享单车在镇江落地,镇江市城市管理部门建立了全数字化的有桩共享单车系统管理平台,与镇江市市民卡、公交出行一卡通、手机 App、站点控制器、锁车器,以及附带 GPS 定位的有桩共享单车实行无缝连接。2017 年无桩共享单车入驻镇江后,其云计算与数据统计一直由运营企业进行计算运营,未完全做到与镇江市城市管理部门智慧平台对接,因此给数据共享后的科学投放、调度、运营带来了阻碍。加之平台自身系统与功能比较单一,未积极与镇江市各类便民服务平台对接,也限制了"有桩+无桩"共享单车为市民提供服务的宽度与广度。

1.实现"有桩+无桩"共享单车数据的整合与分类

要全面加强停车智慧平台建设,必须要实现"有桩+无桩"共享单车数据的整合与分类。

数据共享实现一体化调度。镇江市"有桩+无桩"共享单车要实现一体化管理,要避免"各家自扫门前雪"的现状。以万达、苏宁商圈为例,有桩共享单车运营公司于上午 7 点至 9 点、中午 11 点至下午 1 点、下午 3 点至 4 点,前往附近桩位点进行车辆调度,调度车空间使用率不足 40%;无桩共享单车运营人员在相近时间也将前往调度,调度车空间使用率不足 15%。政府作为管理部门应当整合"有桩+无桩"共享单车调度人力、物力,科学分配调度区域与调度时间,适当增加对市区 10 条严管道路与 10 个严控点的调度频率,对城市二级区域调度频率应做到每天一次以上,剩余人力、物力可集中于住宅小区的僵尸车回收。

在企业进行调度的基础上,镇江市城市管理部门应积极组织各类志愿者活动,协同社区、学校等开展各类单车保洁活动。为不干扰市民正常使用公共自行车,"啄木鸟"先锋示范岗还在夜间凌晨开展"零点"行动,对全市 6 068 个锁车器、5 445 辆公共自行车进行逐个检查,并安排"有桩+无桩"调度车立即将问题车辆返库维修,提升设备安全性能,并利用智慧平台实现数据分析汇总。

2.实现"有桩+无桩"共享单车相关数据的分析

当前共享单车的营销模式无法满足客户的多样化、层次化、个性化的需求。通过聚合当前各共享单车企事业单位及公众平台的数据,实现云数据的知识挖掘,进而提升共享单车满足客户需求的能力。数据挖掘过程可以实现用户信息、价值观念以及行为模式的深度分析,从而使得共享单车在推广的过程中更精确,既能够精确对接用户的深度需求,减少现阶段共享单车在推广过程中的成本,也能够提升绿色出行在广大市民中的认可度。在需要呈现数据分析结果的基础上,根据企业和政府不同的目的,对上述问题进行合并,如企业和政府都会去关注哪个区域使用共享单车的频率最高、骑行路线规划等问题,以便更好地服务用户重要组成部分,有效地提升城市管理水平、改善民生保障。

3.建立"有桩+无桩"官网及官方 App

镇江市城市管理在建设"有桩+无桩"共享单车一体化管理的过程中,政府在规范企业运营的同时,也开放统一平台,设置政府"有桩+无桩"官方网站、投诉平台与电话、官方 App(整合有桩共享单车接还车端口和无桩共享单车接还车端口),为市民提供更为便捷的服务。

(1)建立公共服务平台与投诉电话:通过公开招标,我市于2013—2014 年建成一、二期公共自行车系统项目。同时在市长信箱、政务服务网站、MY0511 市民论坛上开设小窗口,提供网络在线解答。镇江市城市管理部门应增设便民服务窗口,指派专员接听热线电话,在各大论坛和信箱做好案件的受理与反馈工作,将市民的投诉意见与反馈集中汇总到智慧平台,定期做好数据分析工作。

(2)实现全网服务+App 联动:实现"有桩+无桩"共享单车全网服务要做到,无论是电信、移动还是联通的用户,都能享受到智慧平台的各种贴心服务。

(四)修订出台镇江市"有桩+无桩"共享单车指导意见

进一步强化和规范镇江市"有桩+无桩"共享单车管理,需要管理者正确和深入地认识当下镇江市的共享单车的发展现状和实际,在此基础上,摆正定位,理清思路,多措并举,才能在规范管理上取得显著的成效。本部分将基于镇江市"有桩+无桩"共享单车管理的现状,结合国外与国内有桩及无桩共享单车的有益经验,针对目前镇江市"有桩+无桩"共享单车管理过程中存在的问题,深层次地分析问题产生的原因,科学合理地提出解决问题的对策和建议。

1.规范合理公平的市场秩序

准入标准是规范镇江市"有桩+无桩"共享单车的门槛。设定好门槛,才不会导致乱投、乱放,笔者认为应当从四个方面出发,制定全面、合理、公平、公正、公开的准入标准:

第一,只有具有经营服务机构这一基础,管理部门在监管过程中才能有迹可循,管理部门应当规范企业在经营区设立经营服务机构,并依法在城区注册登记。在开始提供服务前30 日内向镇江市城市管理部门提供营业执照正本、共享单车运维方案(内容包括运营维护模式说明、用户服务协议、群众投诉处理等),并且已经在市区提供共享单车服务的企业,也应当遵守上述规定。

第二,政府部门应当规定企业推行信用准入机制,诚信免押金租赁。避免产生其他城市共享单车企业倒闭、押金很难追缴的现象。

第三,政府部门应当规定企业主动对接智慧平台,实现数据实时共享,统一调度监管。严管区域路段施划配套的停放站点,设置电子围栏,允许企业间共享。

第四,投放调度的规范事关市区静态交通秩序,投放共享单车数量在2 000 辆以内的,企业应按照不低于千分之五的比例配备运营管理人员及1辆以上厢式调度车;投放共享单车数量在2 000辆以上的,企业应拥有与车辆投放规模相适应的车辆调度能力和停车场、洗车场、修理厂等配套设施。

2.实现各部门间的有力监管

要实现"有桩+无桩"共享单车的规范管理,需要在指导意见中进一步明确管理部门责任,实现各个部门权责明晰、通力协助,从而实现对企业的有效监管和业务指导。

首先,应当明确镇江市城市管理部门是主城区"有桩+无桩"共享单车监管的行政主管部门。镇江市公共停车管理处应当具体负责"有桩+无桩"共享单车的日常监管考核、停车点位设置、车辆投放总量调控等。

其次,工商部门应当负责"有桩+无桩"共享单车企业在本市经营服务机构的工商注册,并实行工商登记信息与市城管部门共享;公安部门负责"有桩+无桩"共享单车车辆登记和牌证发放,负责对侵占、盗窃、破坏共享单车以及车辆无证上路等违法行为的查处,并将共享单车纳入文明交通管理范围。

最后,各区政府(管委会)负责配合市级主管部门,监督经营企业做好停放秩序、日常保洁和设施维护等工作。只有各级部门通力合作,明确权责,形成全面高效的服务监管体系,才能实现对"有桩+无桩"共享单车的有效监管。

3.制定日常管理考核规范

进一步细化管理部门对企业的行业指导和日常管理规范,并以指导意见的形式进行明确,有利于给管理部门的科学考核与监管提供法律和理论依据。

在运营管理规定方面,企业或实施主体应当要求用户通过互联网进行实名制注册登记并签订服务协议,实现对用户身份实时可查、事后倒查,明确各方权责和义务。市场化运营的无桩共享单车运营企业应公布符合国家有关规定的计费方式,公开收费标准,合法经营,依法纳税,以保障规范运营。

在投诉和应急保障方面,应畅通用户投诉机制,设置服务监督机构,建立投诉受理平台,公布服务监督电话,及时处理投诉;应制定停车管理的应急预案,在遇节假日、重大活动期间,负责做好车辆应急调度和停车秩序管理,维护城市环境和交通秩序。

在企业运营能力方面,在市区投放单车的运营企业需终止在城区运营服务的,应提前20日向市城管部门提出书面报告并向社会发布公告,并依法依规退还预付金、押金等有关款项,完成所有投放车辆的回收等工作,并依法办理工商注销手续。

在行业互助方面,鼓励共享单车企业成立行业协会,加强沟通合作,制定行业公约,加强行业自律。建立用户信用信息共享机制,开展线下运营服务合作,鼓励委托第三方企业提供专业服务。

4.实施车辆的标准化监管

镇江市"有桩+无桩"共享单车要实现统一监管,必须要设定统一的车辆投放标准,以便于更好地服务市民。

一方面,"有桩+无桩"共享单车的车辆质量应符合现行国家标准和行业标准的相关规定,性能安全可靠。特别是无桩共享单车的质量,政府管理部门应当给予重视,因为纯企业的运营模式往往在质量上需要投入更多的关注。

另一方面,车辆具备实时定位和精确查找功能,使用带有车辆定位和智能通信控制模块的智能锁;鼓励使用国产定位系统;车辆经公安交通管理部门登记,领取牌证。

5.提供优质与安全服务

保障用户安全、提供优质与安全服务是镇江市"有桩+无桩"共享单车规范管理过程中必不可少的一个环节。

在押金收退和车辆维保的监管上,政府部门一旦发现企业收取不诚信用户押金、消费预付金的,应设立专用账户,通过具备相关资质和牌照的第三方支付企业进行资金结算,为用户提供安全、保密和便捷的支付结算服务。建立不诚信用户押金和消费预付金退还制度,根据服务协议约定和注册用户申请,及时退还相应资金。企业应建立车辆维保服务制度,对车辆定期维修,提高车辆完好率,及时淘汰达不到安全标准的车辆,确保车辆安全使用。

(五) 形成网格化+长效管理+综合考评的封闭管理体系

形成网格化+长效管理+综合考评的封闭管理体系是镇江市"有桩+无桩"共享单车规范管理过程中的最后一环,但也是最重要的一环。它是镇江市城市管理部门将多种规范管理和服务举措落到实处、保证长效化的重要手段,镇江市城市管理部门要通过健全"有桩+无桩"共享单车网格化巡检制度、健全"有桩+无桩"共享单车长效管理制度,以及从实施"每周+月度+季度+年终考评体系"三个方面出发,形成封闭的管理体系。

1.健全"有桩+无桩"共享单车网格化巡检制度

"有桩+无桩"共享单车的管理应当结合镇江市城市管理实际进行。网格化管理是镇江市城市管理局监管平台依托统一的城市管理以及数字化的平台,将城市管理辖区按照一定的标准划分成为单元网格。通过加强对单元网格的部件和事件巡查,建立一种监督和处置互相分离的形式。镇江市公共停车管理处作为镇江市城管局下属单位,按照镇江市城管局监管平台的标准建设了"有桩+无桩"共享单车智慧平台,一方面整合市民骑行数据,实现智能调度管理;另一方面给予了镇江市公共停车管理处作为"有桩+无桩"共享单车监管单位开展网格化巡检的机会，管理方应科学利用网格化巡检制度，加强"有桩+无桩"共享单车的调度与管理，给市民提供更好的骑行体验。

2.健全"有桩+无桩"共享单车长效管理制度

"有桩+无桩"共享单车的管理不能抓一时，要形成长效管理制度，对运营方进行全面监督管理，定期进行考核和评分。

在组织机构设置上，一是要成立镇江市运营管理分公司，具有固定的办公场所、维修场所、集中清洗场所以及每投放1 000辆共享单车配备8~10名巡查、调度、管理工作人员；每投放2 000辆共享单车配置1~2辆厢式调度车；组织机构完善，明确委任状或委托书。二是运营方要建立相应的规章制度，如员工技能培训制度、设施维护保养制度、各类报表完善制度、费用清点管理制度、账目交接审核制度、设备巡查巡检制度、责任追究问责制度、应急预案处置制度等，各项制度装订成册报相关部门备案。三是要遵守《镇江市无桩共享单车项目合作协议》的相关规定，遵守行业标准及质量保证体系。

在提供服务和员工培训上，一是以提供优质的售后服务为宗旨，为用户提供满意的产品和服务，确保共享单车具有便捷性、实用性、稳定性和安全性。二是用户申请退还押金、充值余额的，应当予以全额退款，并且明确退款方式、期限，若无特殊原因，需在1~7个工作日内完成退款。三是公开收费标准，公布服务质量承诺，建立用户及市民投诉处理制度，及时受理投诉。

在调度规范用车上，每天安排2辆调度车对最核心区域强化调度，对中心区重点区域有序调度，确保规范停车；对"8条"严管道路和"8个"严控域点，发现1辆共享单车乱停乱放扣1分。

3.实施"每周+月度+季度+年度"考评体系

在落实"有桩+无桩"共享单车网格化巡检制度与长效管理制度的基础上，形成一套科学有效封闭式的考评体系显得尤为重要，建议镇江市城市管理部门以"每周+月度+季度+年度"考评体系对"有桩+无桩"共享单车进行监督管理。

其中，每周开展2次网格化检查，由智慧平台汇总，对于基础数据中的各类数据信息进行智能化汇总和分析，制成数字和图形报表，作为每周汇总。在此基础上，月度考评指的是城市管理部门稽查人员定期上路进行随机巡查，建立管理群，在QQ或微信群中通报检查情况，并结合网格化检查结果，进行月度考评打分。同时，每季度与社会团体组织、学校等开展一次"有桩+无桩"共享单车的联合活动，作为加分项，纳入年度考评中去。

常州市金坛区美丽乡村建设研究

李芸

（学号：1120172351）

党的十九大做出了"实施乡村振兴战略"的重大决策部署，并且将这一决策部署写入党章。乡村振兴战略严格按照"八个坚持"的新理念、新思想、新战略，遵循"三农"工作的基本原则和"三步走"的宏伟蓝图，将中国特色社会主义振兴道路持续深入开展下去。本文采取实地调研、比较分析研究方法，按照现状分析、经验借鉴和对策分析等三个方面的研究思路，对常州市金坛区美丽乡村建设进行研究。

一、常州市金坛区美丽乡村建设现状分析

常州市金坛区在政府财政支持、典型示范、借鉴先进经验的基础上，进行美丽乡村建设，取得了人居环境综合提升、农民收入水平提高、农村经济发展等成效，但是在此过程中仍旧存在规划编制不足、群众参与度不高、产业优势不明显等方面的问题，这为后期美丽乡村的持续深入推进带来了阻力。

（一）常州市金坛区美丽乡村建设所采取的举措与成效

常州市金坛区从 2014 年开始进行美丽乡村建设，进行了 6 年的建设实践，在政府规划建设、财政资金支持、典型示范引领、建立管理机制等方面都采取了积极措施，并取得了重大成效，如薛埠镇的仙姑村在 2018 年获得中国农业品牌盛典

"2018中国十大美丽乡村"荣誉称号,这也是常州市金坛区美丽乡村建设取得成效的有力佐证。

1.常州市金坛区概况

金坛区是常州下辖区,总面积976平方千米,总人口56.1万,下辖1个经济开发区、2个省级旅游度假区(金坛茅山旅游度假区、长荡湖旅游度假区)、6个乡镇、3个街道。

2014~2018年,是金坛经济发展速度最快、发展变化最大的五年。2018年实现地区生产总值(生产总值)710亿元,近五年主要经济指标增幅位居苏南43个县(市区)前列,与先进地区的差距逐渐缩小。

2014~2018年,金坛经济发展氛围浓厚,坚持"东扩南移"的基本原则,在规划引领、区位优化、园区建设和项目引进上下功夫,加快区域经济转型升级,形成"引进龙头项目、形成特色产业、推动高端发展"的新发展模式。在特色产业方面,从20世纪90年代的建筑材料、纺织服装、医药化工,转变为现在的高端装备制造、新材料、新能源汽车和现代通信方面。

2.常州市金坛区美丽乡村建设所采取的举措

为深入推进常州市金坛区美丽乡村建设,金坛区政府秉持规划引领、以人为本、生态优先、政府主导、市场运作的基本原则,结合农村规划建设、土地使用、产业发展体制/机制创新工作,由农委牵头制定金坛区美丽乡村建设标准,按照"村庄秀美、环境优美、生活甜美、社会和美,有农游产业特色"的要求,在全区开展以"四美一有"为主要内容的美丽乡村建设。

常州市金坛区在推进美丽乡村建设的过程中,采取财政资金直接支持和"以奖代补"间接支持的方式,开展美丽乡村建设。为顺利开展美丽乡村示范村创建工作,加快培育"村庄秀美、环境优美、生活甜美、社会和美,有农游产业特色"的"四美一有"示范村,立足自然资源禀赋、历史文化遗存等基础条件,创建美丽乡村,通过考核验收后发放"以奖代补"资金。

常州市金坛区通过建立示范村、创建示范点的方式,促进全区有条件的乡村积极进行美丽乡村建设。各个乡镇都建立了先行探索的示范村,从以点带面到村村覆盖延伸,通过示范引领的方式来带动美丽乡村建设的持续深入开展。

常州市金坛区的乡村,总体优势在于自然风光好、自然资源丰富、旅游休闲特色明显、人文风情浓厚等方面。把美丽乡村建设与当地资源进行有效的整合,建设具备优美的自然环境的乡村,综合打造以自然风光为特色的村落。具有悠久历史价值的乡村,则打造为历史文化村落,如儒林镇的湖头村,有诸葛八卦阵的遗迹;具有丰富旅游资源的乡村则进行休闲旅游型建设,如在茅山旅游度假区辖区内的仙姑村,就把美丽乡村建设与竹园、茶园、果园进行有机的结合,建设具有自然风光、休闲旅游特色的美丽乡村。

3.常州市金坛区美丽乡村建设所取得的成效

为了解常州市金坛区美丽乡村建设的基本情况和实际成效,笔者专门进行了实地调研。在薛埠镇、儒林镇、直溪镇等开展美丽乡村建设的乡村,随机选取 300 名村民,发放问卷 300 份,进行问卷调查。根据当地美丽乡村建设的情况,在题目"村民对美丽乡村建设是否满意"上,有 60 名村民表示非常满意,占比 20%;120 名村民表示比较满意,占比 40%;不太满意的村民有 75 名,占比 25%;不满意的村民占比 15%,人数为 45 人。从数据的总体分析上来看,60% 的村民对于美丽乡村建设是持肯定态度的,对本地的美丽乡村建设表示满意。

美丽乡村建设有效地整治了农民群众的居住环境。常州市金坛区美丽乡村建设的初期,通过"三清一绿""五化三有""康居乡村"等创建项目的形式,进行农村环境的综合整治。区政府层面出台美丽乡村建设规范,以"村庄秀美、环境优美、生活甜美、社会和美,有农游产业特色"的"四美一有"为主要目标,具体在基础设施打造、环境卫生整治、农民收入提升、精神文明建设和农业旅游特色打造五个方面设立具体考评指标。

美丽乡村建设,重点在农村基础设施配备上做到提高和完善,提升了农民的居住环境;美丽乡村建设在农业产业结构上做到整合调整,有利于农业与其他产业相融合,促进村民收入的提高,实现人与自然和谐共生。

美丽乡村建设有效地提升了村民的收入水平和生活质量。很多乡村是将美丽乡村建设项目与为民办实事工程结合起来开展工作的。特别是在长荡湖旅游度假区和金坛茅山旅游度假区地域范围内,依托原始的自然环境和优美的人居环境,建设宜居宜业的生态旅游农庄,为村民增收致富提供了新路径。据统计,秋季的 3 个月,就实现渔家乐平均餐饮收入 100 多万元,带动长荡湖大闸蟹销售收入 3 000 多万元。

美丽乡村建设有效地促进了各行业的发展。从总体上来讲,大多数乡村的基础设施仍旧处于一般水平,基础设施水平能满足旅游发展需要的村庄占比不大。对于金坛区大部分乡村进行基础设施水平的提升,不仅满足了当地居民的生产生活需要,也改善了乡村经济发展的硬环境,符合乡镇的整体区域发展现状。

(二) 常州市金坛区美丽乡村建设出现的主要问题

常州市金坛区美丽乡村建设已经开展了几年,取得了一些成果,但是仍然存在着规划设计不合理、群众参与度不高、特色产业优势不明显等问题和不足,这就要求区、镇两级政府在推进美丽乡村建设的同时,更要面对自身存在的不足,发挥好政府的决策和管理职能,更好地解决建设中存在的问题,持续推动完善后期建设。

1.政府缺乏长远规划和合理布局

政府的科学合理规划是推进美丽乡村建设的前提和关键。美丽乡村建设涉及全区域的总体布局,如果缺乏整体布局规划的引导,极易出现盲目建设,或者是出现"百村一貌",或者是风格不一、各展其擅。在实际操作过程中,金坛区美丽乡村建设存在为了工程进度边规划边建设或者重复规划建设的现象,由此出现的建设成果可能就是群众口中的"政绩工程""形象工程"。金坛区东西部地形地貌不完全相同,经济水平、产业特色、自然资源等也是参差不齐,如果没有结合当地的产业发展,对本地区的整体蓝图进行科学设计和布局,建设的效果也是不尽如人意的。

2.群众的广泛参与不够

农民群众是美丽乡村建设的关键,美丽乡村建设的最大受益群体就是农民群众。由于政府政策的宣传力度不够、村民对于经济利益的盲目追求和基层干部的工作推动力度不强等原因,很大一部分农民不参与甚至是不支持美丽乡村建设。农民群众只在乎改善自家房前屋后的基础设施、增加家庭收入等眼前利益,缺乏整体观念和大局意识,从而忽视了整个村庄的环境。对于村庄的历史遗迹保护、红色文化宣传等方面,村民缺乏保护意识和参与意识,本着"事不关己,高高挂起"的心态,不管不顾。

3.特色产业优势不明显

常州市金坛区是传统的农业大区,农村的整体环境和基础设施相对薄弱。通过农村环境综合整治和美丽乡村建设,在农田沟渠等水利基础设施和改水、改厕等生活基础设施上进行了综合改造,在村庄绿化、水面洁化、道路硬化等方面进行全面提升,村庄的整体风貌有了很大程度的改善,但是农业产业的转型发展、农业与其他产业的融合仍然是其软肋。

4.缺乏专业人才和组织机构

美丽乡村建设,既需要基层的建设人才,更需要管理和服务人才,推进美丽乡村建设的主要短板仍然是集中在人才上面。以金坛区薛埠镇仙姑村为例,早在其十几年前就开始乡村旅游的发展,成为具有当地特色的"江苏省农家乐专业村",但是在农家乐工作的服务者,大多是当地的村民或者周边的打工者,知识水平普遍较低,服务理念相对城市较落后,整体素质水平不高,因此无法满足消费者提出的要求。

5.乡风文明建设程度和水平不高

长期以来,农村为改变贫穷落后的面貌,农民为了解决温饱问题,一味追求经济利益,忽视了精神文明建设。再加上资金投入不到位,文化设施、文化活动和文化队伍都相对不足等因素,农民将打牌赌博作为主要娱乐活动,引发打架斗殴、坑蒙拐骗等现象,精神文化建设的内容和形式都比较匮乏。受传统的陈旧思想影响,婚丧嫁娶盲目攀比、大操大办铺张浪费等现象仍旧存在。

(三)常州市金坛区美丽乡村建设中存在问题的原因分析

常州市金坛区美丽乡村建设存在规划不到位、群众参与度不够、产业优势不明显等问题,从主观方面来说,这是因为政府的角色定位、职能职权不清以及群众的参与程度不够;从客观方面来说,则是产业结构优势不明显和专业人才缺乏。

1.政府角色定位和职能职权不清

经过实地走访,政府角色定位不清主要体现在乡镇层面。第一,乡镇主管部门对乡村规划的重要性认识不足,存在着依靠上级政府解决实际问题的思想顽疾,推进美丽乡村建设工作进度缓慢。第二,乡镇政府没有市政基础设施建设的权限,类似于公益性等大型设施的建设审批,需要上级政府审核批准,这就造成建设工程拖拉。第三,乡村职能权限狭窄,乡村集体经济并不壮大,涉及公共服务设施需要乡镇政府施以援手,这就造成群众的需要得不到及时满足。乡镇需要立足于全镇需求,有先后排序之分,这就造成基础设施资源向那些示范村倾斜,村与村之间差距越来越明显,公共设施资源得不到合理分配。

2.群众参与共建的意识不强

当地政府、建设单位和本土村民,都是乡村建设的主体。而究其本质,村民是美丽乡村建设的最大受益者,村民理应作为主动参与者,但是在具体操作过程中,不管是规划设计还是产业发展,村民都成为被动承受者。在建设内容上,以及产业调整上,村民的参与意见不多,主观能动性发挥不够。

3.美丽乡村产业结构有待优化

目前,农村的三产有了明显的转变,但是农村一产、三产的发展力度仍旧不够。在农业机械化、农业项目的科技含量上,农村产业发展尚显不足。农民还局限在自家的一亩三分地上劳作,农业合作社、农业大户的比例仍旧不高。在农业产出上,大都依赖传统的农作物,在精品农业、智慧农业上,农民的发展能力尚不能满足现实需要。在美丽乡村建设的过程中,城乡居民收入仍旧有差距,农民的消费能力较低,消费意识仍旧比较保守。

4.专业人才培养和组织机构管理不到位

美丽乡村建设需要政府、社会、群众的通力合作,单靠政府部门或者其他个体"单打独斗",难以实现美丽乡村建设的目标。再加上美丽乡村建设是一个覆盖面广、建设项目多、建设周期长的长期工程,建成项目的监督管理、乡村的文化传承以及文化遗产的保护等,更是一个持续性的过程,仅靠一己之力难以达到最终效果。

5.乡风文明建设重视不够

受经济发展的要求影响,有的领导干部片面追求生产总值的增长,认为"先富口袋,再富脑袋",忽视了乡风文明建设。将日常工作的重点放在经济发展上,没有将乡风文明建设作为常规工作来抓,或者将乡风文明建设流于形式,满足于应付上级部门的要求。领导不重视,直接影响到乡风文明建设的开展,这也使得基层干部对乡风文明建设热情不高、积极性不强。

乡风文明建设的人员和队伍匮乏,从事农村文化活动的专业人才也相对薄弱,这也就导致出现乡村文化活动不多、文化形式单一等状况。再加上近些年的城镇化建设,农村大量的中青年流入城市生活或者务工,留在农村的大多是中老年人,文化活动缺乏参与的主体。在文化设施的投入上,大多数的建设资金集中在城区,农村的文化基础设施得不到普遍建设,很多文化古迹、古建筑等遭受拆除或者损毁,得不到科学合理的保护。

二、国外与国内其他地区美丽乡村建设的经验借鉴

借鉴国外经验主要是参照荷兰、美国、日本的乡村建设模式,吸取其中关于土地整理、乡村旅游、群众参与的先进经验。

(一) 国外美丽乡村建设概况

在国外,出现了一大批乡村发展、乡村建设的典型案例,韩国、日本、美国、瑞典等都探索出了成功的建设模式。本章内容主要介绍荷兰、美国、日本的乡村建设模式,其中的农业、农村发展经验可供我国及我区美丽乡村建设参考。

1.荷兰:发展传统农业旅游

荷兰政府推行土地集约经营。通过立法形式规定乡村土地的用处,科学合理地规划农地整理,避免农村土地碎片化,发展农业产业、农业与其他产业相结合的乡村模式,保护乡村自然生态环境,促进农村经济发展,实现国家可持续发展。现在看来,荷兰的郁金香等花卉产业发展,就是典型的发展实例。

政府整合多方资源,重视农业旅游发展。政府一方面重视旅游场所的建设,提高旅游服务标准;另一方面进行传统建筑的保护,保存古老的历史和风土人情。另外,政府还进行特色景点的打造,如将运河码头仓库改造成酒吧、餐馆、咖啡厅,营造浪漫的氛围。

2.美国：加强小城镇建设

美国政府推动小城镇建设。主要在乡村基础设施方面，政府会通过立法的形式，规范小城镇基础设施建设的设计。比如华盛顿，历经了上百年的历史，仍然适应现代的车流、人流交通需求，而且无违章建筑。在垃圾处理和污水处理方面，推进环保项目建设。

重视公众参与小城镇建设。会采取议员收集社情民意、召开市民听证会等方法，制作大规模的宣传资料。比如采用小城镇建设专题电视节目，宣传小城镇建设的好处，广泛播放于商业中心、地铁屏幕、车站电子屏幕等，听取市民的意见和建议。

采用多方投资模式。联邦政府主要负责硬件设施建设，如高速公路。小城镇政府主要负责供电、垃圾收集处理等基础设施建设的投入，满足市民日常的生活需求。小城镇的房产开发商主要负责小区的绿化、供电、供水等方面，待房产销售后，再向使用者收取费用。在供水、供暖等方面，遵循市场在资源配置中的作用，政府绝不越俎代庖，完全发挥市场的作用。

3.日本：打造"一村一品"特色产业

日本政府重视旅游规划设计。政府既要保证农业传统产业，又要发展观光休闲旅游。在政府层面制定观光农业规划、休闲农业规划等，将法律法规条文列于规划之中。根据旅游群体的不同，形成不同的发展规划，既有适宜老年人的养老疗养类旅游规划设计，也有适宜儿童教育类的规划设计，更有融合观光休闲、教育实践等的综合性旅游规划，做到满足各类群体的需要。

重视乡村乡贤的示范带领。日本的工业化和城市化进程，也使得大量优秀青壮年流动，由此衍生出农业产业产出低下、农民收入不高等问题。政府采取资金扶助等手段，鼓励当地优秀乡贤开创农业项目，如利用闲置的桑田发展体验旅游经济，开创乡村旅游的体验模式。发挥乡贤的示范引领作用，助推旅游产业的壮大，提高经济发展水平。

（二）国内其他地区美丽乡村建设概况

浙江省、安徽省和江苏省都进行了美丽乡村建设的探索，比如安吉、永嘉，都取得了较大成果，为其他县市提供了发展的模板。以下主要介绍浙江安吉、安徽宁国和江苏高淳的发展模式，介绍其发展路径，为金坛区美丽乡村建设提供参照模板。

1.浙江安吉：长远规划建设"双十村示范、双百村整治"工程

安吉强化规划指导作用，分类、分步进行规划设计。安吉政府编制了县域总体规划、60个中心村建设规划和100个一般村建设规划，将整个县域地区作为一个大

乡村、一个行政村作为一个景点、一户人家作为一个小品来打造，强化整体布局战略思维，实行高标准、全覆盖的规划设计，目的就是突出一村一品、一村一景。

安吉最大的优势是良好的生态环境。尊重自然环境美是安吉美丽乡村建设践行者的准则，坚持生态优先、绿色发展，充分彰显安吉依山傍水的生态环境。

安吉以生态立县、农业富民、开放兴县为发展定位，形成以农为根、绿色发展的安吉模式。大力发展农业产业，促进农产品加工业的兴起，销售一大批带有本地特色的农产品，如竹纤维、竹制品。同时，将农业与旅游业进行整合，发展乡村旅游，提升乡村的旅游人气，促进农业旅游发展，实现"靠山吃山"到"养山富山"的嬗变。

在文化旅游发展上，开拓"公司+村+农场"经营模式。以旅游发展奠定文化产业基础，构建景区、酒店、餐饮等线下资源，建立文旅线上平台，全力整合"全域旅游"发展空间。

2. 安徽宁国：实现现代农业功能拓展

宁国地处安徽省东南部，是水阳江、青弋江、富春江的源头，风景名胜有山门、千秋关、青龙湾，有"中国山核桃之乡"和"中国元竹之乡"称号。建设美丽乡村，宁国从老百姓迫切需要解决的农村基础设施问题入手，让老百姓住上安全房、喝上干净水、走上平坦路。

建立美丽乡村工作领导小组，实行一把手负责制。市级机关、乡镇一把手担任组长，分管负责人做好日常协调、具体建设工作。建立财政资金投入机制，市级财政部门建立财政预算，并采取美丽乡村资金逐年递增形式，确保涉农项目资金有效投放到中心村建设上，做好财政资金的保障作用。在乡镇平台上实行乡镇一把手负责制，同时利用部门帮扶、社会赞助、企业捐赠的方式，建立"政府主导，农民主体，部门帮扶，社会参与"的美丽乡村建设机制。

3. 江苏高淳：塑造个性化产业

高淳政府牵头编制规划和布局设计，以淳朴的生活风貌与方式为底调，充分利用生态的力量，发挥自然资源的优势，注重保护古驿道、古建筑、古村落等历史文化遗迹。有针对性地挖掘乡村特色，注重乡村村庄的自然特性，重塑乡村文化生态，发挥乡村文明。

促进农村产业发展，建立传统文化示范基地。对灌溉工程遗产和文物古迹等采取保护措施，并设立文化保护标语，供游客和村民参观，增加村集体收入。保护好传统村落、传统建筑，作为展示区对外开放。结合文化与旅游融合发展，适当开发旅游景观，打造乡村文化景观，发展特色文化旅游业。深入挖掘和保护红色历史文化资源，积极申报非遗项目，把历史文化资源变为宝贵的文化资产，创立文物展示馆，提炼文化符号，打造文化品牌。

高淳是中国慢城理念的引领者，建立起慢游、慢食、慢居、慢行、慢购、慢娱的

"慢体系",围绕春季油菜花、夏季荷花、秋季螃蟹、冬季年货文化四大主题精心策划旅游节庆活动,借助活动积聚人气,活跃旅游市场,拉动社会消费,形成了"四个富一个引领"的特色和优势。

(三)经验借鉴

不管是国外还是国内,美丽乡村建设能够取得成功,少不了政府、企业、群众等主体的作用,无一不是主观能动性的在发挥成果。总而言之,政府主导、社会融合、群众参与是主要发展脉络,环境打造、产业发展、人才建设、文化传承是抓手,哪项作为重点内容来抓,都要因地制宜、因时制宜。

1.政府重视规划先行

按照"合理布局、突出重点、集约经营、科学发展"的原则,制定区域统一发展规划和土地利用规划,有序推进总体发展规划、产业发展规划、空间发展规划。如浙江安吉,依据"城乡建设一盘棋、城乡规划一张图"的原则,将整个县作为一个大乡村、每个乡村作为一个景点、村民的每幢住宅作为一个作品来进行统一规划,并且以"村村优美、家家创业、处处和谐、人人幸福"为目标,出台了《建设"美丽乡村"行动纲要》。

完善生态环境专项规划,合理规划布局区域生态框架。金坛区的美丽乡村建设,需以农村垃圾生态化处理为重点。实行生活垃圾日清制,严格遵守"组保洁、村收集、镇转运"的垃圾清理流程,建立健全垃圾清运体系;科学合理设置农村生活污水处理设施,注重村民生活污水的统一处理机制。

完善农村产业发展规划。结合当地农业生产特色,促进土地生产要素的正常流转,建立农业龙头企业,发展高效设施农业、智慧农业和数字农业,促进农民增收致富、农村环境美化和农业产业发展。

2.注重发挥群众的参与作用

政府层面要进行宣传引导,营造"绿水青山就是金山银山"的氛围。积极推动农民学习生态文明的科学知识,提升自我素质水平。这就要求美丽乡村的建设工作,重视宣传推广效应。综合运用网络、纸媒、新闻等形式,录制生态文明建设电视专题片。同时,对于污染环境的反面案例也要适当公开,引入责任追究机制。有效利用传统节日,如植树节等,进行多方位的宣传推广,推进美丽乡村建设。

建立和完善群众参与机制。农民群众是农村建设的主体,是美丽乡村建设的受益群体。要认真践行党的群众路线,从群众中来,到群众中去,构建农民参与建设机制。坚持以人民为中心,发挥农民群众的主人翁作用,尊重农民群众的意见建议,切实以农民群众的实际需要为出发点,促进农民群众自发参与美丽乡村建设。

3.促进产业优化升级

金坛区是传统的农业大区,这就要求区级政府以农业园区、农业生态园为驱动,推进无公害、绿色、有机农产品基地建设,发展农业龙头企业,促进智慧农业的发展壮大,以农业带动经济发展。

大力推进农业产业集聚区建设,坚持培育农业产业集群优势,出台特色产业项目入园的优惠政策,吸引主导产业入园。

建成农业产业园区后,提升产业园区的科技实力。以农业大项目和龙头企业为牵动,延伸产业链条,带动产业集聚集群发展。

发展乡村旅游,建设旅游度假区。充分挖掘农村特有的自然资源、景观资源,打造以生态、绿色、美丽为特色的新农村,形成层次分明、功能互补的农村生态新格局。

4.注重人才培养和队伍建设

实施乡村人才振兴战略,在农业合作社、家庭农场主中培育新型职业农民,加强科技进农村、技术进农业,培养建立一支懂农业、爱农村、爱农民的"三农"工作队伍。吸引和支持高素质的年轻人才,如返乡大学生、退役军人等回乡务农创业,努力让他们成为农业生产经营的主体,构建现代农业经营体系,从而为现代农业发展提供重要的人才和技术保障。壮大基层干部队伍,积极吸收优秀青年进入村委两届班子进行培养。

5.强化文化引领作用

加强农村精神文明建设资金投入。一方面要加大文化设施的投入,建立文化活动中心、健身广场、农家书屋,建设青少年活动的篮球场、乒乓球场等体育活动场地;另一方面也要对古建筑、文化遗址等进行保护与管理,避免文化遗产的流失和损毁。对农村传统的手工技艺、传统戏剧和民俗活动等,进行科学合理的保护和适当开发。

制订农村风尚提升发展计划。必须持之以恒进行社会主义核心价值观的学习与宣传,大力开展文化下乡活动,建设农村精神文明,培育尊老爱幼、邻里互助、家家和睦相处的良好精神风尚。

重视文化人才和队伍建设。农民群众是农村的主人,必须要发挥农民群众的积极性和创造性,将农民群众纳入文化队伍当中来,积极开展群众喜闻乐见的农村文化活动,充实农村文化队伍力量。将思想觉悟高、参与意识强的农民群众纳入文明志愿者队伍中来,在农村婚丧嫁娶、孝顺老人等方面发挥他们的监督作用。

三、常州市金坛区美丽乡村建设的对策分析

常州市金坛区采取示范村先行的方式,从 2014 年开始,对薛埠镇花山村、朱林镇黄金村等进行美丽乡村建设,提升村庄整体风貌,促进农民收入的提高,实现农村产业的发展,成效巨大,但是仍然存在着群众参与度不够、产业优势不明显等问题,这里将具体阐述金坛区美丽乡村建设的对策措施,为持续深入推进美丽乡村建设提供对策。

(一)转变政府角色定位

常州市金坛区下辖 3 个街道、6 个乡镇,并包含 1 个经济开发区、2 个省级旅游度假区,产业特色、经济发展水平等各方面参差不齐,存在着很大的差别。这就要求区委、区政府从大局出发,统筹全区的资源要素,保证规划设计的前瞻性和整体性。

1.长远规划和合理布局美丽乡村建设

区级层面应完善现代城乡规划体系,对城市、乡村的功能定位、产业发展等做好详细的规划。对全区产业布局、功能划分、基础设施等进行全面规划,将城市和农村合成"一盘棋",建立"多规合一"、有机衔接的全域规划体系。在打造过程中,尽可能利用本土材料,老建筑要修旧如旧,保持古朴风格,留住乡愁氛围。

乡镇政府应坚持以规划为龙头,结合村级地理位置、人文特色等,更多关注乡村产业发展和人的发展,完成村庄规划。在主推乡村旅游发展的村庄,实现保护与发展的统一,既要对当地历史街巷、古树名木、文物遗址等进行保护,又要对传统产品、手工艺作品和艺术项目进行保护性开发,实现旅游带动产业发展。

村干部要做好基础设施和产业特色的规划设计。乡村是村民生活的根本,规划设计的功能要以村民的生产生活为基础,规划重点在道路、房屋、活动场所上。

2.建立部门联动机制

建立美丽乡村建设领导小组和工作小组。实行区委、区政府一把手负责制,召集环保局、旅游局、乡镇等部门一把手作为美丽乡村建设领导小组成员。乡镇部门和各行政村相关人员建立工作小组,形成一级抓一级、层层落实的联动机制。同时,成立美丽乡村项目指挥部,实行挂图作战。

建立产业发展联动机制。积极向财政部门争取项目资金,采取"以奖代补"形式做好经费保障,必要情况下可以采取"政府主导、社会赞助、个人自筹"的方式壮

大资金量。完善交通、电力、电信等方面的基础设施,与交通局、文化和旅游局等部门联系,开辟旅游专线,方便城市居民走进乡村。

建立多部门监管机制。加强项目资金预决算、审计制度,确保项目资金专款专用,将项目、资金整合起来,扎实推进美丽乡村工程建设。发挥广电媒体的力量,定期进行建设工程的新闻播报,一方面对美丽乡村建设进行宣传推广,另一方面对工程质量和工程进度做好社会舆论监督。结合人大代表、政协委员的民主权利,将美丽乡村建设纳入民生实事工程,定期走进乡村地区,对美丽乡村建设的进度进行现场督察,对项目建设的质量进行研究讨论,对当地农民群众的社情民意进行统一收集,形成议案报告提交至主管部门。

(二)发挥群众的主动参与作用

美丽乡村涵盖了农民生产生活的各个方面,必须要重视农民的主体地位。金坛区在进行美丽乡村建设工作时,要尊重人民群众的意愿,以满足人民群众的需要为宗旨,才能让群众真真切切地享受建设成果。建设美丽乡村,构筑尊崇自然、绿色发展的生态体系,共建清洁美丽的家园。

1.加强宣传引导工作

搭建沟通交流平台。政府部门可以充分利用互联网平台,全方位地推动政策的宣传,使政策及时渗透于群众。将美丽乡村建设这类惠及民生的工作,及时上传至电脑客户端,村民可以利用互联网,及时接收到最新、最快的信息。同时,还可以建立政府工作热线,设立意见留言箱,倾听群众的心里话,便于收集到真实的社情民意,从而更好地将政策落地。在村民集中居住地段悬挂宣传横幅,发放宣传手册,全社会形成人人参与美丽乡村建设的良好氛围。乡镇综合考核部门,对美丽乡村建设的成果进行定期的实地考评,制作环境卫生检查工作简报,并将考核结果纳入年终薪酬分配体系、村民红利分配体系中来,激励大家全员参与。

2.提高群众美丽乡村建设的参与度

让群众从集体资产中受益,分享创建成果。想要农民群众的广泛参与,最重要的还是需要顺应农村大产权趋势,让农民最大限度地从土地财产和集体资产股权的增值中受益和发展。具备农业产业优势的村,因地制宜成立各类农业经济合作社,让村民分享到更多、更大成果,强化美丽乡村建设中创业创新发展的动力。

创新建立美丽约定,建立村规民约。通过召开村民代表大会和党员大会,研究商议将环境卫生、村组环境等纳入村规民约,与村组、村民签订工作责任书。村干部实行包干制,将环境卫生考核结果纳入薪酬体系当中。村民组长轮流检查整治结果,并进行综合打分,促进工作经验上的取长补短。在各村建立"爱心超市",村民通过文明卫生家庭评选、参加环境卫生公益活动等积攒积分,所获得的积分可以兑换生活用品。

3.加强基层群众自治管理

加强民主管理,提高村务管理水平。目前,村级管理机构任务重、事务杂、待遇低,干部结构不合理,经济发展与生态保护矛盾突出等一系列问题,都给农村的基层干部带来挑战与压力。乡镇政府要发挥村级干部的指导作用,让村级充分发挥"自我管理、自我教育、自我服务"的作用。

加强软件建设,完善乡村治理体系。尊重美丽乡村建设成果,建立健全长效管理机制,实行示范村创建奖励制度,推动建设的持续性。创新建立精神文明建设体系,引领村民形成健康、科学、合理的生活方式和生活习惯,营造村庄秀美、邻里和睦的社会氛围。

(三)促进产业转型升级

人民生活水平的不断提高,人民对于消费的需要也越来越多,愿意走向户外的消费理念也越来越强,旅游将成为人民主要的消费方式之一,越来越受到大家的青睐。现阶段,体验经济已经广泛应用于人们的日常生活当中,农业体验也开始在休闲农业的旅游模式中取得较好的反响。金坛区是传统的农业大区,在现有的农业发展基础上,可以促进农业向加工业、旅游服务业方面转型。

1.发展特色产业

深化农业供给侧结构性改革,大力发展农业项目。虽然常州市金坛区是农业大区,但是龙头农业企业不多、农业规模并不大。今后农业工作的重点,可以在培育扶持特色农业企业方面下功夫。

发展休闲观光农业。常州市金坛区具有得天独厚的自然优势,在现有长荡湖旅游度假区和茅山旅游度假区的基础上,积极发展特色旅游业。现在涌现出很多农业体验项目,让消费者参与到农业生产当中,领略田园自然风光,亲身体验农事劳作,体味农家生活。比如茅山宝盛园提供农家炊事活动,为城市家庭搭砌土灶,让他们动手烧火做饭、享受炊事乐趣。

2.引入市场竞争机制

完善美丽乡村投入机制。区、镇两级政府为美丽乡村工程项目建设、运行维护提供资金保障,打造一批有特色的亮点村庄。政府出台税收减免、贴息贷款等优惠政策,充分引入社会资本参与美丽乡村建设,发挥市场的灵活作用,将建设美丽乡村与发展农村旅游等相结合,使社会资本有利可图。浙江安吉等地区已经开始走全域旅游的路子,政府层面筹资进行基础设施的完善,引入社会资本进行软环境、实体店的建设,推进景区内外深度融合,为游客营造处处是风景的旅游体验。

建立"农业+企业+农户"发展模式。一花独放不是春,百花齐放春满园。美丽乡村建设仅靠政府出资出力,建设周期长、资本消耗太大,这需要企业、农户的通力合作。政府做好基础设施等硬件投入,可将村集体闲置的公共场所和农房出租、转让给企业、农户经营和管理。

3.促进资源要素的流动

促进资本要素下乡。农村融资难、融资贵,这在很大方面影响农村创业者的激情。鼓励有经济实力的金融机构,开发适合新农村建设的金融产品,为农村提供金融服务,缓解农村创业资金难的局面。政府牵头制定工商资本下乡的文件,促进金融资本的正常流动。

促进人力要素下乡。政府搭建乡村能人、企业家回乡的平台和环境,提供创业优惠政策,如减税降费,降低制度性交易成本,提供厂房建设、融资服务等优化服务,营造引领其返回家乡、反哺家乡的社会氛围。对于高学历的知识分子、退伍军人,提供技能培训和证照费用补贴的政策,为农村补充创业干事的新鲜血液。武汉在早期,就开展了市民下乡、能人回乡、企业兴乡"三乡"工程。

(四)强化组织机构管理

培养建立一支懂农业、爱农村、爱农民的"三农"工作队伍。农民是新农村建设的主体,提高农民知识水平和增收致富能力刻不容缓。这就需要加强农民的劳动技能培训,拓宽农民的知识覆盖面,并通过技能培训传授新型农业技术和科学经验,培养新型职业农民,为实现乡村产业振兴做好保障。

1.推进人员结构和人才队伍的优化

培养农村实用人才。农村实用人才是美丽乡村建设的骨干,对此要以优化结构、提升素质为重点,着力培养适合当地特色的种植养殖能手、经营能手和致富带头人。积极与上级涉农部门联系,邀请涉农部门科技人员进驻农村,在当地开展"科技下乡"活动,定期深入农村基层开展科技培训服务工作。以"一对一"帮扶形式,促成本地区大企业、种养带头人与当地农民结对子,重点帮扶资金、技术、管理,积极向农民企业家、农产品加工和经销能手、农村经纪人方向发展。

培养新型职业农民。农村现有的以农业生产为主要生活来源的农民,大多存在年龄结构层次大、文化水平相对较低等问题,难以适应现代农业生产的新要求。以发展农村劳务经济为依托,借助国家实施的新型职业农民技能培训、三进村培训等项目,重点培养专业大户、家庭农场、农民合作社、农业社会化服务组织中的从业者,使其掌握职业技能,提高综合技能水平,积极向职业农民身份转变。

2.加强基层干部队伍建设和组织机构管理

加强基层干部队伍建设,及时补充新鲜血液。着力培养有政治素养、担当作为的基层干部,搭建想干事、能干事、干成事的平台,带领群众发展经济,为群众搞好服务。积极将那些志在农村、不怕吃苦的年轻人,通过招聘、考录等方式纳入基层干部队伍中来。大力实施大学生村官人才工程,壮大基层干部队伍力量。

加强基层干部管理。基层干部任用时,注重政治审查,重点在纪委检查、公检法部门调取守法守规记录,有不良记录的实行一票否决制。建立工作责任状和计划考核制,基层干部的年终奖与任务的完成、计划的达成挂钩,提高基层干部干事的积极性。制定党风廉政制度,遵循中央八项规定,对于触碰纪律底线的基层干部,将加大惩罚力度。

3.建立健全考核评价机制

采取民主测评、民意调查的形式,通过个别谈话、实地走访的方式,全面了解乡镇政府部门工作人员、行政村村干部的思想行为动态,定期考察基层干部。

坚持日常考核与年度考核相结合的考核方式。既要看基层干部的常规工作完成情况,又要看对于重大事项、应急事项的处理情况,进行综合研判,变"单一考核"为"综合考核"。建立基层干部"分片包干制",深入辖区企业、社区、村组,实行干部分片负责制,乡镇干部要驻村,村干部要驻村民小组。

(五) 重视乡风文明建设

乡风文明建设是一个长期的系统工程,短时间内难出大成效,但是乡风文明是美丽乡村建设的灵魂,实现乡村振兴,就要"铸魂"。建设美丽乡村,须将乡风文明纳入重点建设内容,坚持精神文明建设与物质文明建设两手都要抓、两手都要硬。

1.提升建设的思想意识水平

改变领导干部传统的思想认识,强调精神文明也是生产力。凡是乡风文明的地区,经济发展得也较好;反之,乡风不够文明的地区,经济建设水平也相对不高。转变领导干部的政绩观,正确处理好物质文明与精神文明的关系,做到两个文明都要抓、两个文明都要有成效。

加强对群众的思想道德教育,开展宣传教育活动,提升思想认识水平。通过宣传栏、张贴标语、微信公众号等形式,宣传社会主义核心价值观,引导农民群众形成孝顺老人、家庭美满、邻里和睦的社会风尚。推动移风易俗,提倡科学、不封建、不迷信的生活方式和生活习惯,形成尊老爱幼、邻里和睦、互帮互助的文明新风。

2.加大精神文明建设投入

加强文化从业人员和队伍的培养,提升文艺工作者的整体素质,引导农民成为文化活动的组织者、参与者,开展丰富的文化活动。政府要培养乡土文化人才,以当地的人文风情作为创作素材,取材于生活,更高于生活,为农民群众带来精彩的文化盛宴。

开展各种形式的文化活动。物质生活的富足,能够带来精神世界的富足;精神世界的富足,又能反作用于物质生活。美丽乡村带来的幸福感,更能促使农民积极投身于乡村建设。比如,金坛也是锡剧泰斗三彬彬的故乡,可以请戏剧团的相关人士唱锡剧,鼓励年轻人、小孩儿积极参加,陶冶情操,发扬当地传统文化。村党支部开展中秋节送月饼、重阳节登山等活动,重视老年人的生活状态。开展孝敬老人、勤俭节约等主题文化活动,推行移风易俗,引领社会文明新风尚。

3.保护和传承乡村优秀传统文化

发掘古村落、古建筑等历史文化遗产,做好古村落、古建筑的建档工作,编制文化遗产资源库。对已经损毁的文化遗产进行整修,对新发掘的历史遗迹进行保护和合理开发。比如薛埠地区存在大量的土墩墓群,要做好保护措施。

宣传和发扬优秀传统文化。有针对性地收集当地民俗风情、乡贤文化、家风家规家训等,弘扬优秀传统文化。比如金坛是数学泰斗华罗庚的故乡,要掀起中小学生开展学习华罗庚、争做华罗庚的良好氛围,引导积极向上的生活态度和学习态度。有条件的乡村,可以建立名人纪念馆,建设科普教育基地。通过开办乡村道德讲堂,弘扬村规民约、家风家训等,挖掘优秀传统文化的智慧结晶,深入了解文化精髓。

常州市武进区农村公路管养问题研究

庄飞

（学号：1120172361）

农村公路是我们农村群众生产生活的基本保障条件，是发展我国农业和农村的基础设施、先导设施，是建设我国社会主义新农村的必要支撑。农村公路管养影响着每个乡镇农村公路的长期发展，影响着一个乡镇的政治、经济发展，影响着乡镇群众的生产、生活，影响着构建和谐社会和全面小康社会的建设。

本文总结农村公路管养的发展历程以及经验，选择江苏常州市武进区为研究目标，将常州市武进区农村公路管养作为研究对象，并结合国内其他城市的经验，运用相关理论对常州市武进区农村公路管养在实施过程中的不足进行深入的分析，从而对常州市武进区农村公路的发展有针对性地提出对策及建议。

一、常州市武进区农村公路管养现状

至 2017 年年末，常州市武进区已率先建成全省首批"四好农村路"示范县。"四好农村路"给常州市武进区带来的影响是全方位的，农村公路的畅通便捷不仅让武进区各种产业体系得到了现实支撑，更有效地推动了各区域板块的整合发展，不同产业板块形成了一体化效应，实现创业、生活、休闲多元融合。

(一)采取的举措和取得的成效

1.采取的举措

第一,在管养里程方面,到 2017 年年底,常州市武进区现有管养里程为 2 702.33 千米,其中,乡道 701.93 千米、村道 1 410.97 千米(详见表1),分别占农村公路总里程的 25.98% 和 52.20%(详见图1)。可知农村公路(包含村道、乡道和县道)已经成为武进区公路养护的主体。

表 1　常州市武进区公路养护里程分类

类别	里程(km)	占比
1.国道	27.25	1.00%
2.省道	115.26	4.27%
3.县道	447.12	16.55%
4.乡道	701.93	25.98%
5.村道	1 410.97	52.20%
合计	2 702.33	100.00%

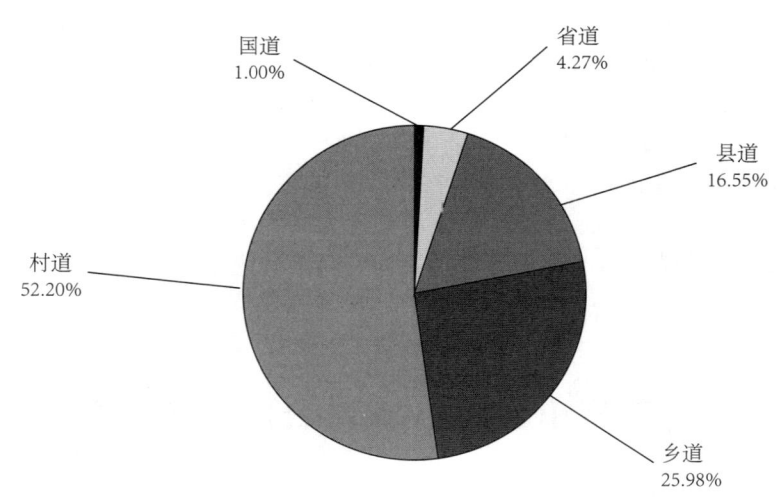

图 1　常州市武进区公路管养里程分类占比

第二,在管养模式方面,从 2008 年起,武进区农村公路管养在"区统一领导,区、镇、村分级管理"的管理养护体制要求下,实行"政府主导、部门联动、分级管理、全员参与"的管理模式,开始推行区、镇、村三级管理体系。区交通主管部门作为主管部门,发挥农村公路的行业管理职能,做好乡道和村道的建管养行业指导、协调、检查和督促等工作。各乡镇负责辖区内乡道以及村道的管理养护工作。

第三，在管养资金方面，根据《常州市武进区农村公路管理养护实施细则》的相关规定，在农村公路管养工作中充分发挥各级财政的资金主体作用，为农村公路建设管养构建科学完善的筹资机制，按照"区、镇、村自筹，省市补助，多元筹资"这一原则，多渠道地筹集农村公路建设、管理和养护资金。

第四，在管养机制方面，根据《关于进一步加强镇（街道）农村公路管理养护工作的通知》武政办发〔2012〕126号文件要求，各镇政府（街道办）成立农村公路管理养护工作领导小组，由镇政府（街道办）的主要领导担任组长，分管领导担任副组长，镇纪委、交管所、财政分局、建管所、派出所、水利站、城管队以及各村委等相关单位主要负责人为成员。领导小组下设办公室（简称"镇农路办"），具体负责镇（街道）农村公路建设管理养护日常工作。

2.取得的成效

（1）进一步完善城乡农村公路网络。截至2018年，武进区公路总里程约为2 930千米，公路面积密度达3.1千米/平方千米，发展水平在全省同类城市中处于领先地位。武进区县道三级及以上等级公路比重达到100%，乡村道三级及以上等级公路、四级及以上农村公路比例逐年提升，行政村100%实现了双车道四级以上公路通达。

（2）基本形成城乡公共客运网络体系。目前，武进区有近150条公交线路，每个乡镇的居民通过一次换乘即可到达城区或市区，基本满足了居民的出行需求，基本形成"城区、区镇、镇村"三级公共客运服务网络体系。

（3）大力开展农村公路违法超限运输检查整治。在农村公路重要节点雪堰镇112乡道建立固定治超检查点，加大南部片区超限超载运输查处力度。充分依托各镇交管所力量，调整农村公路流动治超管理模式，对逃检和绕行的违法车辆进行严厉打击。

（4）强化农村公路桥梁管养工作。落实各项制度，开展桥梁技术状况评定，完善桥梁卡片管理档案，加快对桥梁小型病害的维修处治。

（5）依法加大农村公路管养力度。结合武进区美丽乡村示范村建设，深入开展路域环境整治，重点对路面污染、桥下堆积物、沿线垃圾倾倒及水果摊点摆设等违法行为进行专项整治。

（二）存在的主要问题

自常州市农村公路推进实施"四好农村路"目标以来，常州市武进区的农村公路管养质量不断提升，引导农村公路管养逐步规范化，但从整体上，与农村社会经济发展和农民需求之间还存在较大差距，农村公路建设依然面临着艰巨的任务，同时也在实施过程中存在一些制约因素。

1.农村公路管养执法依据不足、执法力度不强

《江苏省农村公路管理办法》中明确规定：县级以上地方人民政府的交通管理部门可以授权公路管理机构代替其行使这一领域的行政管理职责。各县市区交通管理部门没有下设公路管理机构的，可以授权市级公路管理机构直属管理的派出机构来行使相应的行政管理权。这就是说按照《江苏省农村公路管理办法》，乡道、村道的行政管理权应交由区地方公路处行使，乡镇农路办和乡镇交管所对辖区内的乡道、村道并没有执法权，仅有巡查上报权。

2.部分农村公路路产、路权不清

在前期农村公路建设过程中，有些地方政府部门却仅仅凭借占地双方历史上达成的协议，或者完全凭借当时"要想富先修路"这样的理念，没有办理相关的土地手续，而当时被征地村委会或者群众土地所有权的意识也相对薄弱，以至于若干年后才如梦初醒，发觉自己世代耕种的土地已不属于自己所有，从而引发纷争。

3.农村公路管养赔补偿程序不顺畅

上文提及由区地方公路处对乡道、村道行使行政管理职责，也就是说乡镇农村公路行政赔（补）偿由区地方公路处行使，但是相应的乡道、村道路产、路权属于乡镇人民政府，乡镇人民政府要求对本辖区内的乡镇农村公路行政赔（补）偿具有处置权。这一行政赔（补）偿争议也影响着乡镇农村公路的行政管理。

4.乡镇部门、村民对农村公路的随意处置

在乡镇农村公路管养过程中，乡镇管养人员经常遇到相关的乡道、村道路面开挖、绿化修建、搭接道口等情况，非常复杂，有的涉及乡镇不同部门的涉路施工，比如供电部门往往是在相关道路绿化带中设置电线杆等，但是为了维护电线安全，他们需要经常进行绿化修建，污水管网施工、燃气、通信电缆等施工往往也是在乡道以及绿化带内施工；有的则是涉及乡镇企业、居民的施工，包括企业侵占绿化带、居民开设农田或者种植园便道、绿化地块种菜，随意搭接道口，占用农村公路晒谷，占用公路搅拌混凝土等。而这些涉路施工往往是未经乡镇管养部门审批和备案的。

5.农村公路管养经费不足

以常州市武进区礼嘉镇为例，按照上述补贴政策，每年经考核后以奖代补约75万，其中区级补贴约40万，各乡镇财政按不低于区补助标准配套约40万，总计115万，但是实际上2016年礼嘉镇实际道路管养资金经审计后为400余万，存在的资金缺口较大。资金问题也就成为困扰和制约农村公路养护管理工作的因素，影响了农村公路的正常管养。

(三)存在问题的原因分析

农村公路的建设和管养体制是一个逐步完善的过程。不可否认,在以前农村公路的建设和管养过程中,存在着一些盲区和制约因素,制约了目前农村公路管养的发展。

1.农村公路管养法律适用缺失

近年来,尽管我国和各级地方政府在这一领域颁布、实施了诸多法律法规,但在农村公路尤其是乡村公路管养工作中依然存在诸多急需解决的问题。同时在这一领域制定和实施的法律制度及政策文件,并没有充分重视农村公路所处区位环境、服务群体以及农民生产生活习惯等多个方面的特殊性,因此在具体管理实践中的适用性和操作性并不强。

2.前期农村公路建设土地征用工作不规范

早期乡镇农村公路的建设,由于缺乏专业的管养人员以及专门的体制,再加上乡镇农村公路管理人员以及乡镇领导对于农村公路土地征用手续的重视不足,导致前期部分乡镇农村公路建设并没有履行或完成土地征用或者土地流转手续,造成部分乡镇农村公路的产权存在一定的争议。这一情况给乡镇农村公路管养带来困难。

3.农村公路管养模式实施不到位

由于我国现行《中华人民共和国公路法》(以下简称《公路法》)以及《江苏省农村公路管理办法》等法律法规中并未对村道的管养责任进行详述,因此在实际的农村公路管养工作中,村道从理论层面进行分析理应由村委会或其他行政部门予以负责,可是村道管养并没有可靠的经费来源,在这种情况下,村道公路无法得到有效养护。同时,以往各市县乡农村公路管理的机构名称不确定,且县乡两级公路管理机构的性质以及编制也始终没有得以明确,更不用谈相关路政人员的编制问题。市县乡三级管养部门之间仅仅存在着业务指导关系,这一关系并不具备行政约束力,由此很难将管养工作的战略部署和具体要求落实下去,并且欠缺工作成果考核和评价。

4.乡镇部门涉路施工沟通不畅

乡镇农村公路沿线涉及自来水、广电、移动、电信、电力、天然气、路灯、污水等相关杆线管线,而且相关部门分属不同的镇领导分管。而各部门对于乡镇农村公路处置,包括路面开挖、杆线顶管、绿化修剪等情况,均有发生,但是相关部门与管养部门沟通不畅,可能仅到乡镇农路办备案通知,并未就涉路施工进行监管,未按照相关农路管养要求进行施工。

5.乡镇、行政村居民对农村公路保护的意识薄弱

从本质而言，我国农村公路屡屡受到侵占、破坏等关键在于乡镇居民、村民的法制意识相对薄弱，且不具有公路保护意识。很多农村居民对农村公路保护工作的内容不了解，对相关的法律条例比较陌生，农村公路沿线部分群众及企业护路爱路意识薄弱，导致农村时有公路被侵占、绿化被毁坏等现象的发生，特别是碰到老年人占用农村公路，有时是有理也讲不清。这也是相关农村公路管养难的部分原因。

6.农村公路管养资金单一

不论是建设公路还是对公路进行养护，经费投入不足始终是农村公路建设管养领域所面临的突出问题。尤其是村道，相应的责任主体是各村委会，依靠农民自身的建设能力，乡镇对建设中的村道提供拨款资助，但在村道施工完成后，乡镇财政的支持力度十分有限，无法全面保障农村公路养护的各项需求，而村委会在公路养护管理中所能投入的资金寥寥无几，最终导致建成后的农村公路失去了必要的管理和维护。即便是路面出现了严重变形、裂缝甚至坍塌等损害，在重载车辆高速不断碾压的情形下，农村公路也没有得到全面性的养护，最终必然导致农村公路的使用寿命不断缩短，缩短了农村公路的服务年限，实际上间接地造成了资源的浪费。随着常州市武进区各乡镇农村公路通车里程的不断增加，这一问题也越来越突出。

二、国外与国内其他地区农村公路管养的经验借鉴

本节详细描述了美国、瑞典、英国以及国内重庆、贵州、山东枣庄在农村公路管养方面的成熟做法，并从中积极借鉴其成功经验，联系自身实际，更好地为提高常州市武进区农村公路管养水平服务。

（一）国外农村公路管养概况

1.美国：各方参与的农村公路资金政策

美国20世纪50到80年代共修建了近百万千米的公路，其中农村公路占比约为70%，这些农村公路连接了美国农村各个地区的居民点。美国运输统计局在2000年发布了美国公路统计数据，从统计结果来看，美国修建的农村公路占全国公路网总里程的50%，大概为300多万千米。而在这些农村公路中，有一半以上

(大约为160万千米)修建道路时采用的是铺筑路面。而美国这些贯穿整个国家的农村公路网络依赖的主要是美国的一项政策——美国农村公路资金政策,这项政策称得上成功。首先,美国政府改变了不干预经济的做法,为了衔接城乡之间和乡村之间的农村公路,成立了公路建设资金,并根据实际情况,制定了一系列合理的分配政策;其次,利用建设后的公路来开发当地的土地,让农村公路的建设和新兴农业两者互相促进,共同发展。由此,美国发达的农村公路网络给美国农村社会经济和整个国家的社会经济发展带来了十分重要的影响。

美国交通运输发展中,一个重要的目标就是提高机动性,以能给农业货物提供可靠快速的运输系统,这在美国交通运输制定的《2005年交通运输发展战略》中有明确提出。其具体的内容有:对于少数民族和低收入群体在设施和服务的负担方面要尽量公平,不仅倡议完整的交通运输规划,还利用法律、资金、监督、规划等一系列手段来控制运营管理、工程建设,从而提升广大公民的便利性,保证在紧急情况下,交通运输也能灵活地服务所有公民。

2.瑞典:管养分离、引进市场机制

(1)瑞典农村公路采用公司化养护

瑞典的农村公路由国家建设完成后,通过公开招投标,招收专业的养护公司对农村公路进行管理和维护。1992年,瑞典国家公路局成立了一家名叫 Produktion 的专业养护公司,虽然该公司属于国有性质,归属公路局负责,但是同时为了市场公平竞争,瑞典国家公路局并未垄断养护公司,而是完全交由市场角逐。而对于养护公司,瑞典国家公路局没有直接对其进行监督,一般情况下会对承包商进行抽查,而大多数情况下,是依据承包人自己的质保体系或者社会的举报来进行监督。

瑞典国家公路局通过招投标将农村公路的养护工作交给专业的养护公司承担,并向养护公司支付一定的费用。瑞典农村公路的养护公司并不隶属于公路管理部门,而是相对独立的,与公路管理单位处于平等地位。

(2)专业化养护公司的特点

专业化的农村公路养护公司效率更加高效,性价比更为经济,一般采用比较现代化的、科学的公司管理模式来管理企业。专业的养护公司采用决定市场方向的运作方式,存在一定的竞争压力。所以,在市场化的竞争机制下,产生了专业性较强的养护公司,即根据不同的需求,不断地细化公路养护的流程。按照相应细化的合同规定,高质量专业化地完成相关工作。这些专业的养护公司速度快、效率高、品质优,并且反应非常地及时。这对于较为广阔的农村公路来说非常重要,能及时发现公路和其附属设施的损坏情况,及时止损快速处理,可以极大地减少对交通运输业的影响。

（3）公司化养护的优点

由市场决定的公司化养护的好处有很多：一是相较于瑞典国家公路局这些管理单位来说，养护公司由于长期从事养护工作更加专业，有丰富的实践养护公路的经验，性价比更高。二是解决当地的就业问题。公路养护工作由于其操作简单，经过时间较短的专业化培训后，在专业人员的指导下即可上岗工作。这样不但解决了当地剩余劳动力的问题，也节约了外地派遣工作人员所增加的人工成本。

3.英国：建立三级管理体制

针对农村公路的养护和管理方式，英国长期以来探索实践的重点是三级管理体制。这一理论的主旨是对于农村公路的养护由英国交通部所辖公路管理养护局统一协调。交通部的职责主要是按照全国公路干线的分布状况进行区域划分，确保每一个区域都建有直属于交通部的区公路局，对管辖内的公路进行养护管理。区公路局可以利用招标的方式对于公路养护的具体工作进行委托，由社会养护机构对公路实施具体的养护管理。

英国施行的三级公路养护体制，对于各个部门的职能和责任进行了明确的划分。公路养护管理局对于农村公路养护统一指导、监督，主要职责包括下发通知，对于区公路局上报的养护计划和大修工程进行审核批复，负责区域内公路管理计划的制订，审核社会公路养护机构的年度资金分配方案和具体的公路养护计划，对辖区内的大修工程进行评价审核，监督评价公路的养护质量。社会养护机构则主要负责辖区内公路的日常养护和管理，涉及大修工程的要制定技术方案，开展公路养护的投标等。

（二）国内农村公路管养概况

1.重庆：成立公路专业养护公司

为了保障和推进农村公路的建设和发展，重庆市大胆创新、积极探索，提出了农村公路管理新模式。

（1）成立公路专业养护公司

2009 年重庆市第一家专业的公路养护公司在重庆市永川区宣告成立。这家公司的成立标志着重庆的农村公路养护工作开启了新的篇章。该公司的业务主要是对硬化的乡村公路进行养护，该公司完全遵循企业化发展道路，开展企业化管理。日常的公路养护采用多种形式相结合，例如承包养护、固定的专业人员养护以及委托养护，大力地推进区域内公路养护的市场化进程，促使村公路养护逐步地实现规范化、科学化和正常化，满足公路养护需要。公司成立后先后与 18 个乡镇签订工作协议，承接了 18 个乡镇的硬化公路日常养护工作。

（2）建立村社管养机构

为了巩固公路养护所取得的成果，保障乡村公路按时养护，重庆市奉节县于2006年成立了公路养护管理所。同时奉节县兴隆镇同步成立了公路养护管理站。为了配合管理站的工作建立了专门的养护小组，并且明确规定村一级公路的养护管理由公路养护站站长负责，同时接受镇养护所的监督和领导，村支书或者村委会主任兼任养护站站长。

（3）多方筹集养护资金

对于养护资金的筹措，奉节县兴隆镇首次提出用"五个一点"的方式解决乡村道路养护资金不足的问题。

①县上要一点。对于市县提供的购买公路养护材料的补助费用统一集中使用，统一购买养护所需材料，依据实际情况按需发放使用。这项措施不仅可以有效地降低材料的采购费用，还可以保障所购材料的质量。

②政府配一点。这主要指镇政府每年的财政预算中要合理地考虑用于乡村道路养护的资金。

③社会捐一点。鼓励广大机关职工积极捐款，尤其是领导干部要发挥带头作用，同时发动辖区内的企业和广大商户积极贡献力量。

④场镇收一点。依据国家法律收取城镇建设配套资金，合理地分配该项资金，用于乡村公路养护。

⑤农民出一点。鼓励引导广大农民群众为乡村公路养护贡献力量，通过"一事一议"筹集资金。

（4）完善考核评比机制

为了保障农村公路考核科学、公正、合理，重庆市开创了随机评、群众评和定时评相结合模式。

①随机评与报酬挂钩。对于公路的养护质量进行随机抽查并现场评定，依据评定结果下发整改通知或者扣减相关养护费用。

②群众评与考核挂钩。不定时对营运车辆和当地的群众进行问卷调查，并公布养护人的信息，方便群众及时地反馈，并将调查结果作为质量考核依据。

③定时评与续包挂钩。质量监督小组要坚持定期对道路进行检查并进行评比，结合其他评比结果选取优质的分包商。

2.贵州：灵活组织实施管养工作

贵州省于2007年制定发布了《贵州省农村公路管理养护体制改革实施方案》，对管养办法实施改革创新，促使贵州农村公路管养工作不断地进步和完善。

（1）设立养护管理机构

以前我国农村公路长期存在无人养护的问题，为了有效解决这一问题，贵州省依据精简高效要求增设了农村公路养护管理部门,这些机构基本遍布了全省各县辖区。并且在乡镇一级建设了公路交通管理站,负责辖区内乡道以及村道的管理维护。这样的管理模式明确了各方的管理责任人,可以有效地促进乡村公路的养护管理。

(2)保障养护经费

对于农村公路养护经费问题,贵州也做了一些富有成效的工作。其中省交通厅下拨的资金严格执行专款专用,保障农村公路的安保和大修、中修费用。各市和县、区等在财政预算中合理安排资金用于农村公路的小修保养。除了政府提供的资金来源,贵州还在各地设立公益性岗位来支持农村公路的管理,间接地为农村公路养护提供了大量的资金。

(3)加强管养水平

公路养护部门尽职尽责,对公路养护进行专业的指导,促进公路养护发展。

①贵州省公路交通机构实行多渠道、多形式的农村公路保养政策,确保农村公路养护质量。

②促进农村公路养护的规范化和信息化,积极倡导建立农村公路数据库,对辖区内全部公路进行数字化管理,为农村公路养护提供数据支持。

③规范化管理养护资金,对于养护资金的使用必须规范化,保障养护资金依法使用,杜绝挤占和挪用公路养护资金,保障养护资金发挥最大作用。

④鼓励技术创新,引进养护机械以及先进的施工设备。重视公路执法工作,促进法治建设,积极安排路政巡查,对公路的情况要随时掌握更新,打击违法超载行为。

3.山东枣庄:建立农路四级管养体系

山东枣庄经过不断的探索,逐步形成了一套完善并且高效的农村公路养护机制,该机制施行以来得到了社会的肯定和认可。

(1)筹资渠道稳定

枣庄的农村公路养护费主要由地方的财政负担,属于合法的财政支出,从而形成了以政府为主的稳定的资金来源。

①市统筹本级预算,枣庄从实际出发,制定了公路养护补助标准,即县道每年补助2 000元,乡道每年补助1 500元,村道每年补助1 000元。依据这个原则安排财政资金用于公路养护。

②各区(市)及乡(镇)政府则根据本身情况实施县道补助每年每千米不低于5 000元,乡道补助每年每千米不低于4 000元,村道补助每年每千米不低于2 000元。依据此标准安排资金用于公路日常维护,同时负责辖区内公路大中修的资金安排。

③枣庄市规定公路养护的资金由交通运输部联合财政部门共同监管,市、区

(市)要设立专门的账户来管理公路养护资金,保证实现专户管理、专款专用。同时审计部门要定期对该账户进行审计,严格把控养护资金的使用方向。

（2）健全运行机制

为有效落实农村公路养护工作,首先需要加强对公路管理养护人员队伍的构建和完善,各级交通运输部门需要开展以下几个方面的工作:

①由本级政府组织对市、县、乡等各级农村公路管理机构一把手的选任工作,再由交通运输部门以内部选拔或公开录用的方式对专职工作人员进行选配,并由同级财政或原属机构负责支付养护管理人员的薪酬,不得将农村公路养护专项资金用于养护管理人员工资的支出。

②按照行政村之间的实际距离,以每3千米1名养路员的标准进行人员配置,若行政村之间距离小于3千米,也须配置1名养路员。

③在选配养路员的过程中,要严格按照准入标准进行资格审查,审核合格后还需进行相应的培训才能上岗。各村委会负责推荐本村道路养路员,乡镇农村公路管理站负责推荐乡道的养路员,推荐人员的资格审查工作由上级管理部门实施。

（3）理顺管理体制

对农村公路实施养护管理适用四级管养体系,其四个层次分别为:

首先,在市级政府层面,农村公路管理部门作为市交通运输局的内设部门由市交通运输局实施统一管理,对全市范围内农村道路的管理和养护工作进行指导和监督。同样,县(区)交通运输部门下设农村公路管理处,对辖区内农村公路养护实施管理和监督,其主任由分管局长兼任。各乡道和村道的日常养护工作则由各乡(镇)政府下设农村公路管理站负责组织,各村委会具体实施。乡(镇)农村道路管理站联合各村委会共同确定各养路员的养护范围,使其明确养护范围及标准要求并实施监督。

其次,农村公路养护规范明确规定,对于需要实施养护的农村道路,需由乡镇管理站向上级公路农村公路管理处提出养护申请,经交通运输部门审批后执行。若养护工程符合大中型修复标准,则需要实施公开招投标,并签订施工合同,交通运输部门对养护工程质量负有监督管理责任;若是修复工程规模较小或只需对道路病害实施处理,则交由区(市)级公路管理处负责实施;养路员负责农村道路的日常保养工作。

再次,农村公路养路员还兼任农村公路路政协管员,对于损坏农村公路的行为要及时进行制止并举报,并对后期的调查取证及其他工作进行配合。

最后,枣庄正有计划推行市场化运营方式对农村公路实施养护,目前正选择财政较好的乡镇进行试点,逐步实现农村公路分开管理和养护。

（4）强化动态考核

将农村公路管理养护纳入政府年度综合考核的范畴,按照千分制考核体系,农村公路管理养护指标占到 12 分。各上下级政府之间就农村公路管理和养护工作签订目标责任书,并要求村委会要通过合同书的形式对养路员进行考核和约束。为进一步细化和落实农村公路管养工作,市政府办公室下发了专门的通知对农村公路管养工作实施目标考核,通过动态考核真正发挥对区(市)农村公路管养工作的监督作用,确保政策措施的有效落实。市交通运输局也以落实目标责任的方式分别与下设农村公路管理处及下级交通运输局就农村公路管养工作签订目标责任书,通过年度考核对农村公路管养工作进行监督检查,并据此衡量农村道路管养工作的优劣,有效地提升了农村公路管养工作水平,实现了对农村公路管养水平的真实反映,激发各乡镇交管所进一步加大对辖区内公路管养情况的巡查和监督力度,并据此对养路员实施奖罚。

(三) 经验借鉴

1.农村公路保护法制化

要对农村公路实施有效保护,就必须加强法制建设,确保农村公路保护工作的依法合规。西方发达国家在保护农村公路的过程中不仅充分运用行政手段,而且更多地依靠法律制度对农村公路保护工作进行规范。首先,以法律制度的方式对农村公路保护职权进行划分,不断加强对公路相关法律法规的构建和完善,明确规定各相关部门在保护农村公路工作中的权利和义务,并严格按职权范围对各相关部门的农村公路保护开展情况实施监督;其次,以法律的形式对实施农村公路保护的资金及补助支付机构进行明确。在美国,为确保公路保护资金筹措和使用方法依法合规,联邦政府制定并出台了《联邦资助公路法》,对建设、养护公路的资金来源做了明确规定,为建设和保护公路提供了有效的资金保障。

2.统一公路管理机构设置

为提高公路管理的专业化水平,很多发达国家设置有专门的公路管理机构对公路实施管理和保护,并根据业务职能及管辖范围对机构实施整合,以实现精简高效的机构管理。由分散到集中是历史的发展规律,也是公路保护不同要素相互影响、相互融合的必然趋势,有利于国家宏观调控职能的充分发挥,进而促进公路保护体系的高效合理,实现社会资源的优化配置。为便于管理,进一步对公路层次进行划分并实施分级管理,分别在中央、省级、县级设置政府管理机构。

3.社会化养护

社会化养护所具有的优点主要集中在以下三个方面:一是明确了养护目标责任。首先业主单位能够面向社会进行公开招标,寻求合作伙伴,然后按照相关规定与个体或公司签订养护合同,对其中的养护责任和权利予以明确。二是有助于养护成本的缩减。一般来说,养护业主单位可依据管养里程进行年度承包经费的核算,作为承包方接手原本由养护业主单位所负责的所有日常养护工作,同时对于业主单位所安排的各项小修保养任务落实到位,此举不仅有助于业主单位养护成本的缩减,而且能够创造较多的经济效益和社会效益。三是促使了养护职工工作理念的改变。此举有助于职工积极性的发挥、单位综合竞争力的提升、养护工作效率的提高和养护成本的缩减,为养护工作的持续深入创造了良好的前提条件。从实践角度出发,社会化养护这一模式适用于那些道路等级相对较低和路网密集度较低的地区,建议将其承包给个体家庭。

4.农村公路管养资金多元化

对于农村公路养护管理工作而言,充足的资金是其顺利开展工作的必要先决条件。为解决这一问题,我国重庆、贵州、枣庄等地结合当地发展现状对养护资金筹集方式进行了主动探索。譬如:重庆市提出了"五个一点"筹资模式;贵州则通过公益性岗位的增设实现了养护投入资金的增加;枣庄市则制定了分级补助政策,进一步拓展了融资渠道,且获取了不错的成效。基于上述分析可知,在对农村公路养护工作进行管理时,为解决其资金问题有必要立足于现实对各种筹资渠道进行主动探索。首先,对政府部门的地位和作用予以确定,适当增加各级政府部门给予的财政支持;其次,赢得社会各界力量的支持,为农村公路养护管理事业的推进提供更多助力。同时,加强政府部门监管职能的落实,避免各种挪用、截留养护资金行为的发生,确保养护资金的合理使用。

三、进一步加强常州市武进区农村公路管养的对策分析

众所周知,我国农村公路是一种公共基础设施,与国民切身利益有着密切的关联。在农村公路建设中,当地人民政府作为其中的主体,具有不容小觑的重要地位。经过了解可知,我国农村公路分布地区不仅地质状况复杂,而且各种自然灾害屡见不鲜,受建设技术水平影响,农村公路抗破坏能力并不强,这一点是毋庸置疑的。在这种情况下,通过公路管理养护水平的提升,一方面我们能够对道路现状有全面了解,及时发现存在的交通安全隐患,对其进行修缮;另一方面通过这种查漏补缺行为,有助于公路质量的提升和使用寿命的延长,更重要的是花费小,但受益大,性价比较高。

(一)完善农村公路法律法规

1.农村公路管养立法建议

农村公路保护相关法律法规体系的构建、完善与我国农村公路事业发展有着密切关联。从立法角度来看,相关法律条例的制定和实施为农村公路保护活动的继续提供了必要的参考依据。从某种程度来说,我国农村公路保护水平的高低优劣取决于相关法律条例的健全程度。在现代社会,随着农村公路事业的持续推进,与之有关的农村公路保护工作所具有的重要性愈加凸显。笔者认为,想要实现农村公路保护工作的有序开展,首要任务是制定相对健全的法律体系,为其提供不可或缺的法律支持。

2.农村公路管养执法对策

农村公路法律制度的落实,需要得到人民群众、执法者与立法者三方面的鼎力支持和密切配合。首先,为实现农村公路使用周期的延长,大力提升农村公路使用质量,我国政府通过《公路法》《安全保护条例》等相关法律条例的颁布和实施,对公路管理部门的法律责任给予了说明。其次,作为公路管养执法人员应做到严于律己,注重专业理论知识的丰富、执法水平的提升以及业务素质的加强。同时,公路管养执法部门应加强业务培训活动的开展,为工作人员提供学习培训机会,增强其责任感与使命感,打造一支高效执法团队,以满足我国公路事业发展所需。最后,在日常工作中,加强相关法律政策的宣传,使普法活动能够健康有序的推广。结合社会发展现状,对执法人员的服务意识进行强化,实现其服务水平的持续提升。

(二)集中梳理农村公路产权历史遗留问题

1.产权历史遗留问题分类

全面清查,摸清各类农村公路土地问题。各市县、各级公路管理部门全面动员,彻底排查现有农村公路土地遗留问题,确保排查覆盖完整,不留死角。首先,充分利用目前现有的成果资料,整合有关农村公路数据资源,建立数据库,实现省和市县全域联网,提供技术平台。其次,清理有关农村公路的全部土地档案,包括省级、市县各级档案,结合实地调查,逐一核查遗留问题。再次,通过群众走访、日常纠纷等途径掌握相关线索,深入排查遗留土地问题。同时就农村公路土地纠纷历史遗留问题设立举报电话,并通过媒体向社会公布,接受群众纠纷投诉。

2.多角度解决争议

首先,必须切实保障处理土地纠纷历史遗留问题所需要的经费。一是要落实征地补偿与安置的资金。各级财政部门要安排专门的资金用于偿还拖欠农村公路沿线群众的征地补偿、安置补助和青苗补偿款等费用。二是确保各类土地遗留问题专项整治的工作经费。将各级所需工作经费列入各级财政预算,予以解决。

其次,由于土地纠纷处理工作的政策性、技术性都很强,所以必须聘请专业队伍来提供法律和技术支持。如何规范专业队伍的行为和如何理顺经费渠道、保证工作费用都是工作中需要逐步解决的问题。

(三)明确农村公路管养模式

笔者认为,当地政府需要具有整体意识,制定明确的农村公路长效管养模式,推动农村公路养护管理工作水平的提升,使农村公路的社会经济效益最大化,解决农村公路管养需求与实际管养能力之间所存在的矛盾。

1.科学建立农村公路管养模式

针对村道管养缺失问题,地方政府需要从实践角度出发,对村道养护责任主体予以确定,要求村道沿线居民通过轮岗方式对道路进行定期养护,同时给予其一定的经济补助,使得村道养护工作能够落实到位,每一路段都有专人负责。

在此基础上,科学建立农村公路管养模式,建议地方政府利用现有乡镇交管所增挂路政中队牌子并设立路政专管员,各行政村设立护路员,建立健全"区统一执法、乡村协助执法"的管养工作机制。完善各乡镇农村公路路政群管(协管)网络体系,组建农村公路路政工作联络群,实现对农村公路管养的全覆盖。明确农村公路分级管理体系中各个主体的职责范畴,着力提升农村公路养护质量。

2.组建农村公路管养队伍

首先,更新执法理念。在农村公路管养队伍创建过程中,始终将"服务人民,奉献社会"摆在首要地位,提倡"以人为本"的服务理念,使得整个队伍具有强烈的责任意识,在行使职权时能够做到有法必依、执法必严。其次,注重执法人员综合素质的提升。一是从源头做起,对现有的农村公路管养队伍招聘制度予以完善。在考核过程中本着公平、公开、公正原则面向社会进行统一的招录考试,不允许任何违规操作行为的出现。二是在实践环节,为新进成员提供岗前培训,进行普法教育,实现其理论知识的累积,能够对多门学科知识进行灵活运用,全面增强农村公路管养人员的执法能力。

3.强化农村公路路政管理工作

依法行政,对农村公路路政管理工作进行强化。近年来,随着我国相关法律条例的全面落实,我国政府对行政执法活动提出了更高的要求。在最新颁布的《公路法》中对行政执法行为做了明确规定。在具体执法过程中,首先,要严格遵循执行规范程序,以法律条例为据,结合现实情况做进一步调研,力求做到"严中有理、严中有情",以此彰显路政管理人员的执法风貌与依法行政水平。其次,创建相对健全的路政管理巡查执法制度,以《公路法》《江苏省路政管理条例》为参考依据,在对客观现状有着一定了解的前提下实现相关工作制度的落实。最后,做到依法管理。客观而言,在路政管理工作中,农村公路管理工作始终是一块硬骨头。想要实现该问题的妥善解决,则需要将法律视为利器,做到严格执法,一切依法管理。此外,需要注意的是,在日常工作中对于路产范围不清、路产档案缺失等问题应加强管理,为路政管理工作的顺利实施创造良好的前提条件。

（四）强化涉路施工协调

1.加强乡镇部门涉路施工协调

在农村公路建设和管养方面努力获得各级地方政府以及相关部门的大力支持,从全局角度出发,对存在于农村公路建设和管养中的各种问题进行及时协调,创建一个相对完善的协调机制,加强乡镇各个部门之间的联动沟通,制定相应的乡镇农村公路涉路施工规范,明确乡镇农村公路道路施工程序,确保乡镇部门按照规范施工,为农村公路建设和管养创造良好的条件,也便于后续管养工作效率的提升,同时避免不同部门对农村公路的重复施工。

2.加强民众涉路施工协调

面向人民群众加强涉路施工法制宣传教育,利用普法宣传月、法制宣传日等契机,深入基层和各乡镇地区开展普法活动,使农村居民深入了解《公路法》等相关法律条例,强化农村居民的法律意识,使其能够做到知法守法;坚持边巡查边宣传,通过宣传车、墙体标语、发放宣传资料等多种形式进行宣传;组织乡镇交管所等部门走村串户进行农路管养宣传,做到家喻户晓;通过电视、报纸、微信公众号等主流媒体加大宣传力度,加大对农村公路路产路权保护的宣传和引导,同时将沿线群众侵占乡镇农村公路、公路用地等情况作为反面案例进行教育警示宣传,让养路护路的理念——"爱路光荣,毁路违法"等深入人心,充分强化广大人民群众爱路护路意识,在社会中营造一种自觉维护农村公路,实现其安全性和生命周期延长的良好氛围。

（五）农村公路管养资金保障

1.建设资金来源多元化

为确保农村公路的建设发展,各级交通主管部门必须依靠政府的重视支持和人民群众的热情参与,包括争取直接投资政策和政策性投资,用于农村公路建设。

考虑农村公路的经济属性是准公共物品,其投资建设主体必须是各级政府,但政府也存在失灵的情况,其财政供给力度较为有限,农村公路建设与养护需要诸多资金支持,全部由政府一己之力予以承担的话有些不切实际。当前,我国农村融资机制多以财政为主,在农村公路投资总额中,中央财政能够给予的助力有限,大部分资金源于地方财政。只是随着地区路网的拓展,农村公路在建设和养护方面的资金缺口不断扩大,地方政府能够提供的资金支持难以为继。以此为背景,为满足农村公路建设和养护工作对资金的需求,地方政府除了通过地方经济发展实现增收以外,有必要拓展其他融资渠道,尽可能实现资金问题的妥善解决。从多中心治理角度进行分析,地方政府可以寻求市场或其他社会组织结构的帮助,在部分项目上引入市场供给,鼓励社会组织机构的积极参与,从实践角度出发创建农村公路建设资金多元化体系。

具体建议如下:

(1)建议各级政府在财政的年度预算中按一定的比例列入计划安排资金用于农村公路的建设和养护,加大贫困地区的道路建设养护的支持力度。

(2)采取多方筹资,满足地方农村公路建设资金的需要,如利用乡镇企业多的优势拓展筹资渠道,坚持民需民建的原则,在集体积累、农业税费中提出部分资金用于公路建设。

(3)交通上级主管部门在补助资金上给予大力倾斜,在条件许可的情况下,逐步提高补助标准,在地方有积极性建路时,做到每建设一条道路均能给予一定的资金补助,以加快农村公路的建设步伐。

2.强化管养经费保障

从本质来说,管养经费是农村公路管养工作得以顺利开展不可或缺的物质基础。如果出现经费不足或经费落实不到位的情况,首先,会影响农村公路执法装备的完善和执法队伍的稳定;其次,会给农村公路保护工作的推进带来极大的负面影响。因此,我们可以将《国务院关于加强预算外资金管理的决定》视为参考依据,将农村公路保护经费纳入财政预算范畴,由国家财政为农村保护提供必要经费,且要求专款专用,或者根据各地区发展现状来进一步确定当地农村公路保护经费来源,是全部依靠中央财政,还是两级财政共同承担。平心而论,将农村公路保护经费纳入我国财政预算中,此举彰显了事权和财权相对应的原则,一方面对各管理部门的职责权限进行了梳理;另一方面有助于财政监管力度的强化,为农村公路管养提供了可靠的经费来源。

3.专项农村公路路政赔补偿费用

从我国相关法律条例可知,依法收取的农村公路路产损失赔(补)偿经费应遵循专款专用原则,任何人不得以任何借口或理由进行截留、挪用;在实践活动中,一切农村公路路产经费均需在规定时间内落实到位。随着时间的推移和社会的发展，我国地方路网持续递增，与之相关的农村公路路产路权赔（补）偿标准本着与时俱进的原则进行了调整，旨在更好地保障当事人合法权益。同时，建议根据客观所需进行特殊职能专项经费的增设，并将其列入各级财务预算范围中，尽可能为农村公路路产路权保护工作的推进提供必要的物质保障。

南京市"12345"政务热线服务水平提升研究

胡慧文

(学号:1120172370)

随着我国服务型政府改革实践的不断深化,关于政务热线的研究显得愈发重要。本文详细介绍了南京市"12345"政务热线水平提升的课题研究背景和意义。"12345"作为畅通民意、倾听民意、解决民生诉求的平台,发挥着非常重要的作用。随着服务型政府理论的推进,"12345"作用得到了延伸,其不仅可以作为为市民解决诉求的平台,同时也可以作为政府提供政策决策的平台。

一、南京市"12345"政务热线服务现状分析

南京市"12345"政务热线开通 8 年以来,为广大市民解决了大量的诉求,是市民心中当之无愧的为民办事平台,热线管理部门设立了五大办理机制,有效地规范了工单办理的流程与办理的时效;并通过督办机制保障了工单的办理质量;通过与新闻媒体合作更加贴近市民生活,为市民提供服务。

(一)南京市"12345"政务热线服务举措和成效

根据近年来南京市"12345"政务热线服务的实际举措和取得的成效,下面从两个方面分析该热线发展现状。

1.服务举措

(1) 整合公共热线资源,成功打造"一号对外"便民服务平台

南京市于2010年12月28日对外开通了"12345"热线;同步建立了市、区、街镇三级"12345"政务公共服务平台,并确定市级机关、市属公共企事业单位和各区政府,区级机关、区属公共企事业单位和各街(镇)、各社区(村委会)分别为市、区、街镇"12345"政务公共服务平台的成员单位。由此,形成了"一号对外"、覆盖全市、资源共享、联通联动、便捷高效、保障有力的政务公共服务体系。

(2) 实行"五个统一"组合式办理机制,创建诉求解决"南京模式"

南京"12345"政务热线经过积极探索和实践,创建了"五个统一"的群众诉求办理机制。一是统一受理确保诉求畅通。南京市"12345"政务热线是市委、市政府建立的公开电话综合服务平台,除了110、119等报警事项和涉及诉讼仲裁、行政审批、行政复议的事项,对于群众反映的其他诉求,均由"12345"政务热线统一受理。二是统一解答,确保答复质量。为避免政府部门间对市民多头反映的同一诉求答复不一致,影响政府形象,南京市建立了"谁主管谁负责,谁承办谁答复"的制度。三是统一时限,确保办理高效。明确要求承办单位对于紧急诉求立即办,对于咨询类事项在3个工作日内办结,对于投诉、举报、建议类事项在5个工作日内办结。超时单位将面临被"通报"和问责的风险。四是统一回访,确保评价真实。承办单位对待群众的诉求重视不重视、办理效率高不高、满意不满意,诉求人最有发言权。五是统一标准确保考评公正。市委、市政府办公厅联合印发了承办单位办理民生诉求工作绩效考核办法,明确规定了受理交办、评价回访、知识储备、激励考评和监督检查五个方面的绩效考核指标,使全市办理"12345"民生诉求工作有了统一的标杆。

2.取得的成效

近年来,南京市"12345"政务热线严格按照党和国家"深化行政体制改革,建设职能科学、结构优化、廉洁高效、人民满意的服务型政府"的理念和"通过深化改革,实现从社会管理向社会治理的创新"的社会治理的要求,始终坚持"规范统一、便民高效"的工作原则,构建了以"政务咨询、民生诉求、政民互动、投诉举报、效能监察"为主要内容的平台资源,为广大市民消费维权申诉、经济违法举报、行政能力投诉等提供了便捷、高效的诉讼渠道,是政府沟通联系服务群众、倾听群众呼声诉求的重要桥梁和纽带。

(二)南京市"12345"政务热线服务满意度调查

通过对热线的认知程度、宣传推广、使用成效、满意度等多方面进行调查,掌握了南京市"12345"政务热线的现状,发现市民对南京市"12345"认知、认可程度

较高、对等待接通时间表示接受,对话务员与工单办理质量较为满意,但也存在其他问题。

1.调查问卷设计

南京市"12345"政务热线调查问卷设计遵循以下原则:一是主题明确、言简意赅。二是层次分明、有代入感,从简单到复杂,从表面到深入,思路清晰、层次分明。三是问题答案的格式要统一规范,利于回收统计和数据分析。四是问题内容应该通俗易懂、便于回答,被调查的人不需要经过太长时间的思考,就能够快速地给出答案,进而满足结论的客观性和真实性。五是问题的数量要适度,不能过多,也不能过少,过多会影响调查者回答的情绪,过少会达不到调查目的,不适度的调查问题会降低问卷质量,最终对预期效果造成负面影响。

2.调查问卷构成内容

为达到预期的问卷调查目的,实现科学研判的目标,从调查问卷问题设计和调查问卷的发放与回收两个方面进行分析。

(1)调查问卷问题设计

本文调查问卷设计结构分为 7 个部分,共设 25 项问题。第一部分是前言,介绍本次调查的初衷和目的,让接受问卷的人明白调查意图,真实回答问题,保证调查结果的真实有效、客观科学;第二部分是了解掌握被调查者的基本情况;第三部分是统计被调查者对南京市"12345"政务热线的认知;第四部分是调查南京市"12345"政务热线在服务过程中给被调查者带来的满意感;第五部分是对目前南京市"12345"政务热线新做法、新举措的认知和使用情况;第六部分是了解掌握被调查者对南京市"12345"政务热线未来发展的需求和期待;第七部分是被调查者主观回答对改进南京市"12345"政务热线工作的建议和意见。

(2)调查问卷的发放与回收

本次调查是匿名进行,问卷的平均调查填写时间为 6 分钟左右。发放问卷采用两种方式,第一种是通过"问卷星"软件,在微信平台上进行发放并实时回收;第二种是在相关部门单位随机选取工作人员进行现场调查并回收问卷。

3.调查问卷结果分析

本小结结合调查问卷回收结果,针对所反映的问题,从基本情况、认知度和认可度、使用成效、满意度、延伸服务使用情况、现在需求和未来期待等几个方面分析调查结果。

(1)基本情况分析

本次参与调查的 385 名对象中匿名回访市民占比 56.07%,热线业务主管部门工作人员占比 11.3%,热线话务员占比 9.33%,督查工作人员占比 10.7%,承办单位相关工作人员占比12.9%。被调查对象中的市民是调查主体,此项调查的对象构成是合理的,因为调查问卷目的就是调查市民对南京市"12345"政务热线服务满意度,匿名回访市民是问卷所针对的主体。受调查者身份情况详见图1。

被调查者年龄在25岁以下的有28人,占比7.2%。26岁至35岁之间的有141人,占比36.62%。36岁至45岁之间的有212人,占比55%。46岁以上的有4人,占比1.18%。可见被调查者中中青年居多,中青年也是社会结构中的主要力量,是整个社会发展的中流砥柱和核心,他们的意见较比其他年龄段的人员更加成熟、更有说服力,他们所提出的建议和意见有较高的参考价值,提高热线服务水平需要更加关注和探求中青年群体的需求。

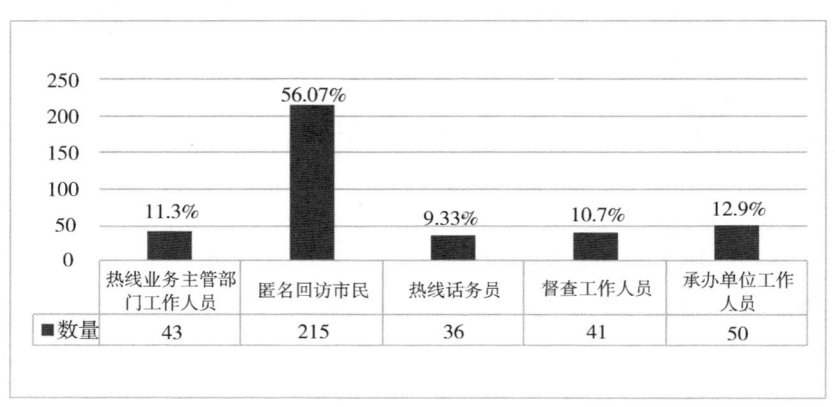

图1 受调查者身份情况

(2)认知度和认可度分析

在调查过程中发现,被调查者遇到社会问题时,基本都会选择自己拨打"12345"政务热线或鼓励家人朋友拨打的方式来解决问题,明显可以看出南京市"12345"政务热线的作用是非常大的,但同时随着近年来南京市"12345"政务热线在电视报刊上开设直通专栏,延伸手机App入驻"我的南京"等新举措、新做法的认知度不高,通过手机App进行咨询诉求的服务效果没有达到预期值,发挥作用上还有待强化,未来应该进一步整合现有平台资源,不仅要外入还要内引,让传统平台和新兴渠道两者间相得益彰,最大化提升效能和服务水平。

目前来看,南京市"12345"政务热线在新渠道上的宣传推广力度不够,范围不广。本次参与调查的385人中,有134人认为宣传力度到位,占比37.1%。161人认为宣传力度一般,占比42.2%。80人认为宣传力度不够,占比20.3%。10人认为几乎没有宣传,占比10.4%。绝大多数的被调查人对新型服务渠道的宣传推广满意度不高。宣传推广力度详见图2。

被调查者对"12345"政务热线的了解和认知在近几年南京市政务热线平台和

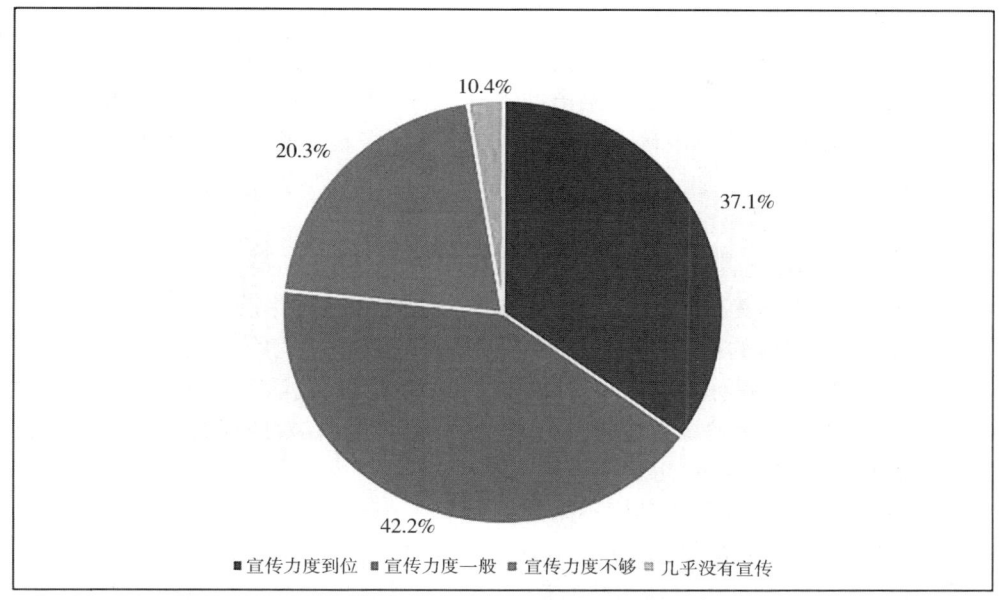

图 2　宣传推广力度

公共服务宣传推广下,传统热线的宣传推广成效比较好,但对直通栏目和手机 App 的宣传还主要停留在机关工作人员告知、报纸宣传、热线平台宣传这三个渠道,但这三个渠道中对广大群众的辐射面积非常小,直接影响了服务对象对新型服务渠道的认识。因此,热线以后还需要进一步从广大群众所熟悉的渠道入手,不断加强对新型服务渠道的宣传和推广,借助多种方式把"12345"政务热线的职能作用进行推广,提升使用率和服务率,同时为提升热线整体的服务水平奠定坚实基础,让多渠道、宽领域、便捷式服务成为全民对"12345"政务热线熟知的形象。

(3)使用成效分析政务热线

①热线畅通程度

74.22%的被调查者认为热线接通情况很好,不需要等待,25.78%的被调查者认为需要等待热线,但基本都能接通。说明目前"12345"政务热线接通情况非常好,基本不会出现等待排队的情况,也说明了话务员的人数和质量的内部分配工作协调度很好。

②热线拨打等待时间

76%的被调查者能够接受时长 30 秒左右的等待时间,24%的被调查者能够接受时长 1 分钟左右的等待时间。在双节期间、重大节庆日期间话务量骤然上升,如果话务人员的数量无法适应话量增长条件,那就需要进一步分解话务量、分解需求,这样就会影响等待时长。

③热线答复准确度

38.8%的被调查者认为热线话务人员的业务熟练、答复准确度很高。46%的被调查者认为热线人员经过确认后给出的答复非常准确。13.7%的被调查者认为热线话务员给出的答复不够准确。这说明当前热线话务员答复准确度和群众期望值还有一定差距。

④热线人员对政策的把握程度

33.9%的被调查者认为热线人员能够很好地掌握成员单位的有关政策。43.6%的被调查者认为热线话务员能够比较准确掌握政策，并很好地转接给其他成员单位处理。10.7%的被调查者认为话务人员对政策掌握程度一般，政策理解深度不够，有偏差且存在操作瑕疵。11.8%的被调查者认为热线话务人员对政策了解情况不够，需要不断加大培训力度，进一步丰富培训方式，有效地提升热线人员综合素质和提升服务满意度的基础。

⑤被调查者热线答复准确度不高的原因

13位被调查者认为自己的诉求得到的答复与查到的有关政策不相符，无法确认准确性。138位被调查者认为热线话务员所答复的政策在执行中存在不符合实际的情况，77位被调查者认为所得到的答复问题在具体操作的过程中有很大难度，157位被调查者认为答复的内容细致程度不高，与有关政策的自行理解有差异。说明目前热线话务员对政策解读不够深入，在具体实施操作上还比较薄弱，存在纸上谈兵的现象。

（4）满意度分析

从图3中能够看出，大多数的被调查者对"12345"政务热线的质量和服务是比较满意的，只有11.7%的被调查者对"12345"政务热线存在不满意的情况。"12345"政务热线是南京市政府重点打造的公共服务窗口和平台，也是政府与广大群众沟通的重要桥梁，虽然目前广大群众满意度比较高，但还应该站在创新社会治理和转变政府职能的角度，进一步深化服务举措，提升服务水平，有效提升全民满意度。由于南京市"12345"政务热线建立了第三方征求诉求人意见的制度，明确要求对于承办单位办结回复的每一件诉求工单，"12345"话务员必须100%进行回访，诉求人对承办单位办理结果是否满意的意见100%作为该单位满意度的排名依据。因此在服务评价的调查中发现，95%以上的被调查者能够对服务进行实时评价，只有5%的人选择直接挂机，这说明话务员还需要加强对服务质量评价的告知工作，让更多群众了解到回复评价是能够提升更多人满意度和需求，提升优质服务的保障。

（5）延伸服务使用情况分析

目前被调查者对南京市"12345"政务热线在报纸新闻媒体直通专栏和"我的

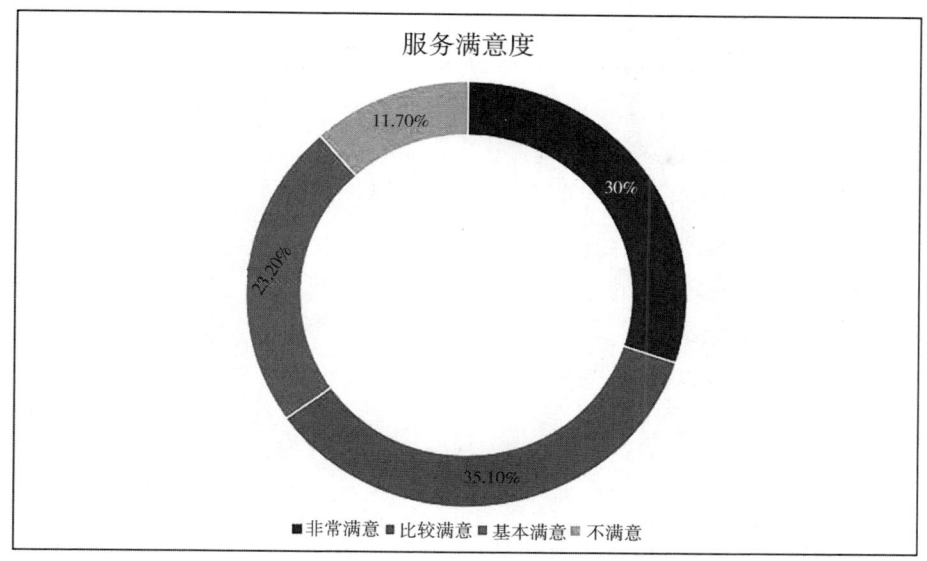

图3 服务满意度

南京"手机 App 上的延伸业务有所认知,但使用率较传统热线还有很大差距,有待于进一步优化宣传推广渠道,扩大使用路径,不断简化操作程序、优化用户体验。

(6)现在需求和未来期待

从市民来电诉求看,排名前十位依次为物业管理、消费维权、违法建设、停车管理、城市建设、占道经营、房屋质量、扰民举报、噪声扰民、建筑工地管理,详见图4。

从图4能够看出,被调查者对"12345"平台的需求是很多的,对所涉及的办理数量非常多,能够看出对平台的关注度和期待是很高的。

(三)"12345"政务热线服务存在的主要问题

根据上述调查问卷分析结果,发现被调查者主观意见和建议体现在手机平台App 使用率不高且操作复杂、新服务渠道宣传力度不够、重大节日期间回应时间拖延、解答内容与新政策的契合度不高、缺少长期跟踪督办回访制度等方面问题。结合实地走访和深度了解案例发现,目前"12345"政务热线服务最突出的问题集中在以下几个方面:

1.承办单位工单办理缺乏积极性

目前热线工单退单的情况仍然存在,在面对一些需要多部门联合办理的诉求问题,比如环境保护、食品安全、绿化亮化等方面的问题,虽然热线能够将诉求以派单的方式转送给承办单位,但有时承办单位会简单应付、推诿扯皮,不肯担起主要责任,导致工单出现延期处理和退单的情况,这与热线监督指导的制度相悖,对于

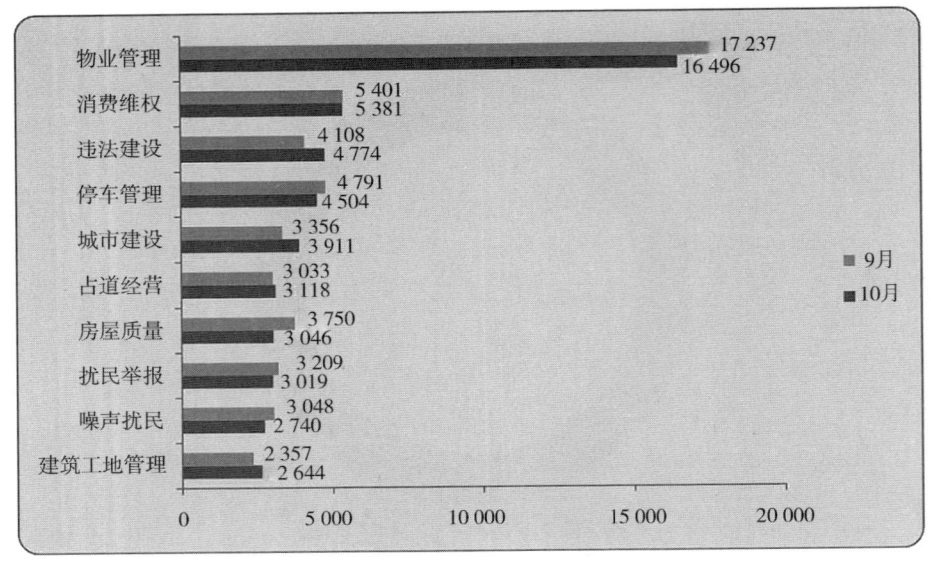

图4　2018年9—10月市民来电诉求事项前十名

承办单位的持续跟踪力度不够,导致工单办理受到阻碍。

2.热线资源整合力度不够

诉求和需求的回应协调能力是评价热线工单转送准确性的关键。在具体操作中,热线要转送工单需要明确工单受理权限和各成员单位职能范围,通常情况下工单的派单是不会出现问题的,但在面对部分复杂程度较高的工单时,就需要多部门交叉处理,由于缺乏政务热线和各成员部门之间协调联动机制,且部分单位的职能界定比较模糊,部门之间的沟通不够,导致热线派单的时候会出现单位部门之间相互推诿、不予以受理的情况,甚至会有工单被退回的情况,直到被多个部门辗转后移交给责任部门,才能受理解决,在此期间工单诉求的时效性被大大降低。

3.工单办理流程过于烦琐

工单办理流程烦琐,从话务员接工单到市民收到承办单位诉求答复,需要5个工作日时间,其中流程扭转至少3个部门,十分烦琐,对应该简化的程序没有简化,引发市民诉求,此类诉求多是由于监管职责不到位而产生,行政慢作为,对能够立即办理的事项拖延时间办理。如市民反映某小区门口堆放垃圾、蚊蝇乱飞的诉求,在等待几天仍未得到处理后,市民自己掏钱清运了此堆垃圾,对相关部门工作效率极为不满。

4.数据挖掘利用效果不明显

政府还没有把热线和大数据社会治理联系起来,更多的是把热线看作一个能够反映民生诉求的渠道,虽然能够对市民所反映的问题、建议进行解答,但缺少有关数据的关联性和延展性分析,不能从相同数据归类、系统分析的层面提出完整度较高的解决方案,无法实现数据治理的功能。此外,在一定周期范畴内,对于公众集中反映的热点问题没有进行数据监测,仅仅停留在数据统计的层面进行客观描述,无法实现短期或长期热点的有效预警,在决策上缺少数据分析支撑的决策建议过于主观,严重影响决策可行性,造成自上而下落实任务递减的问题。

(四)存在问题的原因分析

1.缺乏多部门协调联动机制

政务热线是政府公共服务的排头兵,承办单位和热线的协调配合是非常关键的一个推动因素,需要承办单位和热线管理部门的协调整合才会实现热线服务水平的提升,虽然目前政府已经整合了一些必要的公共服务部门,但由于部分单位属于中直或省直部门,不直接受市级政府的管理,在实际工单派送过程中,仍然是通过信访件或邮件的方式转交,这样就会延长市民诉求的解决时间,这与热线来访节点、即时派单解决的高效性相悖,造成了群众满意度不高、重复咨询和诉求的问题。此外,由于承办单位本身就有热线和信访举报机构,且部门领导对"12345"热线的重视程度还不够高;同时,热线管理部门在履行职能方面存在疏忽的情况,对于跨级办理、多部门协调沟通的问题不能主动发挥带头作用,不能及时地把难点问题、倾向性问题上报给市政府,未得到领导层及时处理的指导意见。

2.跟踪督办机制不够完善

由于对承办单位的督办力度不够,缺乏长效跟踪解决的机制,无法在大量工单中发现问题,这是督办的盲区,导致一时的监管和督办只能解决当时的问题,而受理时间较长的问题,就会出现市民对时效性诉求持续不断的情况。对工单督办的力度不够导致直接影响了工单办理是否能够及时完成。此外,在工单派发的过程中,承办单位会直接将工单移交给个别部门,而个别部门会持续递交工单受理延时申请,这就造成了工单受理拖延的现象,只有加大承办单位对需求回应的重视,才能有效地提高诉求回应的即时能力,加大问题督办能力,加大监管力度,为及时回应诉求、及时办理工单业务提供保障。

3.程序优化和人员管理不足

一方面,工单流转办理程序没有形成动态调整的优化机制,随着市民需求度不断增加,社会突出问题不断调整,工单办理的程序仍然坚持传统的模式难以顺应发展要求。此外,由于工单受理的工作量大,且一线服务人员储备量不足,导致热线受理派单的压力较大,应该积极推行手机 App 平台的应用,进一步传导压力、分流受理量,简化办理程序。另一方面,话务人员的素质是决定热线服务质量的一个重要标准，目前话务人员队伍的力量薄弱，现有的话务人员储备量无法满足日益增加的群众需求以及热线的未来发展。

4.数据更新维护不及时

目前热线所建立的信息资源库、知识数据库还不够完善，经常会出现知识更新不及时、不完整的情况，造成管理层采用数据分析的过程中出现主观决策的问题。同时，由于热线呼叫功能存在局限性，热线系统对数据统计和分析的能力不够，导致管理层对舆情和民生诉求集中的热点问题的分析预判缺少数据支撑，更无法实现通过数据深挖背后问题产生根源的目的。比外，热线平台系统建设不够完善，平台系统不够稳定，功能不够齐全，系统经常出现卡顿、报错、服务器故障等问题，给实际工单办理带来了一些不便。

二、国外与国内其他地区提供政务热线服务水平的经验借鉴

美国"311"热线与英国DWP公共事业呼叫中心都是国外发展较为先进、体系较为完善的热线，为市民提供全方位便捷服务。国内北京、上海、济南三个城市的"12345"政务热线在数据信息化、体制建立、资源整合上对南京市"12345"政务热线有较强的指导意义。

（一）国外热线服务概况

通过对国外文献回顾和梳理，发现美国的"311"热线、英国的DWP公共事业呼叫中心这两个热线平台具有较强的参考价值。

1.美国"311"热线：提供全面完善的市民服务

美国"311"热线成立于2003年，综合教育、交通、卫生、环境等120个局处，17个政府各类专业呼叫中心，近4 000条热线，纽约市"信息航母"式的服务平台。"311"热线的网站虽设计非常简洁，但功能性十分强大，包括投诉、追踪、付款和服务等多个板块，支持停车罚款、公共救援、公益救助、社会福利、经济住房等25项常见问题的快捷式服务，其所实施的市民来电反馈及纽约市重要通知提示功能为构建市长及各级政府办公部门与群众的联络的坚实基础。同时，因美国外来人口入境人口较多，"311"热线网站还支持50多种公共语言的选择，如果选择拨打电话，"311"热线则会提供170种语言选择。

在具体服务上，"311"热线服务平台还具备"开放数据"的重要功能，其倡导的

功能定位是"在任何时间、任何地点向任何人发出邀请"这一作用具有划时代意义,能够进一步整合数据开放功能,其数据链接范围涉及政府、商业、教育、环境、医疗、经济、住房、公共安全、民众娱乐、社会福利、社会服务、交通运输等各个领域,从这一角度来看,美国"311"热线发展能够为服务群众提供全面完善的自助式便民服务。

2.英国 DWP 公共事业呼叫中心:增强员工的责任感和荣誉感

英国 DWP 公共事业呼叫中心具备非常成熟的公共服务运营管理机制,包括员工培训和选拔实行双向选择和不定向选择,即打破专业壁垒,优胜劣汰,能者上、劣者下的培训选拔机制;特殊人群服务标准的"软性技能"培训服务机制,针对特殊人群提供特殊服务,同时动态管理服务标准,做到精准服务。员工管理上采用工作生活平衡法则,为深化工作和员工生活的协调统一,采用生活+工作的双重管理模式,保证员工对工作的认同感和荣辱感。可以说,英国 DWP 公共事业呼叫中心为保证平台能够提供准确高效的服务,对人的管理做到了个性化、特色化,通过不断提升客户和员工的价值认同感,潜移默化地提升了服务准确度和运营效率。在其他国家或地区还在思考员工价值、平台价值和客户服务价值,如何平衡谁重谁轻的时候,英国 DWP 公共事业呼叫中心已经把员工价值养成放到了最突出的位置,让员工参与到公共事业呼叫中心的文化建设中,让员工成为平台服务的主人,加强责任感和幸福感,并以此来推动服务水平和质量的提升,这种内在驱动行为所产生的力量和效果,较常规绩效考核、监督考核的做法要更有效。

(二)国内其他地区"12345"政务热线概况

通过梳理近年来国内"12345"政务热线发展情况,笔者发现北京、上海、济南三地的热线服务水平较高,对南京市"12345"政务热线水平提升有较强的指导意义。

1.北京:注重管理资源整合和优化

北京市"12345"非紧急救助服务中心成立于 2007 年,其口号是"我们日夜在聆听"。截至 2018 年 8 月,北京市"12345"非紧急救助服务中心共受理公众电话诉求 3.45 亿件,办理各类工单诉求约 782.8 万件。作为首都便民服务之窗,北京市"12345"非紧急救助服务中心坚持以优化社会管理服务为根本,不断增强便民服务机制,高效服务是常态,针对市民所举报、投诉的问题,在最短时间内解决是根本。同时,北京市"12345"非紧急救助服务中心还增加了与"96139"等各类服务热线资源的整合链接,让综合性社会治理成为顺应发展趋势的创新做法。同时,北京市"12345"非紧急救助服务中心顺应时代发展要求,设立了领导接听市民来电专席,在每周二上午九点至十一点期间,有部门领导亲临现场接听市民来电,亲临现场的领导有市各部门局级、处级领导,来自北京市的 25 个委办局、7 个社会公共服务企业。这一做法让"听民意、解民忧"的工作思路落到实处。

2. 上海：注重数据库的建设和使用

上海市"12345"政务热线注重数据库的建设、维护和更新工作，更注重以数据库科学建立为根本的信息化建设，这种做法为热线服务的不断完善提供了大量的资料和数据支撑，随着热线专业人士对资料的不断整理、分析，保证数据内容的扩充有所依据，保证政策资料内容不断完善。上海市"12345"政务热线借助信息化建设开设的门户网站，一方面能够实现公众参与多渠道快速服务，另一方面能够实现对市民来电数量、内容的实时监测。同时，各区街道办理的便民信息自助功能和咨询功能数据统计等，都能够纳入数据库中，目前这一功能还在不断完善，但就目前来看，数据化、信息化的功能为拓宽公共服务渠道，分析和研判政府社会治理能力提供了强大支撑。

3. 济南：政务热线体制机制完善

济南市的"12345"政务热线是从 2008 年开始的，此电话作为市长的公开电话，然后经过不断的完善发展到 38 个服务热线。热线是由联通公司负责的，话务员和负责招聘工作的也是联通公司，在整体框架设计中市政务热线办公室是确保呼叫质量和工作分配的部门。热线一共有 60 个坐席，话务员有 200 人左右，在话务员的安排上都非常科学，并且热线设施也很先进，办公用的系统都是自动化的系统。热线的功能非常强大，有转办中心、回访中心和质量检查中心等，同时平台在建设了平台的系统库也非常强大，包括政策法规、规章制度、办事原则、处理情况等。市民可以 24 小时通过电话、短信和网站等方式反映问题，并且线路畅通无阻，接到群众的问题第一时间让问题得到有效的解决。热线包括全市 38 条政府类资源，话务员在接到群众的问题时，会第一时间把问题转交给相关的部门和单位，这个系统也被称为"24 小时不睡觉"的政府工作系统。

（三）政务热线服务水平提升的经验启示

综合以上国内外政务热线发展现状，通过信息化手段加强对数据的整理、分析、研判、加强人员管理工作，注重资源整合等先进做法，进一步提炼出值得参考借鉴的做法，为后文提出对策建议奠定基础。

1. 重视数据联通贯通

数据在通信技术和信息技术中的重要性不言而喻，特别是在热线数据联通贯通方面，上海市"12345"政务热线数据库建设完善的借鉴意义很大。重视数据的更新管理和贯通应用，才能提高热线的社会效益，才能更加有效地回应对数据有特殊需求的市民诉求。上海市"12345"政务热线在 2015 年建立的知识库，覆盖率很高，一次性解答率也很高,热线管理部门组织开展的知识库梳理工作取得较好成绩,建立并完善的知识库大大减少了转办工单的数量,提高了工单办结效率。

2.优化结构整合资源

从热线建立使用的目的来看,最终是要实现服务群众诉求,解决问题,这就决定了部门职能作用的发挥是关键。在各部门职能办理过程中,政府主导的各部门都是为了更好地跨部门、跨领域协调解决问题,在此过程中不断简化流程环节才能够实现为公众提供高效便捷的公共服务。从国内外热线建设发展经验来看,提高办结质量应该从进一步整合资源的角度出发。如北京市非常重视优化资源和结构创新。综合国内外结构创新和资源整合的做法来看,要积极探索尝试实现两个维度的创新改革,包括纵向和横向两个维度,纵向是对业务流程的优化,有助于其流程的弹性化;横向是要各个部门互通协作,并激发社会组织和个人的参与,减轻办事压力,提升服务效率。

3.加强智能平台建设

美国的"311"热线堪称是世界之典范,可以高效快捷地处理问题,并且在智能化平台的建设上也是值得国内政府机构参考的。建设智能化的网站平台,不但能实现创新,还能提供多语言的服务,体现出网络服务的好处,通过网格化管理让更多的市民关注到热线,并为人民群众提供更多的服务。"311"热线在职能平台的利用上还体现了政府行政部门的权威性,更好地发挥资源平台的作用,良好的资料整合,实现了资源平台的全服务模式,这种全服务模式和智能服务的结合提升了人民群众的满意度。

4.完善组织体系建设

济南市的"12345"服务体系还是相当完善的,有助于市民服务热线的正常运行,在健全组织体系和部门的划分上可以让业务流程展开得更加顺畅,并且为政务服务热线的运行提供了载体保障。此外,济南市"12345"组织体系的完善促使平台在业务流程设计上也更加地规范化和完整化,尤其是在人员培训和制度考核上,协同部门问责机制让信息隐私和保密变得更有意义,有助于为其他热线的规范化运行具有较强的借鉴参考价值。

三、进一步提升南京市政务热线服务水平的对策建议

政务热线服务水平的提升,有利于提升市民热线难点问题的解决、有利于提高

工单办理时效与质量、有利于推动服务型政府的建设、有利于创新政府治理模式，为市民提供高效的公共服务。从服务于民、服务于政府两个层面，从联动机制、督办机制、人员管理等方面提高工单办理的效率，再以建立舆情预警模式、民生诉求分类等信息化手段为政府提供决策依据。

(一)建立协调联动机制强化服务于民功能

工单办理时会出现难点工单，例如承办单位职能交叉、职能定位模糊的情况，导致工单办理出现反复退回、推诿扯皮的现象，下面从建立协调联动机制的角度，首先解决机制运转问题，以机制推动服务于民功能的实现。

1.加强互联互动

群众诉求热线工单量大，涉及的内容非常广，都是群众反映的实际问题。大量的工单有时会涉及几个部门职能交叉，推诿扯皮会降低工单办理的时效性，造成群众二次诉求、多次诉求的负面问题，影响热线服务于民的功能发挥。热线管理部门应牵头通过组织疑难工单办理座谈会、经验交流会等方式进一步加强各部门之间的互联互动。一方面，坚持每周召开疑难工单办理座谈会，对此类难派、难办的工单进行集中讨论，同时可以邀请工单涉及的部门参会，现场派单，防止推诿扯皮，提高办单效率。热线部门与各承办单位可定期一月一次召开热线沟通交流会，会议内容为各承办单位办理工单的优秀案例、先进做法以及扣分上的经验教训，找出与其他承办单位的差距和不足，及时改进问题，学习经验。另一方面，在经常听取各方意见建议的过程中能够不断改进工作，创新工单办理的服务方式，优化流程，提高效率，最大限度降低工单办理的弊端。同时，对热线部门绩效考核方面存在的问题，需要改善的意见建议进行交流发言。

2.扩大服务渠道

做好热线服务还需要不断扩大公共服务行业的参与度，可以在目前已经吸纳整合的部门单位基础上，探索将民间服务行业吸纳进来，做教育、医疗、卫生、社会治理、便民服务等方面的延伸，从不同角度增加信息咨询的广度，增强对群众疑难问题的回复深度，同时还要进一步联系各企业，根据《南京市优化营商环境100条》，热线开设企业通道，进一步为企业服务。不断强化合作服务，逐渐推动热线向综合性服务、监督型服务转变。

(二)加大督办力度提高服务于民效率

南京市"12345"政务热线工单量大，现有的督办制度无法在大量的工单中找到问题工单，这是督办的盲区与难点。热线管理部门应加强跟踪督办的机制，制定督办日，现场督办，对问题工单及时沟通流转，并通过承办单位知识库添加指导工单办理,力求推动服务于民效率提升。

1.实行跟踪督办制

"12345"政务热线是南京市政府对外开放的公共服务平台,既是政府的门面,也是服务于民的重要载体,政府理应承担主体监管责任。加强行政监督,严格行政问责,促使各级政府和领导干部坚持以人为本,正确行使权利,全面履行职责,改进工作作风,现阶段热线管理部门关于督察督办制度相对薄弱,致使承办单位在工单办理上存在考核和系统漏洞,申请延时处理和退单的情况时有发生。

2.强化工单办理时效

服务型政府提升热线服务水平的根本目的就是要提升服务于民质量,首要任务应该加强工单办理能力,不断优化政务流程。针对热线管理部门在转派职能交叉方面的工单处理过程中,各承办单位应该有效减少不受理、退单的情况,努力提高工单转派的准确性和实效性,尽可能降低工单的退回率,提升承办单位与其他协作单位之间的协同能力,优化工单流程,实现工单的顺畅办理。首先,热线管理部门和承办单位之间应该建立良好的互动关系。热线管理重新面对所处理的各项职能权限不够清晰的工单时,可以及时与承办单位工作人员进行沟通交流,判断究竟是哪个承办部门的职责能够处理这一问题,进而减少退单转单拒单的工单处理不良情况,提高工单处理应用效率。而承办单位也可以采用主动说明的方式,对有关明细进行知识库添加。其次,也可以借鉴济南市"12345"政务热线的各个承办部门之间的协同联动和融会贯通模式,各个承办单位彼此之间能够进行高速协调,极大地提高市民需求受理速度。如果承办单位在处理转单过程中,遇到审核不属实,不在本单位授权范围的时候,还可以通过与其他承办单位的工作协调,将工单转交给其他单位,以此杜绝退单情况。这样做既大大缩短了工单办理的时长,也能够实现准确回应群众需求的高质量办理目标。

3.完善热线考核体系

努力尝试完善"12345"政务热线服务考核体系,依托现行的绩效考核评价体系,进一步合理设置指标权重,将热线服务于民、服务于政府的两个维度作为目标层,要注重纳入工单办理实效、便民利民和为民办实事等方面的指标数据,通过量化的指标评定方式,明确热线服务的标准、工单办理质量,以此作为承办单位工单办理排名的依据。可以将考核体系细化为受理交办、回访评价、激励考评、监督检查四个部分,实行千分制考核并明确各部分考核条目。

(三)加大业务培训力度和服务于民能力

话务员是"12345"政务热线的门面,是市民与"12345"政务热线最直接的接触,话务员素质、业务水平的高低直接影响了市民对"12345"政务热线的第一印象。通过调查问卷中所反映的业务人员素质问题,从选人用人、加强培训两个方面,推动服务于民能力的提升。

1.把好热线工作人员选人用人关

南京市"12345"政务热线工作人员的素质高低直接影响了热线工作的质量和效率。通过调查发现,热线在市民心中占有的地位很高,有较强的权威性和可信性。在实际操作中,热线工作人员的综合素质高低,体现在理想信念、思想水平、规章制度、沟通技巧、业务能力等方面。在选人和用人方面,要对人员的录用把好关,尽可能保证所招录的工作人员能够具备坚定的理想信念、优良的个人素质、过硬的业务技能。一线服务人员综合素质的高低对热线发展有非常重要的推动作用。

2.做好热线工作人员培训工作

一线服务人员在承担解决市民诉求问题的过程中扮演了至关重要的角色。从一线服务人员接通电话的态度、受理群众询问沟通时的技巧、对于各单位各部门新的政策知识掌握的程度等方面都对热线发展有着直接影响。因此,热线管理部门在对热线一线服务人员进行招聘录用时应该围绕以上方面,采取面向社会公开招聘的方式,统一面试、择优录取。对录取的新话务员开展为期一个月的业务培训,从业务和系统两个方面进行培训。南京市"12345"政务热线有 128 家承办单位,通过为期一个月的业务培训让话务员厘清承办单位工作职责,提高工单派单准确性。热线系统是一个较为复杂的办公系统,通过培训让话务员熟悉录入工单、知识库解答搜索、派单指导、工单其他操作等,在每周五的培训中,进行一次业务与系统的考试,提高话务员业务素质,同时借鉴英国 DPW 公共事业呼叫中心的经验,让话务员减轻工作压力,增加工作激情,可以组织各班组话务员开展烘焙班、摄影班等兴趣班,增强话务员的幸福感与归属感。

（四）充分发挥政务热线为政府决策服务功能

本节从热线服务政务的角度,结合国内外政务热线在数据统计和数据应用方面的成熟经验,提出强化舆情监控、增设响应机制、提升数据分析效果等合理化建议。

1.建立民生舆情预警响应模式的基本思路

建立民生舆情预警响应机制的核心问题就是要在时间维度上打提前量,做到提前掌握舆情信息、相关职能部门能够对问题的产生提出预警和对策的谋划,实现传统的被动响应到主动作为的转变。从建立民生数据库、知识库和满意评价测试系统出发,利用好数据分析和中介评价机构的力量,进一步实现实时监测民生信息、解读和预警舆情信息,加快舆情信息的上传下达,为上层决策者掌控舆情信息,做出正确决策提供有力支持。

实现民生舆情预警响应机制,首先要对民生热点事件和突出社会问题进行掌握,通过打造智能化民生数据分析模式,更加精准地对民生诉求进行分析界定,热线以市民诉求问题为导向,做好深度数据分析,重点围绕市民关注的热点问题探索设置民生数据词频异动数值和舆情预警阈值的研判模型,确保民生数据分析的实效性。其次要充分发挥平台部门横纵管理,各部门应牢固树立起第一时间舆情预警机制,及时将市民反映的舆情信息上报至市政府主要部门,便于政府主要部门在第一时间做出正确决定。对民生舆情的区域化分析、部门分析、时长分析方面还缺乏相应的决策依据,因此要针对个别突出问题展开专题调研和调整,统筹分析报告个案,并针对当前问题产生的社会环境提出对策建议,便于在应对有关舆情和预警处理中发挥更大作用。

2.建立三大响应性机制

(1)建立热点追踪响应机制

民生舆情的产生和发展有规律可循,能够分为潜伏期、爆发期、成熟期和消退期,根据这四个阶段所建立的舆情预警响应机制不能只停留在对潜伏期的重视上,还要从各个期间的预警着手,对各个期间的舆情建立起持续跟踪相应的机制。同时,还要建立起舆情档案,实现舆情数据的走势分析,有效应对舆情爆发的前期阶段各项问题。此外,承办单位还应该积极协调对舆情成熟期和消退期的问题应对。

(2)建立知识库更新响应机制

知识库系统在应对市民舆情预警中起到非常关键的作用,热线话务人员在接到市民民生诉求的时候,可以通过承办单位上传的应急知识库对其进行及时回应,能够科学合理地高效地消除误解,从而大大降低舆情预警的产生概率。

(3)建立群众满意度响应机制

坚持将维护群众切身利益,服务群众贴近群众作为第一要务,继续坚持回访反馈机制,将服务群众的满意度作为首要标准,在民生舆情预警中积极回应群众是提高群众满意度,提升服务水平的有力方式。

3.提升基础数据统计功能

以构建"精准、智能、共享"的民生数据统计分析为目标,从贴近群众的角度出发,进一步搭建数据采集、查询、分析、整合和展现为一体的热线基础数据平台,实现民生基础数据的可视化、实时化。统计分析模块从受办理群众满意度和知识库运用等方面,对民生诉求全流程数据进行统计,最终将各类诉求进行汇集加工,将对诉求的分类和出现的频次等方面展开的分析作为总结提炼的依据,进一步明确市民诉求热点问题、难点问题和趋势变化,形成基础数据统计图,便于政务热线能够实现实时感知群众服务和诉求信息，及时发现诉求热点，并为之精准回应。

4.注重民生诉求科学分类

南京市"12345"政务热线可以优化提升基础数据统计功能，实现基础统计数据全覆盖。搭建集数据采集、数据查询、数据分析、数据整合、数据展现为一体的热线基础数据统计平台，实现民生基础数据统计实时化、可视化。统计分析模块从受办理、群众满意度、知识库运用等方面，对民生诉求办理全流程数据进行统计，并最终将各类诉求汇集加工，从诉求分类、区域、出现频次等角度，归纳总结一定时期内的市民诉求热点、难点和趋势变化，形成基础统计图，使数据统计实现"快、准、细、实"。

5.与科研机构开展专项课题研究

积极推进与科研院所、研究机构、新闻媒体关于热线大数据统计专项研究，针对热点课题、热点诉求进行源头分析，借智借力提升热线管理科学化水平，对热线汇集的民生数据进行深度分析，研究、剖析政府管理中的薄弱环节，积极推动政府服务效能提升。注重聚焦热点问题，对相关数据深入分析。

（五）运用现代化手段提升服务水平

在充分借鉴国内外政务热线信息化建设的基础上，一方面要从进一步挖掘和增强利用效果上下功夫，另一方面还要积极运用好现代化手段迎合多媒体、融媒体、自媒体的发展需求，进一步拓宽群众诉求受理方式。同时，还要努力构建政务热线基础平台和数据库储备技术相结合的系统运作模式，实现数据平台可视化、诉求信息可视化。此外，还要注重融合南京市城市管理信息系统、城市单元网格化管理系统，不断扩大"12345"政务热线的延展度，以提升基础数据分析为目标，加强民情民诉分析，通过系统分析、数据分析等现代化手段善于发现带有普遍性、规律性、典型性的诉求，及时做好收集、分析、汇总、上报工作，为市委、市政府科学民主决策提供有价值的信息资料，为服务政府决策管理提供保障。

江苏海事监管信息化建设研究

尹卉

（学号：1120172376）

江苏海事局自 2000 年成立以来，始终高度重视监管信息化建设和应用，以信息化服务海事监管、海事服务、海事政务为目标，发挥科技引领作用，有序推进江苏海事监管信息化建设。但随着国家简政放权要求进一步提高，水上监管压力加大，现有的信息资源交互、服务水平、互装备设施、人才储备等方面都相对薄弱。本文将结合公共管理的有关理论，对影响江苏海事监管信息化建设的重要因素，根据其特点制定相应的对策。

一、江苏海事监管信息化建设现状分析

2016 年 7 月，江苏海事局管理关系调整到长江海事局管理，在新的历史起点上，江苏海事局提出了"二次创业"的口号，走在服务长江流域经济社会的前列，迫切需要监管信息化建设的引领和支撑。本文总结了目前江苏海事监管信息化建设取得的成绩，分析了在信息化建设过程中产生的问题，归纳了问题产生的原因。

（一）江苏海事监管信息化建设目前所取得的成绩

江苏海事位于长江黄金水道的钻石航区，在"交通强国"建设的黄金时期，找准位置、明确目标、完善现代化治理和经济体系建立，至关重要的环节就是"智慧海

事"建设。江苏海事局自2000年成立以来,高度重视监管信息化建设及应用,以"云上长航"规划为指引,以"智慧海事"建设为目标,充分发挥科技引领和创新作用。二十余年过去了,江苏海事局在基础设施建设、信息应用系统开发、云数据中心建设、科学监管能力提升方面,取得了一系列成绩。

1. 监管信息化基础设施建设发展迅速

江苏海事局的发展思路一以贯之,坚持以信息化推动海事监管现代化,大力发展监管信息化基础设施建设,近几年来完成90余个信息化项目建设,投资金额超过5亿元,各项基础设施建设数量增加迅速、成效显著,大大提升了海事监管水平。

长江江苏段VTS基本实现全覆盖。江苏海事局在沿江近500千米的水域,共建设VTS中心6个、VTS基站12个、雷达站26座,基本实现了重点航道、重点港口的VTS信号无缝覆盖。目前,江苏VTS中心布局有6个,即南京VTS、镇江VTS、泰州VTS、江阴VTS、张家港VTS、南通VTS。江苏VTS系统采用分区域的以各VTS中心为核心的集中管理模式,各VTS中心统一负责信息收集,实施交通监视、交通管理、咨询服务与支持联合行动,指挥巡逻船的现场巡逻等。接入海巡艇AIS船载设备信号269套,建设及接入超过3 000个CCTV摄像头信号,此外还有9个雷达站在建。江苏海事局的VTS建设规模发展迅猛,在全国直属海事系统内名列前茅。

2. 多个监管信息应用系统部署完成

2018年,江苏海事局辖区船舶进出港253万艘次(其中,国际航行船舶进出口岸3.6万艘次、危险品船舶11万艘次),载货量19.6亿吨(其中,外贸货物3亿吨、危险货物1.8亿吨),集装箱992万标准箱。船舶进出港艘次、船舶载货量、外贸货物运量、危险货物运量同比分别上升2.4%、14%、6.5%、4.2%。随着长江江苏段航运事业的蓬勃发展,水上监管压力也空前巨大,江苏海事局科学监管的原则,建成了一大批监管信息系统。

2017年12月1日,江苏海事局正式上线"船E行"系统,是国内首款水上智能交通管理与服务系统。"船E行"系统包含多种关键的通航要素:1 550个浮标、22处桥区、24条汽渡区、8处水下整治建筑物、17处水上加油服务区、260处危险品码头、28个锚地、8处水下电缆以及7处水上临时过驳区,基本上全部囊括了长江江苏段所有的通航位置信息,当船舶航行到上述位置附近时,"船E行"App就会及时并准确地进行语音提示。航道图中,还对船舶交汇、事故易发、水流紊乱、航行复杂等地方进行航路航法的提醒,共计1 118个①。

---

① 江苏海事局.深入学习贯彻党的十九大精神以决战二次创业新胜利开启全能型现代化海事强局新征程[R].南京:江苏海事局,2017.

3.云数据中心初具规模

江苏海事业务蓬勃发展,"十三五"期间全省海事业务将快速向智能化管理服务阶段转变,全省海事行业信息化发展和各单位对一线海事业务需求都将迎来爆发式增长,对数据存储与处理的要求越来越高。江苏海事局当前数据主要有综合办公(涵盖政务、人力、静态业务、项目管理等)、船舶、船员、危防、AIS、VTS 等。

江苏海事局数据中心对内面向江苏海事内部管理和服务,实现数据的汇聚、整合、分析、挖掘和应用,是江苏海事局信息化发展的重要基础;对外面向上下级单位提供数据的支撑和服务,具体包括交通部海事一级数据中心,长江航务局"云上长航"工程,以及下属各单位,是江苏海事局内外服务的重要支撑。

江苏海事局数据中心的建成有利于提高全省海事管理和服务能力,同时减少未来信息化建设中的软硬件设施建设成本,推动数据标准化建设和资源整合,促进全省海事信息化资源整合,缩小地区信息化发展水平差距,对推进江苏海事信息化建设进程具有重要意义。

4.科学监管能力明显提升

江苏海事局高度重视科技项目研究成果的运用及推广,取得了一大批科研成果,大大提高了海事科学监管水平。海事监管"看得见、叫得通"目标已经实现,看得见,指通过 VTS 系统建设、CCTV 系统建设、AIS 系统建设,已经具备了雷达"看"、视觉"看"、GPS 数字"看",可以实时看、回放看,可以在大屏看、在 PC 机上看、在手机看,可以看移动的、看固定的,可以看宏观的、看准确定位的。综合运用雷达、CCTV、GPS,看得见的条件已经具备,并且可以满足不同的观看维度、视角、方式。叫得通,指通过 4G 专网建设,以及 4G 专网和互联网、内网、移动终端网、卫星通信网的联合通信,已经实现拿起任何一个固定电话、移动电话,可以拨通海巡艇 4G 固定电话、移动电话,拨通现场执法 4G 电话,结合海巡艇、现场执法人员的工作联动,海事科学监管能力明显提升。

丰富"12345"政务热线科学安全监管体系新内涵。巩固过驳区整治成效,防止非法过驳反弹回潮,7 个水上临时过驳区走向科学规范。联合省交通运输厅发布江苏长江水域渡运单位岸基监控系统建设与运行规范,召开渡运安全管理工作会议,实施专项检查。整治建筑物水域累计布设警示浮舟 18 艘、抬缆警示浮 1 万米,创新做法纳入国标。推动苏通大桥非通航桥孔航行安全警示设施建设、南京长江大桥助航标志优化。六圩河口联合监管机制在长江干线推广。

构建风险分级管控和隐患排查治理双重预防机制,落实"五预四克服"要求,开发应用安全与事故预警三级信息发布平台,科学编制辖区风险防控一张图。强化海船进江安全管理,编收十大典型案例。强化船舶横越、商渔船碰撞风险预防预控,事故数量大幅下降。严格执行船舶安全监督选船标准,开展港口国监督检查

858艘次,船旗国监督检查10 226艘次,船检质量监督1 793艘次。

(二)江苏海事监管信息化建设中存在的问题

当今,信息化技术发展十分迅速,云计算、大数据、物联网等一大批新技术、新应用层出不穷,对江苏海事监管信息化建设来说,既是机遇也是挑战。同时,系统内其他单位都在大力发展监管信息化建设工作,江苏海事监管信息化水平已明显不再处于领先的地位,甚至已经落后。因此,分析现状、查摆不足、认准形势、再创新高是江苏海事监管信息化建设工作的当务之急。

1.监管信息化系统重复建设现象频发

局机关及各分支局都开发了大量的信息化系统、应用软件、大数据平台,这些系统往往功能重复,且不能相互兼容对接,造成了资源浪费。不光是局内部,直属局之间、直属局与地方、海事部门和其他行业部门之间无法互联互通,既不方便现场执法人员查询资料,也不能体现信息资源对公众的作用,使得海事监管工作效率低下。

目前,江苏海事局共有基础硬件类系统43个,软件类55个,信息化整合已经进入"深水区",突出表现在:各类信息化项目重建设、轻整合,信息化应用系统建设完成后未及时进行整合,科技项目重评审、轻转化。这些都导致了"信息孤岛"和资源浪费;江苏海事局的分支局及各部门信息化建设需求日益增多,但是没有部门进行信息系统需求的协同性调查研究,协商的矛盾逐渐暴露,"商而不协""沟而不通"的现象相对较多,各部门各自为政,重复开发监管信息化系统。

2.监管信息化服务能力较弱

目前,海事监管数据保有量已经达到一定的层次,但是缺乏高质量的分析利用模型,无法进一步挖掘既有数据之中蕴藏的规律,来进一步指导我们的工作。同时,信息化系统重监管、轻服务,信息化系统的设计和需求提出者多数为海事工作人员,故为行政相对人考虑相对较少,对行政相对人的服务层次低,还停留在最基础的微笑、端茶倒水阶段,没有通过监管信息化建设简化业务流程,提供更高层次的服务。这就导致行政相对人满意度,基层用户体验相对较差。江苏海事局这几年的监管信息化建设,主要集中在机关和内部管理,但真正在现场的一线工作人员的参与度并不是很高,监管信息化建设与业务需求脱节,而海事现场执法信息化建设最能体现监管信息化建设服务水平的高低,同时对提高海事管理效率、规范执法行为、保障水上安全、服务能力也最为迫切。

3.现场监管信息化装备落后

现场执法主要依靠的监管信息化手段为VTS及CCTV系统,目前缺乏覆盖全面、全天候、监管成链的 VTS 系统,沿海 VTS 系统仍处在建设阶段,沿江 VTS 系统虽然说是全覆盖,但随着新的航道出现,大桥、码头的建设,就又出现了新的盲区。同时,还有 VTS 识别发现的船舶,存在超过 80% 的船舶无法正确识别船名的现象,急需增加有效的监管手段;CCTV 系统尚未覆盖辖区全部重点水域、重点港口、重点码头,存在大范围的盲区和设备故障,在表现船舶在水域的相对位置、轨迹记录和回放等方面存在先天缺陷;缺少智能化的指挥决策系统,不能有效协调各类监管资源等;海事专用网络数据链路和移动无线通信网络在稳定、高速方面仍有待进一步加强;单兵装备尚未实现人人配置。

4.监管信息系统使用不充分

监管信息系统建成后,最重要的环节就是使用中存在"重建设、轻应用"现象,建、用不平衡。往往是开发了不少业务系统,但由于系统功能不健全、运行速度慢、架构科学性不强或者缺乏后续使用培训,导致这些系统使用得少甚至不用,难以发挥其功能作用。

江苏海事局每个分支局都给各海事处配备了智能化海巡艇、互动数字交互系统、视频会议系统和液压式拼接大屏等信息化设备。在信息化设备快速更新的同时,也为现场监管提供了便捷手段;但也使得海事执法人员在完成本职工作的同时,还要学习使用管理这些信息化设备。往往存在的问题在于下发了大量监管信息化设备,却因疏于使用而荒废。

(三) 存在问题的原因分析

1.缺少高规格的顶层设计和规划

按照目前的海事管理体制,江苏海事局竖向接受长江海事局管理,横向还有航道、港务、船检、海关、边检等单位分理海事治理事权,对于监管信息化建设,江苏海事局协调能力有限,需要更高层面的顶层设计和统筹规划。

2.监管信息化服务针对性不强

在海事监管信息化建设过程中,监管信息化服务针对性不强,信息化的用户参与度不高,导致了监管信息化服务能力较弱。在海事监管信息化服务过程中,如软件开发、建立平台、终端配备、服务内容、服务方法等方面,没有与用户进行充分的交流和沟通,没有深入开展前期调研,缺乏针对社会、行政相对人和海事人员在监管信息化服务方面真正需求的了解。同时没有转变服务理念,从自身角度出发,盲目提高自以为的工作效率,或者提供自以为社会、行政相对人和海事人员需要的服务,导致开发出来的信息系统功能不全、重复录入、运行不畅、系统无用、界面操作复杂等,不仅没有达到服务的目的,反而加重了负担。在信息系统投入使用之后,使用评估、用户反馈没有同步跟进,信息系统改进不充分、不及时,起不到很好的服务作用。

3.现场监管装备设施更新滞后

由于现场监管装备设施建设相对滞后,落后于信息技术发展速度,导致了执法装备难以满足现场监管的要求,信息采集能力的薄弱,需要进一步完善基础建设。党的十九大提出交通基础设施网络建设,江苏省"拥江、用江、护江、固江"的基础设施建设总体规划正在酝酿,过江通道将更加密集、岸线使用将更加严格、水域功能划定将更加复杂,而从智能互联经济来看,关键共性技术、前沿引领技术、现代工程技术、颠覆性技术创新,电子口岸、智慧海事、人工智能、"互联网+"等交通运输新动能新技术将改变现有的海事监管方式、服务形式、运转模式,都对现有的装备设施提出了很高的要求,监管信息化理念还有待进一步加强。

4.海事监管人员信息化水平不高

海事监管人员信息化水平不高,很大程度上限制了信息化应用的充分发挥,在海事监管服务过程中,缺乏信息化人才积累,人才成长的培养、选拔、激励机制还不健全。海事信息化人员比例偏低,分支局没有专门的部门从事科技信息工作,因此无法满足监管信息化建设的需求。缺乏信息化建设专业队伍,缺乏具备全局观又精通海事业务的"全才"和既了解海事业务又董信息化的"通才",信息化建设人员队伍数量不足等表现突出。

二、国外与国内其他地区海事监管信息化建设的经验借鉴

当今我国航运事业蓬勃发展,但和国外发达国家相比,还是有一定的差距,特别是监管信息化建设方面。对国内外发达国家和地区的监管信息化建设进行深入了解,学习其经验和做法,有利于指导江苏监管信息化建设。本文选取借鉴的国家和地区,都是目前国际先进水平的代表。

(一)国外海事监管信息化建设概况

国外海事监管信息化建设起步早、发展快,广泛推行电子政府、一体化平台建设,注重信息技术与海事监管深度融合。本文选取美国、英国、韩国和新加坡海事机构的先进做法,为江苏海事监管信息化建设提供经验借鉴。

1.美国海岸警卫队：配置"搜救优化计划系统"

美国海岸警卫队的监管信息化建设的先进性首屈一指，美国海岸警卫队利用先进的定向搜寻技术和数字通信技术，开发了"救援21"通信系统，能够与美国各联邦、各州、各地方执法机构的通信系统互联互通，美国各机构间的沟通和协作不断被加强，是美国首个全国通信网络可以互相操作的。在至少20海里内，现场执法人员都能够做出快速有效的反应，完善对海况的分析感知。目前，海岸警卫队拥有包括26个指挥中心和179座塔台，提高了应急响应能力，关键通信能够在数小时内恢复，长达37 000千米的美国海岸线也在该系统监测之下。

美国海岸警卫队还建立了"搜救优化计划系统"，其作用充分体现在下属的所有搜救指挥过程中，以环境数据服务器为支撑，各种数据通过卫星、雷达获取，来自世界各地的水文观测和预报数据同时整合在该服务器中。它可以根据漂浮在海面上的碎片（船）的位置，预测海上遗失物体的最佳搜索区域和路线、预测搜索区域或执行反向跟踪，搜索和救援人员可以快速准确地制订最佳搜索计划，从而提高目标搜索成功概率。

2.韩国海洋警察厅：成立"海事安全与保安综合信息中心"

韩国海洋警察厅成立的"海事安全与保安综合信息中心"，由韩国海洋水产部建设，该中心接入海洋警察厅、船舶公司、船籍港管理部门统一管理，依托超高速国家信息网络，同时与国家安全管理、气象厅等部门互联互通。

该系统是韩国最大规模的信息资源共享平台，能更准确、更广泛地监测船舶运行情况；可以有效地向船舶、船公司、管理部门和其他部门提供实时有效的航行安全信息，如海面风速、风向、波高、气压等气象信息，确保船舶海上安全航行。

3.英国海事与海岸警备局：形成"综合海事监管网络服务平台"

交通运输部是英国国家海事主管机关，英国海事与海岸警备局是其下属机构，负责海事有关的具体事务。海事与海岸警备局作为主管部门，履行海事服务职能，其专业、先进和高效的特点体现在治理方式的各个方面上：一是在搜救人员日常训练中体现了专业；二是在搜救船艇、飞机及整备上体现了先进；三是在搜救行动协调配合中体现了高效。海事与海岸警备局基础设施配备完善，共拥有18个雷达站、AIS站，实现了整个沿海水域全覆盖，同时还得到了英国卫星公司的卫星数据支持。海事与海岸警备局下属的4个搜救基地分别拥有4架搜救直升机和多艘拖轮用于救助。作为海事与海岸警备局重要的民间协助组织，英国皇家救生艇协会（Royal National Lifeboat Institution, RNLI）共配备救生艇444艘，共设有救生艇站232个，规模庞大，且全天候待命，沿海水域实现了有效全面覆盖。必要时，需要英国皇家海军和空军的直升机和船艇参与救援的，海事与海岸警备局都可以直接调用。

4.新加坡海事及港口管理局:构建"海港运作控制中心"

同美国一样,新加坡海事监管信息化建设也十分先进。新加坡港是国际著名的转口港,也是世界上最大、最繁忙的集装箱港口之一,开辟250多条航线。作为世界先进港口,新加坡港在智慧之路上一直处于领先水平。新加坡海事及港务管理局(简称"海港局")作为海事主管机构,注重对基础设施设备建设的资金投入,打造新加坡国际航运中心信息平台,整合贸易网Trade Net、港口网Trade Net、海事网Marin Net,在全国范围内广泛应用先进技术,开展信息数据资源共享,将政府部门、公众、船舶代理、货物代理、港航企业、船舶所有人等全部纳入其中,提供"一站式"服务,对信息监管系统进行高度整合,主要包括实现了实时电子商务和一站式通关服务。与国内国际进出日相关的政府公共部门,包括新加坡海关、农业局、税务局、军队、国家安全局等35个部门直接连接系统,打造单一"窗口",为社会、企业、政府、公众提供全天候服务,实现全程无纸化自动办公,节省了公众大量申请、审批等待时间,工作效率大幅提高,同时节省了支出费用,以优质的服务使得社会、公众、企业的满意。

(二)国内其他地区海事监管信息化建设概况

我国海事监管信息化建设起步晚,但发展迅猛,国家提出"交通强国"的战略目标,海事作为交通的一部分,积极响应打造"智慧海事",推动国家航运经济发展。上海、广东、山东、秦皇岛海事机构大胆创新,走在了国内监管信息化建设的前列。

1.上海:启动海事系统共享数据库工程

2016年3月4日,上海海事局与华为强强联合、全面合作,正式启动海事系统共享数据库工程。海事系统共享数据库工程建设有着极其深远的意义,有如宝藏般无比惊人,海事未来的发展密不可分①。海事共享数据是高价值的,它的内容丰富、领域宽泛,从发展的眼光看,这些资源终究是要开放并流通的,一旦整合,它无疑会带来巨大的影响,推动国家"海洋强国"战略和社会经济迅速发展。海事系统共享数据库工程全面整合海事系统现有的信息资源,对海事共享数据架构"统一设计、统一建设"。最终将完成11个大库的建设,其中包括6个基础主数据库、4个业务主数据库和1个船舶位置信息主数据库。中国海事将通过这些数据库的构建来实现全国港口企业、电子口岸以及海事各级数据中心数据的共享、融合,实现全国海事共享数据的统一管理、统一服务。

---

① 崔乃霞."大数据"下的海事未来[J].中国海事,2016(4):9-11.

2.广东:智慧海事监管服务平台建成

在新形势下,广东海事作为发展外向型经济、建设海洋强国中的重要组成部分,也在以互联网创新为基础开展变革,打造"智慧海事"平台,为"一带一路"、自贸区建设等国家战略提供服务。"十二五"期间,广东海事局以海事"三化"为引领基准,全面进行"智慧海事"建设,加快广东海事监管服务转型升级,构建"互联网+海事服务+公共安全监管"的水上交通安全监管服务新模式。广东智慧海事监管服务平台由广东海事局自主研发,是全面建设智慧海事的标志,推动"签证+巡航"的传统执法模式转变为"智能化监管+精确执法服务"模式,对推进监管模式从事前监管向事中、事后监管转变有着现实意义①。

广东智慧海事监管服务平台结合"互联网+",将海事物联网、大数据、云计算作为核心技术支撑,结合感知设备、信息系统(AIS、VHF等),整合船舶、船员、应急等各类海事业务,满足广东局下属 20 个分支局及 81 个海事处的海事监管需求。真正实现了与社会公众互联互通,提高了海事公共服务水平,在广州、珠海、佛山、中山等地试点成效明显,监管效率大大提高,降低了航运相关企业的营运成本,让享受海事服务的方面更加广泛和深入。

3.山东:打造 VTS 智慧交管

"智慧通信"的重要支撑是现代技术和设备。山东 VTS 智慧交管通过高新技术和设备,把海上监管和服务推向更高的智能水平。山东 VTS 拥有"4 中心 16 站",包括全国最早的成山头海区 VTS,烟台、日照、青岛、威海 VTS 4 个中心,沿海雷达站采用链条式建设模式,做到了监管全覆盖对辖区主要港口和重要水域。

山东海事局科学监管综合信息平台就是这一切的支撑。科学监管信息系统是该平台的核心部分,是由山东局自主开发的海事地理信息系统软件,融合电子海图和电子地图,在辖区各类通航要素基础上,将 VTS、CCTV、AIS、GPS、气候、卫星等各类动态信息以及船舶登记、安检业务等静态数据全面整合,实现了海事监管与服务的信息化融合,并利用 3D 技术建立船舶航行实况展示。通过云计算自动统计 VTS 船舶数量和碰撞自动预警,以热力图的形式展现出来,为流量预警和应急救援提供了重要参考,这也体现了 VTS 信息分析和服务系统的优势所在。

4.秦皇岛:自主研发智慧船舶交通管理系统

自 20 世纪 80 年代,我国建成第一套 VTS 系统以来,VTS 系统发展迅速,规模不断扩大,目前全国范围内已建有 VTS 中心 50 余个、VTS 站点 240 余个,基本实现了沿海主要港口、长江干线和航道等重点水域全覆盖。主要还是由国外公司承建,

---

① 宋京.论智慧海事治理监管平台的建设[J].科学技术创新,2018(19):84-85.

对我国形成了海事 VTS 市场国际垄断。2017 年 3 月,在秦皇岛海事局建成的国产智慧船舶交通管理系统(简称"智慧 VTS")是我国自主研发的第一个国产智慧 VTS 系统,由中国电科 28 所和中国交通通信信息中心联合研发,具有完全自主知识产权和 32 项授权或受理专利,打破了国外垄断①。

雷达和 AIS 系统、VTS 指挥系统以及通信网络系统四部分组成了智慧 VTS。综合运用感知手段、人工智能、自动控制等技术,集成系统的信息感知、处理、共享与运用,实现了智能感知,是水上交通管理强有力的信息化支撑,最大限度为值班员减轻负担,提高工作效率。同时,智慧 VTS 的建成还标志着海面小目标与海杂波的世界性难题被攻克,智慧 VTS 能够有效去除海杂波,智能识别不同海况下的杂波强度,复杂海况下的小目标识别能力大大提高。

(三)经验启示

国内外发达国家及地区在海事监管信息化建设方面各有所长、各有侧重,但总体看来,上述国内外发达国家及地区在海事监管信息化建设方面有以下几个特点。

1.利用高新技术夯实信息化建设基础

现代化的海事监管工作需要通过高新技术的监管设备来实现,信息化发达的国家均对电子信息化的建设高度重视,并投入了大量人力、物力、财力,运用世界先进技术,针对基础设施设备进行科学研制、优化配置,同时加强功能全面、操作简便的业务系统、软件的开发。美国海岸警卫队就十分重视高新技术监管手段建设,"救援 21"通信系统拥有世界最先进的定向搜寻和数字通信技术,使得海岸警卫队能够更加有效地完成各种安全任务。

2.信息技术与监管深度融合

电子信息化技术水平较高的国家,注重信息技术与监管的深度融合,强调信息系统的应用,最大程度上发挥其功能。坚持软件与硬件的立法:一方面,通过制定有关法律、行政法规、高规格的顶层设计,推动政府组织机构、公共管理方式和公共服务手段的变革;另一方面,在投入大量信息化建设前,结合实际监管需求,结合不同的监管现状,将信息技术与监管深度融合,避免重复建设,制定了相应的法律法规,统筹规划公共管理部门的硬件建设,减少监管信息化的建设成本,也推动不同部门之间实现互联、互通、互操。

3.加强信息资源共享平台建设

大部分发达国家注重信息资源共享,都建成了单一窗口平台,系统融合船、港、

---

① 胡喆.打破垄断——我国自主研发 VTS 系统"上岗值班"[J].中国水运报,2017(3):27-28.

货、人、海事业务为一体,基本实现了海关、海事、港口、检疫、边防等和政府层级无缝对接,基本涵盖了海事领域所有职能部门,打造成一个整体政府,以海事治理为主体。平台还以大数据分析和云计算为核心的后台分析处理为支撑,实现了不同部门的相关业务申请、审批流程的整合连接,做到了快速反应,业务协同,有效服务。特别是新加坡政府的国际航运信息中心平台,还将政府部门、行业团体、航运公司和贸易公司一起纳入其中,在一个平台上能够获取航运、贸易及社会公众所需了解的全部海事信息和服务,真正实现了单一窗口,便捷高效。

4.构建现代化综合海事监管服务体系

国内外海事机构都以促进航运业经济的发展作为海事管理的战略目标,以服务作为促进经济发展的重心,只有树立"以人为本、服务第一"的海事管理理念,打造现代化综合海事监管服务体系,提高海事服务能力,才能保障航运经济稳定健康发展。发达国家海事服务注重政府部门、企业公司、社会团体和公众各方面的海事需求,以实际需求为导向,加强海事领域内各职能部门、港航企业的平等和合作,转变政府职能,将大量原来由政府承担的职能转移给非政府组织机构,依托社会团体、企业公司和公众的专业优势,创造共享合作的海事监管新模式。

三、江苏海事监管信息化建设的对策建议

江苏海事监管信息化建设取得了相当不错的成绩,推进了江苏海事局智慧海事建设,同时也应重视其存在的不足,继续进步,保持全国领先地位。本文根据江苏海事监管信息化建设中存在的问题和原因分析,在借鉴国内外海事监管信息化建设方面先进经验的基础上,从以下四个方面提出了对策和建议。

(一) 强化江苏海事监管信息化建设的统筹规划

提升江苏海事监管信息化建设规格,成立高层次的建设工作领导小组,统筹规划、综合协调监管信息化建设,从机制制定、机构设置、资金保障、跨部门合作等层面统一规划,打破各自为政、条块化管理的现状,开展顶层设计和规划,制定江苏海事监管信息化建设的总体规划。

1.强化监管信息化建设规划和设计

江苏海事局监管信息化建设一直以来遵循交通运输部海事局信息化建设规划,广泛使用了交通运输部海事局建设的信息系统。2016年管理关系调整后,监管信息化建设需要和长江航务管理局、长江海事局对接,需要遵循长江航务管理

局、长江海事局信息化规划，还要考虑海事管理统一系统的应用、统一数据的收集，以及国际海事政务服务的统一提供。在《江苏海事局"十三五"发展规划》的指导下，科技信息化工作顶层设计由江苏海事实际统筹编制，江苏海事局开展监管信息化建设时要确保项目设计思路符合部海事局顶层设计以及信息化发展方向，符合取消船舶签证后海事监管模式，立足于建立江苏海事局新的监管模式和提高智慧海事建设水平，适应江苏海事局发展需要。

2.理顺监管信息化建设机制体制

加快监管信息化建设机构设置和体制变革。优化海事管理架构，采用三级管理模式，由江苏海事局科技信息处统筹规划年度发展目标、任务，发布监管信息化建设计划，统一进度；各分支局成立信息办，作为专门的信息化建设部门，向上接受科技信息处直接领导，向下对海事处负责，整合一线执法人员需求向科技信息处反映，打破部门利益，对全局的信息化建设需求进行梳理整合，提出部门职能调整建议。建立相应的管理机制，用制度来保障流程再造的顺利推行，提高行政效率。建立信息化系统推进激励机制，将部门或者单位监管信息化程度和监管信息化建设运行情况科学地纳入考核。成立网络安全领导小组，加强网络安全管理工作。

3.落实监管信息化建设资金保障

监管信息化的建设与运维工作离不开资金的保障，江苏海事监管信息化建设需要大量的资金来开发、升级、维护、改造现有软件系统，落后的老旧设备被淘汰后，仍需大量的资金配备新硬件设备，完善、提高基础设施建设，为满足监管需求，还需开发适应业务发展的新的信息系统，网络、终端、信息安全更新等方面都需要投入大量资金，海事监管信息化人才培养的投入也不可或缺。江苏海事局及各分支机构应科学编制信息化相关预算，努力实现投资渠道多元化，大力争取、有效利用国家资金；积极争取地方政府资金；充分利用社会资金；建立多渠道筹措资金的保障机制。

4.推动全行业跨部门合作

推动涉水行业部门深入合作，加强与航运、贸易公司的互联互通，共享信息资源，从港口管理局获取锚泊申报数据，接入整合锚地视频监控，从江苏省地方海事局接入VITS数据，江苏海事监管信息化建设需要其全方位、全过程的参与，梳理再造海事相关业务活动，打造社会化数据平台，覆盖各种互联网络、社交网络、使用终端，以政府部门、企业贸易、公众需求为向导，整合信息资源，打通数据交换渠道，实现数据汇聚、服务，简化业务审批流程，打破行业障碍，实现合作共赢。

（二）加强海事监管信息化服务建设

当前，我国服务型政府建设成果显著，深入推行依法治国方略，新的需求不断涌现。一是简政放权的要求持续加强,海事监管模式从事前监管变为事中、事后监管;二是社会公众的参政意识增强,要求办事过程透明公开、应急处置快速高效;三是海事行政相对人在政务公开、信息公示、对外服务平台应用方面的要求越来越高,在享受便捷优质服务方面的需求越来越强烈。本文从这三个方面入手,以加强海事监管信息化服务推动海事监管信息化建设的对策。

1.以服务理念推动海事监管信息化建设

江苏海事应在深化改革、简政放权的基础上,立足江苏、服务江苏,转变服务理念,满足社会公众对海事公共服务的需求。在转变政府职能、强化服务职能新要求的前提下,创新服务理念,转变管理方式,抓住机遇,为全国海事系统"三化"建设担当排头兵和示范者。"十三五"期间江苏海事监管信息化建设要秉持"便利行政相对人、便利现场一线执法、便利海事综合管理"的发展理念,持续完善江苏海事局门户网站,加快以移动终端办理业务的移动政务建设,构建"一站式"海事综合服务平台,建立开放式、交互式、一表式、一网式的对外服务管理系统,提高办事效率和服务质量,为社会公众提供全面、快捷的电子政务、公共信息、企业应用等综合服务,充分体现海事监管服务智能化、人文化、现代化。

2.深入了解监管业务需求

为实现治理能力现代化,提高监管服务水平,江苏海事局创新提出"一个元问题、两个安全、三级责任、四个导向、五种方法"的科学安全监管体系(简称"12345"科学安全监管体系)①。在严格履行监督职责,监督和落实安全主体责任,呼吁政府、社会和企业参与水上安全管理方面起到了积极作用。其中"四个导向"就是指运用目标导向、问题导向、需求导向、履职导向全面提升监管服务效能。

江苏海事局的监管信息化系统分成日常办公软件(综合平台、内网网站)、海事业务(船舶动态系统、船员管理系统)、行业专用(财务软件、GIS软件)三大类,在信息爆炸的年代,大家既享受其便利,也承受其代价。这个时候,再盲目开发个软件系统,职工就会非常地反感。在日后监管信息化系统开发过程中,应以一线职工的需求为导向,深入了解其日常监管中想通过信息化解决的问题,做好充分的调研,这样的信息化设备职工才会想到去用、习惯去用,进一步提出改进需求,监管信息化的发展才会良性循环。

3.积极推进"互联网+政务服务"

利用移动互联等技术,提供便民措施,为广大船员提供便利服务,提高"不见

---

① 林翔,武海鹏.基于"12345"科学安全监管体系的水上交通新安全理论思考[J].中国海事,2018(2):39-41.

面"审批率,创新"5A政务服务模式",积极推广和使用综合服务平台、协同管理平台、江苏海事局综合政务平台,依托三大政务服务平台,集成各个专业信息系统,整合不同资源和行为,保证"统一门户、统一认证、统一代办、统一审计",推动线上、线下集成融合,实时汇入网上申报、审批结果信息,加强多级互联的数据中心建设,通过"数据多跑路",实现"群众少跑腿",做到资源集中、统一管理、信息优质、服务规范,更好地传递政务信息,为行政相对人服务。

（三）加强海事监管信息化装备设施建设

监管信息化装备设施是海事监管信息化建设的支撑,坚实的设备技术保障、优质的基础设施环境、高新科技的研发使用、信息安全体系的构建,都对海事监管信息化装备设施建设起到了积极的推动作用。

1.强化海事监管设备基础建设技术保障

江苏海事局通过加强数据采集能力建设,将物联网、大数据、云计算等先进的信息通信技术综合运用到日常监管中去,尤其是海事对船舶、船员、运输货物等核心要素的感知能力,形成广泛互联、互为校验、互为补充、深度融合的数据采集能力。以《智能航运发展指导意见》为指导,提升港口码头和航运基础设施的信息化智能化水平,推进智能船舶技术应用,加强智能航运技术创新,加快船舶智能航行保障体系建设,提升港口及其重大装备和智能航运仪器、设备、系统的设计与建(制)造能力。

改扩建江苏海事局船舶交通管理系统。继续完善VTS国产化系统的功能、性能,通过相关功能的完善来满足海事监管需求的变化,尤其是强化对船舶目标的船名身份识别能力,实现和其他系统之间的数据的交换和深度融合。

建设统一的CCTV监控平台。现有的CCTV监控系统不能实现辖区的全覆盖,部分CCTV探头性能差,达不到可视化的要求。为全面覆盖沿江桥区、复杂航道、事故多发地段和汽渡等,需拟新建补点。

在辖区通航桥梁安装抓拍系统。利用海事4G专网建设,开发智能抓拍系统沿江应用,和其他AIS、VTS等采集手段相互补充、相互校验,也可形成对船舶超载、遮挡船名、不悬挂国旗、船名不规范等违法事实的取证。

建设海事现场信息监管系统。采集进出港动态信息;采集港口或码头的货物装卸数据和报告信息系统数据;实现与现场执法检查的互联,以信息化手段保障签证取消后的海事执法模式改革需求和现场执法工作需要。

建设江苏海事局危化品运输动态监管平台。实现对危化品运输船舶的全程监控、预警,为危化品事故调查处理提供决策功能。同时与动态执法网格化管理系统进行融合,实现长江上下游危防管理系统的互通,以便及时掌握进入我局辖区危化品运输船舶的动态和流向。

2.优化海事监管信息化基础设施环境

强化海事网络基础。系统规划江苏海事局海事网整体架构,建设江苏海事局光纤网络提速工程。构建江苏海事局到各分支机构的千兆网络系统,拓展网络带宽,建成一个覆盖江苏省的国家海事信息高速公路网,达到"所有系统确保运行、重要系统冗余保障"的目标。同时,加强网络安全保障,网络安全是监管信息化重要保障,网络安全也是江苏海事局"四化"目标"网络安全标准化"的重要内容。《网络安全法》实施以来,网络安全建设和管理要求不断提高,江苏海事局机关的网络安全等级保护工程即将完毕,进入使用和不断完善的阶段。下一步,要推动局属各单位开展网络安全等级保护,需要筹集各方资源,抓紧规划建设,早日达标。

3.加强高新科技研究成果转化应用

完善全局科技创新体系。逐步强化科技引领和支撑作用,增强重大基础建设项目前期工作中科技工作比重。提高江苏局科技创新水平,加快 VTS 智能化、5G网络应用、电子巡航、断面卡口、河口抓拍、云技术、移动执法办公、电子围栏、大数据和北斗定位导航、高分遥感、中小型无人机、搜救机器人、单兵执法装备等技术的研发应用,加快推进实现执法指挥和应急救助"可观、可测、可控",为监管目标提供装备技术保障。

4.构建海事监管信息化安全体系

建设分支局网络安全等级保护系统。在机房管理方面,建立机房安全管理制度,对有关机房物理访问、物品带进带出和机房环境安全等方面的管理做出规定。在设备管理方面,应建立基于申报、审批和专人负责的信息化设备安全管理制度,对终端计算机、工作站、便携机、系统和网络等设备定期进行维护,对其操作和使用进行规范化管理。在网络安全管理方面,在网络边界部署防火墙、入侵检测、入侵防御等网络设备,在上下级网络边界部署安全网关,加强网络系统的安全性,实现数据的保密传输,从而保护海事基础网络传输和网络边界安全。实施网络虚拟化,减少各种物理接口,降低故障点数量,区分物理服务器和虚拟化应用的流量,为应用在多个软件定义的数据中心中自由迁移打好基础。

(四)加强海事监管信息化人才队伍建设

人才是第一资源,国内外的海事机构无不高度重视人才的培养,高素质的海事人才同样也是江苏海事局事业发展的重要保证,特别要重视海事监管信息化人才队伍建设,推动提升信息化操作水平和服务能力,着力打造一支复合型人才梯队,建立积极的人才成长激励机制,为江苏海事局实现"二次创业",率先基本实现海事现代化建设提供人才保障。

1.建立海事监管信息化人才培养体系

海事监管信息化人才,一方面是指从事信息化工作具有一定海事信息化工作能力的人才,另一方面是指海事现场执法人员,他们是监管信息设备第一使用人员,这些人才是海事监管信息化设备使用能否发挥最大效能的重要保障,关系到海事信息化服务迈向成熟的程度和水平。

利用新进公务员培训、组织人事干部培训、网络安全工作部署、网络安全等级保护工程培训等机会,广泛开展网络安全和信息化培训,提高全员网络安全意识和专业人员信息化技能。第一,加强海事信息化建设核心技术人才的培养,特别是海事信息安全、保密等方面的人才,对于这部分人才要提供专业化的培养。第二,加强信息化服务过程中的设备维护人才培养,特别是更新升级软件,处理信息系统故障,保障网络安全,少不了设备维护人才,要能及时迅速地解决问题。第三,针对海事处兼职信息管理员的培训,内容不一定要专业高深,强调的是内容要全要细,可操作性要强,以实践和实操为主,使保障海事监管信息化建设落到实处。

2.建立健全人才成长激励机制

江苏海事监管信息化人才队伍建设要重点关注人才成长,为人才的成长提供激励机制。一是建立监管信息化人力资源规划。规范人事管理工作,开展监管信息化人力资源规划配套编制工作,注重人员分类分级,分别管理,修订完善人员培训、交流、晋升等有关制度,确保人力资源的发展适应监管信息化建设的发展,有效提高人力资源规划的科学性。二是加大精神鼓励力度。以正面激励为主,积极宣传、大力表彰对海事监管信息化建设做出突出贡献的优秀人才,注重营造尊重人才的良好氛围,创造和谐宽松的人才成长环境。三是创造有利条件助推人才成长。以培养人为根本,积极参加直属海事系统、长航系统、湖北省、江苏省网络安全竞赛,培养专家级人才,提供发展平台和环境,创造机会出国学习进修和参与高端学术交流研讨,加强海事专业化人才的储备,必要时提供经费支持,为拔尖人才开展课题研究、业务公关方面创造有利条件,助推人才成长,投身海事建设。

北京市共享自行车停放的政府监管研究

席少楠

（学号：1120172377）

近几年席卷全国甚至向全球发展的共享自行车一经出现，北京街头立刻被五颜六色的自行车所包围，随着共享自行车行业迅速发展，乱停放现象到处可见，不仅影响市容市貌，在重要的交通枢纽路口，乱停放的自行车挤占了人行道甚至机动车道，还造成了交通拥堵。在公共空间资源非常紧张的北京，乱停放的共享自行车，给城市公共管理带来巨大压力。

一、北京市共享自行车停放的政府监管现状分析

2017 年 9 月 15 日，北京市交通委会同市发展改革委、市公安局等联合印发《北京市鼓励规范发展共享自行车的指导意见（试行）》（以下简称《意见》），表明了北京市政府"鼓励""规范"的态度；而北京市西城区限制 10 条各地区停放共享自行车，从城市管理反馈的层面，以实际行动表明了共享自行车在被鼓励中走向规范管理的趋势。

（一）北京市目前所采取的举措与成效

北京市以实际行动对共享自行车停放问题采取了一系列举措，以使共享自行车的停放有序规范，为缓解北京的交通拥堵和展示良好市容市貌作出了贡献，并在

一定时期和范围内,取得了相应成效。

1.所采取的举措

目前北京市对共享自行车停放问题的监管举措,主要分为对企业的监管举措和对公众的监管举措两方面。

(1)对企业的监管举措

首先,制定相关政策文件。

2017年9月,北京市交通委员会联合10部门共同印发《意见》,又根据《意见》,制定了《共享自行车系统技术与服务规范》(以下简称《规范》)和《自行车停放区设置技术导则》(以下简称《导则》)。以上政策文件的大部分条款针对企业制定,对企业责任、运营服务条件和退出机制、企业规范经营与管理、行业自律和综合评价等予以明确和规范。

其次,加大企业监管力度。

第一,设置禁停区域。2017年3月20日,北京市西城区区委政府约谈了2家共享自行车企业,要求其控制在西城区的共享自行车的投放数量,并且明确表示,在长安街沿线的10条大街,不得投放共享自行车,开启了禁停区设置的序幕。

第二,规定停车标识。2017年5月,北京市城市管理委员会及北京市交通委员会联合约谈摩拜、ofo等10家共享自行车企业就停车标识设置提出了三点要求。一是依据《北京市城市道路公共服务设施设置与管理规范》(DB11/T 500—2016),要保证行人通行需求;二是市交通委会同有关部门制定的共享自行车管理指导意见和相关标准出台前,相关企业不得擅自设置标识、画设标线;三是本着设施减量的原则,未经审批不得设置垂直标识。

第三,暂停自行车投放。2017年9月,北京市交通委召集各区管理部门和15家共享自行车企业负责人,听取共享自行车投放和管理的意见建议,设置限投令,暂停在北京新增投放共享自行车。同年12月,中国消费者协会与7家共享自行车企业进行了一次共享自行车企业公开约谈会,重点还是共享自行车数量饱和的问题。限投令至今未解禁。

(2)对公众的监管举措

对公众的监管举措主要包括制定政策文件、加大执行力度和加强宣传引导几方面,与对企业的监管举措相比,对公众的监管举措主要以引导和宣传为主,对企业的约束力较强,对公众的约束力较弱。

首先,制定相关政策文件。

《意见》共6个部分25条,其中对承租人的责任、停放秩序与规定、监管与违规处罚、增设集中停放区车位和社会治理等方面予以明确和规范。

其次,加大对公众用车监管力度。

第一，开展清理行动。2016年11月开始，北京各区相继爆发了城管部门收车事件，2017年8月，朝阳区城管执法局联合多部门开展共享自行车专项整治，对常营地区三个地铁站周边的共享自行车进行规范整治，清理共享自行车400余辆。显示了政府整治乱停放现象强硬的一面。

第二，引导有序停车。2018年5月，北京市针对占压盲道、城市河道（水渠）及环路周边区域散落的车辆开展了专项治理。其间，共出动各类巡查、保洁、运维调度工作人员约1 500人，累计清理整治车辆约40余万辆。

最后，加强宣传引导。

北京市西城区展览路街道在规划的80个规范停车点选择近20处，施划带有宣传提示语的五色停车线，并联合摩拜自行车共同开展有关的文明出行、文明骑行活动；东城区教委、东城区人民检察院、东城区交通委联合共享自行车企业一起发起"共享自行车文明使用"倡议书，呼吁家庭、学校和社会形成合力，督促未成年人正确使用共享自行车，这些都起到良好的宣传示范效应。

2.取得的成效

在北京市相关政府部门的努力下，北京市对共享自行车的停车问题的监管取得了一定成效，主要表现在停车区从无到有、共享自行车企业在投放量上有所收敛、枢纽路口等乱停放现象在协管员引导下大大改善等方面。

（1）共享自行车的停车区从无到有

在共享自行车出现以前，北京市仅在公交车站、地铁口等人流密集地设置了非机动车停车架，在市政府主导的公共自行车出现后，出现了颜色鲜明醒目、规范统一的公共自行车的停车桩。随着共享自行车行业的发展，政府为共享自行车设置了停车区，在交通枢纽、公交车站等附近的树荫下、围墙边，不时可见长方形带自行车标志的白线停车区，使无桩共享自行车的停放有了专门区域。

（2）共享自行车企业在投放量上大幅收敛

共享自行车在兴起之初，曾因抢占市场出现无度投放的现象，致使北京市公共空间资源被大量占用，地铁口、公交车站等交通枢纽尤其明显，甚至影响了机动车通行，造成交通拥堵。相关部门意识到这一问题，至2017年中后期，全面暂停市内新增共享自行车投放。至2018年8月，北京市共享自行车总量已由2017年高峰期的235万辆减少至191万辆，下降20%，政府监管成效初显。

（3）枢纽路口乱停放现象改善

通过观察发现，在上下班高峰期，由于加派了协管员，共享自行车乱停放现象得到有效控制；协管员一边将停放车辆按车头方向有序摆放，一边引导正在停车的人员将车停入专属停车位，并进行有序停放，使得高峰期路口拥堵的现象得以缓解。

（二）存在的主要问题

虽然在北京市交管部门的努力下，共享自行车停车问题得到一定治理，但是不规范停放现象仍然存在，这其中固然有用户的素质问题，但是政府监管层面，也存在着不可忽略的责任。下面从政策、机构、资金、监管方式等方面对存在问题加以阐述。

1.政策性文件不够细化

虽然北京市制定了《意见》等三个政策性文件来规范共享自行车停放的问题等，但其中的具体措施执行起来并不容易，主要表现为这些文件均为政策性意见，并非法律条文，约束力不足。

（1）政策性文件约束力不足

政策性文件不具备法律约束。政府应制定相关法律法规，从更高层面对政策性文件的执行加以约束。当然这是从法治角度分析，而作为服务型、创新型政府，监管应该更多从服务方面着手，面对乱停乱放应该更注重疏导，给共享自行车更多的发展空间，不宜"画地为牢"；应为行业留下足够的发展空间和试错空间，真正实现用户、企业和政府三方的共赢。

（2）共享自行车路权问题有待政策支持

北京由于受道路资源稀缺性影响，道路空间通常会被优先划拨给机动车辆。非机动车道不仅窄，也不连续，有的道路甚至没有划分。同时，还有非机动车道与公交车站停靠点、机动车路边停靠点重合的现象，这对共享自行车的发展不利。共享自行车出现前，非机动车道就受到一定限制，现在共享自行车使用得火爆，使得公众对非机动车道的需求大大增加。

2.缺乏专门的监管部门

对于共享自行车停放问题，目前北京市没有专门的监管部门，均为几部门联合执行。比如，共享自行车停车的设施规划与政策指导等由交通行政部门负责，但在具体实施中还要通过住房和城乡建设部门审核；共享自行车直接停放的监管则需要由公安交通管理部门和城市管理部门共同指导。

多部门交叉管理看上去由众多部门负责，在实践中却意味着责任边界不清，易产生责任推诿的现象，导致监管效率低下等问题，在实施监管的过程中责任主体缺失，增加了联合治理的难度。目前在北京市交通委员会的部门设置中，设有专门指导有桩的公共自行车的部门，却未设置专门指导无桩的共享自行车的部门，这是目前政府监管不到位的问题之一。

3.相关基础设施资金投入不足

政府应该在停车相关的基础设施上加大资金投入。目前缺乏相关基础设施，表现在：虽然企业规定自行车需停放在道路白线的停放区域内，但在实际使用中难寻道路白线踪影，用户随意停车导致占用人行道、公交站台等公共区域等现象十分普遍；应在车站、交通枢纽等地投入资金，增划停车位以弥补现阶段的不足。相关问题具体梳理如下：

（1）停车位划分不够科学

第一，停车位数量不足。在实际观察和应用中发现，在许多地铁、公交车站附近，明明有空地规划共享自行车停车区，但是并未规划，以致用户找不到专用停车区，只能随处停放在尽量靠近车站的地方，这会给人流密集的交通枢纽地区造成人车交织现象，带来交通拥堵隐患。

第二，停车位分布不合理。车站的规划一般很对称，在马路两侧相距不远的地方。而共享自行车的停车区有不对称现象，很多车站附近只有马路一侧有停车区，而另一侧没有，或者停车区距离车站或地铁口较远，给用户造成不便，也导致停车不归位的乱停放现象。

第三，停车位缺乏维护。即使规划了停车区，时间一久，区域白线便会被侵蚀磨损，变得模糊不清，用户看不出哪里是停车区，也只能随便停放。

这三种情况都需要政府部门持续的监管作为，以使停车区的数量、位置和质量得到保证。

（2）共享自行车投放不够合理

在总量上投放受限的共享自行车，在投放地点的布局上也有不合理之处。经常出现有需要车而找不到、大量投放的地方周转量却很少的现象，这种情况也需要政府监管。

第一，部分交通枢纽过度投放。像地铁口和枢纽公交车站，人流、车流较多，但是投放的共享自行车数量更多，与周转量不匹配，致使大量整齐投放的自行车在风吹雨淋中蒙尘，而周转的车辆只能停在最外侧靠近马路一侧，有些甚至影响了机动车通行，造成交通拥堵。

第二，部分区域投放不足。部分小区不临街，巷子较深，居民走到街道需要十几分钟，而小区内一般不让停放共享自行车，小区外或开放式小区，即使有规划停车区停放共享自行车，停放的车也寥寥无几，这些车也并不是投放的，而是从外面骑来的，说明部分有需求的区域，自行车的投放量并不能够满足需求。

第三，未经报批无序投放。个别企业在创业之初，投放自行车的地点并未在相关部门报批，致使上午投放，下午就被收走，城管部门还会因此额外设置禁停区。这依赖于企业与政府相关部门的不断沟通，以争取更合理的投放布局。

4.监管方式亟待创新

政府不仅在共享自行车停放等基础设施资金上投入不足，致使停车位不够而达不到监管的目的,在对共享自行车停放问题的监管方式上也暴露出一些问题。

(1)监管方式落后

北京市目前在规范共享自行车停放问题方面采取的举措如制定政策文件、直接约谈企业等方面还属于传统的行政监管模式,对企业来说这种模式比较强硬,即"我说你听",虽然在制定政策前会广泛征求业内人士意见,但只采用这种传统监管模式显然与作为首都的服务型、创新型政府形象不符,因此在监管模式上要探索创新型监管模式,目前,实时的监管平台已测试上线,这是利用互联网等科技手段对传统监管模式的突破和创新,能够达到随时随地监管的目的,应该在各级政府部门大力推广。

(2)监管主体单一

共享自行车停放问题是一个社会性问题,单靠政府部门监管的途径并不能起到立竿见影的效果;政府部门可以作为监管主体,而企业、社会团体、公众等多方力量可以作为辅助,共同参与到管理、引导、宣传共享自行车有序停放的问题中;政府可通过媒体制作公益广告等形式加强宣传,营造全民重视规范有序停放的氛围,调动企业、社会团体和公众共同参与监管的积极性,使有序停放的理念深入人心。

(三)存在问题的原因分析

在总结了北京市对共享自行车的停放问题进行监管中暴露的问题后,进一步分析产生这些问题的原因,有助于思考下一步问题的解决方案。

1.政策制定缺乏顶层设计

政府是制定政策的主导者,在政策制定前必须做好顶层设计,否则会留下隐患,致使制定的政策有缺失或不能落地执行。在共享自行车停放的监管方面的政策制定及执行上,目前存在一定漏洞,归根结底是顶层设计不足。

(1)政策层级缺失

一套完善的政策应该有层级之分,第一级为具有法律效力的政策法规,如《道路安全交通法》等;第二级为规划类文件,从宏观上给予规划和指导,如《北京市自行车和步行交通规划》等;第三级为具体规划指导建议,类似《导则》《方法》等;第四级为各类专项细则建议。

(2)政策落地不实

行政处罚是行政机关进行行政监管的强力后盾,一旦行为人存在违法行为,将会存在被行政机关处罚的可能。《意见》的效力由于是规范性文件,没有规定行政处罚的权限,使得执法机关在行政监管时易于陷入"执法尴尬"。虽然处罚不是目的,但是如果有相关的法规条例而不执行或执行不了,那么在修订法规条例时应该考虑其执行力问题。

2. 监管部门机构体制僵化

政府部门的管理体制普遍都是从上到下垂直式管理,这也导致在共享自行车停放问题的监管中,出现了政府监管主体不明确、监管思维僵化等问题,最终会导致政府对共享自行车停放问题的监管失灵,这并不符合北京市鼓励、规范共享自行车发展的原则。

(1)政府监管主体不明确

在对北京市共享自行车停放问题监管的过程中,发现有政府监管主体不明确的现象。车停在道路主干道上归交警管;车停在道路两旁归城管部门管;车停在地铁口归地铁部门管;而停在小区内归物业管,使得政府在监管过程中出现职责分工不明、责任推诿的现象。

(2)政府监管思维僵化

无桩的共享自行车是我国首创,在对停放问题的监管上北京市政府也缺乏经验。在监管过程中,难免会出现经验主义、故步自封等固守思维,如对市场上前期自行车投放量预估不足,初期缺乏市场准入标准的设定,没有明确的机构专门负责监管等。

3.对共享自行车停放问题不够重视

共享自行车停车区不足的现象,表面看是资金投入不足所致,深层次考虑是政府对共享自行车停放问题不够重视。共享自行车爆发性增长曾引发了一系列社会问题:乱停放问题、押金监管问题、产品安全问题等;其中乱停放问题仅占其中一部分。而对停放问题不够重视导致资金投入不足,也体现在资金分配不均上,毕竟政府基础设施建设的资金有限,难免出现厚此薄彼的现象。

(1)占市场份额小的有桩公共自行车配套消耗大

北京市截至 2015 年年底建成的公共自行车站点为 1 000 多个,装配 4 万辆自行车,这是运筹了近 10 年的结果,而企业运营的共享自行车刚刚登陆一年时间,在北京投放量就已经超过了 10 万辆,而当时的共享自行车市场还没有饱和。这说明市场对共享自行车的需求量之大。而与公共自行车和共享自行车投放数量上的差异相对应的是,政府在公共自行车的基础设施及配套建设上资金的投入明显大于对共享自行车的投入。

(2)占市场份额大的无桩共享自行车无足够停车位

虽然企业规定共享自行车需停放在道路白线的停放区域内,但在实际使用中难寻道路白线踪影,用户随意停车导致占用人行道、公交站台公共区域等现象十分普遍。这说明政府规划的共享自行车停车区覆盖量不足。目前共享自行车的停车区不像有桩车需要电力、维修、养护等部门的协同参与,维护成本也不高,只需要在《导则》规定的区域用白线划出停车区、标识出共享自行车停放点即可。

4.监管经验不足

共享自行车是新兴产业,其迅速崛起也让政府监管措手不及。较被动的情形下对待新生事物,政府的监管经验明显不足,导致监管时机滞后、监管手段生硬等问题的出现。

（1）监管时机滞后

在监管时机上,北京市政府部门的行动略显滞后,相关配套监管政策未能及时跟进。共享自行车自2016年起市场发展迅速,行业市场竞争激烈,随着各个共享自行车平台企业在各大城市大量投放共享自行车,导致自行车的数量持续增加,而城市的道路公共资源和空间有限,势必加剧了道路拥堵,影响机动车辆和行人正常通行的情况,而且乱停放问题严重,影响了北京的市容市貌。

（2）监管手段生硬

北京市政府在监督管理之外,应采取一定的奖励措施,鼓励企业想办法提高用户积极性,从而规范共享自行车的停车问题;政府实行政策约束性管理,发现问题约谈企业,这些做法无可厚非,只是方式上略显生硬,如果能用温和、鼓励的奖励措施,调动企业、社团多方监管,公众自觉执行,则符合服务型、创新型政府的管理模式。

二、国外与国内其他城市共享自行车停放的政府监管经验借鉴

在对共享自行车停放问题的政府监管中,借鉴做得比较好的国家和国内其他城市的优秀经验,对北京市对该问题的监管具有良好的启发作用。其中,国外的共享自行车几乎都是有桩模式,在停放问题上的监管类似于北京市的公共自行车,但是国外关于约束共享自行车乱停车的一些做法,值得北京市借鉴。

（一）国外共享自行车停放的政府监管概况

共享自行车是"互联网＋"经济发展的新形式,是政府倡导的绿色经济发展模式之一。共享自行车出行,绿色环保,解决了过多的汽车尾气排放对环境的污染问题,也解决了人们"最后一公里"出行便捷的问题,众多的好处使得我国共享自行车发展迅速,甚至延伸到国外市场。但是,无桩的共享自行车在国外发展过程中也出现了乱停放问题,参照国外对共享自行车乱停放问题的约束经验,借鉴国外的成功做法,有利于北京市共享自行车停车监管的良性发展。

1.荷兰:实施"P+B"项目

荷兰素有"自行车王国"之称,是自行车出行率较高的欧洲国家之一,其多数城市都采用了鼓励自行车使用的城市发展模式,其中最著名的做法是鼓励实施了"P+B"项目,即停车换乘自行车("Park and Bike")。为使自行车交通和机动车交通有效结合,阿姆斯特丹市在城市边沿地带修建了大量的停车库,作为自行车与汽车的接驳站,同时在这些地方投放大量可供租用的自行车,开车人可以把自己的汽车停放在车库里,然后租骑自行车很方便地到达市中心目的地。荷兰的这种做法的目的是达到自行车与汽车的顺畅过渡,减少市中心汽车尾气的排放。

2.日本:执行会员奖惩制度

日本著名的 DoCoMo 共享自行车采取会员制度,管理相对完善,对注册会员执行奖惩制度,在一定程度上抑制了乱停车现象。日本的交通系统非常发达,本地的共享自行车品牌"DoCoMo 共享"能够良性发展,与其精细的会员制管理分不开。在使用"DoCoMo 共享"时,用户需要先注册会员,先用电脑在网站上注册,需要用到个人邮箱、信用卡等信息,然后需到手机 App 里填入会员信息,即可使用自行车。使用时需先进行会员确认,按下车上的"开始"(Start)按钮,把注册过的手机贴放在感应区内进行识别,通过会员身份可解开智能锁。结束骑行时,只要把锁合上就完成了骑行计费。为方便用户使用,详细使用流程都被"DoCoMo 共享"拍摄成简单易懂的视频放在官网最显眼的位置。

3.法国:拟征"共享自行车停车税"

法国作为世界上首个成功推行公共自行车租赁项目的国家,其对共享自行车停车也有一套方法。法国最著名的公共自行车服务是 2007 年诞生于巴黎的 Velib 租赁系统。Velib 采取按时段加价的收费方式,半小时内免费骑行,以后每过半小时会涨一次价,这样做是鼓励骑车人在尽可能短的时间内将车送回出租点,以方便他人使用,提高用车周转率。2017 年 11 月,相关部门召集各共享自行车公司负责人,拟对在巴黎市推出共享自行车出租服务的公司征收"停车税",目的是规范无桩共享自行车的停放问题,理由是共享自行车的商业用途占用了公共空间,而巴黎群众不能接受因共享自行车乱停放或在公共道路上随便弃置车辆导致人行道被侵占的情况。

(二)国内其他城市共享自行车停放的政府监管概况

国外政府对共享自行车的停放问题都有规范的要求,作为无桩的共享自行车的发源地的中国,各个城市也提供了优秀的经验和做法,这些做法有从有桩的公共自行车系统中借鉴的,也有专门针对无桩的共享自行车实施的。

1.株洲:提高周转率以减轻停放压力

在国内最早开始的公共自行车租赁服务领域,"株洲模式"减轻停放压力的方式非常突出。表现为其高效的周转率,凭借其日均近17万次的使用量,周转量高达12次/天/辆,成为当前国内公共自行车使用周转率之最。这与其政府主导的运营模式和监管方式有关。首先,在道路规划上,确保建设层级分明、相互渗透的非机动车道路网,为非机动车提供了良好的出行环境;其次,在资金投入上,投入上亿元构建公共自行车系统,包括规范的停车桩,其运营成本全部纳入政府公共财政预算;最后,在盈利模式上,将"株洲模式"向外输出,带动了一个产业的发展。

2.武汉:将有序停放纳入市场准入条款

市场准入监管是确保共享自行车企业具有合格资质的必要举措,一般的城市加强市场准入监管,是要在共享自行车企业提供的自行车数量、质量等方面进行监管,而武汉市除了对企业自行车的数量、质量进行准入监管外,还将有序停放也作为要求纳入市场准入条款,这无疑提高了企业的准入要求。

有序停放一方面是企业投入摆放时的有序停放,这一点企业能做到毋庸置疑,整齐有序的亮相会成为吸引用户眼球的法宝,代表着企业形象,用户的第一印象非常重要。而要做到自行车被骑走后停放也能整齐有序,这本身是用户的行为,企业难以规范;但既然这是准入条件之一,企业必须想办法加强管理。武汉市的做法是,首先,根据共享自行车停放的大数据划出重点停放区域;其次,在这些区域定时清理摆放自行车,确保主要共享自行车聚集地摆放整齐;最后,是加强对用户有序停放共享自行车的宣传。单靠企业的力量完全做到并不容易,必须依靠政府、社会团体、用户等共同努力,才能打造整齐有序的停车环境。

3.上海:不按规定停车将继续计费

上海市是全国首个针对共享自行车制定了标准规范的城市,对共享自行车的硬件技术和服务规范分别做出硬性管理规定。在共享自行车停放问题上,上海市规定,划出骑行和停车区域,不在规定区域内停车将继续计费。这种方法类似于"电子围栏"技术。有关交通管理部门相关负责人表示,在共享自行车的实际使用中,未将自行车停放在指定区域的,后台数据会有显示,继续收费的规定会在一定程度上规范用户乱停车的行为。

上海的这一监管举措,是由政府主导、由企业协同共同实现的。这种真金白银的计费方式,对于用户来说相当于一种约束,用户会有切身体会,毕竟钱是由自己承担,虽然超时计费的款项不多,也就1~2元,但是这一点约束会让多数精打细算的用户产生有序停放的自觉性,时间长了必然形成一种习惯,所以适当的处罚对规范停车是有效果的。

(三)经验借鉴

在分析了国外和国内部分城市的经验做法后,归纳出对北京市共享自行车停放问题的政府监管有益的参考经验,作为借鉴。

1.加强行政副中心共享自行车保障工作

从荷兰的"P+B"项目来看,北京市也需要进行相似的引导,即鼓励城区中心骑行自行车,而把汽车停在城区中心外的停车场。为了有序疏解北京非首都功能,北京市加快规划建设行政副中心,正有序推动北京市属行政事业单位整体或部分向副中心通州区转移。提前规划行政办公区内共享自行车服务接驳和规范停放成为必然。

加强副中心的共享自行车保障工作,一是加强现场调研与工作指导;二是要完成建设需求对接。共享自行车这一新兴行业在行政副中心的规划发展,也是行政副中心建设的重要组成部分,可以行政副中心为试点,在行政副中心边缘建设停车场,同时规划共享自行车停车区,实现汽车与共享自行车的无缝对接,保障行政副中心的交通和停车秩序。

2.借鉴公共自行车的管理模式

由于共享自行车和公共自行车的交通具有相似性,在城市短途出行市场里,两者之间既存在竞争关系,也属于合作关系。公共自行车的优势在于政府管理,有桩停放,除用户个人的不规范行为外,不会造成乱停放现象;劣势在于网点少、办卡和押金退还手续烦琐;而共享自行车的优势在于经营方式较为灵活,无桩停放模式,不受租赁点的约束,利用手机App注册便捷,自行车投放量大,劣势在于因为"无桩"的便捷性也导致了自行车乱停乱放现象严重,影响市容市貌。

3.加快推进"电子围栏"建设

上海市的经验其实是电子围栏的一种表现形式。目前北京也在加快电子围栏的建设。《规范》中指出,电子围栏(electronic fence)是通过信息化手段,界定共享自行车停放、禁停、禁骑区域的虚拟围栏。当共享自行车进入或离开虚拟围栏时,企业运营平台可自动感知。

北京市朝阳、房山等区多次调研电子围栏的建设情况,并向行政副中心通州区提出了建设需求,下一步要加快推进试点区域,进一步普及"电子围栏"建设。至于是否向上海市学习采用计费方式规范共享自行车的停车问题,还需拭目以待。

三、加强北京市对共享自行车停放政府监管的对策分析

归纳了从国内外政府对共享自行车的停车监管中取得的经验后,本章将进一步分析北京市的具体情况,从北京市鼓励、规范共享自行车的态度入手,进而从政策、机构、资金、监管方式等方面,阐述进一步加强北京市对共享自行车停放问题政府监管的对策建议。

(一) 加强制定和细化相关政策性文件和法规

尽管北京市出台了《意见》《规范》《导则》和《条例》几个政策性文件,但是与国外比起来依然不够详细,表现在交通设施规划及自行车路权等方面暂无现行政策,而鼓励发展是主旋律,乱停放问题更深层次的原因是停车基础设施建设不够完善及自行车路权保障不足,因此在这两方面北京市要加强政策制定并细化相关条款。

1. 多方面提供政策法规支持

随着北京市机动车不断发展,在马路上行驶自行车较为困难,同时具有安全隐患。要想较好地鼓励共享自行车发展,首先应充分考虑非机动车的行驶,合理规划并设计连续的非机动车道,保障非机动车路权。

(1)政策上出台关于自行车路权的专门文件

在政策层面,缺少自行车路权的专门文件。共享自行车在北京大规模发展后,北京针对其造成的社会问题出台了《意见》《规范》《导则》和《条例》几个政策性文件,而出台的几个文件除了《意见》在指导思想里表明鼓励、规范共享自行车发展外,其余几个文件均为规范共享自行车的文件。《条例》中提到了自行车的路权,但寥寥数语,并不丰富。如果不从政策层面翔实地构建一个适合自行车行驶的环境,就缺乏鼓励的实际行动。因此制定关于自行车路权的专门政策性文件是必要的。其内容应以明确自行车的优先路权为主。

(2)完善自行车交通法规

自行车的交通法规建议分层级组成,借鉴德国的做法,由宏观、中观和微观三个层级组成:第一级为规划类文件,如《城市道路设施指南》;第二级为具体规划指导建议,类似《自行车交通设施指导建议》;第三级为各类专项细则建议,视具体情况制定,德国已有包括《乡村自行车交通建议》《自行车交通信号标识建议》等细则。

2.进一步细化关于共享自行车停放的管理规定

多方面提供完善的政策法规支持,是以实际行动表明政府鼓励发展共享自行车的进一步举措,从大方向上为共享自行车创造更好的骑行环境,虽然不直接涉及停放问题,但是为进一步细化关于共享自行车停放的管理规定打下基础。

(1)强化处罚条款的执行力

北京市制定的《条例》中含有处罚条款,分别针对企业和用户,但是《条例》的部分条款或有执行不了的情况,建议在修订时应该考虑其执行力问题。《条例》中第三十三条的规定,非机动车驾驶人违停的情况,由公安机关交通管理部门责令改正,处警告或者20元以上50元以下罚款;违法行为人拒绝接受罚款处罚的,公安机关交通管理部门可以扣留车辆。

(2)细化具体条款

在加强对共享自行车有序停车的引导方面,可在《导则》中明确企业有协助宣传规范停放的义务条款,如在企业共享自行车App界面加入有序停放的提示语或宣传语,以达到政府与企业共抓共管的目的;在企业准入条款方面,可借鉴武汉市的做法,将有序停放纳入准入条款,以增加企业的责任感,加强企业自我监督和管理的能力。

(二)明确监管机构责任和加强部门联合监管

在共享自行车投放市场初期,海量共享自行车铺满北京的街巷,造成乱停放等现实问题,倒逼政府加强监管,出台相关管理规范和指导意见,但现实中的乱停放问题又涉及住建部门、交通运输部门、城管部门甚至文明办等多个部门的业务范畴,目前还没有明确的部门负责主管共享自行车停放问题,不得不说这是政府监管主体责任的缺失。

1.明确监管机构责任

共享自行车作为新兴行业,其爆发式增长导致的社会问题使政府措手不及。在针对停车问题监管方面,政府应尽快明确监管机构责任,履行监管职责,使共享自行车停放问题能规范有序。

(1)设置专门的监管部门促进监管

目前,就大的监管机构来说,北京市交通委员会作为交通行政部门,在共享自行车停放问题的监管中承担着制定政策、指导协调停车管理等工作;北京市公安局公安交通管理局作为公安机关交通管理部门,负责全市道路交通安全,有权责令改正非机动车违停现象,有处罚权。

(2)建立相应的绩效考核评价机制

为防止出现各部门职能交叉、职责不明的现象,政府应建立相应的结交考核评价机制。比如政府各交管部门可以合作协商,达成共识,根据片区而不是根据道路的类别区分责任,按片区由某一部门统一监管,以减少职责交叉;在评价机制中要对道路交通的综合状况划定指标,如自行车投放量、停车区设置量、停放秩序等,将这些指标量化,根据评分系统确定排名,并与个人奖金或晋升名额挂钩,进行相应的奖励和处罚。

2.加强部门联合监管

在明确各部门权责后,还要加强多部门联合监管;在对共享自行车停放问题的监管中,一般集中清理整治都需各部门联合执法,这就要求各部门分工明确,行动统一,提高联合监管效力;同时还要保持长效机制,不能"三天打鱼两天晒网",这样才能保证监管效果。

(1)提高多部门联合执法效率

在对于共享自行车停放问题的整治上,北京市是多部门联合执法、集体行动。市场监管部门按照职责,做好共享自行车投放和乱停放的监督管理。城管部门制定相应管理规定,增加协管人员,引导共享自行车有序停放。

(2)提高多部门联合监管的质量

首先,应加强部门人员培训。在应对新生事物产生的社会问题时,监管部门也是摸着石头过河,应在日常工作中加强对部门人员监管知识等的培训,扩大人员知识面,提高管理能力。政府作为说到底是"人"的作为,人员素质提高,对新生事物应对得当,可提高工作质量;具体到多部门联合监管的行动中,提高工作质量可以提升公众对政府的信任度。

(三)加大共享自行车停车的基础设施等资金投入

随着北京市鼓励、规范共享自行车发展的政策出台,要想较好地发展和规范共享自行车,首先应充分考虑非机动车的行驶,合理规划并设计连续的非机动车道,保障非机动车路权,并加强共享自行车停车的交通基础设施建设;其次要推动共享自行车有序停车纳入个人诚信体系。这些都需要政府在资金预算上做充分考虑,在保障自行车路权、共享自行车停车基础设施建设和推动有序停放的个人诚信体系构建上加大资金投入。

1.进一步强化并保障自行车路权

在政策方面,前已述及将自行车路权问题作为专门的政策上升至法规级别的问题,而不是只在《导则》中粗略提及,在实践中更应强化并保障自行车的路权。

(1)合理铺设自行车道

北京市早在2016年就将铺设自行车道纳入缓解交通拥堵的行动计划,以缓解人车混行造成的交通拥堵问题,目前还在规划、建设和翻新自行车道,到2020年,北京五环内的自行车道将达到 3 200 千米,而这些自行车道也将明确路权。目前的自行车道主要在主干道的辅路上铺设,专用的自行车路于 2018 年 5 月在昌平建成,而国外的自行车专用路已经相对成熟,德国甚至开通了一条自行车专用高速公路。

(2)加大自行车路权优先级别

目前北京市虽已铺设自行车道甚至专用的自行车路,但是自行车路权在实践中的优先级别上不如机动车,经常是机动车优先。在国外通常是限制机动车的车速,比如 7~30 千米/时的速度,但是在北京市公共道路上,除了匝道,很少有低于40 千米时速的要求,只在生活小区内才会出现机动车限速 5~20 千米的情况。

2.加强共享自行车停放的基础设施建设

部分地区停车设施不到位,导致用户无处可停。我国的城市交通规划长期忽视了自行车停车设施的建设,一些用户到达目的地后发现没有合法的停车地点,或者车位数量不足,或者到达合法停车区缺乏必要的路线指引,使得用户不得不违法停车。因此,在对待使用者乱停乱放这个问题上,政府的责任主要是为共享自行车提供充足的、便利的停放区。

(1)合理增加停车区数量

对于城市慢行系统中行人、自行车的路权分配问题,政府应做好区域和道路的规划。合理划分道路公共资源空间,将自行车的合法停放区域与机动车的停放区分开来。在人流相对集中的地区增加停车区,应充分利用企业平台提供的大数据合理规划停车区划分,使得用户有地可停。

(2)提高停车区质量

在停车数量得到保证后,在停车区的质量上也要有所保证。部分地区的停车区因划线材质的问题已被风雨侵蚀得模糊不清,影响了用户的停放;根据观察发现,所有的停车区在灯光昏暗处都不明显。

优化停车区划线涂料材质。《导则》中提及了停车区划线材质,建议进一步明确,采用环保带荧光反射作用且持久耐用的划线涂料材质,使得停车区在夜晚或光线昏暗时,在车灯或其他光源照射时能显示出清晰的轮廓,并具有一定抗风蚀、雨蚀能力,经久耐用,有助于骑行人能快速识别停车区。

(3)加快电子围栏建设

北京市交通行政部门前期多次调研电子围栏建设并开展试点工作,相关部门已完成共享自行车监管与服务平台项目立项,先期开展监管与服务平台开发工作,督促企业与平台进行数据测试、对接,目前已完成摩拜、ofo 等企业数据接入。

电子围栏全部建成后将实现对共享自行车的日常运行监测、公众信息服务、企业考核评价、数据共享交换等功能,为各级政府管理部门(市、区、街道等)、行业协会和社会公众提供监管手段和服务。

3.推动共享自行车有序停放纳入个人诚信体系

在企业运营平台和政府监管与服务平台上线后，在规范共享自行车停放问题时，还可以从构建诚信管理系统的角度出发，把共享自行车纳入社会信用体系中。政府应在这些软实力上投入资金保障。

企业运营平台对违停车辆及骑行人进行数据分析，联动至信用信息平台 App，形成对企业和个人的约束力。使用者如有违反道路交通通行有关规定违规停放自行车的，或有其他相关违法行为的，由公安机关、城市管理等有关部门依据各自职责依法处理，并将其违法违规信息纳入个人信用记录；构成犯罪的，依法追究其刑事责任。

（四）创新监管方式及把握监管力度

在从政策、机构、资金方面对北京市政府提出相关建议后，从政府监管方式方面，也从创新监管方式、把握监管力度的角度给出建议。

1.创新监管方式

传统的监管方式中，政府采取的手段是直接约谈、提出要求，或者直接采取强制措施。这种以权威身份采取简单粗暴的方式面对突发状况的，会起到遏制的效果，但不适合长期使用，也与政府服务型公共管理形象不符。政府不仅要放低姿态，通过多方合作的方式加强监管；在监管手段上还要充分利用互联网，搭建监管服务平台；同时，还要注意把握监管的力度。

（1）加强多方共管

政府与企业共同划定管控范围，制定停放规范，加强对停放秩序的日常监管。企业作为共享自行车市场的运营主体，应承担起市场主体责任。在企业 App 和车身的合适位置做有序停放宣传；在进驻之初应根据政府的指导性意见落实停靠点。使用者应提升用车素质，按规定合理使用和停放自行车。

征集志愿者和社团参与到引导和维护共享自行车有序停放的工作中。政府应积极争取志愿者，在关键枢纽和人群密集地，增加协管员和志愿者，为共享自行车有序停放进行引导和宣传，倡导共享自行车的合理使用和停放。应吸引社区、社团等成员积极参与到自觉维护停车秩序的队伍中来，设立"有序停放日"，集中加强宣传和引导，为促进共享自行车行业健康发展创造条件。

（2）提升监管手段

通过科技手段加强监管。主要通过搭建政府监管与服务平台的方式加强监管。对车辆进行实时监测，共享自行车投放数量将与企业运营服务质量考核结果挂钩。政府利用大数据可以实现实时监管，不仅可以作为考核企业的量化指标，也可以为进一步提升交通公共服务水平提供数据支持。

通过宣传手段促进监管。政府可以在公交车站、地铁站等公共场合树立倡导合理使用和停放自行车的立牌;可以利用北广传媒、地铁电子屏、公共区域的电子屏、北京电视台等媒体平台,播放共享自行车有序停放的宣传片;可以在交通广播中插播有序停放的公益广告语;使共享自行车有序停放的宣传立体化全覆盖。

政府的积极倡导能形成一种良好的社会风气,促进市民更加合理地使用和停放共享自行车,从而使政府监管达到"无为而治"的效果。

2.把握监管力度

政府在监管过程中要把握好监管力度,以免出现过犹不及的现象,主要表现在正确处理与市场和企业的关系上。

(1)正确把握政府与市场的关系

政府需明确自身在市场经济条件下的定位,尊重市场运行规律在充分发挥市场在资源配置的基础性作用的前提下,更好地发挥政府职能。如果只是一味地为市场设立准入障碍、为产品或服务设立严格的标准,这明显阻碍了市场的内生动力,严重限制了市场的创造及创新能力,并不能促进经济社会的健康发展。

(2)正确把握政府与企业的关系

政府监管部门应当转变思维方式,与企业的关系不再是"我定政策你服从"的关系,而要从互联网经济的本质特点出发,构建一套全新的监督管理模式。目前北京市企业运营平台和政府监管与服务平台已经上线,可以运用大数据平台管理的方式,通过与企业建立数据共享,加强对平台企业的服务监管,达到政府管理平台、平台管理自行车的目的。这是创新型监管模式的有益尝试。只有这样,才能做到对共享自行车市场进行合理有效的监管的同时,又不会阻碍其市场运行的内生动力。

政府监管到一定阶段,在能由企业和市场主导的领域和时机,政府都应该退出,腾出更多的公共财政资金和公共服务资源投入其他民生领域,以实现合理的公共资源配置。

我国 P2P 网络借贷平台的政府监管研究

莫蕾

(学号:1120172379)

进入 21 世纪以来,互联网金融得到了突飞猛进的发展。作为其中重要组成部分的 P2P 网络借贷,利用互联网平台改变了传统的借贷关系,融资方可通过 P2P 网络借贷平台(以下简称"P2P 平台")发布借款信息,出资方也可在平台获得投资的渠道,获得高于银行利息的投资收益,P2P 平台则通过提供中介活动收取一定的费用,出资方、融资方、P2P 平台均能从中获益。P2P 网络借贷是金融领域的重大革新,也是传统融资渠道的重要补充,在服务小微企业方面发挥了重要作用,一经面世便得到了快速发展。截至目前,P2P 网络借贷已经成为我国融资领域不可或缺的重要组成部分。

一、我国 P2P 网络借贷平台政府监管现状分析

在经济快速发展的背景下,企业和个人对资金的需求日益增长,金融行业不断深化改革,我国 P2P 网络借贷模式便应运而生。它具有传统银行无可比拟的优势:方便快捷、灵活高效,但在无监管状态下的野蛮生长也导致了很多平台违规操作,"暴雷""跑路"事件频发。P2P 平台风险事件的频发暴露出监管的缺位,P2P 网贷行业的健康发展呼吁更完善的政府监管。近年来,针对 P2P 风险及监管问题,我国相继出台了一系列规范性文件,但仍缺乏细致及可操作性强的规制,亟须

进一步完善我国 P2P 平台的政府监管制度,推动 P2P 行业健康有序发展。

(一)我国 P2P 网络借贷平台政府监管的举措

我国 P2P 网贷市场在经历一段时间的自由发展后,相关部门开始采取一定的监管措施,制定了一系列法律规范,在实践中形成了以政府监管为主,同时扶持行业自律,构建起从中央到地方的监管体系。

1.设置了 P2P 监管机构

我国第一家 P2P 平台成立后的一段时间内,整个行业处于无监管的状态,直到 2016 年 8 月《网络借贷信息中介机构业务活动管理暂行办法》出台,明确提出监管的主体包括国务院银行业监督管理机构及其派出机构(现为银保监会)、工业和信息化部、公安部、国家互联网信息办公室、各省级人民政府。其中,原银保监会负责制定网络借贷信息中介机构业务活动监督管理制度,并实施行为监管。

(1)中央层面的监管机构

中央层面关于 P2P 平台监管的机构设置是网贷风险专项整治工作小组办公室(以下简称"P2P 网贷整治办")。该部门是 2016 年 4 月原银监会等 14 部委联合成立的,原银监会为组长单位,工业和信息化部、公安部、国家网信办、工商总局为副组长单位,其他部门为成员单位。

(2)地方层面的监管机构

《暂行办法》中明确指出各省级人民政府负责本辖区网络借贷信息中介机构的机构监管。具体负责部门是各级地方政府的金融办公室(以下简称"金融办")。金融办是代表地方政府负责金融监督、协调、服务的办事机构,主要负责组织协调维护和规范本区的金融秩序,防范和化解金融风险,协助上级政府和监管机构对本区的金融机构及行业自律组织的监管等。随着互联网金融监管的不断升级,地方金融办的职责不断扩展。

(3)政府监管的辅助机构

以推动我国互联网金融市场发展和加强行业自律管理为宗旨,2016 年 3 月我国成立了全国性的互联网金融行业的自律组织——中国互联网金融协会(NIFA)。该协会是目前我国 P2P 网贷市场唯一全国性的自律组织。2017 年 NIFA 下设网络借贷专业委员会,对网贷市场进行有针对性的自律管理,截至 2018 年 8 月,全国共成立了 8 家 P2P 网贷行业协会(见表 1)。

表 1　我国 P2P 网络借贷行业协会的设立情况

成立时间	协会名称	主管单位
2005 年 11 月	中国小额信贷联盟	商务部
2014 年 5 月	广东互联网金融协会	广东省金融办
2014 年 12 月	江苏省互联网金融协会	江苏省金融办
2014 年 12 月	北京市互联网金融协会	北京市委金融办
2015 年 4 月	广州市互联网金融协会	广州市金融工作局
2015 年 7 月	深圳市互联网金融协会	深圳市委金融办等
2015 年 8 月	上海市互联网金融行业协会	上海市委金融办
2016 年 3 月	中国互联网金融协会	中国人民银行

2. 完善了 P2P 监管制度

2016 年 8 月银监会颁布的《暂行办法》《备案指引》《网络借贷资金存管业务指引》《信息披露指引》,共同形成网贷行业"1+3"(一个办法,三个指引)制度框架,使 P2P 监管的制度体系初步形成。各地方政府也根据当地的 P2P 网贷发展的实际情况发布了很多因地制宜的政策办法。这些法规的出台,有利于明确网贷行业规则,保护消费者的合法权益,引导行业合规有序发展,做到有法可依。

3. 采取了多样化的监管方式

作为新兴领域,P2P 网络借贷具有跨区域、跨领域的特点,在监管机构设置完成以及监管法律法规框架逐渐形成的情况下,P2P 网络借贷风险专项整治小组充分调动地方金融办和互联网金融协会,推动和开展了从 2016 年 4 月开始的 P2P 网络借贷风险专项整治工作。

(1)对 P2P 平台进行分类排查

2016 年 4 月原银监会网站发布了关于印发《P2P 网络借贷风险专项整治工作实施方案》的通知〔2016〕11 号文,标志着专项整治工作开始。文件要求网贷风险专项整治工作领导小组对各地经工商登记注册的网贷机构进行排查,采取多方数据汇总、逐一比对、网上核验、现场实地认证等方式,以准确掌握网贷机构数据,摸清行业底数,对各类网贷机构认真甄别,根据风险程度、违法违规性质和情节轻重、社会危害程度大小、处理方式等因素准确分类,将网贷机构划分为合规类、整改类、取缔类三类,并实施分类处置。通过排查分类,获得较为完整的数据,为后续的行业监管奠定基础。

(2)对校园贷和现金贷进行重点治理

2017 年 6 月 28 日,原银监会、教育部、人社部联合印发了《关于进一步加强校园贷规范管理工作的通知》,对所有 P2P 平台的新发校园网贷业务一律叫停,同时结合平台存量业务结构,制订了明确的退出或整改计划。至此,校园贷被正式叫停。

2017 年 12 月 1 日,P2P 网贷整治办下发了《关于规范整顿"现金贷"业务的通知》,通知明确了现金贷业务开展原则,以及规范了小贷公司、银行业金融机构、网贷平台参与现金贷的方式,详细列举了 P2P 平台的禁止事项,现金贷迎来了强监管。

(3)开展备案登记工作

2017 年 12 月 8 日,P2P 网贷整治办下发了《关于做好 P2P 网络借贷风险专项整治整改验收工作的通知》(以下简称《整改验收工作通知》),要求各地在 2018 年 4 月底前完成辖内主要 P2P 机构的备案登记工作、6 月底之前全部完成。

各地方政府金融办根据《整改验收工作通知》的要求制定了所在区域的工作细则。其中广东省金融办鼓励 P2P 平台聘请行业自律组织综合评价高或者具有从事证券期货业务资质的会计师事务所开展专项审计。深圳市委金融办发文要求 P2P 平台须同时提交:网络借贷信息中介机构验收申请报告、网络借贷信息中介机构验收申请法律意见书、网络借贷信息中介机构专项审计报告。

(4)开展合规检查工作

2018 年 8 月全国 P2P 网贷整治办向各省市网贷整治办下发了《关于开展 P2P 网络借贷机构合规检查工作的通知》《P2P 合规检查问题清单》,本次检查包括机构自查、行业协会自律检查、地方监管行政核查三个部分,全国范围内的 P2P 合规检查正式开始。期间,多地要求 P2P 平台由"双降"升级为"三降",即 P2P 平台总数、业务总规模、投资人数实现下降,以防范外溢风险。2019 年 2 月,广州互联网金融协会宣布辖区 P2P 平台合规检查工作基本完成。北京监管层也表示将于 2019 年 3 月底前完成。

(5)引导平台良性退出

2018 年 12 月 19 日,P2P 网贷整治办发布了《关于做好网贷机构分类处置和风险防范工作的意见》(以下简称"175 号文")。文件的主要要求是加大整治工作的力度和速度,引导部分 P2P 平台良性退出,各地需将当地 P2P 机构根据平台自身状况进行风险分类,并采取相应的监管措施。随着 P2P 网贷合规检查的正常推进,越来越多的平台主动选择退出或被清退。

(6)中国互联网金融协会的自律管理

中国互联网金融协会成立后,在相关监管部门的领导和发文指导下,积极开展了形式多样的自律管理工作,包括信息披露自律管理规范、信息披露系统、征信系统,以及合规检查。

(二) 我国 P2P 网络借贷平台政府监管中存在的问题

虽然起步较晚,但我国 P2P 网络借贷市场发展迅速、后来居上,无论是网络借贷平台成交金额还是平台数量都遥遥领先。但是监管的层面上,虽然近年来针对 P2P 平台的监管中央政府和各级地方政府均出台了一系列的规范性文件,并取得了一定的成效,但 P2P 平台违法违规现象依然没有得到遏制,各种风险事件仍爆发不断。

1.运动式监管

我国 P2P 网贷行业监管还存在运动式监管的问题。为促进互联网+行业发展,仅 2015 年一年相关部门发布的支持性文件就有二十多个。运动式监管的模式,因监管政策是不确定且不连续的,逻辑不严密会误导市场预期,给行业发展带来较大的不稳定性。P2P 网络借贷是互联网金融创新的产物,不能生搬硬套传统的金融监管规则,否则不仅达不到预期效果,而且会大概率出现"一管就死,一放就乱"的格局,让平台和投资者无所适从。

2.执法不严

随着"1+3"监管法律法规体系的建立,P2P 网络借贷有了一定的行业规范,行业步入规范化发展时期,但在实际运行的过程中也暴露出很多问题,首先是缺乏监管细则,可操作性不强。例如,根据《资金存管业务指引》的规定,应该做到客户资金与平台自有资金分离,分账管理,以此来防止客户资金被平台非法挪用。现实中的情况却是,仅有不到三分之一的正常运营平台按规定做了资金存管,其他正常平台均没有做到资金分离,资金存管业务需要进一步落实。

3.存在监管套利

从近年来各地陆续发布了的备案细则来看,关于债权转让方面上海和深圳的标准就不统一,上海禁止在平台转让个人债权,深圳的标准相对宽松,允许符合一定条件的出借人在平台转让。在备案方面厦门和江西的规定也不一致,江西需要省、市、县三级审核,厦门仅需市委金融办审核。由于各地监管政策不统一,许多平台便从政策的漏洞中获取利益,让监管很难落到实处,存在监管套利的现象。

(三) 存在问题的原因分析

通过研究目前我国 P2P 网络借贷平台政府监管的现状及问题,并通过深入调研,利用所学理论知识分析存在问题的原因,是提出合理的对策建议的基础。

1.对平台的定位不准确

关于 P2P 平台的定位问题,《暂行办法》将其界定为金融信息中介。对于这种界定,学术领域有很多不同的声音。第一种观点:支持平台的信息中介定位。基于这种观点的学者主要从平台只提供信息交流平台,不参与买卖双方的借贷,聚焦于消除双方的信息不对称,促使双方达成交易,风险由参与的双方自担,平台并不承担信用风险。第二种观点:认为目前市场上既存在信息中介平台,又存在信用中介平台,并建议监管部门承认信用中介的地位,并制定与之相符的监管政策。第三种观点:认为目前存在复合型平台,既提供信息中介的平台服务,也提供信用支持。针对这种复合型平台,有的学者认为应该承认其合法地位,并组织有效的监管。相反,也有一些学者认为,这种平台的出现是平台定位的异化和风险控制的失灵,应该限制和取缔。

2.政府监管缺乏法律法规依据

经过上文的分析可以看出,我国的 P2P 网络借贷政府监管中出现了各地标准不统一、监管套利等问题,暴露出目前我国政府监管法律法规方面并不完善,主要表现在:

(1)法律层级过低

出台的 P2P 网贷的法律规范,大多是部门或地方政府规章形式,从法律效力的角度看其等级过低,难以形成强大的威慑力。例如,目前各地出台的备案登记细则是由各地方政府制定的,适用范围仅限于本区域,而且地方政府出台的文件法律效力过低。从目前各地出台的退出指引看,多为地方互联网金融协会发布的,适用范围比较狭隘,仅限于协会会员单位,并且协会为自律组织,在强制执行力和约束力方面也有所欠缺。

(2)法律滞后

作为互联网创新的产物,现存的法律很难适用。《证券法》《商业银行法》《反洗钱法》《中华人民共和国刑法》等零散的相关法律难成体系。如何将《中华人民共和国民法通则》《合同法》等法律法规整合在一起,从而出台一部针对 P2P 网贷政府监管的专项法律,这对于我国立法者的考验非常大,立法者对于相关法律的出台一直比较谨慎,从《暂行办法》在千呼万唤之后才正式出台就可以看出来。

(3)各地法律法规标准不统一

从 2018 年开始,由各地金融监管部门负责组织 P2P 平台备案工作。从反馈来看,各地的备案标准也存在较大差异。P2P 平台的风险向某些地区转移积聚,造成更大的危机。从引导平台良性退出的过程中,虽然地方性退出指引基本构建出了退出过程的整体框架,如明确了退出程序、参与主体、报送资料清单等,但仍有如何确定退出方案是否合理、如何做到退出过程公开透明等很多细节尚待明确,各地标准也不统一。

3.中央与地方缺乏协调

P2P 平台目前存在着大量的中央层面制定的政策在地方政府具体落实过程中出现偏差,以及执法不严等问题。这些问题的产生,主要有以下三个方面的原因:

(1)中央层面监管主体不明确

根据《暂行办法》的规定,监管机构包括:国务院银行业监督管理机构、工业和信息化部、公安部、国家互联网信息管理办公室、地方金融监管部门。银监会(现为银保监会)负责制定统一的规则,指导地方政府金融方面的各项监管工作。地方金融监管部门主要负责:报送 P2P 平台信息披露文件,对 P2P 平台日常活动进行监测。工业和信息化部负责相关的电信业务,公安部负责互联网安全监管责任,国家互联网信息管理办公室负责互联网信息、金融信息服务等业务的监管职责。由此可见,我国 P2P 平台的监管主体不明确,多部门执法,责任界定不清,容易导致监管套利,影响监管政策的落实。

(2)地方金融办地位尴尬缺乏授权

目前的监管机制中由人民银行和银保监会负责顶层设计,由银保监会负责制定监管制度、引导发展方向以及指导地方金融办的监管工作,并给予一定的帮助,地方政府负责具体的政策执行,对辖区内的 P2P 平台承担监管督导责任。这种机制在目前实践中存在的问题主要有:一是地方金融办地位尴尬。由于没有中央金融办,目前地方金融办是地方政府的下设机构,从职级上对地方政府负责,在工作中要服从银保监会的指导,导致上位制度配套缺失,加之没有很好的授权机制,导致地方金融办与中央相关监管部门对接不洽;二是地方金融监管办间缺少一个沟通交流平台,导致各机构间沟通渠道不畅,信息不能共享,容易导致监管套利现象的出现;三是地方金融监管办间缺乏权威的争议解决机制,导致不同金融监管机构的监管职能不清;四是地方金融监管办之间缺少联合执法的协作,容易造成监管真空、重复监管的现象,导致监管资源的浪费,影响监管的效率。

(3)行业协会缺乏威慑力

虽然协会上线了信息披露系统,对 P2P 平台的良性退出也发布了指导性的文件,但在实际落实过程中存在着落实不到位的情况,行业协会缺乏威慑力,大部分平台并不在协会的自律监管之下,因此协会的自律监管影响的范围有限。协会对会员的惩罚激励力度不足。例如 2016 年累计停业及问题平台数量为 1 713 家,占正常运营平台数量的 41.17%,各地成立的 P2P 行业协会少有对违反自律公约的会员进行处罚的。协会对会员的违规行为不能采取严厉的惩罚措施,就会纵容 P2P 平台的违法违规行为,不但起不到自律管理的作用,还会打击合法合规运营平台的积极性。行业协会的行政色彩浓厚。从我国行业协会的发起单位来看,大多是在中国人民银行、各地金融办等主管部门指导下发起的,行业协会往往会变为下属单位,协会的自治权容易变成政府部门监管权的延伸,不仅增加了监管成本,也抑制了行业的创新性。

二、英美国家 P2P 网络借贷平台监管的经验借鉴

2005 年英国成立 Zopa 公司,全球第一家 P2P 平台成立,随后 P2P 网络借贷业务在全球范围内迅速兴起。P2P 网络借贷在债权债务关系上脱离了商业银行等传统金融媒介,是一种重大的金融创新,英美两国 P2P 行业起步较早,也形成了较为完善的监管体系,对其先进监管经验的研究,对于改进我国的 P2P 监管有重要的借鉴意义。

(一) 英美国家的特色监管方式

英美两国 P2P 起步较早,也形成了较为完善且特色鲜明的法律体系和监管机构体系,对我国当前 P2P 平台的政府监管具有一定的启发作用。

1. 英国充分发挥行业自律的监管方式

英国的监管体系由专门监管机构英国金融行为监管局和自律组织 P2P 自律协会 P2PFA 共同构成。英国作为 P2P 的发源地,P2P 借贷行业的监管最初由英国公平交易局(OFT)负责。2014 年 4 月以后,P2P 网贷的监管权力转移到英国金融市场行为监管局(FCA)。2014 年 FCA 出台了全球第一部较为规范的网络借贷监管法规——《关于网络众筹和通过其他方式发行不易变现证券的监管规则》(以下简称《监管原则》)。英国 P2P 行业的监管法规主要由法律法规和行业自律规章构成。两者共同构成了 P2P 行业的监管体系。

成立于 2011 年的 P2PFA,是全球第一个 P2P 行业自律协会,促进网贷行业准则建立、保障网贷行业消费者利益是此协会的宗旨。在此之后,P2PFA 的《P2P 金融协会运营原则》(以下简称《协会原则》)正式出台,要求会员必须严格遵守其规定,对高级管理人员资格等方面都做了详细的规定。与《监管规则》的从宏观发展角度制定监管规则不同,P2PFA 在微观领域发挥了重要作用,更注重细节,监管的原则更具体,二者相互补充,前者侧重于消费者保护,后者从平台的角度更聚焦平台经营体系建设。

2. 美国将 P2P 纳入证券监管范畴的监管方式

美国的 P2P 网络借贷市场集中度比较高,目前由 Prosper 和 Lending Club 两家公司主导整个美国 P2P 市场。这主要归功于美国的监督体系。美国将 P2P 行业

纳入证券监管的范畴,美国证券交易委员会(SEC)是美国证券业的最高监管机构,联邦层面的主要监管机构为:联邦存款保险公司(FDIC)、联邦贸易委员会(FTC)和消费者金融保护局(CFPB),以上机构协同证券交易委员会共同监管美国网贷市场,保护金融消费者合法权益是以上机构的主要监管职责。具体监管由各联邦和各州的监管机构负责,各州监管部门在实际执法中发挥了重要作用。

美国对P2P平台采取的监管方式是将其纳入既有的证券监管体系,并没有为P2P网贷行业创设单独的监管规则,而是在模式上更注重政府监管和立法规范,具体适配联邦金融监管法案。

(二) 英美国家可供借鉴的经验

英美两国的P2P业务起步较早,也都根据现有的法律体系和金融监管体系,对其采取了一系列的监管措施,P2P行业得到健康稳定的发展。我国P2P平台监管的经验有限,对英美两国现行的监管经验的研究,对我们有重要的借鉴意义。

1.完善的监管体系

美国主要由证券交易委员会、联邦贸易委员会和消费者金融保护局等机构对P2P平台进行职能监管。其监管特点主要有:监管体制完善,交叉监管明显;将P2P纳入证券业监管,强调市场准入和信息披露;明确监管分工强调对消费者的保护等。

美国证券交易委员会(SEC)是监管的主体,负责平台注册登记;各州监管机构发放相关业务经营牌照。美国的监管体系最大的特点是重视对投资者及借款人两方面的保护,对投资者的保护方面,要求平台充分落实信息披露义务,保障投资者知情权;对借款人保护方面,对借款人历史信用信息的使用和报告进行了规定,以此保护借款人的隐私权。知情权与隐私权的平衡,向来是监管法律制定中的难题,美国的成功化解值得我们借鉴。

2.健全的法律体系

英国的P2P监管法律法规主要分为两个部分:一个是宏观金融法律法规;一个是行业监管法律规章。其中,2014年FCA出台的《监管原则》是世界上第一部专门针对P2P监管的法律法规。与此同时,由于英国的P2P行业具有较强的自律性,所以英国P2PFA制定的P2P行业规章对完善其法律体系起到了很大的引导作用。

美国金融行业消费者权益保护法律体系一直处于全球领先地位,次贷危机后,该国又出台了《多德-弗兰克法案》,以及成立消费者金融保护局,该组织成立的目的在于保护金融消费者。在P2P网贷行业被纳入证券监管范围内之后,所适用的法律法规主要包括:《证券法》,要求网贷公司制定相关破产处置方案,从而保障消费者的权益;《公平信贷法》,主要用于保障参与网贷人员的公平借贷权利;《公允债务清收习惯法》等法规,要求网贷公司制定相关风险分担机制,并保护消费者隐私。

3.严格的信息披露制度

美国的 P2P 平台需要及时准确地向投资人披露与证券交易决策相关的重要信息,并且可以使得投资者能够在 SEC 或公司网站上查阅。在纳入证券监管后,SEC 对美国 P2P 平台信息披露的内容要求如下:必须向投资人详细披露包括借款人信用状况、借款金额等在内的详细信息;根据《真实贷款法案》等相关法案,P2P 平台须向 SEC 报送所有借款详细资料,SEC 监管人员对相关材料进行审核,并将审核结果向社会公示;平台必须严格按照要求定期披露月报、季报及年报。

4.完善的征信体系

在美国,信用支付的覆盖率非常高,衣食住行的各个环节都离不开信用支付。1841 年成立的"商业调查所"是全美首家征信所,自此之后经过一百多年的发展,美国的征信机构将完善的法律法规、庞大的市场需求和周到的服务联合起来,组建成以"个人""商业""资本"为主体机构的征信格局。目前,美国有完善的信用体系、FICO 评分系统,也形成了多家全球著名的第三方征信公司巨头。

5.充分发挥行业自律组织的作用

英国是 P2P 平台的发源地,截止到目前,P2P 行业保持了平稳健康发展,这与英国侧重于 P2PFA 的自律管理是分不开的。英国在发挥行业自律方面的可供借鉴的经验主要体现在:一是自律组织会员的覆盖率高,纳入 P2PFA 的会员几乎覆盖了全部市场份额,这样使得协会制定的自律协议能覆盖所有的平台,能达到最好的监管效果。二是行业自律组织是行业为了谋求健康发展自下而上制定的监管原则更具体、更注重细节,如在资金安全、信息披露、平台运营资本以及消费者投诉等方面都做了详细的规定,且体现了平台的合法权益,既做到了有效监管,防范了金融风险,又保持了平台的创新性。

三、完善我国 P2P 网络借贷平台政府监管的对策建议

为完善我国 P2P 平台的政府监管,推动我国 P2P 行业健康发展,基于上文中我国对 P2P 平台政府监管的现状总结以及原因分析,同时借鉴英美发达国家的经验,根据我国的国情,现提出如下建议。

(一) 健全监督体系

经过对目前我国 P2P 平台发展中出现的问题以及监管现状的深入研究发现，P2P 平台存在着运动式监管、执法不严、监管套利等问题，究其原因是对平台定位不准确、政府监管缺乏法律法规依据以及中央与地方缺乏协调，针对这些问题得出对策如下：

1.明确平台定位

直接转让信用中介最具代表性的平台是宜信。宜信的创始人先以自有资金贷款给借款人，然后，宜信将贷款债权拆分成多笔小额、短期的债权，包装成理财产品销售给投资人。平台销售名义上是理财产品，但实质内容却是贷款债权。

间接转让信用平台这种模式主要在线上进行，将原本不流通的金融资产转化成可流通的资本市场证券。这种模式下最具代表性的平台是陆金所，平台先和借款人建立借贷关系，此后平台并不转让贷款，而是向投资人单独发售证券。投资人认购证券成为平台的债权人，与平台发生投资关系，但与借款人没有直接的借贷关系，借款人的债权人仍是平台。①

综上，P2P 平台并不是单纯的信息中介，很多平台还具有信用中介的性质。与传统的信用中介银行、小贷公司等渠道相比，P2P 平台无国家信用背书，在风险抵御能力、流动性管理、内部控制机制方面均有缺陷。如果不能很好地引导和监管极易出现各种跑路、诈骗的现象，损害投资者的利益。如果单纯地将平台定性为信息中介来监管容易导致监管不到位，从而诱发信用危机和机会主义倾向，因此要在对两种平台正确分类的基础上进行有针对性的监管。

2.明确监管主体

关于 P2P 平台的监管主体问题，目前关于是否要全面推进"一行三会"的合并成立一个统一的监管部门，仍存在着诸多争论，但不容否认的是，打破不同金融行业的监管壁垒，构造一个高度协同的监管体系确实是大势所趋。随着混业经营与金融创新的发展，愈发凸显出金融监管的困难性和复杂性，监管部门需要全面地协调金融、司法以及信息安全等领域的力量，以应对不断出现的新情况和新问题。

可以说，目前的监管体系在 P2P 风险防控上并没有真正形成合力。因此，建议对《暂行办法》进行补充完善，进一步明确 P2P 行业监管主体，突出银保监会的牵头协调职责，落实地方金融监管部门的行政执法职能，构建有核心、有分工、有合作的立体化监管框架。只有充分明确责任主体，才能提高 P2P 监管体系的协同运作效率，保证各项政策落实到位。

---

① 刘然.我国 P2P 网络借贷平台的法律性质[J].法学杂志,2015(04):133-140.

3.协调中央与地方的关系

针对目前监管中存在的执法不严以及监管套利的问题,反映出我国现行监管机制在中央与地方的沟通协调、权责划分、官员奖惩制度等方面存在诸多问题,需要进行有针对性的改进。

(1)强化银保监会与地方金融监管机构的合作机制

目前,银保监会和地方金融监管部门在协同监管上仍存在着诸多障碍。其一,二者不存在直接的隶属关系,甚至不属于同一套行政体系,这导致银保监会对地方金融监管部门的指导监督难以落到实处。其二,二者缺乏成熟稳定的沟通机制,监管信息的交流还不够通畅。以往地方金融办并不直接承担监管职责,与监管部门并未建立起长期的信息互通机制。

(2)加大地方金融办的监管力度

由于 P2P 平台具有资金规模小、数量众多、地域上又比较分散的特点,如果单纯依靠银保监会的中央监管,受制于人员配备分支机构的缺乏,并不具有现实的可行性。建议其一,由银保监会牵头成立各地方金融办的交流机制,加强跨区域平台的信息交互、业务协调以及争端解决机制,以解决地方金融办受制于地域限制的难题。其二,从法律法规上明确地方金融监管部门的执法监督权,中央适当地将权力下放,以支持地方金融办的监管工作,提高其监管的有效性。

综上所述,要想使地方金融办的属地监管模式具体落实,应发挥中央机构在政策制定、监管细则、技术支持等方面的支持,进一步明确监管办法,对 P2P 的设立门槛、运营模式做出具体的规定,提高地方金融办的技术水平,同时应该从法律法规上明确地方金融监管部门的执法监督权,扩大相关技术人才的引进与配置,提高其稽查督导能力。只有充分支持地方监管部门的机构和队伍建设,才能真正把 P2P 监管做到落地有声。

(3)构建官员的约束激励机制

构建官员的奖惩机制,根据官员的日常行为进行考核,对失职的官员进行考核扣分、奖金扣减等惩罚措施,对工作绩效高的员工进行多种形式的奖励。构建第三方监督平台,加强社会力量对官员执法行为的监督,约束官员的不作为甚至渎职行为,形成全方位立体的监督机制,以切实减少官员机会主义的倾向,切实提高地方政府对 P2P 平台监管的效率。

(二)健全法律法规

P2P 平台是依托互联网进行服务工作的,各地标准不统一容易造成监管套利,应加大中央的监管力度,形成全国统一的监管标准、制度标准、执行力度标准等。我国现行法规确定了金融机构的类别及其经营范围,建议尽快由央行牵头,同三会讨论,共同制定《互联网金融监管暂行办法》,对 P2P 平台涉及的业务、进入与退出机制、信息披露制度、征信制度、三方托管业务等进行完善,以及对违反者的惩处措施。

1. 制定平台的进入及退出机制

作为互联网金融行业,P2P 平台的投资者是通过互联网聚集起来的不确定的人群,因此,在构建市场准入机制时,要对 P2P 平台设立一些准入条件,具体包括:第一,资金门槛,对从事 P2P 网络借贷业务的平台必须要有一定数额的注册资本、营运资本要求,并对经营范围设立严格标准,借鉴英国 FCA 监管经验,根据 P2P 平台的业务规模大小,在兼顾风险和收益的基础上,对平台营运资本设置最低要求。第二,制定行业从业人员准入标准,对平台发起人自身资质、高管任职资格做出要求,具体可以参考证券从业人员的标准。第三,相关企业申报时要有完备的风险控制方案。具体包括合规风控人员的编制以及具体的应急预案,以降低运营风险。

为保护投资者的合法权益,保证 P2P 平台在停业后原有借贷合同的履行,建立行业的退出机制至关重要。建议首先,由监管部门制定统一的退出原则和标准,包括触发条件、既存借款标处置办法、清算相关事宜等;根据平台运营中的风险程度采取限制业务、暂停营业、破产清盘等方式的风险处理机制,引导平台有序退出。其次,对投资者的合法权益加以保护,要求平台设立风险准备金,以保障平台未到期合同的履约,达到平台清盘后良性退出的目的。最后,加强对 P2P 平台在良性退出期间的监管,防止出现毁灭信息记录、关停网站、卷款跑路等恶性事件。

2. 建立准确全面的信息报告和披露制度

充分的信息披露,对降低投资者对平台的不信任、提升平台人气有正向影响,具体表现在:对财务信息的披露,有利于让投资者了解平台的真实运营情况,对非财务信息的披露,如高管信息、风控措施等,也可以提高投资者对平台的认知度,而且有利于规范 P2P 企业的守法经营。

(1)建立 P2P 平台信息披露责任追究制度

长期以来,P2P 平台以恶意篡改信息、粉饰报表、虚假传播等方式吸引客户投资,这样的信息披露不仅不能降低信息的不对称性,还会影响投资者的主观判断,给投资者及网络借贷行业带来巨大风险。对此,银监会发布了《信息披露指引》,但网络借贷行业并没有因此得到改善,建立 P2P 平台信息披露责任追究制度,有利于缓解 P2P 平台与参与者之间的信息不对称,是对于投资者的切实保护。建立 P2P 平台信息披露责任追究制度,首先,应明确 P2P 平台信息披露的责任承担主体。其次,对于信息披露的违规行为,坚持"过错推定"原则,即只要披露的信息存在重大遗漏和虚假陈述,就可以推定该平台信息披露的责任承担主体具有过错。最后,落实信息披露违规行为执法,加大处罚力度。法律上有句俗语:有法不依,等于无法。落实信息披露违规行为执法,加大处罚力度,是对于违法平台和个人最有力的约束。

（2）建立并完善用户投诉和诉讼机制

第一步,明确投资者的投诉权利,并且对于投资者的投诉途径加以规定。之所以说网络借贷市场具有一定的特殊性,是因为对于平台信息来说,投资者只能被动地接受。在网络借贷市场上,平台所发布的信息是投资者决策的重要依据,如果平台所发布的信息不准确或者具有欺诈性,将给投资者带来不同程度的损失,从而使自身利益遭受损失。

第二步,就是从立法的角度建立投资者诉讼机制。在网络借贷市场上,P2P 平台扮演的角色是第三方中介机构,即我们常说的经纪人。他们是投资者和借款者之间的连接点,在整个活动中作用较为突出。如果他们发布了错误或欺诈的信息,不仅可能使投资者蒙受损失,而且可能使整个市场的正常秩序受到破坏。

（3）完善法律法规,建立信息披露审核制度

对于平台披露的信息的具体内容也存在着很大的缺陷。一是信息内容的完整性,很多信息都是片面的,这样使投资者不能很好地掌控市场情况。二是有的信息存在一定的不实,容易误导投资者。三是信息披露的形式不规范,没有统一的标准。以上的情况都对网络借贷市场的良性发展存在着一定的掣肘。因此建立一套完整的市场信息披露制度是很有必要的。

根据当前的情形,可以考虑从以下几方面着手建立完善的信息披露制度。对于平台而言,除了严格依照《信息披露指引》的规定外,还应该及时跟踪市场状态,了解投资者的关注热点,想投资者之所想,急投资者之所急。平台可成立专门的部门负责信息披露工作,对于即将披露的信息严加审核,确保信息的完整和准确。

3.建立完善的征信体系

在《暂行办法》中对于"征信管理"方面,规定网络借贷信息中介机构应当加强与金融信用信息基础数据库运行机构、征信机构等的业务合作,依法报送、查询和使用有关金融信用信息,但在具体细则方面仍待加强。从现实情况看,我国目前的征信系统仍无法满足 P2P 行业发展的需求,具体表现为:目前我国的征信信息来源主要是中国人民银行的征信系统,由于 P2P 平台的大数据信息并不能全面接入中国人民银行的征信系统,对未被纳入的公司来说,仍然无法查询借款企业的负债信息,难以有效规避借款人重复贷款的行为,无法消除信息不对称问题。针对此问题,中国互联网金融协会同腾讯、深圳前海、考拉等 8 家征信公司共同筹建百行征信公司,简称"信联",并向央行提交个人征信业务申请,于 2018 年 1 月获得受理,进入实质性阶段,标志着我国的征信体系开始了市场化的重大变革,大数据征信系统与传统征信体系的结合将构建起全面的征信体系,有利于推动我国 P2P 行业的

规范发展。

4.引入第三方托管制度

《暂行办法》中规定了 P2P 平台应与商业银行合作,将自有资金与客户资金隔离,并实现资金存管。资金存管是指为 P2P 平台的投资人、借款人分别设立账户,平台将相关的交易资金存放于银行,银行不需要承担监督责任,只需要完成资金清算等事宜,此时,平台可以随时转取资金。在这种模式下,三方存管并不能阻止平台恶意挪用客户资金、非法集资等违法行为,仅仅以三方存管来实现对 P2P 平台资金的监管是远远不够的。为了发挥好银行对 P2P 平台资金的监管作用,提出建议如下:第一,引入第三方托管制度。第三方资金托管指的是第三方机构除了为 P2P 平台的借款人、投资人开立账户,完成资金清算交收外,还要监督资金的来源以及去向的合法性。在这种监管模式下,P2P 平台无法直接接触客户资金,在我国目前的情况下,商业银行具有强大的资金实力以及严密的监督体系,是最适合的托管第三方。第二,监管部门应尽快建立 P2P 平台的风险准备金制度。借款人出现逾期不还或集中兑付等情况,会导致平台出现较大的流动性风险,风险准备金制度的设立能帮助平台及时垫付度过危机。根据融资规模的大小设立风险准备金的标准,根据对平台的分类执行分层的风险准备金标准,对于信用中介平台要适当提高标准。风险准备金制度也增加了 P2P 平台的违法成本,有利于平台的合法经营。综上,第三方托管制度和风险准备金制度是我国 P2P 平台的监管的重要举措,为何迟迟没有推行,究其原因是这两种制度会大大增加平台的资金成本,有些资金实力小的平台会被迫退出,但从英美等国的经验来看,两国都在提高了平台的门槛、加强监管后,平台企业实现了优胜劣汰,最终留下的是实力雄厚、风控严密的大型平台,也有利于整个行业的规范运营。

(三)发挥行业协会的作用

P2P 网贷是依托互联网技术发展起来的,是金融创新的产物,仅仅依靠政府的行政手段的监管,一方面会造成监管的过度,抑制企业的创新发展,影响行业的活力;另一方面,作为行政监管的手段,容易造成很多企业监管不到位,违法违规平台依然屡禁不止,因此单纯依靠政府的监管无法达到最优的监管效率。笔者建议学习英国 P2P 行业自律监管的经验,构建政府监管与行业监管相结合的监管模式,充分发挥行业监管的力量。

1.赋予行业协会相应的权力

2015 年 12 月 31 日中国第一个全国性的 P2P 行业自律组织——互联网金融协会成立,该协会自成立以来发挥了一定的行业自律作用,但由于缺乏一定的授权,目前发挥的作用有限,需要监管部门适当地授权,在 P2P 平台政府监管的法律依据中构建起完善的行业协会与政府监管的有效衔接机制,强化行业监管组织的威慑力,适当赋予行业监管组织行政处罚建议权。行业协会发现会员单位出现违法违规操作等违反行业自律规范行为的,行业监管组织可以建议会员单位进行整改,对于拒不整改的,行业监管组织有权提出对该会员单位进行行政处罚的建议,建议政府监管部门做出行政处罚的决定。

2.发挥好行业协会的规范引导作用

由于 P2P 行业的业务模式具有一定的特殊性,政府监管部门的常规监管手段难以充分发挥作用,在风险管控过程中缺乏有力抓手,这在客观上要求行业协会应更加积极地发挥自律管理职能,在行业内部形成合法、合规、合理的业务规范。首先,政府监管部门在制定和完善行业监管规则的过程中,要充分听取行业协会的意见。相较于监管部门,行业协会作为会员型社会组织更加贴近于 P2P 平台的具体实践,更加了解 P2P 行业的流程模式以及关键风险点。行业协会可以通过业务交流和实地调研掌握第一手资料,为监管部门的规则制定提供现实依据的支撑。其次,监管部门应协助行业协会推进 P2P 平台业务流程的标准化。P2P 行业虽然经历了一段时期的快速发展,但仍然存在着业务模式混乱的现象,各平台在宣传、展业、征信、收费以及网络安全等方面缺乏统一的业务规范。这既不利于行业本身的长期健康发展,同时也给监管部门的集中管理和风险管控造成了极大的困难。监管部门应与协会合作,结合 P2P 行业的业务特征和发展规律,制定出一套贯穿始终、行之有效的标准化业务规范,使 P2P 平台的业务开展有章可循,同时也能够降低业务不规范带来的操作风险。最后,应充分发挥协会的自律职能,针对 P2P 从业者制定相关行为规范并严格执行。

3.协助行业协会搭建同业交流和信息共享平台

行业协会组织的同业交流可以帮助会员企业了解同业发展动态,总结行业发展的经验与教训,提高经营决策的科学性。P2P 行业作为民间借贷与网络技术相结合的新兴事物,在业务发展和风险防控方面尚缺乏足够的经验积累,因此同业交流和信息共享就显得尤为重要,应当引起监管部门以及行业协会的充分重视。对于政府监管部门来说,首先,应当积极参与 P2P 行业协会组织的交流座谈活动,一方面向平台管理者传达金融风险防控的精神与理念;另一方面听取平台管理者的实践经验与意见反馈,引导他们共同摸索行业发展道路,探讨风险防控的破局思路。在监管部门的重视下,同业交流可以成为 P2P 行业风险防控经验萃取沉淀的长效机制,为 P2P 行业的长期健康发展保驾护航。其次,政府应提供技术支持,协助行业协会建立信息数据共享平台用于业务数据的收集,同时鼓励协会充分利用大数据技术对共享数据进行信息挖掘,剖析 P2P 行业发展的趋势和规律,识别潜在的风险。此外,还可以以信息共享平台为依托,构建和完善第三方征信体系,这样既能够提高信息校验和风险控制的准确性,又能够降低企业成本。最后,政府应当与行业协会合作,推动针对 P2P 行业监管痛点与难点的课题研究。目前我国 P2P 行业的发展方向还不够清晰,风险防控的思路尚未理顺,一些核心问题亟待研究解决。政府应当提供课题经费,由行业协会搜集一手资料,组织业内专家对 P2P 平台监管问题进行深入研究,为政府部门监管决策提供智力支持。

辽宁 X 公立医院医疗服务质量提升策略研究

曹馨元

（学号：1120172384）

健康，是每个国民的立身之本，也是一个国家的立国之基。随着经济社会的不断进步与发展，医疗逐渐成为百姓持续关注的民生问题。在医疗体制改革的背景下，面对百姓"看病难、看病贵"、医患关系持续紧张等重点难点问题，医院面临着机遇与挑战。如何抓住机遇，迎接挑战，通过树立"以人民健康"为中心的发展理念，不断提高医疗服务质量，努力实现社会效益与运行效率的有机统一，强化公立医院引领带动作用成为公立医院健康持续发展的关键。

一、辽宁 X 公立医院医疗服务质量提升现状分析

通过对医院服务现状的了解和掌握，确定调查问卷的要素维度以及权重设置，设计符合医院实际发展情况的医疗服务质量调查问卷，对医院医疗服务质量取得的成效以及存在的问题展开调查分析。

（一）辽宁 X 公立医院简介及医疗服务现状

前期对医院的基本情况和服务现状的基本了解，为接下来的医疗服务质量评价问卷设计、发现存在问题并制定解决对策提供现实依据和研究基础。

1.辽宁 X 公立医院简介

医院始建于 1975 年,是集肿瘤防治、科研、教学为一体的省级肿瘤防治中心,是辽宁省癌症中心、辽宁省肿瘤防治办公室和辽宁省抗癌协会依托单位。为积极打造院校合作平台,向临床研究型医院迈进,医院 2012 年成为大连医科大学临床肿瘤学院,2015 年成为中国医科大学肿瘤医院,是中国医科大学、大连医科大学、辽宁中医药大学、沈阳药科大学和辽宁医学院研究生培养基地。

2.辽宁 X 公立医院医疗服务现状

在基础设施方面,医院占地面积 43 000 平方米,总建筑面积 144 955 平方米,编制病床 2 330 张。

在人才队伍方面,医院员工 2 084 人,拥有卫生专业技术人员 1 799 人,其中拥有国务院政府特殊津贴专家 25 人,国家卫生计生委突出贡献中青年专家 2 人,辽宁省优秀专家 6 人,辽宁省优秀科技工作者 12 人,国家百千万人才工程百层人选 1 人,辽宁省百千万人才工程百层人选 18 人、千层人选 16 人、万层人选 14 人,当选"辽宁名医"3 人、"辽宁青年名医"2 人。博、硕士生导师 155 人次。在国家学术团体任副主委 25 人、常委 50 人,省级学术团体主委 46 人、副主委 66 人。

在设备配置方面,目前拥有医疗设备一万余台(套),设备固定资产 4.55 亿元。其中拥有 Tomo 刀、PET-CT、高档多层螺旋 CT、大口径 CT、3.0MR、直线加速器、ECT、DR、DSA、全数字化平板乳腺成像系统、3D 胸腔镜、放射治疗计划系统等百万元以上设备 80 余台。先进的医疗设备为医疗诊断的准确、高效提供了保证。

总结辽宁 X 公立医院在提升医疗服务质量采取的主要措施以及相应取得的成效,结合上文在问卷调查分析中体现的各维度指标满意度结果,分析辽宁 X 公立医院医疗服务质量存在的主要问题,剖析问题存在的原因。

(二)辽宁 X 公立医院医疗服务质量提升所采取的举措与成效

辽宁 X 公立医院在原有发展基础上,在诊疗模式、医院管理、信息化建设以及文化辐射的层面上,采取了系列提升医疗服务质量的举措,并取得了一定的成效。

1.辽宁 X 公立医院医疗服务质量提升采取的举措

在诊疗模式上,以患者为中心的创新服务模式,规范临床诊疗、提高医疗服务质量,以期为患者带来更佳的临床获益及体验。建立以患者为中心的人文医疗,大力推广院级专家会诊 MDT 诊疗模式。从患者受益的角度出发,优化就诊体验;制定个体化治疗方案,减少重复性服务,提高服务的协调性;增强患者对既定治疗方案的依从性,提高患者的情绪和心理支持。设立肿瘤患者心理门诊,对心理承受能力较弱的肿瘤患者进行心理疏导和治疗,减少心理压力和负担,让患者树立战胜疾病的信念,保持积极乐观的态度配合治疗。

在医院管理上,加强与联盟医院之间的联系,有步骤、有重点地开展联盟医院及医联体的分级诊疗工作。院长深入临床一线行政查房,倾听患者与职工需求,掌握科室运行情况,对于科室存在的问题和患者提出的建议,督促落实整改。积极开展员工的廉政建设教育,杜绝员工存在不合理收费、收受红包等不规范行为。

在信息化建设上,充分运用现代化信息技术,大力推广预约诊疗服务,从而满足不同层次患者的需求。通过电话及网上预约的方式预约挂号,缓解了患者在高峰期就诊的压力,节约了患者的时间成本。同时新增检查结果自助打印功能,领取结果时间更有自主性,优化患者的就医体验。

在文化辐射上,医院作为全国科普教育基地,积极为百姓及患者进行肿瘤治疗与预防的科普教育知识宣讲,每年举办院内健康大讲堂 70 余场,院外讲座 15 场,充分践行了大型医院的责任与担当。充分发挥医院自媒体的文化辐射功能,通过微信订阅号、官网、微博向患者展示医院发展风貌,宣传癌症科普知识。

2.辽宁 X 公立医院医疗服务质量提升获得的成效

在就诊患者数量方面,本年度与去年同期出院患者数量提升了 12%,门诊患者的数量提升了 8.7%,医院手术量提高了 21.2%,医院各项数据稳步提升,重点难点手术诊疗质量稳中有升。这些都反映了医院医疗技术水平、医疗服务质量在就诊患者中得到一定程度上的满意与认可。

在学术影响力方面,医院搭建医务工作者、医学科学研究者、医院管理者的学术交流平台,逐步建立起医院主导、各临床科室协同办会的模式,形成了"三个确定"和"四个一流"的主旋律,即在确定时间节点、专业方向、学术活动形式的基础上,聚集一流的专家、形成一流的组织、利用一流的宣传、打造一流的影响力,不断为我院各学科发展营造氛围、搭建平台。在 2018 年组织承办中国肿瘤学大会,大会为推动肿瘤整合医学的进步、促进我国肿瘤防治事业的发展做出巨大贡献。

在践行社会责任方面,公益性始终是公立医院文化的核心属性。医院以改善民生、提升医疗服务、扩大公共服务为目的,促进社会公平正义为己任。落实新医改各项方针政策,探索各种合作办医模式,采取差异互补发展策略,携手医疗联盟机构,开展义诊、培训、癌症筛查,为实现诊疗的同质化的目标将分级诊疗落到实处,践行了公立医院的社会担当,在辽宁省肿瘤防治工作上有一定的社会影响力和社会认可度。

辽宁 X 公立医院作为大型公立医院,始终承担着公立医院的担当与责任,在人文关爱的氛围中向肿瘤患者提供优质的医疗服务,在追求卓越的脚步中致力于肿瘤疾病的临床与研究,在医疗体制改革的浪潮中建设区域示范水平的临床研究型现代化肿瘤诊疗中心。

(三)存在的主要问题

通过调查研究分析得出在患者感知医疗服务层面,辽宁 X 公立医院在服务流程、服务态度、总体感受、就医环境要素上的患者满意度比较低。在职工感知医疗服务层面,辽宁 X 公立医院在薪资待遇、医院建设、日常工作、医院管理维度上,将患者及职工的满意度结果相结合,可将辽宁 X 公立医院医疗服务质量提升存在的主要问题归纳如下:

1.医院环境与基础设施建设不到位

在外部环境方面,医院作为每日承接就诊患者量 2 000 余人的大型公立医院,其占地面积及空间比较紧凑,各个病房大楼和门诊大楼间隔比较小。医院环境规划的还是以满足肿瘤疾病诊治为主,忽视了患者作为顾客享受服务的重要性,缺少可让患者放松身心的植物绿化及人性化的服务区,例如:咖啡厅、读书角、文化长廊、儿童休闲区等。在交通及停车便捷度上,医院地处小河沿路,毗邻另一家大型综合医院,门前道路狭小、车流量大,交通拥堵造成患者就医交通不便利。同时医院占地面积小,没有设置地下车位,虽然医院前期发出"职工将车位让渡给患者"的号召,但是患者前来的就诊车辆往往在就诊高峰时段在医院门口排成长队,患者或家属将车停进院内十分困难,有的患者为了不耽误就诊,只能提前下车步行入院。

在内部环境方面,在一些便民服务的设置上,还没有实现精细化服务,比如电梯、便民服务站、热水提供点、指引牌的设置。在医院的内科楼电梯使用年限较长、返修次数多、承载人数相对较少,造成医院电梯资源的浪费。便民服务站的设置不醒目且主要设置在病房或者门诊楼的一楼,在其他楼层并没有设置,在患者寻求就诊地点帮助时,往往缺少导诊或者服务人员告知,甚至有的患者来回上下楼。指示牌的悬挂和张贴位置存在指示告知功能不醒目的问题,一部分的指示牌仍是沿用以前的指示牌,没有更新,误导患者就诊。

2.就医流程烦琐且等待检查时间长

从医院诊室布局上来看,门诊 5 号楼内部空间较大,诊室分布相对分散,患者缴费、就诊、开药、检查需要上下楼来回往返,没有做到有效的引导与分流,患者的就医体验受到影响。患者反映没有渠道进行意见反馈和问题投诉,实际上是由于医院投诉反馈部门的位置设置上离患者就诊区域较远,不便于患者将直观感受与投诉直接快速地予以反映。

从就医流程上来看,患者就医流程设置不合理,患者门诊就诊的基本流程是门诊挂号—候诊—就诊—缴费—再次候诊—检查—再就诊—开药或者住院等。患者在挂完号准备就诊时需要排队进行等候,医生进行初步的诊断后需要进行预约检查,检查诊室或者预约窗口仍然需要排队,若当日检查结果出来,还需要返回诊室重新排队进行就诊。若需要用药或者下一步住院的患者还需在缴费、取药和住院手续窗口排队等候,大多数初次就诊的患者不熟悉就诊流程,还存在找不到窗口位置、排错队的现象。

从就医等待时间上来看,大部分患者还没有预约诊疗、提前预约挂号的意识,将就医时间大多集中在一周当中的前几天,一天当中的上午时间,造成患者就诊需要排队,等待检查化验时间较长,一些辅助诊断的检查,甚至将检查的时间预约到几天后,给马上需要进行手术治疗和外地来院就医的患者及家属带来不便。

3. 患者对医疗费用有一定压力

辽宁某公立医院有重大疑难病的特点,诊治难度及强度比较大,患者个人承担全部的医疗费用压力相对较大。医疗卫生体制改革以后,药品实施零加成,减少了患者对于药品费用的负担,但是部分抗癌靶向药品、生物治疗及高精尖检查设备还未列入医保报销范畴,且药品、治疗及检查价格单价较贵,致使有经济负担的患者在疾病治疗上有消极情绪。

同时存在个别医生存"乱收费、乱开药"的不规范诊疗行为,给患者开具不必要的检验项目以及疗效相同但药价高昂的药品,患者就医成本变相升高,给患者造成了医疗费用的压力。虽然医院有相应的惩处方案,但是效果不明显。

对于医院的各项收费没有明确的标准和明晰的公示,例如,门诊专家挂号费、医院常用药物、诊断辅助检查的收费标准。患者存在对医院收费不规范的担忧。

4. 职工服务意识观念缺乏主动性

在导诊人员服务意识上,医院的导诊人员的聘用方式是第三方机构派遣,人员对待患者的基本素质、行为礼仪和服务态度还有所欠缺,导诊人员缺乏医院系统的行为规范的约束与培训。大多数导诊人员只是站在导诊台进行一个方位的指引作用,并没有主动地为患者提供贴心式服务。

在窗口服务人员的服务意识上,窗口服务人员是患者对医院最直接、最直观的第一印象。对于第一次就诊或者外地患者不熟悉就医流程的情况,窗口服务人员往往只完成本职工作,疏于解答患者的疑问,造成患者就医感受不佳。

在医务人员服务意识上,医务人员的服务理念大多医疗技术诊治的提供方,而没有转变为医疗人性化服务的供给方。部分医务人员没有从患者的利益出发,换位思考患者就医治病的急切心理。有时候对于患者的疑问认为没有必要,疏于耐心细致地讲解和心理疏导。

5. 医院文化培育及人文关怀不够

医院文化品牌的打造上,医院很少提供给员工参与医院管理与发展的机会,因此员工没有医院发展命运与我相关的主人翁精神,员工缺少对医院文化的归属感和认同感,在工作岗位上缺少主动服务、积极作为的意识。

职工的人文素质培养上,医院采取的医德医风教育培训和医务人员职业规范培训只停留在形式上,职工培训后缺少培训吸收、观念转变、文化认同、内外于心、外化于行的过程,且没有相应的监督考核评价机制,使培训内容流于形式。仍存在员工服务理念和意识淡薄,甚至个别职工出现收受红包、药品回扣、乱开检查等不规范诊疗行为。

职工的激励与保障机制上,职工普遍认为自身的工作强度与薪酬福利不对等,在发生医疗纠纷时,医院提供的安全保障措施不完善,影响了员工工作热情和积极性。

(四)存在问题的原因分析

针对辽宁某公立医院医疗服务质量提升过程中出现的医院环境与基础设施建设不到位、就医流程烦琐且等待检查时间长、患者对医疗费用有一定压力、职工服务意识观念缺乏主动性、医院文化培育及人文关怀不够的问题,经过认真的分析,归纳起来有以下几个主要原因:

1.医院占地面积空间及周围交通限制

相对于较大的患者数量和医院体量来讲,医院占地面积小,基础建设和其他功能区的设置不足。医院当前处于改扩建过程中,规划的全部功能区和布局并没有完全展现,影响患者就医感受。

医院正门的马路狭窄,毗邻另一家大型综合医院,就诊高峰期间,交通拥堵现象时有发生。同时院内的空间有限,院内车位数量特别少,患者行动不便且为了就医方便,大多数是乘坐私家车前来就诊,在医院门口进入的私家车辆大多数需要排长队入院。

2.患者就医流程与资源配置不合理

患者在缴费、取药的窗口等待时间过长且等待检查化验的时间也过长,问题归咎于医院在门诊质量管理上仍有所欠缺,缺乏门诊质量监控的系统性与连贯性。医院信息化进程中预约诊疗、掌上支付平台支付等内容还没有广泛普及,患者就医时的流程太过于烦琐,造成患者在诊室和缴费窗口之间来回往返。在门诊空间资源配备上,诊室布局比较分散。在出诊人员配备上,没有形成按照患者需求、患者就诊量随时更新出诊医生数量。

同时医院缺少相应的过程质量指标的监控,观察患者复诊率和医疗差错率,动态监测医院平均门诊人次医疗费用,药品占门诊医疗收费比,患者满意度的调查与随访等。

3.医院疑难病诊治特殊性及诊疗行为收费不合理

患者对医疗费用的压力的满意度反馈主要集中在诊查和药品费用收取方面。辽宁某公立医院主要是集重大疑难病诊治与预防于一体,相对于其他综合医院有病种复杂且手术难度大的特殊性,相对于普通的发烧感冒、低风险的病情,收费的标准也普遍要高。同时医院对常用药品价格、专家诊疗费和检查化验费向患者公示不清晰,患者存在医院收费无标准的困惑。

医院医德医风教育仍没有落实到位,惩处力度还不够,存在个别医务人员的不规范诊疗行为造成的不合理收费,开取不必要的检查、药效相同但价格高昂的药品等。

4.医院人文关怀与激励机制不到位

患者对医务人员服务态度的不认可,与医院员工认为医院给予的薪酬福利、工作时长、安全保障等激励和保障机制不到位是有必要联系的。薪酬制度是职工最直观感知医院对其的认可与鼓励的方式,目前员工认为医院给予的工资和绩效奖金与自己的劳动强度不成正比,医务人员对工作的积极性就不高,对患者主动服务的热情不高。职工满足于完成本职工作,不会设身处地地为患者着想,同时连带患者对医务人员的满意度不高、就医的体验不佳。

5.医院的科普教育与对外宣传力度不够

医院在患者感知医疗服务质量提升的调查中,患者对医院的总体评价和感受满意度相对较低。主要是因为患者与医院在医疗专业知识、肿瘤疾病诊治上存在信息不对称的特点,患者对医院和对病情的了解有时候仅靠生活经验或者在网上进行查询,但由于生活经验和网上医疗诊疗结果没有专业性且每个人的潜在症状不同,诊断也不相同。当医院给予专业的医疗诊断时,患者会与之前的预期进行比较,如果诊断不一致或者诊疗费用较多,那么会影响患者对医院的总体评价

这就表明医院平时对于自身的宣传和品牌的打造力度不够,患者对医务人员的诊断和治疗不信任,医院应该加大对外的科普教育,普及疾病预防、诊治和康复的科普知识,与此同时向外宣传医院正能量、体现医院综合实力的新闻,让患者了解疾病常识、对医院诊疗能力和技术水平更加认可,更乐于向周围的亲戚和朋友推荐在该院治疗。

二、国外与国内其他地区公立医院医疗服务质量提升的经验借鉴

充分了解国内外其他地区公立医院医疗服务质量提升的现状,对辽宁某公立医院医疗服务质量提升具有重要的指导和借鉴作用。

(一) 国外公立医院医疗服务质量提升概况

通过借鉴国外具有权威性的公立医院提升医疗服务质量的经验做法,汲取经验教训,更好地为患者提供优质的医疗服务。

1.美国克利夫兰诊所:远程医疗和患者远程监测

远程医疗是一项致力于提高患者满意度,优化患者就医体验,进一步满足患者个性化需要的全新医疗服务,其目的是在降低患者就医费用以及医疗成本的基础上,提高医疗诊断及治疗水平,使患者获得更好的医疗服务。该服务是借助信息技术、遥感、遥控等手段,充分发挥大型医疗机构的先进基础设施及医疗技术的作用,对就医条件和医疗环境较差的地区的患者实行远距离的咨询、诊断、治疗及康复指导。随着当今社会数字信息及智能设备的迅速普及,远程医疗服务已经从传统的医疗服务模式转变为"以患者为中心"的更加多样化的阶段,该阶段数据传递的内容也逐渐扩展到了电子病历、检验结果、医学影像数据等实时体征数据。

美国作为世界上远程医疗服务最发达的国家,从20世纪50年代末就由学者进行最早的应用,在经过了60余年的发展历程,远程医疗服务已经日渐成熟。

克利夫兰医学中心作为美国顶级医疗机构,心脏内科是医院的优势学科,连续多年在全美心脏专科排名第一。其提供的远程医疗服务以广覆盖的互联网技术为基础,以大学为依托为远程医疗发展提供技术支持;以区域医疗资源整合为管理核心;利用人工智能和大数据技术来提供医疗个性化服务。美国克利夫兰借力远程医疗服务,把专业的、优秀的医疗资源带到能使用互联网的世界任何一个地方,带到任何一个患者的手中。这种服务模式不再受地域的限制与影响,从而满足患者对医疗服务的需求,提高医疗服务质量。而在国内,远程医疗的技术还不够成熟和完善,这也是下一步实现远程医疗服务的基础条件,同时也是践行国家分级诊疗制度的必备条件。

2.日本大学医学部附属板桥医院:运用完善的第三方服务评价

在医疗服务评价以及医疗服务质量提高方法上,运用第三方评价机制是截止

到目前比较先进的医疗服务评价方法。这种评价方法具有克服公共部门及医疗机构在进行医疗服务质量满意度调查的过程中调查者既是的"运动员"又是"裁判员"问题的优势,使获得的满意度结果具有一定的公正性、客观性和科学性。

日本 JCQHC 医院审查是国际上比较成功的第三方评价模式,这种运行机制在不断的完善与改进当中,形成了一系列的标准以及制度,为客观反映医疗机构的医疗服务水平、提高医疗服务质量发挥一定作用并取得显著的成效。日本 JCQHC 医院审查是建立在多纳伯迪安对于医疗服务质量的定理论基础上的,该机制对于医疗服务质量的提升研究主要从 3 个维度进行考量,分别是结构、流程和流程。同时在这 3 个维度的基础上确定了第三方评价的具体标准及指标体系。具体指标主要包含 6 个方面内容:一是医院的运营和所承担的角色;二是患者权利、患者安全和诊疗服务质量;三是疗养环境和患者服务;四是组织管理;五是追求质量和安全的护理过程;六是医院管理。

3.德国海德堡大学综合医院:实行门诊与住院患者相分离

实行门诊与住院相分离的政策是落实国家分级诊疗制度的有力举措,有利于医院缩短平均住院日,提高医院床位的周转效率以及医院运营效率,为患者提供更方便、更快捷的医疗服务,进一步践行了大型公立医院的社会担当,提高了医疗服务质量。

作为大型的公立医院(包括综合性医院或者专科医院)将医院的主营业务主要集中在提供住院服务、对需要高水平医疗技术的疑难病诊治的服务上。对于一些简单、治疗难度低的病症医院将采取将医疗资源转移至下级医疗联盟医院进行诊治。这样使得患者缩短就诊等待时间,减少患者在基础检查方面的开销,提升医疗服务体系的运转效率,减少医疗资源的浪费。

德国海德堡大学综合医院实行门诊与住院患者相分离的方式,破除传统的"领地"观念,与附属医院或下级联盟医院建立顺畅的转诊机制。附属医院或下级联盟医院把自己处置能力范围以外的病人向上级医院输送,而该医院主要集中优质医疗资源治疗具有疑难病或需要较高医疗需求的病人。在解决完疑难问题后,把出院后需要康复与疗养的病人往下级医院输送,尽可能将医疗资源的使用效率发挥到最大,各类医疗资源相互合作、互惠互通,使患者在其间合理调配及流动,实现患者在医疗诊断、治疗、住院、康复等重要环节上闭环管理,让患者在空间上节省了就医的路程奔波,在时间上把握住了最佳治疗时机。

(二) 国内公立医院医疗服务质量提升概况

学习研究国内医疗技术能力和服务水平处于优势的首都医科大学附属医院、台湾坜新医院和四川大学华西医院的先进管理举措和经验做法,从而更好地取长补短,发挥优势,提高医疗服务质量。

1.首都医科大学附属医院:将员工视为内部顾客

内部营销将员工视为顾客,强调满足员工个体需求及员工个人发展,力图在组织内部打造一种公司与员工的合作伙伴关系,实现医院与员工的双赢。

患者作为医院的外部顾客,是独立于医院之外的组织及个体。医院提高医疗服务质量的核心问题是提升外部顾客的满意度。但医院的员工作为医院的内部顾客,作为医疗服务的提供方,更好地为患者提供医疗服务,在医院的管理与发展中也起着至关重要的作用。首都医科大学附属医院在管理层以及行政管理部门层面,就给予一线员工及为患者提供服务的员工以足够的支持与尊重,为临床一线医务人员提供强有力的内部协作服务。而这些为员工工作和生活带来便利的举措,使员工的工作热情进一步提高,同时间接地作用到患者身上,为患者提供更优质的服务。

首都医科大学附属医院把医院的员工视为内部顾客,强化对内部员工的关心和培养,提高内部服务质量,增强员工的满意度,提高员工对医院的认同感和归属感,降低员工流失率。员工满意度及归属感的增强,无形中会驱使员工积极主动地提高服务等的质量,为患者创造更多的价值,最终形成外部顾客患者对医院的满意度及忠诚度的提高,医院的运营能力增强,市场竞争力得到巩固和提升。

2.台湾圻新医院:运用精细化品质管理

在台湾圻新医院品质精细化管理已经无形中形成了一种医院文化,通过内部机制和外部机制共同推进,逐步提升品质。多元化的品质改善工具和教育训练,让品质改善活动在医院普及。在圻新医院,品质改善活动覆盖医院的所有科室和员工,科室通过改善专案来逐步提升自己的工作品质,员工提案制度更让每一位员工参与到医院品质管理当中。

区别于大多数医院行政科室的质量管理可以说是比较薄弱的环节,圻新医院在行政职能科室的品质管理上,运用平衡计分法和品质改善专案做行政职能科室的品质管理。平衡计分法重视团队的绩效管理,从财务、顾客、内部流程、学习成长四个层面审核部门的工作品质,每一位员工都有自己的工作计划,主管会定期审核、督导完成情况。行政职能科室还通过各种品质改善活动,如品管圈QCC,提升行政效率,改善服务水平。

以精细化质量管理工具为导向,运用品质管理工具从表面现象挖掘根本原因,从中发现系统性的问题,通过病人安全管理委员会定期对不良事件进行分析、讨论,完善作业流程,并培训到每一位员工,保证作业流程"落地",从而达到持续改进。运用科学的质量管理工具从表面现象挖掘根本原因,从中发现系统性的问题,通过病人安全管理委员会定期对不良事件进行分析、讨论,完善作业流程,并培训到每一位员工,保证作业流程"落地",从而达到医疗服务质量持续改进的目的。

3.四川大学华西医院:优化门诊挂号服务流程

在提升医疗服务质量的议题当中,四川大学华西医院将提高重点放在了门诊服务上。门诊服务是医院接触患者的第一扇窗口,是医院整体医疗服务的重要部分。在患者的就医过程中,对门诊服务的满意度或建议需求是对医院整体医疗服务的重要评价。其中,门诊挂号流程及服务是患者就医过程中的重要环节,门诊挂号的等待时长决定患者的就医时间以及医院运营效率。

在优化门诊挂号流程的举措中,四川大学华西医院主要通过信息化的手段来实现,以信息网络为依托,建立以病人为中心的现代化门诊管理模式。同时为了进一步方便患者就医,简化患者诊疗程序,减少患者排队等待的时间,在网络化的基础上,实现患者信息、缴费方式、就诊资料的同步信息化。

在优化挂号窗口管理的举措中,针对患者对挂号窗口的服务需求,对挂号窗口的工作人员、工作时间设置进行了调整。根据患者的数量、就诊时间、患者需求来弹性安排工作人员岗位设置、窗口数量以及工作时间。同时,对挂号窗口的工作人员进行岗位技能、服务意识、窗口礼仪、电脑知识的培训,从而提升挂号窗口的服务质量以及服务水平。

华西医院通过一系列举措对门诊挂号流程及方式进行优化,缓解了患者挂号就诊的压力,避免了在就诊高峰期大量病人排队拥挤的现象,缩短了患者就医等待时间,有效地对患者进行分流,优化患者的就医感受,提高患者对医院的满意度,有利于提升医院的美誉度。

(三)经验借鉴

通过研究国内外医疗机构提升医疗服务质量中富有成效的先进举措和做法,根据医院实际情况进行学习借鉴,创新优化,让医院及医务人员更好地服务于患者,提升患者满意度。

1.创新患者服务管理模式

在医院服务管理的进程中运用精细化管理的思路,这种管理方式是医院提高经营管理水平和经营绩效的重要方法和途径,是创建现代化医院的必然要求。在工作中可以运用六西格玛、品管圈、6s 等现代化管理方式,提高工作效率、提高服务质量、节约运营成本。

大力发展"互联网+医疗",积极推动智慧医疗建设,充分利用互联网技术优化诊疗流程,提升远程医疗服务能力,深入开展家庭医生签约服务。

建立门诊一站式全流程、全方位的服务,包括技术服务、心理服务、生活服务和教育服务。"以病人为中心"的精细服务模式强调的是病人满意度,注重服务的高质量、服务过程的规范性、内容的全面性、服务的差异性，将现代生物—生理—社会医学模式较好地体现在医疗服务全过程上。

2.完善医疗服务质量评价

为了更好地动态监测医院医疗服务质量情况，定期进行医疗服务质量的评价、反馈、提高与总结工作对于提高医院医疗服务质量具有十分重要的必要性。可采取问卷调查的方式，定期调查医院就诊患者。也可以借助第三方调查机构进行满意度调查，建立随访和患者意见投诉部门。同时为了保证医疗服务质量评价的客观性、科学性和权威性，不断完善医疗服务质量评价的考核维度、考核标准。发掘医院医疗服务质量提升存在的问题，以患者的需求为出发点，以问题为导向不断改进医疗服务质量。

3.注重内部员工能动性

医院员工是医疗服务直接的提供者，也是医院文化的直接传播者，是提升医院医疗服务质量的内在驱动力。

在医院运营发展的过程中，发挥医院员工内在驱动作用可以建立医院良好的文化氛围，在医院文化的引领下，员工拥有广阔的成长发展空间，增强员工的归属感和认同感、凝聚力和向心力，从而激发员工的工作主动性和能动性，更好地立足于岗位为患者提供服务。在塑造医院文化的过程中，医院可以为医院的职能科室职员以及临床部门的医务人员搭建展示才华与风采的舞台，畅通员工能力、职称、职务晋升发展的通道，提供广阔的职业素养和专业技能的培训机会，创造员工主动参与医院管理的意识，塑造员工的主人翁意识。

三、提升辽宁 X 公立医院医疗服务质量对策分析

通过调查研究发现辽宁某公立医院医疗服务质量存在的问题，结合国内外关于提升医疗服务水平的经验做法，本章就辽宁 X 公立医院医疗服务质量提升的提出了合议题制定了相应的对策建议。

（一）加强医院环境与基础设施建设

从改善医院医疗环境与基础设施建设方面入手，为患者营造温馨舒适的就医环境，提供便捷安全的基础设施，改善患者就医体验，提高患者满意度。

1.改善医院配套设施建设

医院可以设立地下停车位或者立体式停车场，并继续延续"把车位让渡给患

者"的全院员工号召,做好员工私家车的信息登记,人性化控制医院员工开私家车进入院内,进而解决因为院内空间受局限而停车困难的问题,避免就诊车辆都聚集在院外大门等候。

加大医疗器械和高端设备的投入力度,积极引进高精尖的诊断、放疗、治疗等硬件设施,淘汰陈旧设备,为医务人员的准确诊断、确定病情,患者更有效地进行肿瘤治疗提供强大的硬件支持,从而提高医院的硬实力,吸引更多的患者前来就医。

2.优化患者就医环境

在医院待扩建工程中,体现以患者为中心,展现医院人文关怀的咖啡厅、读书角等患者休闲区列入工程计划当中。让患者和家属在看病时,焦虑的情绪得以释放,压力得以缓解,真正地让患者感受到自己被给予人性化的关爱与服务。同时将医院的建筑、绿化和休闲区等元素纳入整体环境规划,积极打造功能合理、运行高效、空间舒适的现代化医院典范。

(二) 改善患者就医流程与就医感受

以患者就医感受为出发点和落脚点,通过优化门诊就医流程,形成标准化流程规范,通过整合院内专家资源,持续改进医疗服务质量。

1.优化就医流程诊疗区域布局

面对患者就诊时排队拥堵的现象,通过优化门诊布局,整合现有医疗资源。改造优化各门诊区域,以病种来划分门诊科室布局,设立患者就诊和候诊的清晰区域划分。为保障患者就医安全和隐私保护,将门诊挂号与住院结算窗口进一步整合,合并设立缴费通柜服务窗口,有效缓解门诊患者就诊压力,缩短患者排队等候时间。

2.合理调配院内医疗资源

推广日间手术和日间住院的举措,日间手术最快可使患者在一个住院日内完成手术及出院的程序,提高患者就医效率,缩短患者等待手术和住院的时间,从而提高了患者的满意度。

人性化协调专家的出诊时间,逐步扩大专家的挂号量和可预约科室,满足患者对于高层次医疗专家的需求。同时进一步搭建多学科诊疗平台,打破学科与科室之间的壁垒,以患者为中心,根据具体病情制定个体性治疗方案,通过精细化管理和诊疗流程再造,将一个患者和一个医生之间的单线联系,转变为一个患者和多个医生之间的环形交叉,并将诊疗工作标准化、科学化、规范化和流程化,提高了医院疾病临床诊疗效果和管理效能。

3.完善信息化网络建设

医院通过信息化建设,逐步升级预约诊疗服务,逐渐通过电话预约、网络预约、短信预约等方式,使患者在诊治就医前进行分流,避免患者在医院排队。同时在原有实名制预约诊疗的基础上,实现患者预约、挂号、缴费、查询等功能,并设置患者就诊短信提醒业务,在患者检查前给予温馨提示,提醒检查注意事项、检查地点等,不断满足患者的不同需求。通过增加自助设备实现自助缴费、自助查询、自助打印结果等一系列功能,极大提高服务效率。

（三）提升医务人员服务意识与服务效率

医疗机构及医务人员只有加快服务模式的转变,并坚持以患者为中心,才能不断提高医疗质量,不断提高患者的就医体验。

1.加强对职工的职业素养培训

医院提高医务人员的基本素质与能力,提高医务人员的职业技能素养以及人文素养,并开展了一系列活动,例如医疗专业技能操作、医患沟通技能技巧、医学理论及基础、医学伦理与社会等内容。同时对窗口人员开展文明用语、礼仪仪表以及常识性医疗知识的培训,在增强职工业务水平能力的同时,规范其职业素养,给患者带来亲切、便捷、舒适的医疗服务。

2.树立"患者为中心"的服务理念

医院的文化建设、服务理念的建立以及服务质量的提高都离不开医院整体文化内涵与外延的提高,医院要提升服务理念、提高服务质量、组建医院文化建设,要将服务理念与医院文化体现在所有员工平时的工作作风、工作态度乃至工作效率上来,最终的目的是让医院整体内涵与素质以患者的利益为导向,提高患者满意度,增强医院的综合实力与核心竞争力。

医院弘扬"以患者为中心"的主旋律,职工在医院文化的熏陶和引领下,对传统服务意识进行转变,增强人性化服务理念的主动性和积极性。

3.创新医疗服务模式

医院采取形式多样的患者服务模式,积极发挥志愿者服务的作用,组建由医务人员及医院行政管理部门构成的志愿服务团队,打造志愿服务文化品牌,为患者提供导诊、引领、陪同检查、代取结果等服务,更好地利用优秀资源完成一对一式的贴心服务。

（四）加大不合理收费监管惩处力度

患者在医疗费用上的压力,从医院内部挖掘存在的问题主要就是临床不规范诊疗行为造成的,因此对其的监管和约束是能够切实解决的重要举措。

1.拓宽患者投诉渠道

在患者集中就诊区域设立投诉建议服务台,按照首诊负责制,集中收集、分散处置,使患者提出的建议和意见能够得到高效的解决。利用微信公众号平台,设立患者治疗、出院意见投诉反馈通道。避免就诊患者在"碍于情面"的情况下,不能反映真实想法。更直观、更真实地收集患者的就医感受,及时发现就医流程、医务人员服务水平存在的问题。同时定期将患者投诉结果进行院内公示,将患者对职工不合理诊疗行为的投诉计入个人的绩效评价、选先评优、个人晋升的考察范畴内。

2.加强医务人员医德医风教育

对窗口服务人员、医务人员加强行业作风建设和职业道德的教育培训。通过培训使医务人员自觉加强自身职业道德建设,提高全院职工的服务质量和责任意识,促进和谐医患关系的构建。每年签订医务人员的医德医风责任状,强化医务人员的医德医风的意识,认识到行为造成的恶劣影响,起到时刻鞭策的作用。

3.建立有效的监管机制

在制度层面,建立医院医德医风行业规范以及相关惩处方案,让医务人员的警钟长鸣,时刻规范自己的诊疗行为,拒绝收受红包、开具不合理的检查项目和药品。医德医风办公室采取投诉举报和暗访监督的方式,定期对医务人员进行考核,对于发现有不规范行为的医务人员进行院周会的通报,对全院起到警示教育的作用。

(五)强化医院人文关怀与福利待遇

发挥医院的文化引导作用,以医院人文关怀来吸纳人才、留住人才,提高工作人员的积极性和创造性使医院,提高医疗服务质量,是医院合理规划医院未来管理导向、提供医院整体的综合实力以及核心竞争力的重要举措。

1.健全医务人员激励机制

建立合理有效的医务人员激励机制,通过健全完善一系列有利于员工发展的规章制度,在制度的层面为员工利益提供基础保障。通过举行临床科室的评比奖励活动,以新颖的评比形式,以评促建,达到增强科室间、员工间的评比争先意识,营造良性的竞争环境的效果。也更加激励员工认同以先进技术水平、科研能力和学科实力来适应医院逐渐在竞争中发展的态势,从而不断精进自身专业技能和服务态度,为医院给百姓提供优质服务提供保障。

与此同时,建立健全医务人员激励机制,不断发掘科室实力和员工潜在能力,使员工发展与医院目标趋于一致,进而提高员工的工作热情,激发其积极性和创造性,使医院激励效果最大化,实现个人与医院的共同发展。

2.提高员工薪酬福利水平

在提高员工薪资待遇方面,在工资奖励发放的过程中,进一步体现员工自身的工作和劳动价值，而不是原有的盲目增加员工薪资。在增加员工福利待遇方面，通过发放节日福利、员工生日蛋糕卡的方式，通过员工与同行进行比较，所在医院福利待遇占据明显竞争力，让员工更直接地体验到自己的工作被认可，自身价值得以体现，提高医务人员工作的积极性和主动性，让员工更有获得感和归属感。同时进一步提高员工薪资待遇，也有利于杜绝收受红包等不规范的医疗行为。

3.搭建员工晋升发展平台

建立公平的职称晋级以及职务晋升制度，为医院员工搭建学习与成长的平台，营造人才培养和人才引进的公平竞争环境，吸纳并激励医院优秀人才，为医院培养后备人才，充分体现员工的价值，让员工找到归属感和认同感。

为医院顶尖及优秀人才提供出国学习、外出交流、学术访问的机会，并为学科优秀专业人才提供广阔的发展以及晋升的空间。

（六）增强医院科普教育与宣传力度

宣传工作是代表医院向外发声的重要途径，是医院展示综合实力和水平的喉舌利剑，通过医院科普讲座、自媒体宣传可以更好地让百姓受益，充分发挥公立医院的担当与责任。

1.推广健康知识，普及知识讲座

医院作为全国科普教育基地，以肿瘤防治宣传周为载体，一方面，通过健康科普讲堂、市民公开课、医务人员进社区等活动形式，宣传肿瘤防治相关知识，提高公众对疾病的认知和了解。另一方面，也通过科普知识宣传，向公众展示医院的服务能力、技术水平和发展实力，提高医院的影响力和美誉度。

2.加大医院的对外宣传

充分利用院内的宣传栏、电子屏、微博、微信、网站等形式，广泛开展健康知识宣传。有效利用媒体传播快、覆盖面广、影响力大、成本低的特点进行全方位、立体化传播，同时加强团队建设，大力宣传新媒体的就医功能，在提升服务的宣传上做好针对性、及时性、创新性的整体规划，最大限度地满足患者需求和降低医院运营成本。

庄河市农业转移人口市民化研究

沈进

（学号：1120172394）

农业转移人口市民化已经成为支撑新型城镇化发展的主要力量,研究农业转移人口市民化,有利于人们在政策与制度层面上全面认识农业转移人口市民化,为下一步构建城乡居民统一、公平的公共服务体系,促进农业转移人口尽快享有公平的居民权利,促进社会和谐提供有益的参考。农业转移人口市民化具有中国特色,在我国具有一定的独特性。加快农业转移人口市民化的进程,对于我国实现现代化意义重大。

一、庄河市农业转移人口市民化现状分析

通过深入基层实地调研的方式,了解庄河市农业转移人口市民化现状,并结合理论基础,对其存在的问题和原因进行分析。

(一) 庄河市农业转移人口市民化现状调查

本文以调查对象的生活、收入、就业、社会保障、公共服务、城市融入等情况设计调查问卷,选取庄河市所辖行政区作为调查区,以登记为农村户籍而在城镇就业的人群为调查对象,随机选取调查对象 200 人,共发放调查问卷 200 份,回收问卷197 份,其中有效问卷 191 份,问卷回收率 98.5%,问卷有效率 95.5%;同时,查看

"庄河市第六次人口普查数据"和"庄河市2018年统计年鉴"中的人口、社会等相关信息。

1.生活状况分析

通过以下几个方面分析了庄河市农业转移人口的生活状况：

(1)食品和住房支出的比例下降，消费变得更加多样化。2018年，庄河市农业转移人口家庭人均生活消费为12 899元，比上年增加665元，增长5.4%。食品和烟草消费和生活支出分别占41%和14%，庄河市农业转移人口在交通、通信、教育、文化娱乐等方面的比重达到10.2%，生活消费支出向多元化发展。

(2)租房和购房比例增加，生活条件继续改善。2018年庄河市农业转移人口中，出租房屋的农业转移人口占43.6%，比上年增长0.3%。购房的农业转移人口占42.6%，比上年增长2.8%。单位或用人单位提供的农业转移人口占比为12.3%，比上年下降1.5%。以其他方式解决住房问题的农业转移人口占1.5%，比上年下降1.6%。总体而言，租房和购房的农业转移人口比例有所增加，农业转移人口的生活条件有所改善。

(3)生活设施更加完善，生活质量稳步提高。在庄河市2018年农业转移人口中，72.9%和79.8%的农业转移户有冰箱和洗衣机，分别比上年增加1.3个百分点和7.2%；92.4%的农业转移户住房中的供水量比上年增加2%；农业转移户有62.8%的家庭有洗浴设施，比上年增加0.6%；同上一年相比，72.7%的农业转移家庭拥有专用厕所，增加2.7%；76.1%的农业转移户可以上网(电脑或手机)，比上年增加2.6%；21.3%的农业转移户拥有汽车(生活和商务车辆)，比上年增加4.2%。

(4)近一半居住在城镇，80%以上适应了城镇生活。2018年，庄河市农业转移人口有47.2%落户城市，比上年提高0.3%；打算在城镇定居的比例为24%，比上年下降4.9%。

2.收入状况分析

根据全市160个农村居民农业转移人口调查数据，庄河市农业转移人口数量在2018年稳步增长，共计72人，占调查总人口的15.69%，增幅比去年同期增加1.31%，但走出农业转移人口收入同比下降2.02%。

(1)农业转移人口的就业主要以就近为主，省外就业不到20%。数据显示，2018年，庄河农业转移人口占全省就业人口的81.92%，仅占全省就业人口的18.08%，他们更偏好于就近就业。究其原因，一是传统的"外出不善"理念，惯性思维尚未消除，农业转移人口的就业受到传统观念和小农意识的制约；二是农村劳动力也要注意家庭农业生产；三是农村劳动力缺乏政府组织和社会指导，除了朋友和亲戚的介绍，他们主要是靠自己谋求工作机会。

(2)第一产业和第三产业在农民工转移中的比重有所增加，第二产业比重有所下降。

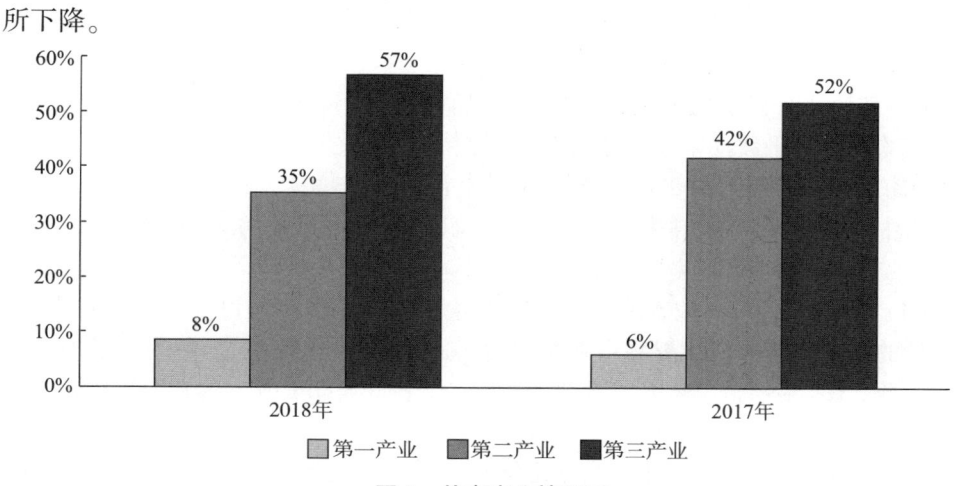

图 1 从事产业情况图

2018 年,庄河市农业转移人口中第一产业占 8%,比上年增长 2%;第二产业占 35%,比上年下降 7%;第三产业占 57%,比上年增长 5%。它显示了从事第三产业的人数增多和第二产业就业人数下降的新特征。

(3)庄河市农业转移人口月平均工资稳步增长。据估计,2018 年庄河市农业转移人口月平均收入为 3.78 亿元,比上年增加 3 200 万元,增长 9.27%。调查显示,庄河市农业转移人口平均收入为 3 000~5 000 元,占 48.61%;5 000 元以上的较高收入比例为 23.61%。

庄河市农业转移人口收入在 3 000~5 000 元的农业转移人口占比相比去年增加了 8%。但是在 5 000 元以上的相对较高收入农业转移人口的比例却下降了 2.48%。

3.就业状况分析

庄河市农业转移人口主要来自庄河市辖区乡镇,占 75%;另外 7% 来自大连其他县和区,3% 来自省内其他乡镇,15% 来自省外。以服务业和制造业从业人员为主要研究目标,其中 61% 已婚,39% 未婚。在教育水平方面,初中及以下比例为 51%,高中或中学教育比例为 36%,大专及以上学历为 13%。

(1)转移到城市农业的男性比例相对较高,超过 90% 的人已婚。根据调查统计,截至 2018 年年底,转入城市农业的人数为男性 52.3%、女性 47.7%。男性比女性高 4.6%,但是差距逐年萎缩,比 2017 年下降 0.8%。

(2)中青年农业转移人口较多,平均年龄 41.6 岁。农业向城市转移的人口大多是年轻人和中年人。根据调查,截至 2018 年年底,农业转移人口的平均年龄为 41.6 岁,比 2017 年的 39.1 岁高出 2.5 年。在年龄结构方面,50 岁以上的农业转移人口比例为23.4%,增长7.2%;41~50岁农业转移人口比例为29.4%,增长2%;40岁以下农业转移人口比例为47.2%,下降9.2%。

(3)教育水平以初中为主,高中以上学历占比较小。近年来,虽然城市农业转移人口的教育水平波动幅度较小,但基本保持稳定,主要以初中为主,高中以上学历占比较小。2018年,全市农业转移人口中初中占55.9%,21.9%是小学及以下,其他高中占19.2%,其中高中占8.8%;高等职业教育占总数的4.7%;5.7%是大学专科;只有3%是本科及以上学历。

(4)本省比重大,其他省大部分来自黑龙江。农业转移人口主要来自省内,其他省份的农业转移人口主要集中在东北地区。目前,占比较小,但呈逐年增加的趋势。截至2018年年底,全市农业转移人口占全省人口的62%,比2017年下降0.9%。

(5)身体健康是先决条件,就业比例高。受城市生活和农村生活的相对消费影响,健康和能力强的农业转移人口将选择生活在就业城市。2018年全市农业转移人口中,92.9%健康;只有3.9%的人表现不佳。在庄河市稳定就业中,72%的受访者表示工作单位的工作时间一般为1~5年,其中15%表示工作半年至1年;9%表示工作半年之内;4%的人表示他们工作超过5年。影响农业转移人口就业的最重要因素是工资,占74%,其次是社会保障是否全面,占20%。

虽然庄河市93%的农业转移人口能够按时足额领取工资,但仍有7%的受访者表示仍有拖欠工资。当被问及在哪方面利益受到侵犯时通常会寻求帮助时,37%选择了社会保险,21%选择了工资,15%选择了劳动关系。在权利保护措施方面,28%选择了劳动仲裁,26%选择了法院,16%选择了劳动监察,4%选择了工会组织,26%选择了其他方法。

根据调查,68%的农业转移人口表示他们没有参加相关政府部门组织的职业培训。参加培训的32%农业转移人口中有一半以上表示仍需培训。培训结束后,他们希望对自己的职业技能进一步改进。

4.社会保障状况分析

调查显示,庄河市的农业转移人口居住在自购房屋的占47%,单位提供住房的占20%,租赁房屋的占19%,居住在亲戚或朋友家里的占14%,其他形式占14%。

庄河市高达72%的农业转移人口享受新型农村合作医疗保险,只有13%的人享受城镇居民基本医疗保险;57%的农业转移人口享受养老保险;18%的人享受新型农村养老保险;只有12%的人享受城镇居民的基本养老保险。75%的人表示他们计划长期居住在当地,只有4%的人表示他们不打算长期居住在当地,21%的人表示他们没有考虑过;43%表示他们想在镇上定居;23%表示不愿意长期居住在当地;相当多的人表示他们不考虑,占34%。

5.公共服务状况分析

在生病或受伤时,庄河市的农业转移人口选择最主要的医疗机构为地方综合性或专科医院,占33%;其次是当地医院购买药品,占28%,私人诊所占11%。还有12%的人没有离开,只有5%的人选择去社区医院。

在有子女的农业转移人口中,67%的孩子在城市就读,24%的学生在家庭户籍登记地学校就读,9%的学生在其他地区学校就读;65%的孩子在公立学校就读,27%在私立学校就读,8%在其他类型的学校接受教育。

6.城市融合状况分析

在社会融合方面,下班后农业转移人口最受喜欢做的事情是家庭生活,占32%,18%的人聊天和休息,14%的人看电视,11%的人购物和看戏剧。只有3%的人选择去观看电影。根据调查,庄河市12%的农业转移人口对当前的工作和生活满意度为满意,66%为基本满意,22%为不满意。

(二)存在的主要问题

从庄河市农业转移人口城市化现状调查数据可以看出,主要存在以下问题:

1.收入水平偏低

庄河市农业转移人口自身的专业文化素质较低,收入难以改善。在庄河市农业转移人口中,只有6.9%具有职业资格或技术等级证书,只有15.3%获得过各种公共就业服务。此外,他们中的大多数只有初中文化,个人素质较低,并且缺乏相应的专业技能。其中很大一部分只能从事需要专业性较弱的劳动密集型产业。

2.就业机会较少

目前,我国尚未在城乡建立平等就业制度,从根本上阻碍了农业转移人口市民化发展进程。从目前的情况看,农业转移人口主要通过非正规就业渠道进入就业市场。农业转移人口流动性高、农业转移人口稳定性差以及大多数企业或政府具有歧视性就业政策,导致农业转移人口的就业机会进一步减少。同时,农业转移人口的教育水平较低,很难适应现代化工业发展需求,在庄河市农业转移人口中,初中以下教育水平就占农业转移人口总数的77.8%。各个行业对高精尖的专业技术人员的需求日渐强烈,但是大多数农业转移人口的文化水平和专业技能偏低,距离行业需求标准仍有相当大的距离,无法完全满足用人单位的专业需求。

3.社会权益难以保障

难以保障农业转移人口的权益问题依然突出。数据显示,2018年庄河市农业转移人口在城镇的职工基本医疗保险参保率为22.3%;基本养老保险参保率为22.4%;工伤保险参保率为29.3%;失业保险参保率为19.4%;而生育保险参保率仅为 18.2%。近年来,尽管党和政府出台了一系列政策措施,农业转移人口的权益得到了很大的改善,但问题仍然存在。一是在签订劳动合同时,雇主和农业转移人口签订的劳动合同一年及以上的比例为 15.28%,未与农业转移人口签订劳动合同的农业转移人口比例高达 69.44%,高于 2017 年 1.34%,有明显的增长趋势;二是农业转移人口的就业环境仍需大力改善。农业转移人口进入城市的门槛仍然很高,虽然进入庄河市的农业转移人口的行业和工作类型限制正在逐步降低,但仍然存在其他各种制度性就业限制。对农业转移人口的就业歧视尚未从根本上消除。

4.公共服务不均等

由于户籍制度改革滞后,未全面有效实施户籍改革配套政策,基层政府相关政策难以实施,农业转移人口仍无法顺利在城市定居。他们很难和原始城市居民一样,平等地享受城市公共服务和社会福利,也无法正常行使基本公共服务权利,更没有途径来实现自身社会权利。他们的生活水平、生活条件同原始城市居民相比,仍然存在非常大的差距。所以,要让农业转移人口充分享受庄河市基本公共服务、行使基本社会权利,就必须将福利待遇与户籍制度彻底分离,分而治之。

2018 年,全市农业转移人口中,城镇公共就业服务收入占 16.6%,比上年下降 0.9%。其中,农业就业转移率为 21.8%,同比提高 1.4 个百分点;自雇农业转移人口 5.2%,比上年下降 7.1%。

（三）存在问题的原因分析

鉴于对庄河市农业转移人口城市化现状存在的问题,总结原因如下:

1.政策上存在制度障碍

我国户籍制度将人口分为两部分:农业人口和非农业人口(商品粮)。户籍的差异,在历史长河中逐步演化,最终将农业人口和非农业人口分别标记为"城镇人"和"乡下人"。户籍制度的建立是一把双刃剑,它既有利于人口统计和身份识别,同时也给人口类别贴上了标签,对农业人口非农化进程非常不利,严重阻碍了农业转移人口市民化的前进步伐。

城乡双重户籍制度是一种非常不平等的身份制度,随着经济社会发展,它的附加属性日趋明显,例如教育、医疗、社保、择业就业、住房租房、公共服务、公民权利和政治权力都与户籍制度密切相关。鉴于存在城乡对立的情况,户籍制度客观上在一定程度上制约了农业转移人口的市民化进程。

2.基层存在基本公共服务障碍

户籍制度改革滞后,未实施统一的户籍政策,导致一些基层政策难以实施,农业转移人口在市区定居过程中仍旧存在一定的障碍。他们难以享受正常城市公共服务和基本社会福利,无法正常行使基本公共服务权利,实现自身社会权利途径较少。尽管已经进入市区,但是他们的生活质量和消费水平与原始市区居民仍然有着很大差距。为了让农业转移人口能够充分享受城市基本公共服务,让他们在追梦过程中更加自由,就必须彻底斩断福利待遇政策和户籍制度的联系。

3.农业转移人口市民化个人负担重

"市民化"是一个具有巨大社会成本负担的系统性工程,单靠某一方面的努力无法圆满完成,需要基层政府、企业团体和转移个人三方面各自分工,向着共同目标拧成一股绳协同发力。在基层政府方面,需要负担包括教育成本、社会保障成本、住房成本以及就业成本等的各项公共成本,从基础上为农业转移人口提供相应的福利待遇,实现公共服务均等化,进一步降低农业转移人口市民化过程中所占的个人负担。比如,政府应拨付专项义务教育经费以承担流动儿童的教育成本,拨付专项社会保险补助和社会救助费用以保障民生,拨付专项建设和管理经费为低收入群体"兜底",拨付专项拆迁费用帮助"城中村"顺利过渡,拨付专项职业培训费用、促进转移人口就业等举措。

4."三权"资产问题阻滞市民化进程

"三权"是农民扎根的基础,包括土地承包权、宅基地使用权以及分配集体收入权。在农业转移人口市民化进程中,保护和利用"三权"是非常重要的一个方面。然而目前"三权"和转移人口在城市的安置之间的矛盾依然非常突出,由于改革不能跟随时代潮流进行,"三权"无法实现它原有的权利功能,不能为农民创造更多利益。在这样的背景下,农民对集体经济结构调整仍然存在担忧,他们普遍担心由于户籍变更导致农村集体经济组织失去成员资格,导致"三权"权利丧失或集体资产流失或被挪用。

5.农业转移人口自身存在思想观念障碍

农业转移人口本身的意识形态概念在很大程度上阻碍了其市民化进程:

(1)不能放弃土地,难以在城里定居。城市地区的绝大多数移民希望在城镇定居后保留农村的"三权"。其中,占比50.5%的农业转移人口希望合同土地仍将由其种植;占比83.3%的农业转移人口仍然希望农村住房被保留;占比77.5%的农业转移人口希望保留农村集体收入分配权;占比21.4%的农业转移人口希望农村集体收入分配权有偿转让。

(2)缺乏政治表达,难以行使权利。农业转移人口所在城市的工会数量为42.3%,占比17.4%的农业转移人口不能确定其供职单位是否存在工会组织。在拥有工会的单位中,占比58.6%的农业转移人口成为会员。只有少数农业转移人口可以享受工会的相应服务。如果遇到困难,他们可以向工会寻求帮助。

（3）缺乏社区意识，难以融入城镇。进入城市的大多数农业转移人口都是通过亲属关系或地理关系自发地联系在一起的。在目前的政策背景下，一方面，户籍所在的政府无法提供管理服务；另一方面，他们居住的城镇，地方政府没有完全为他们提供他们应得的服务。一些社区还将在社区租用房屋的城市移民从社区服务目标中排除。大多数农业转移人口认为社区没有家庭感，缺乏对社区的信任和依赖，社区意识极度缺乏。他们将自己与社会隔离开来，难以真正融入城市生活。

二、国内其他地区农业转移人口市民化的经验借鉴

农业转移人口的城市化是一个国家问题。在我国其他地区有许多优秀的"先行者"，他们的成功经验值得学习。

（一）国内其他地区农业转移人口市民化的主要举措

国内许多城市地区都提出了非常重要和切实可行的措施，取得了显著成效。重庆市建立"人地联动"规划管理机制，晋江市以建立特色社会保障机制，浙江省发展特色小镇，对庄河市农业转移人口市民化进程中存在的问题都有着很大的启发，提供了很好的经验借鉴。

1.重庆市：解决制度安排促进人的转移

以解决"人力资源"问题为出发点，加快制度改革，促进人口转移。重庆市以"以工业和人口为依托建设用地"为原则，建立了"人地联动"规划管理机制，结合"人地联动"和土地票的两大功能，扩大城市建设用地规模，现有土地不能满足土地使用需求，于是利用土地的空间功能来解决土地开发空间需求。运用"土地票"交易，把大量闲置的弃置宅基地重新规划，变为耕地重新开垦，这个政策得到了广大"三农"群体的支持。因地制宜，积极探索农民"四权"自愿"自由权"退出机制。自2015年起，重庆市巴南区以天心寺镇为试点，实行农民"四权"自愿"自由权"退出机制（土地承包经营权、林权、农民住房权和农民权）。指导政府和社会资本共同建立和完善利益沟通机制、市场补偿机制和社会保障机制，并明确退出条件和退出步骤，建立了农民"四权"自愿"自由权"退出机制框架，为农民退出"四权"保驾护航，切实保护了农民的切身利益。

2.福建省晋江市：建立特色社会保障机制

建立有自己特色的社会保障机制。为了保障转移人口的生活质量，帮助转移人口进行生活过渡，福建省晋江市"三管齐下"发力解决了转移人口面临的最紧迫

的就业、住房和教育问题。"一管"提供就业保障,让转移人口糊口无忧。针对转移人口找工作难的问题,相关部门免费提供定向就业创业培训,并联系有需求企业实现就业对接模式,帮助转移人口"找工作",帮助企业"找员工",让他们安心工作、安全上岗。"二管"帮助解决住房问题,让转移人口乐有所居。通过搭建交易服务平台,规划建设安置房,实施一系列鼓励政策,如直接结算和低税计算等方式,让转移人口安心居住。"三管"促进流动人口儿童融入学校,让转移人口未来可期。晋江市政府部门公开承诺"决不让农民工子女失去接受义务教育的机会"。上述措施保障了晋江市移民的公共服务。2015—2016年,晋江市申请了44 000多名"新公民"参加积分排名。通过积分高低,让他们选择享受特殊政策,如公立学校的办学程度和购房资格。

3.浙江:注重发展小城市、中心镇和特色小镇

浙江省分析了城市特点和面临的各种困难,创建了独特的新型城镇化发展模式,着重建设小城镇、中心城镇和特色城镇。2006年,浙江省提出"中心城镇培育工程"概念并着手实施。2010年,浙江省率先启动了全国小城市试点项目,选择人口众多、经济基础良好、发展潜力大、地理条件优越、驱动能力强的小城镇培育试点。随着培育的小城镇数量不断增加,特色小城镇的格局逐渐形成。浙江省开创了全国特色城镇建设模式。

(二) 经验借鉴

通过对上述三个城市区域的案例分析,总结了以下成功经验,为庄河市农业转移人口城市化研究提供了良好的参考。

1.从制度层面保障农民权益

农民进城,心理因素是不可忽视的问题,要解决这个问题,必须以权益保护为核心。总结来看,农民群体之所以不肯在城市定居,一个很重要的原因是他们认为自己的农村集体权利无法得到有效保障。一旦迁出,他们就会失去"会员资格"和相关财产权。究其根本,是农村经济资源产权不明确、商业化和市场化程度低,导致农民土地权利无法有效流动,在一定程度上阻碍了城市劳动力的自由流动。重庆推行的"土地使用制度"和巴南区农民的"四权"自愿"自由权"退出试点计划,这是对突破现有政策框架和制度安排的积极尝试。

2.建立特色机制解决公共服务问题

以渐进特权为核心,逐步消除城乡福利待遇的差异。庄河市基本完成了社会保障体系框架的建设,但城乡身份和地位的差异仍然明显存在。成熟的社会保障制度体系可以保障公民基本安全,逐渐消除人类身份和地位的痕迹。十八届三中

全会指出,在公平原则的指导下,有必要消除城乡差距、多轨制以及由此带来的分歧和不公的户籍制度。

3.着重培养高技能农业转移人口

加强专业培训,提高劳动技能,为农民工转移创造条件,尽快开展工作。要从农业转移人口的实际需求出发,加大培训投入,扩大培训规模,提高培训水平,增强培训的针对性和实用性。加强企业对农业转移人口的岗位培训,下岗农业转移人口再就业培训,对企业或用人单位在职农业转移人口进行技能提升培训;加大农业转移人口培训的财政投入,合理安排培训时间,提高补贴标准,加大农业转移人口培训力度;联系需求旺盛企业,针对其就业需求和农业转移人口自身的不同特点,开展不同类型、不同技能的培训,实现培训与就业的有效衔接,让农业转移人口毕业、就业无缝衔接。

三、推进庄河市农业转移人口市民化的相关建议

目前,庄河市处于建设新型城镇化的关键节点,农业转移人口市民化是其中至关重要的一环。不仅要确保农业转移人口群体的切身利益,还要考虑到城市居民群体的切身利益,有序推进统一的社会保障体系建设,努力实现公平和平等。

(一)建立健全农业转移人口市民化配套制度

进一步落实户籍改革相关管理制度和土地管理制度,完善社会保障制度,是社会发展的重要保障,也是推动农业转移人口城市化进程的关键。

1.落实户籍制度改革举措

国家户籍制度改革应着手逐步进行。首先,通过社会宣传、舆论引导等方式,逐渐改变人们的思想观念,消除他们对户籍改革的错误理解。其次,要解放户籍制度,剥除户籍制度的不合理附加,将户籍制度和各种福利之间的关联斩断,让户籍制度恢复到其应有的基本功能上去。向国外学习,建立新型户籍管理制度,让新制度发挥出单纯的登记人口、统计人口的作用,彻底消除隔阂,实现公平公正无差别的城乡一体化管理。最后,在户籍制度改革的基础上,有的放矢,改革劳动就业与社会保障制度,提高农业转移人口的社会保障水平,确保农业转移人口和原始城市居民享有同等权利,并承担同等义务,彻底实现城乡人口权利义务平等化。

2.完善社会保障制度改革措施

在实际操作中,应该针对不同情况,有针对性地选择农业转移人口的社会保障

制度模式,分清轻重缓急。比如说,考虑到农业转移人口的实际需要,应该优先完善他们现阶段需求最大的工伤保险、医疗保险和失业保险,在此基础上,再有计划性地逐步建立和完善他们的养老保险和生育保险,构建成熟全覆盖的社会保障体系,最终实现城乡统一结合。为了能更好地精准施策,可以在农业转移人口人群内部根据其需求对其进行区分,有的农业转移人口在城市已经拥有固定的住宅和工作,收入来源稳定,他们需要的是全面的社会保障项目,应该直接把他们纳入现有的社会保障体系,和原城市居民享有同样的福利待遇。

3.落实劳动就业制度改革措施

农业转移人口在就业过程中普遍存在"权利较低"和"报酬较少"的现象。究其原因,是劳动就业制度不够完善。因此,应改革和完善劳动就业制度,以保障农业转移人口的合法权益。

(1)庄河市政府要加大投入建立新型劳动力市场,形成城乡统一的就业氛围,按照平等就业原则,确保农业转移人口在产业、地区、部门之间实现合理、自由的流动。

(2)人事部门要重新修订劳动合同制度,明确用人单位和劳动者的权利和义务,协调劳资双方利益,维护职工合法权益。同时完善相关法规,提高劳动合同签订比例,树立就业之前必签合同的意识,减少权益纠纷。

(3)建立健全劳动者权益保护制度,维护弱势群体,保护劳动者的合法权益。一方面,要保证转移人口的工资和工时,让其和城市职工得到同等合理的劳动报酬,加大查处力度,绝不允许企业集体拖欠工资。另一方面,要充分发挥政府职能,加强政府监管,严惩超时加班劳动,无故扣除工资和就业歧视行为,督促用人单位与劳动者建立劳动合同,建立合法劳动关系。

(二)巩固和完善农业转移人口市民化的保障体系

要通过完善劳动力市场服务体系,进一步优化公共服务环境,稳步推进农村"三权改革",积极保护庄河市农业转移人口的城市化各项权益,畅通庄河市农业转移人口市民化渠道,稳步推进农业转移人口市民化进程。

1.完善劳动力市场服务体系

劳务市场服务体系是农业转移人口就业的有力支撑力量。庄河市劳动行政主管部门要积极采取有效措施,完善服务体系,促进就业。

(1)加强专业培训,提高劳动技能。尽快为转移人口上岗创造条件。要从农业转移人口的实际需求出发,加大培训投入,扩大培训规模,提高培训水平,增强培训的针对性和实用性。加强企业对农业转移人口的岗位培训,下岗农业转移人口再就业培训,对企业或用人单位在职农业转移人口进行技能提升培训;加大农业转移人口培训的财政投入,合理安排培训时间、提高补贴标准,加大农业转移人口培训力度。

(2)充分发挥就业服务机构的作用,加强就业服务信息化建设。劳务输出乡镇应根据农业转移人口的就业情况或农村剩余劳动力的就业意向,大力做好劳务输出。充分发挥各级就业服务机构、人力资源市场、劳务经纪人和对外劳务机构的作用,广泛收集就业信息,分析和预测就业形势,引导和组织农民工外出合理流动。

(3)不断完善扶持政策,努力拓宽就业渠道。中小企业是吸收农业转移人口就业的主要场所。按照统筹城乡就业的要求,推进农村劳动力转移就业服务体系建设,建立县、乡(镇)农村劳动力公共就业服务中心,提供就业信息、职业指导等免费服务,实现岗位信息与人力资源信息的对接。

(4)建立社会救助机制,鼓励农村返乡农民返乡创业。对于已返回家乡的农业转移人口,有关部门应积极帮助他们在当地寻找新的就业机会。按照国家"大众创业,万众创新"政策,积极鼓励农村农业转移人口回归自营,在政策上向他们倾斜。简化创业程序,给予财务支持和生活关爱,帮助他们在工作中积累高生产技术和管理经验,并在乡镇开展业务。对于具有创业条件的农业转移人口,乡镇政府应提供就业指导和财政援助,并支持他们开拓市场;对于可以创造更多就业机会的创业项目,乡镇政府也应该提供资金和场所等支持。对于返乡后从事农业及相关产业的农业转移人口,政府应充分发挥其在外工作中积累的经验,帮助其发展现代化农业。乡镇政府还应出台相应的社会救助制度和社会帮扶机制,使农业转移人口可以放心地回归农村。

2.优化公共服务环境

庄河市应创造条件,健全培训机制,使更多的农业转移人口拥有稳定的工作。根据公共服务均等化理论,应建立健全相应的法律法规,以保障农业转移人口可以享有和原始城市人口同等的教育培训权利和机会。把农业转移人口职业培训的监测评估制度、职业资格证书制度等以法律形式规范起来,并通过设立专门机构来监督相关部门对农业转移人口职业培训法律的有效实施。探索一条切实有效的农业转移人口职业培训路径,首先根据用人单位和农业转移人口个人情况确定培训需求,有针对性地设计培训项目,建立政府、企业、农业转移人口个人三方共同分担的人力资本提升机制,使三方都能负担起教育培训的成本。督促企业在雇佣农业转移人口时签订正规劳动合同,保证农业转移人口和城镇职工同工同酬。加强农业转移人口的医疗卫生保障服务,将在当地居住时间超过半年以上的农业转移人口纳入基本公共卫生服务范围,确保农业转移人口获得与市民同等的基本公共卫生服务,并逐步将有意愿的农业转移人口纳入城镇职工基本养老和基本医疗保险,将住房保障和公积金制度实施范围逐步扩大到农业转移人口。

3.稳步推进农村"三权改革"

巩固和完善基本农村管理体制是乡村振兴的重要基础。深化农村土地制度改革,完善承包地"三权分立"制度,对我国的土地产权制度具有重要意义。首先,完善承包地区"三权分割"制度,有利于农村集体土地所有权的实施,促进土地资源的规范化利用。根据中国有关法律,农村土地所有权归农村集体所有。"三权分立"政策强调,必须始终坚持农村土地集体所有制的基本地位。通过有效实施农村集体土地所有权,可以抑制不合理的征地行为,保护农民利益,保障农村土地承包商。业主合理利用土地资源,避免农田的非农业行为,从而保护国家整体耕地免受侵害。完善承包地区"三权分割"制度,有利于维护承包农户的土地承包权,促进土地资源优化配置。完善承包地区的"三权分割"制度,有利于保护经营单位的土地经营权,提高他们从事农业活动的积极性。在明确分离三种权利之前,农村土地的权利得不到充分保障。其次,管理权确定以后可以进行抵押,这为农业企业的发展引入了必要的资金,使农业生产经营活动有了更加坚强有力的资金后盾支持,从而促进农业生产"投入—回报—投入"的良性循环。未来应当继续完善承包地区的"三权分割"制度。现阶段必须面对实际运作中需要解决的一些紧迫问题。最后,是建立新型农村集体资产管理制度。选择有条件的村庄,以集体资产、资源、集体经营收入、土地收入等为主要资金来源,建立经济实体,通过与村民股份合作方式,发展集体经济,增加集体资产。

(三)创造和改善农业转移人口市民化条件

庄河市基层政府必须承担责任,发挥有力抓手,完善制度,提高服务质量,创造农业转移融入环境和条件,为农业转移人口的城市化提供强大后盾。要充分依据城乡劳动力转移理论,健全城镇及公共产品供给制度,采取有力措施促进农业转移人口市民化进程。

1.促进农业转移人口社会融入

建立农业转移人口群体组织,使农业转移人口能够正常行使政治权利。鉴于农业转移人口所在的大多数单位没有工会,庄河市可以建立统一的农业转移人口工会组织,涵盖长期工作的所有农业转移人口。对那些生活在城市但没有加入工会的转移人口,真正了解他们在市区的工作和生活需求,帮助他们解决问题。同时,通过工会组织对他们的考察,将思想进步、业绩突出的优秀农业转移人口发展为党员,扩大农业人口转移中的党员人数,增加党员比例。通过定期开展党内学习生活,提高农业转移人口党性修养,从而带动更多转移人口进步思想。选择一定比例的转移人口参加城镇人民代表大会选举,使农业转移人口能够在城镇行使政治权利,直接参与城市管理,从而增强他们对城镇的归属感。要发挥各社区基层组织的作用,使农业转移人口真正融入城镇。社区是农业转移人口向城市转移的最直接的社会组织载体。社区管理和服务可以直接渗透农业转移人口的日常生活的各个方面,让农业转移人口可以直接感受到城市的关心和接纳。因此,要以社区为切入点,充分发挥社区基层组织的作用,将农业转移人口纳入社区,让他们感受到社区的温暖,增强社区认同感和归属感,真正融入市区。社区应为农业转移人口提供日常生活服务,以提高他们的生活质量;组织更多的文化体育活动,增加农业转移人口与市民的互动,营造良好的氛围;为农业转移人口提供就业信息,帮助他们更好地就业。同时,为有需要的农业转移人口提供法律教育和监管服务,增强农业转移人口的法律常识。

2.完善转移人口市民化成本分担机制

庄河市应在国家相关制度的框架下,借鉴其他地区的先进做法。一是建立和完善农业转移人口市民化项目与财政转移支付、城镇化建设的土地利用规模、基础设施建设联动机制,建立"资金与人同行,土地跟随人走"的资源配置机制。二是探索国有资本收益征收制度的实施。根据经营性国有资产的不同性质和经营状况,按照一定比例征收国有资产增值收入,全部用于基本公共服务。三是探讨从土地使用指标建设收益中提取专项资金,按照一定标准为自愿退出宅基地的农民设立个人住房公积金账户;建立严格的土地指标收益返还机制,允许建设用地指标交易收入余额用于新农村、社区基础服务设施建设和村集体经济发展,确保资金用于群众。

3.推进基本公共服务均等化

庄河市要注重改善人力资本,加快推动公共服务均等化。一是保证农业转移人口子女的平等教育权利。合理配置公共教育资源,促进公立学校子女"零门槛"开放,采用城市户籍学生混合班,定期学习,实行统一管理方式,促使农民工子女和当地学生融为一体。二是制定并实施均等社会保险政策。进一步完善城乡居民医疗保险制度,城乡居民重大疾病保险和国家招生登记等一体化,推进农村养老保险和医疗保险进入城镇社会保障体系,支持城乡老年人、军队优惠补贴、城乡社会救助、城乡福利制度等方面政策实现城乡一体化,在农村地区推动照顾老人、儿童和妇女服务体系的实施。三是建立健全住房保障体系。加大保障性住房建设,扩大住房保障覆盖面,放宽农民工适用门槛,纳入城镇稳定住房保障机制,让他们和城镇户籍居民同样有权利申请经济适用房。

（四）加强农业转移人口自身能力建设

在国家政策和庄河市基层政府的支持下,农业转移人口也必须发挥自身优势,进一步提升自身素质,更快地融入城市,加快市民化进程。

1.消除观念障碍

推进庄河市农业转移人口城市化进程不仅要求各职能部门发挥主导作用,还需要农业转移人口自身努力转变观念,不断提高公民能力。只有共同努力,形成合力,才能促进农业转移人口的市民化。一是加强公民教育。由于城乡二元结构体系的长期制约,居住在城市的公民在生活习惯和思想方面与农村长期农业转移人口存在巨大差距,而且容易发生差距。改变农业转移人口的思想观念和生活方式不是一次性的事情。有必要协调和共同努力。首先,要正确引导舆论,加强对新移民的宣传教育,采取丰富多彩的形式,巧妙地改变农业转移人口的思想观念。其次,庄河市政府职能部门应该在塑造新区包容性、开放性等方面发挥主导作用上下功夫,直面困难,接纳农业转移人口成为市区新公民;加强新公民的教育培训,帮助农业转移人口更好地融入城市生活。最后,农业转移人口需要转变思想观念,积极融入城市生活,要积极与市民沟通,逐步改变公众过去对他们的不良印象,为他们成为真正的市民做好思想准备。二是加强心理健康咨询。城市人口对农业转移人口群体长期存在偏见歧视、对其缺乏尊重,导致农业转移人口群体心理排斥融入城市社区生活,这个现象不利于其完成市民化转变。心理健康与大多数农业转移人口群体的稳定性直接相关。为此,要充分发挥社区的作用,使社区心理咨询工作室发挥最大作用,积极关注农业转移人口群体的心理健康问题。与此同时,庄河市政府职能部门需要加大对这项工作的投入,增加社区预算,不断壮大这一领域的人才队伍。双管齐下,逐步消除农业转移人口的心理障碍。

2.提升融入城市能力

提高能力,积累资源。首先,农业转移人口必须正视自身的不足,通过不断学习实现自我综合能力提升,依靠知识和能力为自己未来融入城市,成为真正的公民奠定良好的基础。一方面,相关部门要积极引导农业转移人口充分发挥其体力和年龄优势,脚踏实地,从头开始,不断积累自身经验,丰富自身社会资本,为融入城市社会做好准备;另一方面,鼓励农业转移人员积极参加政府举办的劳动就业培训,继续提高就业能力积累流动资金,掌握专业技能,增加其成为真正市民的资本。农业转移人员要调整思维方式,牢固地树立融入城市的目标,并以积极的学习和自我激励的态度融入城市社会。其次,要克服不良思维和习惯,分析自身的优缺点,正视自身与城市居民的差距,通过自身的努力积累各种城市融合资源。最后,需要培养自己良好的抗打击能力。面对城市社会对农业转移人口的不公现象,有必要调整自我意识,积极加强与他人的交流合作,以乐观向上的状态融入城市。

3.增强依法维权意识

由于农业转移人口的文化素质普遍不高,法律意识和权利保护意识不强,庄河市主管部门要努力做好法律宣传,定期进行免费法律培训普及法律知识。在培训过程中,将一些基本的法律常识作为重点培训内容,如农业转移人口遭遇侵权时如何收集和保存证据。各职能部门还应组织编写易于理解、与劳动权利保护密切相关的法律知识手册,广泛地提供给农业转移人口群体,使法律权利保护意识深入人心。农业转移人口有能力维护自己的基本权利,可以在一定程度上限制强大的资本所有者和公共权利控制者对农业转移人口的侵害,使城市社会达到平衡状态。

4.配合"三权"退出工作

在庄河市政府完善农村产权制度,确保农业人口向城市转移的"三权"不受侵犯的前提下,农业转移人口也要积极配合"三权"有偿退出工作。一方面,城建部门要加快农村土地登记和核查工作,让农民土地承包经营权和居民权落到纸面上,保障农民群体利益。另一方面,农业转移人口也要积极学习相关政策法规,转变思想观念,积极进行农村产权交易,同时有效保护作为集体经济组织成员的农民集体财产权和收入分配权,让自己进退无忧,从而使市民化进程更加顺畅、和谐。

通辽市 K 税务局税收风险管理研究

韩婷婷

（学号:1120172399）

在我国全面深化改革背景下,税收风险管理发挥着至关重要的作用,有利于推进税源深度管理、降低税收流失风险。税务机关要运用风险管理的理论和方法,采取先进的管理手段,对税收风险进行识别、评估,并运用对应的方法加以预防、处理,以此提高纳税人税法遵从度。

一、通辽市 K 税务局税收风险管理的现状

2009 年,通辽市 K 税务局积极响应国家全面改革的政策和上级部门的工作要求,开始开展税务风险管理工作。通过几年工作积累的经验和教训不断摸索改进,初步形成了较为完善的风险管理体系。

(一) 通辽市 K 税务局税收风险管理所采取的举措与成效

近年来,通辽市 K 税务局税收征管规模不断壮大,税收的征管效能也在不断提升,特别是国税、地税征管体制改革后,合并为一个税务机关,无论是工作量、业务量,还是业务难度都在不断增加,这些对于通辽市 K 税务局来说都是非常严峻的考验。

1.所采取的举措

一是组建税收风险管理团队。为了促进税收征管改革,提高纳税人的税法遵从度,有效规避税收流失,国家税务总局于2016年制定了《纳税人分类分级管理办法》,指出要在税款入库级次不变的情况下,加强纳税人和涉税事项的分类整理工作。借此,通辽市K税务局组建了风险管理团队,制定了《K税务局纳税人分类分级管理工作实施方案(试行)》。

二是明确税收风险管理基本流程。通辽市K税务局从分析、归集各类涉税信息着手,将风险管理划分为风险分析识别、风险评定、风险应对三个阶段。

2.取得的成效

该税务局还在不断的实践中,创建了一种新的管理模式,为提高纳税人税收遵从度、减少税收管理体制漏洞、规避税收流失等方面发挥着重要作用。

一是通过税收风险数据的应对,税收管理人员对税收风险管理模式有了进一步的认识,了解和掌握了纳税评估实施方法,启发了税收管理员如何更有效地加强重点税源和一般税源的管理,有针对性地进行税收风险疑点的排查和消除。

二是税收管理员加强了对企业的日常管理,提高了对企业报送资料审核的质量和案头分析的工作能力,能够及时发现纳税人在纳税申报、税款缴纳、财务报表和涉税资料报送方面存在的问题,进一步提高了工作效率。

三是使基层税务机关积累了对以行业为主的税收风险和以税种为主的税收风险应对的工作经验,明白了涉税资料完整和准确的重要性,能够积极地合理地将计算机考核、税收征管质量评价体系考核和税收风险管理结合起来。

(二)通辽市K税务局税收风险管理中出现的主要问题

现阶段,我国税务风险管理还未成体系,尚处于初步摸索阶段,因此在税收风险管理方面经验不足,可参考的理论不多。另外,随着社会节奏的加快,加之社会转型的深入,社会经济形势更加的复杂多样,企业数量也不断增多,面对纳税人和涉税业务的日益增加,通辽市K税务局现行征管模式逐渐显得力不从心,而传统的税收管理模式也逐渐表现出不适应性,最终导致税收风险的产生与增加。

通辽市K税务局目前共有税收管理员164人,纳税人仅因此为了能够全面地了解到该税务局风险管理现状,笔者向这164人发放了调查问卷,有效回收156份。通过整理、分析这156份调查问卷可以很明显地看出,通辽市K税务局税收管理员认为在税收风险管理过程中存在如下问题,包括税务管理体系不健全、人员配置与实际工作脱节、风险应对能力有待加强等。

结合通辽市K税务局开展税收风险管理中存在的问题,发现通辽市K税务局主要暴露出以下问题:

1.税务干部缺乏税收风险管理意识

一是部分基层风险应对人员对风险应对工作的内涵和作用认识不足,误以为应对工作是纳税评估、税务检查的变形,与原来的征管模式"换汤不换药",未运用合理的方法、手段和指标进行风险排疑。

二是缺少风险应对信心,有畏难情绪和等靠思想,缺乏应对主动性。税收风险管理是以风险点为导向的新税收征管手段,突破了传统税收征管模式,而通辽市 K 税务局税收管理员年龄分层较大,许多拥有多年税收征管经验的税收管理员不愿意改变传统征管方式,而年轻的税收管理员经验又不足、能力又不够,只能依照经验丰富的税收管理员所传授的传统方法。

2.人员配置有待调整

2010 年以来,通辽市 K 税务局每年都大量招募新晋公务员,年轻人越来越多,然而由于管理机制的不完善,加之培训体系的匮乏,该税务局很难在短期内把这些新入职的年轻人培养成有能力、有担当、业务水平高的风险管理人才。从编制上而言,人员数量足够,然而在实际工作中,办税大厅、征管等多个部门的专业人员却明显不够,此外各税源部门也存在人员不足的问题。税源部门大多由年龄较大的 2~3 个业务能手和 1~2 个年轻人组成,长此以往,逐渐形成了年轻人多干、老年人不干、业务能力强的挑着干这种局面,由此导致责任分配不均,最终致使税务干部心态不平衡、工作积极性丧失。

3.风险应对机制不健全

风险应对是开展税收风险管理的关键环节,也是维护国家税收、防止纳税人偷税漏税的直接手段。通辽市 K 税务局风险应对工作存在以下问题:

一是风险应对方法及策略比较单一,需要进一步加强应对措施的有效性与针对性。通辽市 K 税务局目前所采用的风险应对方法有提示提醒、纳税评估、稽查检查三种,对于无风险的纳税人采取不打扰,低风险纳税人进行提示提醒,中风险纳税人进行纳税评估,高风险纳税人进行稽查检查。应对方式简单粗放,对于复杂的风险事项不能灵活运用。

二是风险应对专业化人员力量薄弱。通辽市 K 税务局干部队伍整体年龄偏大,平均在 46 周岁,加之近几年大量招录新晋公务员,均为应届生或毕业不久的人,造成年龄断层,人员梯队结构严重不合理。

4.税收风险管理缺乏适用模型及风险识别指标

风险评估模型是税务风险管理不可或缺的工具,但是建立这种模型往往耗时长、难度大、对技术的要求高。当前,各地税务局均在国家相关政策的指导下,加快风险评估模型的建设步伐,并取得了重要进展。但是,由于各地经济发展情况不同,所以这些风险评估模型难复制,仅仅只能从中汲取可参考的依据。不仅如此,风险评估模型在实践工作中也不大被认可,部分税务干部觉得模型不实用,没有贴近基层局的实际情况,因此不重视模型的运用。

5.对风险应对工作的监督审核体系不够完善

通辽市 K 税务局目前开展的风险应对工作大多由上级税务机关进行任务推送,一部分风险任务由本局风险管理股进行推送。风险任务的推送部门利用大数据平台通过监控纳税人的涉税信息情况,初步判定纳税人的涉税疑点,并将疑点推送至纳税人主管税务机关,但是对应对部门如何开展风险应对却缺乏监督,同时对是否展开全面检查等工作无法及时考证。

(三)通辽市 K 税务局税收风险管理存在问题的原因分析

税收风险管理工作渗透在税源管理工作的每一个环节,有一个环节出现问题,税收风险管理工作就会受到影响。针对上述问题,经过分析,存在以下几点原因:

1.部分税务干部思想认识及责任心不足

在实施税收风险管理过程中,传统的管理模式尚未从根本上打破,一些税管员依然依赖于"经验+责任"这种传统的风险分析和评估模式,无法有效促进纳税遵从。有的认为风险点的分析与识别只是风险管理股的工作,未能深刻认识到集中风险识别分析是风险管理的内控逻辑需要,未意识到风险管理贯穿全局,与每个税务干部息息相关,需要聚集全体税务干部的智慧。

2.缺乏合理的人员配置及激励机制

一是人力资源配置不优。由于受征管模式及人力资源结构的限制,征收管理员未能科学合理地设置征管结构,各部门职责不明确,部门设置不合理,不能实现物尽其用,人尽其才,许多优秀的管理人员没有被分配到合适的岗位。

二是人员素质有待提高。随着时代发展、税收工作的不断创新,税务工作的要求也越来越高,但税务系统普遍存在干部老龄化的现象,很多税务干部对新知识、新技术掌握不够,缺乏高素质、高技能的专业人才。

三是缺乏激励机制。税收风险管理工作是一项有风险的工作,同时也需要经常下企业去核查,由于工作量大,风险管理人员很容易因为繁忙的工作而陷入消极怠工的状态之中,此时如果能够对其提供一定的激励,例如将风险管理工作与年度评奖评优挂钩、制定保护制度等激发人们的工作热情。

3.税收风险管理人员缺乏培训教育

由于缺乏对风险管理人员的教育培训,大多数税务机关都面临税收风险管理人员匮乏的问题。比如,在风险评估过程中,税务机关必须要依托专业的、全能的税收风险管理人员分析与比对所收集的数据,并充分利用财务知识、税务知识、法律知识等,以此找到纳税人违法漏税偷税等行为。通辽市 K 税务局评估人员能力强、业务素质高的人员没有多少,且都集中在 40~50 岁。

4.税收风险识别指标不成熟

税收风险指标的设计应与纳税人的实际经营业务紧密结合,并能准确定位税收风险。它还应该基于现有数据和税收征管系统,以便于被软件系统进行识别。对纳税人生产经营状况的了解程度和对基本税法的把握程度,直接决定了税收风险指标的细化是否成熟、参数设置是否合理。通辽市 K 税务局的税收风险指标在一定程度上存在验证不充分、预警值不合理、指标设置不当等问题,需要进一步完善。

5.税收风险管理成效指标缺乏定性考核

实施税收风险管理的根本目的在于提高纳税人税法遵从度,规避与预防纳税风险。实行绩效考核制度有利于税务干部对风险管理工作更加认真负责,但是通辽市 K 税务局考核风险应对成效的指标存在一定缺陷,只注重定量考核。例如考核指标有应对的户数、应对时间的长短、查补税款及滞纳金的多少,没有考核开展税收风险管理后是否实现了减少该纳税人税收风险;是否提高了纳税遵从度;应对人员是否进行了有效评估;是否进行了全面检查等。

二、国外与国内其他税务部门税收风险管理的经验借鉴

目前我国税收风险管理还处于发展期,正处在发现问题并不断修正完善的过程中,在此期间,借鉴国际上做得好的经验尤为重要,针对例如通辽市 K 税务局这样的基层机关来说,参考与学习其他地区税务部门的成功做法也至关重要。

(一) 国外税收风险管理的做法

在新公共管理运动的影响下,人们加强了对政府行政管理工作的重视,并促进了税收风险管理理论的诞生。而在长时间的研究中,国外专家学者在税收风险管理理论建设、机构设置、模型建立等方面都取得了一定成果。英国、澳大利亚、荷兰、美国等国家在税收风险管理实践中总结了丰富经验,学习这些国家的先进经验为解决基层税务机关风险管理问题提供了新的契机和切入点。

1.英国税务海关总署(HMRC)设置专司风险管理局

英国是世界主要的经济体之一,服务业占据了主导地位(近 80%),金融服务

尤为突出。英国属于中央集权制国家,根据国家规定,中央政府主管与负责英国90%的税收收入,而地方政府则主要负责征收与管理地方议会税和营业财产税。同时英国也是最先进的数字化政府之一,是D5集团的成员国之一(D5是数字化政府,包括:英国、以色列、新西兰、韩国、爱沙尼亚),非常注重税收的风险管理,并且采取了诸多举措。

一是进行周期性的企业风险审查。英国税务海关总署会从企业内在风险着手,衡量与判断其税法遵从风险。比如,从企业的盈利情况、规模、信用评价等各方面综合评价其产生税务风险的可能性。英国税务海关总署还会从企业对避税态度以及对审查机关态度等角度着手,判断其规避税务风险的可能性。

二是从多个方面规定了低风险的界定标准。英国法律规定,各大企业能定期、及时地向英国税务海关总署汇报其缴税纳税情况,并提出涉嫌违规等遵从问题。当英国税务海关总署例行检查时,企业必须及时、准确地提供回答,同时配合检查。此外要求企业在税收管理、税收筹划等方面均要设定明确的岗位职责。

三是建立并维护一种开放透明的关系。对于中高风险的企业,英国税务海关总署会利用一定的手段,加强与这些企业的联系与检查,同时及时向企业提供征税信息,以此降低其税法遵从风险,并建立开放透明的关系。英国税务海关总署风险评估结果,需要及时提交给业务风险审查处,以此为后续风险防范与应对策略的制定与优化提供依据。

2.澳大利亚建立严格完整的风险管理体系

澳大利亚是一个联邦制国家,主要实行分税制管理,其税收收入分为中央税收收入和地方税收收入。澳大利亚的税收立法权和征收权主要集中在联邦政府,税收结构以直接税为主,占整体税收收入的60%以上。澳大利亚联邦税务局(简称ATO)负责联邦政府税收的征收管理,在各州市设有分支机构。ATO在总体上遵从的方针是实现差别化、定制化的风险管理,其策略分为服务与保障两大类,以事前防范为主、事后纠正为保障。

澳大利亚税收风险管理有着严明的规定和一套完整的管理体系,要求其税收风险管理工作必须遵循该管理标准,必须要在规定允许的范围内展开。

澳大利亚税收风险管理框架。其主要包括税收风险管理制度的建立,企业风险类别的设置,企业税务人员的风险态度,税款与经营结果是否保持高度一致,经营活动是否合法合规,是否能够对市场交易中的损失进行科学、合理的解释等。总而言之,澳大利亚所设置的税收风险管理框架相对全面,涉及整个税收环节,而且环环相扣,内容详细具体。这个管理框架为澳大利亚开展风险管理工作提供了指导。

澳大利亚税收风险应对体系。该国的税务局从企业、行业、社会、经济和心理四个角度,遵循分类管理的原则,建立了风险金字塔和风险矩阵图遵从模型。以企业为例,澳大利亚税务局通过所建立的模型,对企业的经营性质、所处行业状况、内外部环境、内部控制机制等各方面展开分析与研究,并确定企业的风险等级,与此同时,根据所分析的结果,制定针对性的、差异化的风险应对策略。风险矩阵图遵从模型按照风险等级把纳税人分为高风险、重点、中风险、低风险四大类,同时根据不同风险等级的纳税人分类管理,比如对高风险纳税人实时监控,对重点纳税人及时组织、对中风险纳税人定期审核、对低风险纳税人定期监控等。通过这种方式,以优化风险管理资源的配置,降低征管成本。

澳大利亚风险管理信息化体系。面对着新的经济形势,澳大利亚税务局充分利用互联网等先进技术,提高了税务风险管理信息化水平。其一,在信息收集上,澳大利亚税务局凭借着网络的快捷性和广泛性,利用线上渠道等非正式手段,实现了企业内外部信息、税务管理信息、企业财务数据等信息的快速收集;其二,在信息技术方面,澳大利亚税务局运用数据分析工具、税收风险管理工具等一系列科学工具,提高了风险应对、风险识别、纳税人分类管理、税务风险管理决策等各环节的科学性、规范性与有效性。

3.荷兰税务海关管理局(ROM)成立

荷兰在较早时期就将风险管理这一先进理念考虑进了税收征管中。2005 年,荷兰税务海关管理局为了加强税收风险的管理,专门成立了"RMO",即风险管理组织。荷兰的税收风险管理措施如下:

一是代码管理,全面监控。在荷兰企业和常住人口都会受到由税务机关发放的税务代码。根据荷兰法律规定,在荷兰注册企业时,其必须要申请税务代码;新生儿在诞生时,税务机关也需要根据其身份证号为其提供税务代码。税务代码囊括了企业和个人所有的信息。另外,为了加强代码管理,荷兰还规定当出现地址变动、联系方式变更时,企业或个人必须要在法律规定的时间内向税务部门进行申报,而且银行也会定期把企业和个人的财政情况汇报给税务部门。

二是双向申报,源泉扣缴。银行、保险金支付机构等代扣代缴责任人必须要在税务局进行登记注册,并定期向税务局汇报收入情况。对于工资、退休金等收入,税务局必须要在每年初根据个人上半年的缴税情况和收入情况,明确其本年度个人应缴税款。此外,年终代扣代缴的企业还需要向个人提供一份全方位、清晰、具体的年度扣税报告。

三是收集信息,分类审查。荷兰要求纳税人必须要完整、真实地向税务当局提供完税表,以此作为税务机关征管的依据。当然,除了完税表之外,税务当局还必须要收集企业财政数据、行业情况等其他重要信息。在实际工作中,荷兰会根据纳税人的实际情况采取分类审查的方式。

4.美国国内收入署（IRS）构建四大管理局

美国国内收入署十分重视纳税服务,为了能够更好地管理税收,同时为了给纳税人提供更完善、更优质的服务,美国国内收入署按照纳税人类别的不同成立了工薪和个人投资、小型和自雇企业、大企业和国际税收、免税组织和政府机构四大管理局。其中,大企业和国际税收主要是针对那些资产规模在 1 千万美元以上的企业、合资企业,以及高收入人群,其税收风险管理主要分为以下四大内容:

一是风险识别。经过多年的实践探索,大企业和国际税收管理局在税务审计方面积累了一定的经验,并建立了一套相对科学的风险识别指标体系,其主要通过判别分析系统来运行、使用。判别分析系统会根据一定的规则对企业提交的纳税申报表进行分析,并对其打分,然后为税务管理人员开展风险管理工作提供依据。但是值得说明的是,判别分析系统只能够反映出申报表中风险事项发生的概率,但是并不能指出具体的风险问题。对于这一问题,大企业和国际税收管理局对该系统进行了优化,并开发了选案和工作量分配系统,实现了申报表风险事项的排除与筛选。

二是风险分析。大企业和国际税收管理局把按照一定的标准把风险事项分为两大类:其一,战略性事项,由专门的风险负责,主要是围绕该风险事项,制定与规划其应对策略与解决方案;其二,非战略性事项,由专门的处室负责,主要是负责风险事项筛选标准的制定与确立,再依托判别分析等系统对风险系统进行筛选与排除。此外,在风险识别后,风险主管需要根据识别结果,对所筛选出的风险事项展开研究与分析。

三是风险评估。大企业和国际税务管理局以判别分析系统评分结果、选案和工作量分配系统筛选结果等为依据,进行年度税务管理计划的制订。对于资产规模最大的企业,税务管理局则采取持续审查的方式。另外,对于跨行业协调、涉及退税等案件,则增派税务管理人员,而对于判别分析系统评分高的申报表,则主要是按照计划规则有序、定期地展开审查,因此只需配置少量人员。

四是风险应对。大企业和国际税务管理局按照所制订的年度税务管理计划,有组织、有安排地逐次向下级安排任务,要求各行业税务局必须按照规定和任务指导,规范地开展税务审计工作。其中,大企业和国际水务管理局把跨行业协调案件交由专门的审计小组负责,而把行业个案则交由单独的审计人员处理。

（二）国内其他地区税收风险管理概况

目前我国税务风险管理工作尚处于起步阶段,但是部分先进地区在税务风险管理方面的实践探索仍然值得通辽市 K 税务局参考与借鉴。

1.湖南省地方税务局五步走开展税收风险管理

一是强化风险管理意识。成立专门的领导小组,主要起到主导性作用,统筹规划与指导税务风险管理工作,明确各部门单位的工作职责。不仅邀请市局专家进行风险管理培训,而且县局内部也组织风险管理人员和风险应对人员进行了风险管理知识与纳税评估知识培训,增强全员风险管理意识。在 RTX 上组建风险管理工作群,方便风险任务的下达与应对。

二是健全风险管理机制。结合实际制定税收风险管理实施方案,在现有机构框架下,调整和转换现有征收分局及稽查局管理职能,进行征管力量重组,推进税源专业化管理工作。根据税收规模、行业及其风险发生特征,对税源进行科学分类;将税源专业化管理职责在不同分局(稽查局)间进行合理划分,增强管理的针对性和实效性。

三是加强税收风险监控和纳税评估工作指引。根据工作实际组建税收风险分析监控中心和纳税评估中心,在市政府支持下建立第三方信息及涉税情报交换、共享机制,运用第三方信息(宁乡市综合治税平台),积极开展纳税风险评估,包括土地增值税清算、企业所得税汇算清缴等。

四是加强税收征管全流程风险管理。不放过任何一个环节与细节,从最初的税务登记、纳税申报,到最终的注销户管理等,都需要贯彻落实风险管理理念,建立相对应的风险管理机制,从目标规划、风险识别、风险排序等整个风险管理流程进行闭环式管理。

2.四川省国税局四举措健全风险管理体系

一是建立联动协作机制。组织各县区局征管骨干力量,组建税收风险管理专业化团队,并分别在行业网、门户网建立"业务群",共同分析税收征管风险点,交流强化征管举措,形成统筹联动、信息共享的风险应对模式。

二是推进针对性风险管理。风险管理团队充分利用现有技术手段和软硬件资源,采集企业电子财务信息,开展风险内控机制调查,集中分析各行业生产经营特点,结合第三方数据评估建模,利用"风险评估及电子档案系统"实时诊断纳税人风险指数,会诊"治疗"险情,不定期发布预警信息、管理办法和措施。

三是抓好风险防控引导。及时向纳税人送达最新税收政策,建立税法宣传解读辅导工作机制,每年举办两次税收风险防控专题讲座,帮助纳税人掌握涉税风险问题的处理方法及复杂税收政策,及时自我纠错,防范化解风险,提高纳税遵从度。

3.河南省国税局四项措施强化税收风险管理

一是完善风险管理工作流程。结合工作实际,明确岗位职责和部门职能,建立税收分析、任务推送、风险应对、结果反馈、监督考核的闭环工作流程,发挥业务主管部门优势,灵活运用税务稽查、纳税评估、税务审计、调查核实、风险提醒等措施,综合施策防控应对风险。

二是加强风险派单统筹分析。贯彻落实总局优化服务的政策措施,减少重复检查、多头调查,减轻纳税人的额外负担,将户籍管理、发票管理、申报征收、政策执行等事项集中分类,统一派单,扎口推送,提升办税质效。

三是健全过程监控督导考核。强化过程质量监控,通过严密制作各环节税务文书,发挥"税收风险管理工作平台"作用,对风险管理成效贡献率、欠税管理、跨区域协作管理、逾期申报处罚、单管户管理努力程度以及案卷归档分类等指标,统一纳入绩效指标考核,量化过程监控。

4.海南省国税局风险管理成效显著

一是以业务重组和流程再造为核心,以统一协调为指导原则,推进了税收征管的改革。具体来说,主要有以下内容:首先,整合与优化了税收管理业务,按照相关的原则和标准,把整个税收管理业务分为了14大类,同时明确了各业务环节的处理流程和规则。其次,明确了各税务局的职责,要求省级税务局主要负责统筹规划各大税收征管任务,对跨行业、跨区域,以及重大业务事项进行直接管理,而市县局等基层税务局则主要是严格执行上级下达的任务。最后,建立了全省统一的岗责体系,对所有的业务都进行了详细的、具体的描述,确立了各业务的执行单位、执行原则、执行流程和最终要达成的目标,真正实现了岗责明晰、权责分明、监督制约。

二是以创新税收管理方式作为突破口,加快税收风险管理的应用和落实。海南省国税局制定与颁布了《实施税收风险管理指导性意见》,对风险识别、风险排序等各个税收风险管理环节进行了具体的规定,同时以风险分析为主线,建立了涵盖了各行业、各税种的风险指标体系和风险分析模型,为税务管理部门分析与识别分析提供了科学的方法和工具。另外,为了能够提高纳税服务水平,海南省国税局还提出了1 764项纳税人服务需求,并制定了相应的标准化服务模板,切实提高了纳税服务的规范性、有序性。在规避不遵从风险方面,其围绕不遵从风险程度和成因,根据不遵从风险的类别,采取了差异化、针对性执法的方法,同时还明确了100种违法违规纳税行为,确立了每一种行为及其对应情形的处罚标准,为税务机关规范执法、有效执法提供了依据和支持。

三是以优化组织体系为关键,以减少管理成本、提高管理效率、增进各部门各成员联系为目的,构建了扁平化、一体化的税收管理组织体系。首先,把各级税务局看作是一个相互协作的整体,分别明确其业务职责、权限范围,同时把握各级税务局之间的关系,确保决策权、执行权、监督权协调配合、衔接配套、相互制约。其次,把各职能部门整合起来,按照其职责划分为六大职能部门,以提高管理的效率和科学性。再次,建立并完善省一级大稽查体制,实现了稽查工作的统一与一致性,避免税务管理资源的浪费,同时还根据税源的规模建立了税务分局,以保证税收风险管理工作的及时性与高效性。最后,改变了原有层级结构,促进税务管理组织扁平化,把税务局分为省局和市县局两个层级,其中省局主要负责统筹规划,监督管理;而市县局则主要负责执行落实。另外,把管理层级分为局长、科长、主管三个层级,以此提高了信息传递的效率,同时也提升了税收管理效率。

四是以加强体制工程建设为重点,推进税收风险管理规范化、制度化。海南国税局从税收业务、管理规章、岗责等方面推行了标准化工作,为后续税务风险管理提供了指导与支持。此外,还围绕数据收集、风险识别、风险分析等相关工作,构建了与之相对应的管理机制,提高了风险管理的效率。另外,围绕纳税服务、税收执法两个方面,建立了标准化体系,为规避不遵从风险,提高税法遵从度奠定了坚实的基础。不仅如此,为了更高效、更科学地开展考核评价工作,海南国税局还建立了税法执法等评价体系和监督体系,为税务管理工作人员的考核工作提供了标准与依据。

(三)经验借鉴

通过对英国、澳大利亚、荷兰、美国以及湖南省地方税务局、四川省国税局、河南国税局、海南省国税局的风险管理运作情况的分析,对通辽市K税务局主要有以下几点经验借鉴:

1.推进税收管理信息化

在如今信息当道的时代,现代税收工作日益多样、复杂,在此背景下,只有掌握充足的信息,把握信息分析和处理的质量,才能有效地开展税收风险管理工作。换句话而言,有必要依托互联网、大数据等信息技术,推进税收管理工作信息化,提高税务信息收集和处理的能力,不断挖掘信息隐含的价值,以此最大化地提高风险管理的效率,增强税收风险管理的效果。

2.推进"服务+执法"税收风险管理理念

树立税务风险管理意识,重新思考与建立纳税人、税务机关、税务管理人员之间的关系,以"服务+执法"的理念开展税收风险管理。充分理解服务、执法的关系,全面确立税收执法服务风险控制的思路,开展税收执法服务标准化建设,通过风险控制进一步规范执法服务。

3.优化税收风险管理流程

通辽市K税务局必须要结合自身实际情况,在充分掌握税务管理资源的基础上,科学、合理地设计税收风险管理流程,形成目标规划、风险识别、风险分析等一站式闭环管理模式。要按照统一规范的格式形成工作底稿和工作报告,确保风险管理过程留痕、全程可控,切实提高风险管理专业化水平,并将取得的经验和揭示的风险运用到日常税收管理当中。

4.定期进行专业培训

有针对性地进行税收风险管理专项培训,重点培养一批懂会计、税收、计算机技术等各项业务的复合型税收风险管理人才。围绕风险分析、风险评估、反馈监督等一系列风险管理工作,对税务管理人员进行针对性、专业化培训,要让风险应对人员掌握纳税提醒、纳税评估和税务检查的流程、方法,组织人员参加专题培训,选取内部师资人员通过以评代训、以考促学的实战培训,开拓评估思路,厘清行业涉税风险点,提升业务敏锐性,着力打造一支具有精准识别、应对能力的税收风险管控团队。同时深化绩效考核,将责任落实到人,从而达到提高税收风险管理效率和质量的目的。

三、进一步加强通辽市 K 税务局税收风险管理的对策

在当前税务系统既要求强化管理、又要求优化服务的前提下,只有有效地实施税收风险管理,才能实现依法征收、应收尽收,才能最大限度地规避税收执法风险,有效提高税收征管的质量和效率。针对上述存在的问题,具体如何实施税收风险管理,笔者给出以下对策:

(一)进一步强化和深化税收风险管理意识

税收风险管理涵盖了所有涉税业务,是一个非常宽泛的内容。每一名税务干部必须万众一心,协调配合,加强与优化税收风险管理工作,同时要不断地学习,既要学习其他国家和地区先进的风险管理理念和成功的税务风险管理经验,也要学习国内关于税务管理工作的政策与指导性文件,要切实转变税收管理理念,形成高度一致的思想共识,以此在统一的目标下提高税务风险管理效率,减少税收流失。

1.加强宣传引导

针对风险管理工作的战略规划和部署定期开展专题讲座,加强干部教育宣传和业务学习,统一认识,转变征管理念,要以税务风险管理为导向,实行专业化管理,实现资源利用的最大化。而风险应对工作则是保障风险管理工作高效顺畅运行的中心环节,基层税源管理部门必须整合现有人力资源,实行专业化管理,实现资源利用的最大化,提高工作成效。

2.加强税收风险管理教育培训

要将提高应对人员综合素质能力作为提升应对质效的核心环节来抓,没有过硬的业务素质,做好风险应对工作就是一句空话。

一是要加强税收风险应对方法及技巧的业务技能培训,积极适应新形势下征管改革及税源专业化管理要求,将教育培训作为提升风险管理岗位人员素质的重要途径,围绕风险分析、风险评估、反馈监督等一系列风险管理工作,对税务管理人员进行针对性、专业化培训,要让风险应对人员掌握纳税提醒、纳税评估和税务检查的流程、方法,组织人员参加专题培训,选取内部师资人员通过以评代训,以考促学的实战培训,开拓评估思路,厘清行业涉税风险点,提升业务敏锐性。

二是要更新、提高计算机操作、税收法律法规、涉税财务知识等内容,跟上纳税人发展的脚步,增强税务干部的业务权威性,保证风险应对工作能够顺利开展。同时,可选配综合素质高的干部充实到风险管理一线,鼓励干部职工在岗参加各种学历、注册会计师、税务师等职称、资格考试,结合分岗位"大练兵、大比武",支持干部职工学好岗位培训丛书,努力拓宽自身的知识面,不断增强分析和解决实际问题的能力,提升职业判断力。

(二) 完善机构人员配置及激励机制

从专业分工更加清晰、征管机构设置更加合理、征管资源配置更加优化、征管方式方法更加先进的角度出发,研究解决税收风险监控分析机构编制和人员配置问题,同时建立绩效激励机制,将风险管理团队培养成理论水平与实践能力兼具,多层次、专业化的人才梯队。

1.完善人员机构配置

传统的职能和岗位设置、人员安排无法适应新形势下税收风险管理体系,因此必须要重新规划布局,重新调整。一是根据税收风险管理的流程及纳税人分类、分级管理安排再次进行明确的部署,将各管理层进行合理的人员安排,对于不同人才进行合理分配,细化分工,明确责任;二是保证征管一线和风险应对等重要环节的人力资源,确保人员的充足与专业性,集中与强化风险管理人员的力量;三是要打造一支专业能力强、风险管理意识强、业务水平高的复合型人才队伍 。

2.建立激励机制

激励机制主要是通过一定的奖励或管理方法,以提高人员积极性的有效方式。在税收风险管理中应用激励机制,有利于激发税务干部的工作热情;同时,对自身来说也是一份保障。通辽市 K 税务局要综合考量风险等级、应对难易程度、完成质量高低等因素,建立与风险任务实际应对情况相配套的差异化考核激励约束机制,以差异化考核调动先进者的积极性,同时鼓励干部主动抢单,自主认领风险任务。

(三)完善风险应对工作机制

风险应对是开展税收风险管理的关键环节,也是维护国家税收、防止纳税人偷税漏税的直接手段。积极探索应对方式,规范应对手段,充分发挥各应对环节的作用,扎实开展风险应对工作,着力提升应对质效。

1.进一步完善税收风险应对机制

一是建立统一的税收风险应对标准及操作指南,从案头分析到实地核查的应对程序、应对内容、应对策略、应对文书有章可循,推进风险应对工作标准化、规范化、科学化。另外,对于不同类别的风险事项和应对案件要采取差异化、针对性的分级管理措施,并建立与之相适应的指导原则和流程。二是建立岗位职责及相关制度,促进规范应对。风险应对涉及多个部门,而任何一个部门的工作都直接关乎风险应对工作的效率,所以要建立统一的协调机制和岗责体系,确保各部门之间分工明确、职能分明、协调配合,确保各岗位职责逐一明确,有效运转。三是要推行工作痕迹化管理。

2.建立风险管理内控机制

首先,要做好事前规划工作,要深入全面地掌握疑点问题、户数、重难点等各类情形,并有针对性地做好事前应对与预防计划,找到可行、有效的应对措施。其次,要引导与支持纳税人自查自纠。对于疑点或重点纳税人要做好全面自查自纠工作,在排疑之前向纳税人发放《税务事项通知书》,通过税法宣传、辅导等一系列工作,给纳税人提供自我审查、自我修正的机会。最后,要优化与完善风险应对建议。对于高风险区以及容易出现税务风险的地点,要提供有用的应对建议,要增强纳税人的纳税意识和税务风险防范管理意识,从而做到从源头上消除税务风险。

(四)提高和完善税收风险事项收集能力及指标建设

税收风险指标主要是分析与衡量风险的依据;而税务风险识别模型则是由若干个税收风险指标构成的,用来判断与确定风险事项的科学工具。在具体的税收风险管理工作中,税务局都必须要建立相应的风险识别指标体系和模型,要求尽可能涵盖所有的风险事项,描述所有的税收风险特征,以此来确保风险识别工作的科学性和高效性。

1.提高收集税收风险事项能力

税收风险主要分为两种类型:一是税收不遵从风险;二是执法风险。前者主要是由于纳税人没有按照法律规定履行纳税义务而引发的,后者主要是税务机关人员没有按照规章规程开展工作而引发的。从实践来看,税收风险存在于税收风险管理的各个环节,包括税务登记、申报征收、发票等环节。

建立风险事项情形库,是开展风险识别工作的基础,主要是通过纳税人涉税信息的收集与分析,进而选择风险指标和模型进行识别。税收风险事项部分特征较为突出,但是部分特征又较为隐晦,所产生的影响有的微不足道,有的则较为深远。因此为了避免风险事项的疏漏,有必要建立税收风险事项情形库,尽可能描述可能存在的所有风险事项,提高收集税收风险事项的能力。

2.完善税收风险识别指标

税收风险管理的主要手段是通过税收风险指标对税收管理中存在的风险进行识别,然后根据具体的风险等级,选择相应的风险应对措施加以处理,比如纳税辅导、风险提醒、稽查检查等,以达到提高征管质量的目的。通辽市 K 税务局目前的风险识别指标相对较少,也不全面。为了更好地设计和完善风险识别指标,要贯彻落实以下三大原则:

其一,合法原则,纳税人财务报表数据要合法获得,对于那些异常数据要加以重视,比如往来金额较大、成本过多等。

其二,最低指标原则,即申报税款是否超过当期各项税收的最低指标。比如,企业长期有收入却无税款、增值税低税负、从原则上少缴纳税款等。

其三,支持原则,即风险指标数据要以征信信息系统作为载体才能够获取。

(五)完善评价监督机制

税收风险管理是一个集目标规划、风险识别于一体的闭环流程,而且评价监督机制贯穿整个流程。评价监督有利于优化税收风险管理机制,使其更符合实际需要,有利于完善与修正风险管理中的不足之处,以提高税收风险管理效率,有利于了解到各项税收风险管理流程的完成情况,以此为后续管理计划的制订与优化提供依据。

1.加强税收风险管理绩效评估体系建设

为了能够为税源专业化管理提供指导,有必要建立与完善税收风险管理绩效评估体系,促进税源管理专业化、标准化发展。另外,随着税务系统税源改革的深入落实,基层税务机关在整个税务系统中扮演着重要角色,而要想确保基层税务机关有序、高效地开展工作,确保税收征管资源最大化发挥效用,确保纳税遵从度的持续提升,有必要建立统一的、科学的评价标准和体系,做到对税收风险管理全方位、多层次、标准化考核和管理,以及时发现税收风险管理工作中的不足之处和风险。

2.合理设置绩效考核指标

目前，通辽市 K 税务局主要是通过绩效考核指标来开展评价监督工作，且重点落脚于风险应对工作上。然而事实证明，恰当的考核指标除了要对应对结果进行评价之外，还需要对整个管理流程进行考核、评估，做到全程评价、全程监督、全程指导，要确保考核指标能够真实、准确地呈现风险识别、风险应对等各个环节的操作情况，要确保考核指标能够如实地反映出风险管理流程和期限是否符合规定等。

（六）推进税收风险管理现代化

随着"互联网+"在全行业兴起，涉税数据来源和渠道也在增加，大数据将成为税收征管的资源宝藏。在如今信息当道的时代，现代税收工作日益多样、复杂，在此背景下，只有掌握充足的信息，把握信息分析和处理的质量，才能有效地开展税收风险管理工作。换句话而言，有必要依托互联网、大数据等新一轮信息技术，推进税收管理工作现代化，提高税务信息收集和处理的能力，不断挖掘信息隐含的价值，以此最大化地提高风险管理的效率，增强税收风险管理的效果。

1.提高数据质量

数据分析是税收风险管理工作的基础，必须建立起科学合理的基础数据库。税务部门可以利用数据管税综合应用平台，整合各单位、各部门的数据信息，形成"数据仓库"。对于税务登记、纳税申报、税收风险管理、财务报表取得的数据信息，以及从互联网抓取的海量涉税信息进行采集、交换、比对、分析、反馈。税务机关要利用"云计算""大数据""物联网"等新一代信息技术，对海量数据信息进行智能分析，剔除虚假数据，保障基础数据库中数据的真实性、及时性、完整性。

2.实现第三方信息共享

在物联网的产业链中加入计税设备，将税收风险管理的"抓手"深入生产经营的各个环节。税务机关要搭建大数据共享平台，实现税务、海关、工商、银行、公安、法院、国土、房管、证券等部门的涉税信息互通共享。利用"互联网+"技术，抓取互联网上的涉税信息。

3.推行合作型税收风险管理模式

合作型税收风险管理模式就是将税务机关的各种资源和力量聚集在一起，互联互通，以实现税收遵从的最大化。通过"互联网+"技术将多方整合在一起，形成自愿遵从的环境；完善纳税人内控机制，通过企业与税务机关签订纳税遵从合作协议、建立税企高层对话机制，使其与税务机关形成相互信任、共同合作的密切关系，推动税收风险管理水平不断提高。

通辽市税务系统基层公务员激励研究

田文影

（学号：1120172400）

随着我国经济的持续快速发展，我们所处的社会面貌与生活环境也在衍生各种新变化，我国基层政府部门和广大基层公务员时刻面临新的压力和挑战，我国政府正处于由"全能型"向"服务型"转变政府职能的关键时期，基层公务员在这一转型工作中无以替之。然而，从目前我国实际情况来看，激励手段和激励机制仍不健全，存在诸多弊端，但也可以较为乐观地看到，很多政府部门以及专家学者对公务员激励产生了浓厚的兴趣，已经加大了研究力度。本文在这一背景下，以通辽市税务系统基层公务员为研究对象，努力对其激励存在的问题进行分析，对其原因进行研究，继而提出相应的完善的改进措施。

一、通辽市税务系统基层公务员激励现状分析

通辽市税务系统是根据地域和行政单位进行区分与组成的，通辽市税务系统基层公务员是本论文的主要研究对象，通辽市税务系统激励现状如何，是否有效起到激励效果就要根据相关研究，分析其激励举措成效。

(一) 通辽市税务系统概况

为论文展开论述和便于读者理解本篇论文的主要研究对象，现就通辽市税务

系统基本概况和通辽市税务系统基层公务员情况加以简要概述。

1.通辽市税务系统基本概况

通辽市税务局于2018年7月5日正式挂牌成立，由原通辽市国家税务总局和原通辽市地方税务局合并成立。通辽市税务系统包括通辽市税务局及其5个派出机构、9个旗县市区局。9个旗县市区局分别为通辽经济技术开发区税务局、通辽市科尔沁区税务局、霍林郭勒市税务局、开鲁县税务局、科尔沁左翼中旗税务局、科尔沁左翼后旗税务局、库伦旗税务局、奈曼旗税务局和扎鲁特旗税务局。

2.通辽市税务系统基层公务员概况

截至2018年12月31日，通辽市税务系统现有正式在编在岗公务员1 845人，其中男性1 105人，女性740人。基层税务系统正式在编在岗公务员1 462人，占全市税务系统正式在编在岗公务员人数的79.24%。

（二）通辽市税务系统基层公务员激励采取的举措

通辽市税务局为了更好地推进税务工作，加强对税务系统公务员尤其是基层公务员激励，在制度建设和绩效考核等方面采取了多个举措。

1.严格执行国家各项薪酬福利制度

通辽市税务系统基层公务员的薪酬福利待遇与其他地区公务员相同，由国家财政保障，执行的国家层面制定薪酬福利政策也就基本相同。我国公务员工资分基本工资、津贴、补贴和奖金，这些构成了我国公务员工资。

2015年1月15日，《关于县以下机关建立公务员职务与职级并行制度的意见》颁布并同时下达基层，全国各地县级以下党政单位陆续着手施行，这就是深受基层公务员欢迎的职务与职级并行制度。从通辽市税务系统基层各地施行此项政策的实际效果来看，职务与职级并行制度的实施产生了一系列正面意义，取得了诸多成效，但也不可避免地出现了某些弊端，如基层公务官员"熬年头""大锅饭"，将可能出现一种新形式的"懒政"与不作为。

2.认真抓好绩效考核指标制定与结果运用

结合该局工作实际分解内蒙古自治区考评盟市级指标，制定本级指标、市级考县级指标体系，从数量、质量上下功夫，在进度、效果等维度上多思量，确定科学合理的绩效指标考评标准。

以绩效管理为抓手促进上下级、平级之间的交流沟通。创新绩效讲评会议形式：每季度要求市局和基层局都要召开一次绩效讲评会，列计划调度每个基层局参加市局的讲评会，年度内实现旗县市区局全覆盖。

在绩效结果运用方面，制定印发绩效考核结果运用办法。加大力度，切实增强绩效导向作用,将绩效考评结果与评先评优、干部选拔使用相结合,严格兑现考评结果,做到奖惩分明,真考真用,激发干事创业的内生动力,充分发挥绩效管理抓班子、强队伍的作用。

3.科学运用干部晋升激励举措

通辽市税务系统主要是通过竞争上岗方式开展了干部选拔任用工作,选任了一批科级(非)领导干部。认真落实公务员职务与职级并行制度,对达到职级晋升年限条件的根据程序开展相关考核、评定等工作予以晋升,享受相应工资待遇,但工作岗位不变,执行政策不走样、不设卡,真正落到实处。

需要注意的是,通辽市税务系统基层公务员面临着领导编制缺乏、晋升机会少的困境,工作岗位持久不变,如此稳定的运行模式不可避免地产生诸如机构僵化、人心涣散,相应的广大干部职工的工作积极性、创新性随之降低,基层组织部门的工作效率得不到有效保证。

4.坚持奖励与惩罚相结合

通辽市税务系统严格按照国家法律法规和相关文件政策,坚持奖惩结合,在公务员管理上奖励与惩罚互相补充、并驾齐驱,塑造良好的激励氛围。

2006年《中华人民共和国公务员法》颁布实施,公务员奖励在立法层面得到规范和统一,公务员奖励制度体系进一步优化和完备。所谓"重赏之下,必有勇夫"。奖励制度是公共部门运用激励手段,组织内部建立的有效的激励制度,对优秀的公务员进行褒奖,可以提升他们对单位的忠诚和认可,继续在工作中奉献自我,调动其积极性和创造性,在此基础上实现人生价值。同时,有利于在组织内部形成一种积极进取的工作氛围,鞭策后进。

2007年国家颁布的《公务员考核规定》,对那些工作不上进、犯错误不断的公务员给以基本称职等级,对这部分人进行诫勉谈话、限期改进、一年内不得晋升职务和不享受年终一次性奖金等处理。依据公务员法规定了处分的种类和具体适用情形,强化了负激励的约束和执行力。

(三)通辽市税务系统基层公务员激励情况分析

问卷调查法是本篇论文的主要分析方法之一,为了更好地了解通辽市税务系统基层公务员的激励现状,对其进行分析和研究,下面就问卷设计和问卷结果简要概述如下。

1.调查问卷设计

第一部分内容是填写调查问卷的通辽市税务系统基层公务员的基本面貌,共设计了5个问题,涉及性别、年龄、文化程度、工龄和职务级别。

第二部分内容为调查问卷主体，共设计了14个问题，涉及与基层公务员激励因素相关的绩效考核、工资福利、选拔晋升、人际关系、工作环境等方面。

2.调查问卷分析

为便于说明本篇论文的论点，下面就本次调查研究的样本基本情况和问卷统计结果分析如下，以期通过这些比较明确、清晰的调研数据展示本篇论文所研究对象存在的问题及原因，提供数据支撑。

接受本次调查的120名基层公务员中，男性49人，占41%。女性71人，占59%；年龄集中在35岁以下，有77人，占64%；以本科学历为主，有79人，占66%。工龄多为5至10年和10至20年，共计70人，占58%。职务级别集中在科员一级，共98人，占82%。

通过调查样本得知，通辽市税务系统基层公务员激励机制的效用没有得到充分的发挥，尤其是"薪酬制度""奖惩机制"以及"绩效考核"三方面，被调查者表现出的不满意程度或负面评价比较突出，基层公务员的积极性需要进一步加以激发。在"人际关系氛围"和"职业生涯规划"这两方面，被调查者选择满意（正面评价）的人数多于选择不满意（负面评价）的人数。这表明：第一，从基层公务员个人角度看，基层工作艰苦，非常具有挑战性，在基层工作能从中得到实践和锻炼，发挥个人的才能，一定程度上赢得社会认可，但也要完善制度保障，给以相应的"激发"和"鼓励"；第二，从通辽市税务系统基层公务员群体来看，我国基层公务员社会地位有了很大的提高，对工作归属感和认可度有了很大提升；第三，从国家层面，公务员的激励举措要完善，是涉及整个社会生态环境的系统的"大工程"，与之配套的政治体制改革、经济持续稳定发展、国民教育水平不断提高等方方面面的进步与发展才能促成对整个国家公务员的激励得到深度完善和确立。

（四）通辽市税务系统基层公务员激励存在问题

结合问卷调查结果，经过分析和汇总，将通辽市税务系统基层公务员激励存在的问题主要有绩效考核导向性不足、物质激励认识不当、激励理念不成熟和干部交流机制不健全四个方面，分别论述如下。

1.绩效考核导向性不足

通辽市税务系统绩效管理工作已经推行了四年多，达到一定的激励效果，但也存在很多问题。一是绩效管理制度指标体系设计不够科学，指标设置不够科学，自上而下地存在照搬照抄上级指标的现象。二是考评规则不够完善，绩效并不能够良性运转。三是绩效管理考评打分不透明，导致考评过程中监督缺失。四是绩效管理工作落实不到位。有些地方考核程序中虽然提出民主，但民主多不能付诸实践落地生根，考核往往是走过场，有些部门按人数比例分配优秀名额，干部职工"优不胜、劣不汰"的现象普遍存在。五是绩效考核结果运用不到位。

2.物质激励认识不当

对于通辽市税务系统,也一样存在这方面的认识不当。一是不仅局限于通辽市税务系统基层公务员,其他在基层党政机关工作的基层公务员工资水平均普遍较低;二是在基层公务员扎根基层却工资水平略低的基础上,各单位偏好精神激励,一味给予荣誉、奖章,其激励作用收效甚微;三是随着公务员工资制度改革,公务员工资构成比重发生变化,津贴补贴不再是占据公务员工资最大比重,基本工资取而代之。在这一过程中,因为养老金并轨,要抽出一定比例工资缴纳养老金,尽管工资上调,但大部分公务员实际发到手的工资不增反降,部分基层公务员心理产生不良情绪,出现不平衡、不适应心态。

3.激励理念不成熟

"激励理念是指公务员激励机制将在何种思想指导下进行。"[①]"激励理念对激励机制的构建起着指导作用,它左右着激励机制的运行方向,对激励过程、激励手段和激励方式都有着重要的影响。"[②]受到我国历史上的部分传统观念影响,如计划经济、官僚主义和封建主义,在我国公务员激励工作上广泛存在一些问题,论资排辈等现象比较普遍。

4.干部交流机制不健全

通辽市税务系统干部交流机制不够完善和健全,导致的最明显后果是近年来基层公务员流失问题比较严重。主要表现在新考录的公务员向市区局单位调动、借调的比较多。笔者感受是,基层单位每年给予的招录名额本来就很少,汇总各单位2013—2018年以来招录人数,分别以2名、5名、6名人数为主,基层单位里只有霍林郭勒市税务局招录最多人数为6名,其余基层单位基本保持在每年招录2名公务员,而部分新考录公务员多种方式离开原基层工作,以2013年霍林郭勒市税务局招录的6名公务员为例,现在调入和借调到市区税务局工作的有3人;以库伦旗税务局为例,2014年新招录2名公务员,目前均已调往市区的税务局。出现基层公务员人才流失的原因是复杂的,而激励机制有缺陷是一个不得不加以考虑的原因。基层工作压力大,基层待遇比较低,基层年轻人面临生活压力,如往返市区和基层单位之间交通压力、婚姻买房压力,基层教育条件有限等,使得许多基层公务员多方努力寻求往市区流动的机会。基层与上级之间人才流动渠道过窄,没有健全的干部交流机制,使得基层公务员在基层工作热情不够"专一",对工作的积极

---

① 孔祥利.公共管理变革与我国公务员激励机制的重构[J].山东行政学院山东省经济管理干部学院报,2004(2)1-2.

② 王金华.试论我国公务员激励机制的完善[J].云南行政学院学报.2005(3) 87-90.

性和创造性打折扣。

二、国外与国内其他地区税务系统基层公务员激励经验借鉴

对通辽市税务系统基层公务员激励研究来说，参考和学习其他国家或地区的成功做法是非常必要的。经过研读国外、国内关于公务员或基层公务员激励的相关文献，通过比较和分析，借鉴三个国外的税务部门激励举措和三个国内的税务部门激励举措，汲取经验。

（一）国外税务部门公务员激励概况

国外税务部门对激励的研究相对更加充分和全面，有很多西方国家和发达国家的激励举措和我们国家一些制度不谋而合，很多如激励理念、细化措施等是我们需要借鉴和学习的。本文对美国、法国和荷兰相关部门的典型激励策略进行叙述，以期运用到通辽市税务系统基层公务员激励举措改进上。

1.美国国内收入署科学健全的绩效考核体系

美国国内收入署（Internal Revenue Service）即是美国国家税务局，简称 IRS，隶属于财政部，被称誉为"美国最令人闻风丧胆的政府部门"。IRS 不同于我国按照地域行政等级层层设局的设置方式，而是根据税收要素的不同特点如纳税人规模大小、是否免税等，在全国范围内设置四个业务局和两个辅助性服务机构，负责开展税款征收等相关工作。IRS 拥有的权限极大，它掌握着美国人的社会安全号和银行账号，因此，IRS 对税务公务员也提出了非常高的要求，既要求其具有较强的业务能力和服务本领，也十分谨慎地考察税务公务员的品行、学识等综合素质。在组织管理过程中，IRS 对公务员实施绩效考核管理对研究公务员激励和管理具有很强的借鉴意义。首先，明确绩效管理的目标。IRS 绩效考核既体现对内部公务员的尊重和爱护，又着力实现征税的低成本、高效率，追求获得纳税人服务满意度评价。其次，建立一套完备的绩效体系，并因地制宜允许适量差异化考评。IRS 将各层级的组织机构都涵盖其中，设立包括纳税人满意度、员工满意度评价、员工绩效、组织绩效评价、部门成果衡量等一系列评价指标在内的平衡绩效体系。同时，IRS 充分考虑各业务局及服务机构所负责管理和服务的纳税人规模、相应的管理策略、业务规划和业务专长各不相同，设置的绩效评价体系也不相同，体现有针对性的绩效体系设置思路。最后，针对税收公务员考评指标设置具有层次性和人

性化。

2.法国注重对税务公务员科学运用物质激励与晋升激励

在法国税务局多种激励机制下,笔者认为值得学习和借鉴的有两个:一是丰富完备的物质激励手段。税务公务员工资待遇是根据其工作完成数量、质量和效率等进行评定,具有一定公平性,也体现了个人工作努力程度。为了保证税务公务员正常踏实工作,法国政府设有住房方面的保障性规定,政府设置一个规定标准水平,如某个公务员的个人和家庭平均收入低于这个水平,可以向相关服务机构申请低租金住房,政府以低于市场水平的租金出租给税务局等相关职能部门的公务员,这一物质激励可以提升税务公务员工作忠诚度,一定程度降低廉政风险,保障国家税收安全。二是设置职务晋升激励。税务公务员职务晋升,其结果与我国公务员职务晋升效果相同,将直接关系到职务提升、工资晋级和不同层级奖金差异。职务晋升与公务员个人工作实绩科学衔接,衡量公务员工作实绩的主要标准是税务部门负责人主持开展的对公务员做出的总评与鉴定。

3. 荷兰税务与海关管理局树立人本管理激励理念

荷兰税务与海关管理局简称 NTCA,其尊崇的管理理念是人本管理,既坚持追求部门整体利益,又尊重个人实际需求,坚持以人为本。一是关注员工个人成长,制定职业规划,综合评定员工综合能力。上岗前,NTCA 把员工工作业务能力作为重要的招录测试内容,结合工作适应能力加以综合分析,进行综合能力评定,确保最合适的人放在最合适的位置发挥各自专长。入职后,持续关注员工成长,制定职业规划,根据员工不同情况和状态,局内人力资源管理部门帮助员工加以解决,调整状态,继续积极工作。二是信息化工作跟踪,并赋予税务公务员较多的自由空间。NTCA 也面临着公务员年龄老化、信息技术水平不高等问题,为实现工作降低成本、提升现代化服务水平,NTCA 加大信息技术投入力度,每名员工都拥有一个工作账号,每天登录填写工作日志,主管会通过信息系统对员工进行跟踪和督促,但是一般不干预下属工作,给予充分的自由空间,如发现问题或者其他工作需要,才会面谈了解情况,给予支持和帮助。三是注重良性绩效沟通与双向互动。管理者会从员工工作实际出发,综合判定其工作成果,综合分析员工职业发展状态,综合评判其职务适应性等,绩效评定模式由单向转变为双向互动,认为员工过去成绩与未来发展同等重要。

(二) 国内其他地区税务系统基层公务员激励概况

在国内研究文献查找和研究上,笔者发现有学者对国内部分地区国税或地税系统基层公务员激励进行了一定研究,并且很多探索和研究结果是非常有借鉴意义的。

1. 黔南州国税系统基层公务员激励

黔南州位于贵州省中南部,与通辽市同属于偏远落后地区的一个地级市,且也聚居着很多少数民族。黔南州国家税务总局下辖13个县、市、区国家税务总局,11个县级稽查局,23个县镇税务分局。黔南州国税系统基层公务员激励举措主要由绩效考核、评先评优、实施干部晋升、注重人才培养、县局级领导班子考核评价和组织文化建设构成。对基层公务员的激励也存在不容忽视的一些问题,诸如激励手段简单化,常用物质激励与公务员现实需求不匹配,负激励多流于形式;绩效考核管理存在缺陷,奖优罚劣的绩效效果不明显;科学的选人用人机制仍不健全;干部职业懈怠愈加明显等。黔南州国税局针对基层国税部门公务员激励制定了一系列的改进策略:加强思想文化建设,统筹用好非物质激励手段和正负激励手段;优化绩效管理,实施公平个人的绩效考评;"完善人才培养和干部职务晋升机制,拓宽公务员职务发展通道"[①];强化人文关怀营造和谐内外氛围,调动干部参与管理的积极性等。

2. 宜宾市国税系统基层公务员激励

宜宾市国税系统基层公务员激励举措主要包括:绩效考核、薪酬福利、职务晋升、评先评优和教育培训等,在一定程度上,这些激励举措发挥了较好的作用。但是受中央垂直管理机构体制的影响,管理上存在的不灵活性和长期以来单位内在的弊端,如对绩效考核缺乏足够重视,指标设置和考核结果等方面难见实际效果,薪酬制度改革实际产生的收入减少影响了基层公务员的工作积极性,评优方式单调,正负激励不得当等原因,造成了宜宾市国税系统基层公务员在职务职级晋升、能力素质提升、工资薪金待遇等方面存在限制,职工发展面对的"天花板"很低,长期发展无望、消极怠工、工作效率低下、得过且过、人才流失、提前退休等现象。近期国家相继出台了关于公务员工资薪金改革、养老保险改革、职务与职级并行等制度,很大程度上调动了调动基层公务员的积极性。针对存在问题及原因,完善宜宾市国税系统基层公务员激励机制应坚持四个"结合"的原则,即"物质激励与精神激励相结合,正向激励与负向激励相结合,内在激励与外在激励相结合,个人目标与组织目标相结合"[②],在干部晋升、绩效管理、奖惩制度、人才管理和税务文化等方面下功夫,逐步改善税务系统激励现状。

---

① 施文斌.基层国税部门公务员激励机制研究——以黔南州国税系统为例[D].贵州:贵州大学,2017.

② 刘艳.国税系统基层公务员激励机制研究——以宜宾市国税局为例[D].四川:西南交通大学,2016.

3.江门市地税系统基层公务员激励

江门市地税系统对基层公务员所采取的激励举措与通辽市税务系统的激励举措比较相像,主要包括制定干部晋升、科学考核、奖惩并进以及培训等,但这些举措在执行过程中,各项举措本身存在诸多问题需要解决,没有起到其应有的激励作用,如:在优化基层公务员晋升方面,尚未完全杜绝按资历排辈的现象发生,需要进一步将德才兼备与工作实绩挂钩晋升级别,做到"能者上、庸者下"将对公务员起到更加明显的激励效果;在优化考核方面,探索按职能部门归类考核,科学制定和细化考核指标,合理设置权重赋分值,要进一步加强平时考核,做到考核结果公平公正;在完善基层公务员奖惩制度方面,做到赏罚分明,赏罚有度,尽量杜绝"平均主义",奖励和惩罚都要落到实处,起到实实在在的正、负激励效果,但也注重运用最受广大基层公务员青睐的物质激励方式;"在优化基层公务员培训制度方面,要按基层需求组织有针对性的专项培训,尽可能避免培训内容单一、刻板"[①],参训形式多样化而非固定采取集体形式,如知识讲座、外出参观考察等,在培训过程中注重互动,提升公务员参与感。

(三) 经验借鉴

在结合经典激励理论进行分析的前提下,对国外和国内一些地区的税务部门激励措施进行分析和叙述,并在调查研究基础上结合通辽市税务系统基层公务员激励的问题和不足,运用文献分析和系统分析等方法,总结出适用于通辽市税务系统基层公务员的一些经验。

1.目标管理与人本管理相衔接

将目标管理与人本管理两个理念结合在一起,就是要做到在设置组织目标时,将组织目标与员工个人目标合理对接,追求组织利益和集体价值最大化的同时,要给予员工实现个人人生价值的制度考量和激励内容安排,因为个人在组织内实现自身价值,他们的愿望和理想与组织目标是紧密相关的,个人将目标管理与人本管理有机统一,让组织目标对个人产生强大激励力量。因此,一方面,要不断修正和完善组织目标。组织要充分重视、广泛调研和听取基层公务员意见,充分考虑基层实际情况,把个人目标与组织目标有效衔接,善于把个人目标引领到组织目标实现过程中来。另一方面,要创造条件满足公务员个人发展需要。每一个人自我价值的实现,都是在组织内成就的,组织要发展壮大离不开个人努力与成长,个人成长更离不开组织的培养与锻炼,组织要关注基层公务员的工作生活环境,创造更好的

---

① 蓝海琴.基层地税部门公务员激励机制——以江门市地税局为例[D].广东:华南理工大学,2011.

发展机会和锻炼平台,让他们感受组织的温情与爱护,实现组织与个人共同进步、互利共赢。

2.分类激励与递进式激励相协调

我们应该注意到激励存在于每个成员一言一行之中,贯穿于整个组织目标的实现过程之中,区分不同对象的个性特征和价值观念,在组织内部建立一个递进、梯次的激励体系,整合各种激励手段、制度和资源,如职务晋升机制、工资增长、培训、职业生涯规划等,由浅入深、由局部到整体持续、长期地实施激励,使得对激励对象的激励效果达到最大最优,在组织里形成奋发有为、昂扬向上的精神氛围。当前,通辽市税务系统基层公务员由于年龄层次、工龄、职务级别等差别,他们的需求也是千差万别、各不相同,需要组织部门在激励过程中区别特征的公务员,划分类别、区别不同需求,实施兼具综合性和针对性的激励手段。

3.物质激励与精神激励相统筹

公务员奖励规定了精神奖励和物质奖励要结合起来,以精神奖励为主的原则。从公务员履行公共服务职能和公务员职业特性来看,是具有合理性的。但是在市场经济体制下,公务员也兼具多元化需求。调动基层公务员积极性和创造性,在制定激励机制过程中,就要把两种奖励形式统筹起来,处理好精神奖励与物质奖励之间的关系。在制定激励举措时,我们不能忽视甚至回避基层公务员的物质追求,必须适时给予满足。但也不能仅仅停留在低层次的物质需求层次上,在一定条件下,用好精神奖励,发挥精神奖励较为深远的激励效果。

4.公平性与效率性相统一

公平性与效率性是辩证统一的。前者是后者的保证,公平性能使激励效用发挥到位。根据社会比较理论,工作过程中的平均主义盛行,不公平公正的现象严重影响了基层公务员的工作效率,挫伤了他们的工作热情。当前,经过工资改革,广大公务员工资趋于公开化、透明化,一定程度上形成了大家干多干少、干好干坏,大家收入都是差不多的,彼此之间不差多少钱,由此造成基层一线的公务员逐渐丧失工作热情,降低工作效率,影响了工作积极性,有了得过且过的念头。我们应该注意到激励资源具有一定稀缺性,激励只有在公平的标尺上才能发挥最佳效果。这就要求组织部门在激励机制设计上,正视公平与效率的关系,注重付出与回报的对等性,注重分配效率性。

三、完善通辽市税务系统基层公务员激励对策

经过梳理,针对上述通辽市税务系统基层公务员激励存在问题,在指导思想、激励理念以及具体措施方面给出如下对策。

(一)基层公务员激励指导思想

在树立基层公务员激励指导思想,要坚持好立党为公、执政为民准则,做到办事公道、权为民所用,情为民所系,利为民所谋。强化思想教育,使公务员抵制不良风气侵扰,自觉抵制腐朽观念侵蚀,保持高尚情操和价值观念。

1.树立以人为本的公务员管理理念

对基层公务员要善待严管,既注重维护单位机关严肃刚正形象,也要俯下身贴近基层公务员,了解他们在工作和生活中不同遭遇,以何种形式给以关怀和鼓励。要通过持续深化改革,公务员管理体制,不断创新公务员激励手段,挖掘他们的工作潜能和创新力,为不同区域、不同职级的公务员订制人性化的管理措施和激励手段,使组织部门的工作更贴近人性,从而达到合理、有效地提升人的工作潜能和工作效率,充分发挥公务员的主观能动性。

2.树立公务员管理法制化理念

目前,我国的政务环境和政府机构改革都对基层公务员管理提出了法制化的要求。我们迫切需要做到以下几点:一是在全国上下树立公务员管理法制化理念。当前,国家大力提倡依法治国,这也是国家民主法治进步的重要标志,是我们国家长治久安的重要保障;二是国家层面要树立和宣扬依法治国理念,对立法给以足够重视,各部门都要加快立法步伐,首先形成人人守法、有法可依的大格局,从而提高公务员管理法制化水平;三是加大行政执法力度。每个基层公务员都能做到知法守法,执行法规不打折扣,建立严格的执法责任制度,对违法者通报批评、追究责任,做得好的要加以表彰。

3.满足基层公务员的多重需要

按照赫兹伯格提出的双因素理论,激励因素是能引起员工工作满意的因素,包括成就感、责任感、晋升、个人发展的可能性等,激励因素的改善可以对员工产生强大而持久的激励作用,激励因素得到满足可以提高员工满意度;保健因素是引起员工工作不满意的因素,包括工资、工作条件、人际关系、公司政策等,保健因素的改

善则可以预防和消除员工的不满情绪,而不能增加满意度,也不能起到提高绩效的作用。通过分析和借鉴以上两种理论,为了有效地激励基层公务员,就要对该群体关注的各项因素加以识别,在区分激励因素和保健因素的基础上,科学地对该群体不同层次、不同种类的需求加以满足。

4.精神与物质并重的激励理念

结合马克思哲学观点,物质激励是基础,精神激励是根本,物质利益是生成革命精神的经济根源。对基层公务员的激励要以一定物质利益为基础,同时注意发挥精神激励在实现人们的理想,产生的激励力持续的时间较长的优点,使二者相辅相成、相得益彰。以前,社会上普遍做法是看轻物质利益,搞精神万能,片面夸大精神激励的作用,大大损害了基层公务员干事创业的积极性。

(二)改进通辽市税务系统公务员薪酬制度

税务局是国家的职能部门,在改进与完善通辽市税务系统基层部门激励举措上,其薪酬福利制度必须严格执行国家相关法律法规,合法依规改进公务员薪酬福利制度。必须严格执行各项公务员薪酬福利制度,绝不可巧立名目,擅自增发放各种薪酬补贴等项目。因此,在改进公务员薪酬福利制度方面,必须以国家为主体对法律法规进行完善和改进,地方坚决执行,在权限范围内逐步改进工资调整机制,并探索建立或完善一些合理的福利项目。

1.改进工资调整机制

历年来,通辽市税务系统基层公务员工资调整是自上而下进行的,逐级下发文件,上级部门督导下级部门严格按照文件规定执行标准、审批权限、时间期限进行。在近三次公务员工资调标工作过程中,总结如下改进对策:

一是在制定我国公务员工资调整方案的时候,可以借鉴西方国家的办法,参考同时段市场物价水平和企业同类人员工资薪酬水平。

二是制定和改进调整工资机制,既要做到随物价水平调整工资标准,保证公务员的基本生活需要能得到满足,为公务员的生活消费提供基本保障,也对整个社会起到良好的引导示范作用,也要做到在制定公务员工资标准时候,在选择企业职工工资作为参考时,并非简单地对照社会平均工资,而是应该划分公务员的不同职位、不同等级,对应企业内同等同级的职工平均工资水平,有利于实现社会公平、和谐、稳定。

三是改进公务员工资调整机制,要继续完善职务与职级并行制度,职级和薪酬的补偿,让基层公务员开拓职业成长路径,拓宽工资增长路径。

2.完善合理的福利项目

在坚决执行国家关于薪酬福利的法律法规基础上,尝试探索增加一些福利项目。

一是根据通辽市税务系统福利待遇管理的相关规定,可以根据所在地政府部门下发文件参照执行。因此,与地方政府部门密切联系,一方面可以因地制宜,对少数民族聚居区、艰苦偏远地区等地方基层公务员制定特殊补贴;另一方面根据地方的具体情况和公务员岗位个性化需求,在不违背国家法律法规基础上,制定地方性的公务员福利性法规。

二是探索建立或完善一些合理福利制度。如对法定节假日或休息时间加班的基层公务员,规范经济补偿措施;落实好带薪休假制度,保障基层公务员休假待遇;建立专项福利制度,对患有重大疾病、家庭困难等基层公务员,帮助解决生活困难。在其他方面适当探索建立一些新的合理的基层公务员福利待遇,提高幸福感和满足感。

需要明确的是,福利绝不等同于公款消费,严格按照资金管理权限报批,做好专项审计,做到专款专用,杜绝公款消费和其他腐败滋生。

(三)建立科学的绩效考核体系

通辽市税务系统可以充分借鉴美国国内收入署的绩效考核相关经验,制定科学合理的绩效考评标准,同时探索运用绩效考核结果。

1.制定科学合理的绩效考核标准

通辽市税务系统面对绩效考核导向性不足等问题,需要对绩效考核标准进行以下工作设计:一是考核标准要具体可操作。要提高考核针对性,对标准进行不同岗位不同类型人员的区分和细化。泛泛而论的统一化的考核标准不仅无法真正落实考核,也会让基层公务员产生懈怠情绪。二是要尽可能量化标准。尽量把绩效考核标准与实际工作紧密联系,让绩效考核成为助推工作的助手和武器,而不应让基层公务员把绩效考核看作负担和累赘。

2.强化对绩效考核结果运用

通辽市税务系统在强化对绩效考核结果运用上,要做到两点:一是要做到绩效考核结果公开、公平、公正。要加强对绩效考核程序、结果、申诉程序等监督,考核结果要在一定范围内公布,置于群众监督之下,防止绩效考核走过场或被个别领导左右,使结果更具说服力。二是要完善绩效考核结果运用制度。制度里要体现出考核注重对公务员实绩的考察,将绩效考评与组织考察以及群众满意度测评等结合起来,并作为公务员晋职、奖励、惩处等的重要依据。

(四)合理制定奖励与惩罚措施

针对这些问题,既要协调运用好正激励和负激励手段,完善创先争优激励机制,运用好非物质激励手段。

1.协调运用好正激励和负激励手段

长期以来,通辽市税务系统在对公务员以及基层公务员的激励实践中,奖励的多,惩罚得少,合理的奖惩刺激作用不明显。要改善通辽市税务系统正、负激励激励不合理、不充分的现状,在保持应有正面奖励外,负激励也不可荒废。在工作中,加强警示教育和榜样宣传,对获得荣誉和奖励,不能只是开会颁发证书类的表彰,还应树立榜样作用,对先进典型人物进行充分挖掘和宣传;对消极懈怠、拖延敷衍等态度和行为,要及时发现和纠正,对屡教不改的基层公务员,本着爱惜与教育的原则,既要做到鞭策典型,又要将负面影响降到最低。需要注意的是,实施正、负激励时,要严格依照法律法规实施惩罚措施,坚决防止违法违规事件发生。

2.完善创先争优激励机制

人人都具有自我肯定、争取荣誉的需要。在完善争先创优激励机制方面,要做到:

一是建立通辽市税务系统创先争优相关办法,做到有法可依,有的放矢。

二是优先必奖赏。对工作表现突出、敬业奉献、具有一定代表性的基层公务员给以必要的荣誉激励。树立榜样,建立典型,发挥好先进示范带动效应。

三是找出重点突破口。一方面在组织内部动员全员发现身边的榜样,大家努力干事争当典范;另一方面在表彰项目设立、评选环节、荣誉发放以及宣传推介等方面加以研究细化和落到实处。

通过上述"工作设计",在通辽市税务系统自上而下完善争先创优激励机制,引导全体干部职工树立正确的价值观,向先进典型看齐。

3.运用好非物质激励手段

激励从内容上划分可以分为物质激励和非物质激励。物质激励是最传统、最容易运用,也是被很多组织惯用的激励手段之一。非物质激励主要是精神层面的、非货币形式的激励。经过人类不断实践和探索,越来越发现虽然物质激励是非常强有力的激励手段,但是单纯的物质激励也具有一定的局限性。人的需求具有多样性,激励是以需要为基础的,需要的多样性导致激励形式的多样性。有基层公务员存在物质需要使得物质激励具有存在必要性,非物质需要的存在也使得非物质激励存在实施的必要。因此,完善通辽市税务系统基层公务员激励,就要丰富、完善、统筹用好非物质激励手段。

(五)优化基层公务员发展路径

长期以来,公务员被冠以"铁饭碗"之称,这种长期稳定的体制结构限制了公务员,特别是基层公务员的发展。在公务员体制内,除了按照公务员法规定的职务晋升方式外,单位可以根据工作岗位的实际需要,综合人才综合素质与优势特长,创造性地建立一些激励策略,探索拓宽基层公务员职业发展路径。

1.利用好职务与职级并行制度

通辽市税务系统严格执行职务与职级并行制度。将职级晋升解决待遇的措施和非领导职务晋升渠道相融合,二者在公务员激励管理中是互补关系,而不是替代关系,多种晋升渠道协调推进。强化职级的作用,通过职级晋升,解决干部待遇问题。同时注意,职务与职级并行、职级与待遇挂钩并不是意味着削弱职务晋升的激励。在当前职务晋升通道略窄的情况下,继续开展好职务与职级并行制度,这个顺民意、得民心的举措,它让更多基层公务员在满一定服务年限基础上执行上一个等级的职级工资标准,提高基层公务员直接经济收入是一项非常重要的激励因素。

2.制定"能上能下"调配制度

通辽市税务系统应该在权限范围内制定"能上能下"调配制度,让基层部门和公务员有依据、有"抓手"。当前,基层税务局面临一个普遍问题,即青年干部流失问题,这一问题产生的原因有多种,其中便有与调配制度相关的原因。要建立富有人性化的"能上能下"的调配制度,运用科学公平的程序办法,如公开选拔、竞争上岗、民主推荐等,做到选人用人机会均等、竞争平等、过程公开、结果公正,在实施竞争性晋升晋级激励过程中,综合考量各单位职数限制、职位空缺和人才需要等因素设置流动岗位或遴选职位,通过一定程度能反映年资、平时业绩、评优评先结果的,把能力与资历有机结合起来,印发明确实施方案和办法,公开公正程序,结果运用加权计分方法,让真正的人才脱颖而出,畅通了人才交流渠道,"激活一池春水",促进全市税务系统公务员队伍和谐稳定。

3.扩宽干部轮岗交流渠道

一是通辽市税务系统应该自上而下努力探索基层公务员多岗交流培训。针对基层公务员打造合理的锻炼平台,提供多样的、公平的成长机会,注重青年干部培养,加大后备干部培养,重视才干,打造公平合理的干部培养通道,培养一支复合型人才队伍。

二是积极与地方党政部门、对口企业进行挂职交流,打破系统限制,创造条件跨部门、跨地域交流挂职。采取"挂得上、走出去、流得动"的方式,让基层公务员有机会到上级或者其他部门单位进行交流锻炼,能尽量让基层公务员在工作中得到个人事业成就感和满足感。

三是适时开展公开遴选。基层公务员队伍被喻为是人才资源的"蓄水池",公开遴选有利于打通基层上升"天花板",也为基层公务员自下而上的打通新一条选拔渠道;同时,公开遴选是落实"干部在基层成长""干部从基层选拔"的正确用人导向,优化上级机关干部结构具有"泥土味"的重要举措,形成"从基层中来,到基层中去"的良好格局。

(六)构建良好的激励文化环境

激励文化环境,主要是指组织文化和人际氛围,尽管是无形、不可见的,但也不可否认组织文化和人际氛围确实存在,且影响着组织内个体的一言一行。它是一个组织处于一定经济文化背景下,长时间"积淀"下来的习惯,体现了组织的价值观念,如行为规范、道德准则、群体意识、风俗习惯等。营造良好的激励文化环境,对基层公务员激励起到润物细无声和潜移默化的积极影响。因此,可以从以下几点入手营造良好的激励文化环境。

1.营造和谐的人际关系

树立健康、和谐的人际关系,营造平等、团结、互助、和谐的人际环境,形成竞争奋进、共同前进的良好工作氛围。人际亲密的组织文化对基层公务员的心情愉悦、身体健康、工作效率起到无言的激励作用。在营造和谐人际关系方面,要做到以下几点:

一是在全系统上下倡导人人平等、诚信友爱的理念。不论职位高低,资历深浅,所在单位级别高低,也不论任何一个税务局公务员是否身处基层,都要使其在组织内部享受平等的关心爱护和发展进步机会。

二是协调利益关系。通辽市税务系统基层公务员都是参与社会经济生活的一员,在组织内参与劳动,获得利益分配。要合理地调节人际利益关系,公平地分配社会利益,共享组织发展成果。

三是正视和化解内部矛盾。在面对基层公务员上访、信访时,要务必正视矛盾,认真倾听,坚持"宜疏不宜堵、宜散不宜聚、宜解不宜结、宜顺不宜激"的原则,做到冷静对待,区分性质,把握时机,讲究策略。

2.强化人文关怀

要创建文明和谐的工作生态环境,注重人文关怀,改善公务员的工作条件与环境。建立食堂、浴室、图书馆、解压心理活动室、文化活动站等。试想,如果组织不关心自己的干部职工,忽视职工感受,不尊重和爱护自己的干部职工,我们有谁能全身心地热爱组织,谁还会乐于奉献自我,去努力实现组织的目标和价值呢?如此可见,务必树立多种形式、多种思维,营造良好的组织激励文化,让通辽市税务系统基层公务员在工作之余感受到集体的温暖和作为,充分体感受到组织的"人情味",他们也会感恩组织,以更大的热情和忠诚回报给组织。

3.进行职业规划激励

职业规划激励在企业组织经常被提及和讨论,但在公务员范畴内却稍显冷落,不可否认,组织成员合理的职业规划对实现组织目标、打造高素质人才队伍具有极为重要的作用。在公务员管理中,进行职业规划是激励基层公务员的一个可探索的方向。

一是加强员工职业规划培训,使他们科学地了解自己,制定合理人生目标。

二是组织要了解公务员的职业发展规划和期望,可以效仿年度考核成为一项定期固定的模式,根据不同阶段的基层公务员有针对性地进行开展职业规划培训。

三是将基层公务员的职业发展规划和期望进行分门别类的统计,与组织目标相融合,合理配置人事组合,使广大基层公务员能够在爱好的岗位、喜欢的部门工作,如此更有利于基层公务员实现人生价值,发挥工作本身具有的激励作用。

四是组织上可通过座谈、定期谈话等形式,了解年轻公务员、中年公务员和临近退休公务员的心理活动和思想动态,建立心理活动室,聘请相关专家进行心理引导和心态矫正。

五是大力培养高素质的人力资源开发与管理人才,为深入研究公务员激励和进行公务员激励机制改革提供坚实的人才保障。让通辽市税务系统基层公务员具有一定空间的选择权和决定权。这种"参与感"会提升他们的"主人翁意识"和"自我实现感",将极大地鼓舞他们的工作热情。

庄河市环境污染第三方治理问题与对策研究

刘瑛玮

（学号：1120172403）

庄河市推进环境污染第三方治理是新思路、新举措，这得益于大连市政府的大力支持，对庄河市构建北黄海生态型港口城市具有深远影响。本章从本文的研究背景和研究意义入手展开介绍，综合论述国内外学者对环境污染第三方治理的研究成果。

一、庄河市环境污染第三方治理试点现状分析

国家发展和改革委员会于 2016 年 2 月批复同意了庄河市环境污染第三方治理试点实施方案，为做好试点工作，庄河市政府立即开展相关工作。本章是对试点实施过程前、过程中、过程后加以详细的介绍，并罗列出试点推行中出现的主要问题，分析存在问题的原因。

（一）庄河市环境污染第三方治理试点概况及预期目标

庄河市依托丰富的水资源和宜居的生态环境获得国内外游客的青睐，只有提高水环境质量，不让垃圾堆积成山、四处可见，才能使得庄河大力发展旅游业，以文化产业促发展。本节重点介绍庄河市环境污染第三方治理试点概况以及试点后的预期目标，为试点推行中出现的问题埋下伏笔。

1.庄河市环境污染第三方治理试点概况

庄河市环境污染第三方治理试点拟于 2015 年 8 月—2017 年 12 月在庄河市全域 21 个乡镇、4 个街道进行污水、垃圾环境污染第三方治理推广,在城镇污水、垃圾治理上基本形成统一开放、竞争有序、规范诚信的环境污染第三方治理市场机制。此次试点项目共计 4 个,垃圾处理升级改造建设项目 1 个;污水、垃圾运营管理项目 3 个。

庄河市拟实施既有项目升级改造建设项目 1 个,又有为生活垃圾焚烧发电资源化升级改造建设项目;运营项目 3 个,分别为庄河市城区污水处理厂运营项目、庄河市乡镇污水处理厂运营项目、庄河市垃圾收运处理体系运营升级改造项目。

庄河市正在开展垃圾焚烧资源化升级改造项目,建设生活垃圾焚烧发电 350 吨/日,一条生产线,厂房和公辅设施按两条配建。同时建设污泥干化焚烧 40 吨/日和粪便处理 50 吨/日的设施及配套设施,总投资 26 000 万元,2017 年已建成并投入使用。

庄河市城区污水处理厂运营项目,是对 10 万吨/日的污水处理厂实行第三方委托运营,包括原 3 万吨/日的污水处理厂、正在建设的 5 万吨/日的污水处理厂以及位于张屯的 2 万吨/日的污水处理厂。上述污水处理厂处理工艺为 CAST,出水指标全部为 A 级。

2.现状及预期

庄河市环境污染第三方治理试点经过两年试行,已初具规模,目前 4 个重点项目正稳步推进。

目前,《庄河市农村生活垃圾处理项目物有所值评价报告和财政支付能力评估报告》已通过专家评审,市政府办公会议已审议通过《庄河市农村环境治理垃圾收运 PPP 项目实施方案》和《庄河市农村环境治理污水处理 PPP 项目实施方案》,正在推进 PPP 运营招标工作。

到 2019 年,通过本次试点,环境质量方面的目标是空气、地表水、地下水、土壤和海水在达到了相应的功能区的环境质量标准的基础上有所提升,其中海水和地表水中的生化需氧量、化学需氧量、氨氮、总磷的监测结果应比试点前降低 10%。污水处理方面,通过第三方治理的推进,使庄河市现有能够纳入污水处理厂的生活污水和生产污水全部经处理达到相应功能区的排放标准后排放。条件好的污水处理厂争取深度处理达到中水标准后回收利用,作为城市补给水,广泛用于工业使用、农业灌溉、城市杂用、景观水等。城市水源地水质达标率为 100%,近岸海域功能区水质达标率为 100%,城市绿化覆盖率达到 45.1%。城市污水集中处理率 95%,中水回用率 40%。在垃圾处理方面,通过第三方治理的推进达到庄河市全域生活垃圾、作物垃圾等全部收集、分拣,分类统一运送至庄河市垃圾填埋场进行卫生填埋;下一步,将建设垃圾焚烧发电厂,通过焚烧发电技术处理使城市垃圾的体积减小80%~90%,同时垃圾焚烧产生的热能和电能可用来供热或发电,实现垃圾无害化、减量化、资源化。

(二)庄河市环境污染第三方治理试点推行中出现的主要问题

庄河市环境污染第三方治理按照国家发改委复函要求,围绕试点预期成果开展相关工作,在试点推行过程中有令人可喜的成果也有不尽人意的地方,出现的主要问题包括以下几方面。

1.项目建设存在问题

庄河市环境污染第三方试点拟实施年限为2015年8月至2017年12月,截至目前,试点工作仍未推进完毕,试点实施的四个重点项目还未全部投入运行,社会性效率较低。存在主要问题有以下几点:一是涉及项目环评批复问题,生活垃圾焚烧发电资源化升级改造建设项目现完成立项工作,但项目前期手续推进过程中受区域环评影响及国家能源局对项目设计方案提出新的建议,影响了项目的推进。二是涉及动迁征地问题,乡镇污水处理厂运营项目中部分乡镇污水垃圾处理厂因土地调规、征地动迁困难等客观因素影响,仍处于建设期。

2.运营费用测算征收难度大

庄河市在实施环境污染第三方治理试点过程中发现城乡生活污水、垃圾处理设施运营费用的测算和处理费用的征收难度很大。

对于污水而言,因水量波动比较大、居住比较分散、产业具有季节性等原因,污水收集难度大。以庄河为例,庄河非水源地乡镇多以水产品加工产业为主,该产业具有明显的季节性,造成污水处理厂的水量波动性较大,生物法污水处理很难进行管理和运营。庄河市农村无自来水,饮水工程提供的饮用水在庄河市农村的普及率约为38%,其余仍以压水井为主,农村污水处理费测算和征收实际操作难度较大。

对于垃圾而言,群众对于垃圾转运站和垃圾收集设施的建设认知程度不高,对于垃圾转运站和垃圾收集设施的选址争议较大,虽然设施选址符合法律法规规范,但群众的接纳程度较低,加大了建设难度。由于农村居住比较分散,单个乡镇收集起来的垃圾相对较少,但是到末端处理设施的运输路程却非常远。经测算,庄河最远乡镇到末端处理设施的距离是80千米,按照每吨垃圾每公里运费2.25元核算,运输成本较大。

3.收付费定价机制难以统一

我市拟对其他先进地区进行考察,参考"水消费系数法",将垃圾处理费征收纳入水费中一并征收。在付费机制方面,拟定按季度向第三方机构付费,市财政局根据考核领导小组提供的对第三方的季度考核结果和考核办法计算出的付费额度拨付当季运营服付费,但在考核机制拟定过程中关于生活垃圾的处理作业标准认定存在一定分歧,过严则第三方无法接受,不严则存在垃圾处理不到位的风险。在定价机制方面,在推进生活垃圾处理费征收定价过程中需召开听证会,其核心问题在于定价标准是否能被群众接受,但目前生活垃圾处理费定价标准较难制定,受影响因素较多,因此推进定价标准的制定有一定困难。

4.县级财政压力大

推进第三方治理对县级财政仍有压力。庄河市既有的城镇污水垃圾处理设施均由政府投资建设,在建设过程中国家发改委、生态环境部、大连市发改委对我市城镇污水垃圾处理设施给予了大力支持。在推进污水垃圾处理设施第三方运营过程中需进行财政承受能力评估,项目运营费用需纳入年度财政预算,根据庄河市目前的财力,能够支撑的 PPP 项目数量有限,项目实施对县级财政仍有一定的压力。庄河 2017 年的财政收入是 21 亿,刚性支出是 46 亿,有 25 亿是靠大连市和上级政府转移支付的,尤其是庄河市 12 个水源地乡镇需保护水源不允许发展产业,在水源地乡镇建设的 6 个污水处理厂,庄河无力来支撑项目运行。

(三)存在问题的原因分析

庄河市自实施试点以来,市领导高度重视,举全市之力开展此项工作,从推进情况来看,有些项目还是举步维艰,距离实际落地,差距很大,因此,要认真分析其产生的原因。

1.各方参与共建意识不强

公共目标的达成离不开组织中每个个体的协调配合,庄河市在推进第三方治理试点项目中存在各自为政、缺乏统筹等问题。项目管理没有实施全程工作法(实行项目招商、落地、建设、竣工、投产全过程闭环管理,闭环管理就是全程工作法)。各部门还是各管一段,缺乏统筹协调。一个项目,从开工到投产,规划选址、土地使用、环境评价是必要条件,各单位、各部门却各自为政,没有人牵头推进,缺乏全局意识。

2.缺少市场规范

庄河市环境污染第三方治理目前尚处于探索阶段,市场管理还不规范,制度保障、信用体系尚不完善,无法实现公平分配公共利益。首先,在排污企业设施的运营状况以及第三方治理企业污水处理方面,没有规范性的指导文件和完善的第三方治理实施办法,无法衡量排污设施运行是否得当,第三方治理效果是否达标;其次，在稳定第三方治理企业发展方面，由于环境服务收费标准尚不统一，难以评判第三方治理企业的治污效果，所以选择合适的第三方治理企业是非常困难的；再次，第三方治理市场的准入和退出制度并不完善，在鼓励其发展的同时没有完善的退出机制，很可能会致使第三方企业恶意退出市场，导致排污企业陷入两难境地；最后，目前大连市还没有成熟的环境治理成本估算和治理效果的评判标准，庄河无据可依，以至于在试点实施过程中难以平衡。

3. 缺少相关经验与政策指引

大连市发改委虽然推出《关于建立大连市政府与社会资本合作（PPP）项目库的通知》《大连市发改委关于报送鼓励社会投资进展情况的通知》《关于做好全市首批基础设施公共服务领域政府与社会资本合作项目征集相关工作的通知》等，却尚未出台直接推进环境污染第三方治理的实施意见或方案，对于运营费用的测算，收付费定价机制确定，第三方治理企业融资，第三方市场管理规范等问题尚不明确。

在国家政策层面，缺少顶层设计，没有第三方治理的上位管理规定，更缺少切实可行的政策对基层实施第三方治理提供指导；在技术支持层面，一是在生活垃圾处理的作业标准认定方面，缺少国家标准及认定方式，作为地方对第三方治理作业效果认定的依据；二是在城镇生活垃圾处理费的定价标准方面，没有统一的标准；三是在农村污水、垃圾处理费征收方面，缺少相关指导性意见，应该充分考虑南北方农村的特点和差异性，明确收费的原则、标准、方式等。

4. 融资渠道过少

资金是维持组织运营不可缺少的要素，推行环境污染第三方治理试点，仅靠庄河市政府财力支撑是远远不够的，缺乏多形式、多渠道、多类型的可用资金。从直接融资情况来看，第三方治理企业规模初具，而我国对中小企业上市融资的条件设置较高，一般的中小企业很难达到上市的标准，所以无法直接在市场上融资，如发行债券、股票，债券、股票上市流通；从间接融资来看，第三方治理企业现仅依靠银行贷款这一融资平台，而商业银行出于风险和收益的考虑，很少向中小企业发放长期性贷款，中小企业则采取多次周转的短期贷款来满足长期的资金周转需要，所以第三方企业的发展单靠内部融资和银行贷款是远远不够的，还缺少专门支持第三方治理企业的金融机构，如发展基金、协会等。

二、国外与国内其他地区环境污染第三方治理建设的经验借鉴

环境污染第三方治理最早在美国推行,西方国家有较为丰富的经验,日本在推行第三方治理中效果最佳,享有环境治理最成功的美誉,国外的成功经验值得我们学习。国内发达地区如浙江、上海、北京等地区都先于我市开展第三方治理,其治理模式也值得我们借鉴。

(一)国外环境污染第三方治理概况

西方发达国家在环境污染治理方面较为超前,尤其是美国、法国等,有其自己的治理特色,我国目前面临着与西方国家相同的国际形势,总结西方国家环境污染第三方治理经验,对我们来说很有必要。

1.美国:多种扶持政策并存

美国成立了联邦政府及各州的环境保护机构,为环境污染第三方治理组织提供服务,同时还成立专门环境服务委员会负责监管环境保护机构和第三方治理组织。美国联邦政府出台了一系列扶持政策,如成立专项研究基金来鼓励第三方企业发展,出台专项资金补贴政策激励第三方企业创新,发放贷款为第三方企业解决资金难问题。美国政府借助公民诉讼制度监督企业排污,任何人为了维护公共利益都可以诉讼,由此排污企业不得不因为自身发展来选择专业的第三方环境治理企业。最值得借鉴的是,美国在环境监测方面,由政府、社会团体以及公民等多元主体共同参与,并运用市场化的运作方式,由环境污染第三方治理企业在全国400多个环境监测点运营投资,形成了网格式环境监测体系。

2.日本:多元主体共同参与

日本是世界上环境污染防治最先进的国家,这离不开日本政府、企业、社会团体和国民等多元主体共同参与治理的结果。其一,完善而严格的法律法规体系。20世纪60年代起,针对日本快速经济发展带来的严重的大气污染和环境污染,日本政府出台了各类针对环境治理的法律法规,严格的立法详细规定了各类环境治理的基本原则。其二,宽松的环境税收制度。日本的企业开工生产需经过严格的审核认定程序,与其对应的便是宽松的环境税收制度。日本政府对环境资金的投入每年都呈递增趋势,这些经济的支撑都用于环境治理上。其三,环境污染第三方治理企业崭露头角。日本的企业治污基本交由环境污染第三方治理企业负责。其

四,全民参与环境治理。根据一项调查报告显示,受访者中67%的国民十分关注日本的环境问题,由此可见,环保意识在日本人心中已占有很重的分量。

3. 法国:分类价费标准形成

20世纪80年代初法国颁布了《分权法案》,20世纪90年代初颁布了《水法》,这两部法律的实行为法国推行水务管理委托经营模式,吸纳社会资本投入水务行业奠定基础。在法国,污水处理费按照用水性质的不同实行不同的收费标准;第一产业、第二产业产生的废水符合排放标准则不需要付费;否则按照排放量和污染程度超过一定限额的收取相应的费用;居民生活用水按用水量收取费用。除此之外,还需要缴纳污水处理费、水资源保护费等。

(二)国内其他地区环境污染第三方治理概况

京津冀、长三角等国内发达地区早在多年前就引入社会资本投入环境治理当中,自国家实施环境污染第三方治理以来,各地涌现出加快企业结构转型,构建新型环境治污企业浪潮。浙江、上海、北京等地的治污理念、治污模式都已成规模,值得对标学习。

1. 浙江:多形式推动环境污染第三方治理

2007年,中华人民共和国财政部、生态环境部、发改委首次批复了浙江省、江苏省、天津市等11个地区开展排污权交易试点,浙江省作为全国首批排污权交易试点省之一,已全面开展了试水近十年的排污权交易试点工作。目前,全省共有11个设区市的60个县(市、区)开展了试点工作,在省级层面已经先后出台19个政策和技术文件,各试点市、县也结合自身实际出台了多达103个政策和技术文件,具有浙江特色的一整套总量控制制度体系基本构建完成,全省排污权有偿使用和交易试点工作大步前进。近乎在同一时间,节能降耗排放从浙江政府的强制行为变为企业自觉的市场行为。

杭州是浙江的省会城市,风景秀丽,素有"人间天堂"的美誉。近几年来,杭州市在环境治理方面走出了自己的特色治理之路,作为国家首批生态文明示范先行区,杭州率先在城市污水、垃圾等基础设施领域引入社会资本,实施市场化建设和运营,形成了一系列可复制、可推广的"杭州模式"。其一,在以政府为责任主体的环境污染第三方治理过程中,杭州市政府针对不同领域不同行业分别采用PPP模式、特许经营与委托经营模式、环境绩效合同模式、政府购买社会化服务模式等。其二,在以政府和企业为共同责任主体的环境污染第三方治理过程中,委托第三方治理机构开展生态环境设计和集中式环境综合服务的模式与委托第三方治理机构采取分散收集、集中处置或再生利用的模式。其三,在以企业为责任主体的环境污染第三方治理过程中,主要对于造纸、印染、化工等重污染企业,打破行业和所有权壁垒,采用委托治理和委托运营等方式,实现污染物达标排放。

2.上海:提高环境污染违法成本

上海市环境污染第三方治理起步较早,早在 20 世纪 90 年代末就有企业涉足,如今已有 150 多家第三方治理企业,产业规模达 50 多亿元。可以用以增加环境污染违法成本激发市场主体活力来概括上海市环境污染第三方治理的特点。

一是上海市依托《国务院关于加快发展节能环保产业的意见》制定了《上海市环境污染第三方治理管理办法(试行)》,并落实了《上海市大气污染排放条例》,以此修订了餐饮油烟、燃煤电厂、城镇污水处理厂等多项大气排放标准和水污染综合排放标准,前后有 20 余项条例出台,形成了更为严格的地方性污染物排放标准制度,实现了源头严防。

二是全市目前已实现了 200 多家重点排污企业自动连续监测的网络全覆盖模式,检测数据占全市污染物排放总量 85%,监测方式由传统的"人盯人"升级成了在线实时监控的"千里眼",进一步强化了环境监管执法,实行了最严格的环境保护制度,实现了过程严管。

三是根据《中华人民共和国环境保护税法》,上海市调整应税大气污染物适用税额标准:自 2018 年 1 月 1 日起,二氧化硫、氮氧化物的税额标准分别为 6.65 元/污染当量、7.6 元/污染当量;其他大气污染物的税额标准为 1.2 元/污染当量;2019 年 1 月 1 日起,二氧化硫、氮氧化物的税额标准分别调整为 7.6 元/污染当量、8.55 元/污染当量;应税水污染物适用税额标准:自 2018 年 1 月 1 日起,化学需氧量税额标准为 5 元/污染当量,氨氮税额标准为 4.8 元/污染当量,第一类水污染物税额标准为 1.4 元/污染当量;其他类水污染物税额标准为 1.4 元/污染当量。

3.北京:以试点推动环境污染第三方治理

北京市 2015 年制定了《北京市环境污染第三方治理(试点)管理办法》,拟通过试点完善符合本领域实际情况的第三方治理项目实施机制,进一步规范项目合同文本,明确项目服务内容,研究细化服务标准;以实现项目更高环境绩效目标为核心,研究制定污染治理技术方案,加强环境污染治理先进技术设备研发和应用,创新项目实施的商业服务模式和运营管理模式。北京市自 2017 年以来先后开展了三批环境污染第三方治理试点征集工作,每一批试点的申报范围都不同,每一次试点终期便对项目进行评估,通过对试点项目的实施情况、治理效果分析,形成总结,并对试点治理模式进行推广,总结经验借鉴价值。北京市发展改革委还牵头制定《北京市环境污染第三方治理最佳实践案例目录》,对试点效果突出的项目相关技术或产品优先纳入目录,组织开展试点项目交流和宣传。目前北京市已在扬尘治理、电子废弃物回收治理方面获得成效。

(三)国内外经验借鉴

以上列举了西方国家及国内几个先进地区的典型案例,为我市环境污染第三方治理的推进起到了对标学习的作用,我市积极借鉴他们的成功经验,将其应用到我市第三方治理过程中。

1.重视立法的支撑作用

建设环境污染第三方治理,必须建立系统完整的第三方治理制度体系,用制度保护排污企业、第三方治理企业及第三方治理市场。健全污染物排放制度、排污权交易制度、价费收付体系等,实行排污权有偿使用制度和生态补偿制度,改革生态环境保护管理体系。

一是由"谁污染谁治理"转为"坚持排污者付费"后,污染治理的主体责任仍在排污者。实行第三方治理后,需承担治污责任的实际上应是排污者和排污企业两者。排污企业可依照法律法规委托第三方单位开展治理服务,并根据与第三方治理企业签订的环境污染治理合同履行相应的责任与义务。

二是第三方治理企业应按照有关法律法观或与排污企业签订的合同标准,承担应尽的法律责任,若在环境治理过程中出现弄虚作假,对环境造成污染,破坏了生态环境,应该依照法律法承担责任并遭受处罚。

三是严格的立法不仅保障了排污企业及第三方治理企业的利益,也对政府的监管起到了良好的支撑作用。政府部门可依据相关法律法规或者合同条款规定对排污单位或第三方治理单位进行监管,并对于毁坏环境者可依法进行处置,对造成环境损害的人可依法追究责任,用制度管权管事管人,让权力在阳光下运行。

2.试点推行环境污染第三方治理

国家发改委选取庄河作为推行环境污染第三方治理的试点地区,目的是在全国推广第三方治理起到引导与示范作用。同时,庄河市也可选取庄河范围内典型地区或具有代表性的行业进行试点,为其他地区和行业第三方治理起示范作用。首先,由庄河市政府制定推进环境污染第三方治理的指导意见,以意见明确试点实施主要任务,强化试点治理主体责任,规范第三方治理市场管理制度,创新第三方治理模式。其次,优先选择我市重点地区,如大连北黄海经济区,国家生态工业示范园区重点开展第三方治理试点,也可以选择我市水产品加工行业、造纸行业等具有代表性的行业,进行大胆尝试,探索试点推行中好的经验做法。最后,将试点的成功经验进行广泛宣传,举一反三,应用到其他行业中去。

3.加强多元主体参与机制

政府在实施环境污染治理过程中能力有限、人员有限、精力有限,作为一种新型治理模式,环境污染第三方治理解决了这些"疑难杂症"。不论是私人企业还是国有企业,不论是社会团体还是非政府组织,只要具备相应的治理能力,都可以积极参与到环境污染治理中。作为以政府为主体的环境污染第三方治理,政府和社会资本合作模式是最重要的手段,即 PPP 模式。由社会资本承担设计、建设、运营、基础维护等工作,两者间形成风险共担、利益共享的合作伙伴关系,通过污染者付费获得回报。

4.加大政策扶持力度

目前我国在推广环境污染第三方治理过程中,政策扶持力度相对较轻,无论是国家政策的出台还是资金支持力度,都无法满足第三方治理市场的稳定运行,更满足不了第三方治理企业的发展,因此加大政策扶持力度势在必行。

一是加快中小企业结构转型,优化中小企业产业布局。鼓励和引导中小企业积极参与到环境污染治理中,加大力度扶持中小企业在环保领域开发生产"专精特新"项目,对创新型企业给予资金奖励。二是学习美国创建环境公益诉讼机制,促进排污企业选择专业化的第三方治理单位为其治污。三是多渠道缓解融资难问题。认真落实国务院关于环境污染第三方治理方面的金融、财税政策。结合我市实际情况,鼓励商业银行将更多的服务向第三方环境治理企业倾斜,推进金融服务向基层延伸。采取多种措施合理调节中长期贷款和短期贷款比例,切实保障企业信贷规模。

三、进一步加强庄河市环境污染第三方
治理建设的对策建议

庄河市环境污染第三方治理在推行过程中有可喜可贺的地方,也出现了一些问题。针对这些问题我们分析了其产生的原因,下一步,为了继续深入推进环境污染第三方治理,笔者提出了如下几点建议。

(一) 促进多元主体共建

一个项目的实施离不开领导的高度重视与大力支持,离不开计划、组织、指挥、协调、控制这几个要素。要想切实提高政府服务效率和质量,加快项目进程,首先,要加强组织领导,充分保障项目的实施;其次,进一步强化项目调度机制,督促项目按时按点完成进度;最后,要建立考核机制,促进项目又快又准落地。

1.要加强组织领导协调

首先,科学规划项目发展,包括项目建设、时间节点、问题解决、协调统筹、督察督办等。要突出重点,突破难点,在每个难点上都要想出解决办法,不可以推诿扯皮。其次,要把项目分清楚,落实责任,明确责任主体,明确任务细节,时间要清,要把项目管到位,要协同作战,对重要的项目挂图作战,列表督办。最后,要坚持问题导向,要到现场,深入一线,把项目加快建设落地的良好氛围营造起来。

其次,前期手续办理。规划、用地、环评等项目建设前期手续顺利办结和招投标顺利完成,是项目开工建设、竣工投产的先决条件,要按照"整合流程、一口办理、并联审批、信息共享、限时办结"的要求,着力解决项目审批环节复杂、流程繁多、要件烦琐、时限冗长、效率低下、自由裁量权过大等问题,要最大限度地减少审批事项、裁减审批材料、简化审批环节、压缩审批时限,提高审批效率,建立健全行政审批规范化、标准化制度。同时要坚决杜绝管理低效率,权利高度集中的问题,要坚持一切围着基础转,一切围着项目转。

最后,推进试点项目审批便利化。根据庄河市政府已经出台的《关于全面深化简政放权放管结合优化服务改革的实施方案》《庄河市加快推进行政审批和便民行政服务标准化建设工作实施方案》《庄河市加快推进"互联网+政务服务"工作实施方案》等文件精神,严格按照国家全面深化简政放权放管结合优化服务的要求,进一步简化手续、优化流程,在政府统一的审批平台进行审批,逐步实现并联审批,为加快推动环境服务业规范、有序发展,提供保障。

总之,作为公务人员要摆脱传统官僚制思想,避免懒散僵硬的官僚作风,注重工作效率,以服务"顾客"为导向,对"顾客"服务。

2.进一步强化项目调度机制

推动试点建设,要建立重点项目调度制度,实施主要领导旬调度,分管领导月调度,项目责任单位周调度与随时调度相结合的调度制度。另外,重点项目定人管理。及时召开现场的调度会,随时随地结合现场存在的问题实地调度,现场解决。各部门的领导要发挥"头雁效应",主要领导要亲自抓指挥、引导项目实施,领导者要发挥指挥、协调的作用。要抓住要害,精细精准地把问题抓实抓准。要合力攻坚,多部门一起研究。要细化督查流程,明确责任分工,对项目落地、开工、推进、竣工等环节进行全过程的闭环管理和全程督查,对虚报、瞒报、慢报行为要进行曝光,对推责、慢责等行为要实行通报。

3.要建立考核机制

注重绩效计划管理,制订严格的绩效计划,确定组织、个人的具体计划,建立考核机制,并依据绩效指标对工作任务完成情况进行有效测量。

一是制定《庄河市环境污染第三方治理考核方案》，明确各相关单位工作事项、任务要求和完成时限。确立时间表及进度条，形成实行任务倒逼、时间倒排和责任倒查机制。细化考核方案，确保责任单位保质保量完成任务。

二是推进机构负责第三方治理工作的组织、协调和推动，建立责任追究机制，对不按上级要求，办事拖拉、执行力差的相关部门领导及责任人依托市监察部门追究相应责任，念好严肃问责"紧箍咒"；对不执行相关要求的组织，由环境保护行政主管部门按有关法律法规规定实施严格管理。

三是庄河市政府应该在现有的绩效考核体系中，加入推动环境污染第三方治理试点考核方案，依托市绩效办，定期与不定期对推动试点的单位的相关任务进行检查，将有关督查考核结果纳入政府绩效考核范围，作为市委考核领导干部政绩的重要内容。

(二) 强化第三方市场规范

市场经济条件下，政府的主要职能之一就是限制垄断、促进竞争、维护市场秩序。环境污染第三方治理在我国属于实施初期，市场尚不规范，各项机制尚处于探索阶段，规范第三方治理单位行为，建立完善的政策机制，对于第三方治理市场稳定运行具有积极作用。

1.规范第三方行业准入和退出条件

制定《庄河市环境污染第三方治理管理办法》，以规范性文件形式，明确第三方治理的实施要求和监管措施，以此规范第三方治理市场秩序，完善监管体系。出台庄河市建立守信联合激励红名单和失信联合惩戒黑名单制度，市政府有关部门对运行考核不符合要求或者超标排放的运行单位实行"一次通报、二次驱逐"的"黑名单"管理制度，推动环保领域建立社会信用体系。建立环境治理第三方市场准入和退出机制。在第三方市场准入方面：采取政府和社会资本PPP合作模式，通过公开招标、竞争性磋商等招标方式招标引入社会资本方，通过对招标方式的论证，明确每一个项目适用的招标方式、招标流程，制定明晰准确的社会资本方的招标准入条件。对于第三方企业还要明确相关能力要求，有相关的建设或运营资质，良好的银行资信和财务状况，有一定的技术实力和运营经验，有良好的信誉和职业道德等。第三方退出方面：一是合作期满自动退出，合作期满后，项目无偿移交给政府。二是合作期内，政府方有权根据自身的财政状况，按照事先约定的合理利润率，提前支付可用性服务费，并终止合作期。

2.建立健全第三方行业监管体系

为保证第三方环境治理的效果，政府部门应按照国家相关法律法规和排放标准以及特许经营协议要求对第三方环境治理企业进行监管。对于垃圾焚烧发电、污水处理、垃圾收运等不同的第三方环境治理方式起草不同的运营监管办法,对第三方环境治理企业依法进行监管。

一是建立监管体系。成立由市政府主要领导担任组长,分管副市长担任副组长,各区市县政府、先导区管委会和市直相关部门主要领导为成员的PPP模式工作领导小组,定期对涉及污水和垃圾的第三方环境治理企业的日常管理、环境控制、安全措施、基础管理包括设施运转率、数据传输有效率、日常运行运转情况、故障报修及修复情况、日常保养维护等情况进行现场监管检查,每月监督检查不少于两次,每次检查人员两人及以上,并做好相关检查记录。出现问题,下达《监管联系单》,限期整改,并将依照《特许经营协议》相关约定进行处罚。

二是夯实制度建设基础,依法规范有效监管。瞄准国家"基础设施和公用事业特许经营法"出台这个总计划,加快推进我市城市建设管理特许经营制度建设,完成城建局特许经营管理工作规程,加快构建有利于特许经营管理健康发展的体制机制。

三是对运营项目进行中期评估,掌控项目运行质量与风险。运用审计等多种有效手段,适时开展对项目运营情况、协议执行情况的中期评估,及时掌握和防范项目运中的各种风险,尽快启动特许经营项目协议修缮程序。

3.第三方治理的补救措施

一是签订履约担保协议,在特许经营协议签署前,第三方治理合作方应向庄河市政府提交建设期保函。建设期保函的金额为项目总投资投标报价的10%,作为乙方履行本协议项下有关设计和建设的义务提供的担保。并应当在本项目进入商业运营期后15个工作日内,向庄河政府提供双方能接受的信誉良好的金融机构出具的运营和维护保函。

二是签订违约协议,在第三方治理的建设与运营中,任何一方未履行特许经营协议中的任何一款均视为违约。任何一方在收到对方的具体说明违约情况的书面通知后,如确认违约行为实际存在,则应在30日内对违约行为予以纠正并书面通知对方;如认为违约行为不存在,则应在30日内向对方提供书面异议或说明。在此情况下,双方应就此问题进行协商,协商不成时按特许经营协议规定予以解决,违约方应承担自己违约行为给守约方造成的直接经济损失。

三是防止运营项目提前终止,第三方治理企业在灾害、重大事故等不可抗力的因素下,应停止环境治理工作,交由政府主管部门采取临时接管等补救措施,防止因此造成环境损失。

(三) 加强政府引导性作用

在新公共管理中,政府应将职能定位于公共政策的制定和监督执行,将公共管理职能交给社会,由政府外的组织去执行,因此,政府在推进环境污染第三方治理应转变控制型思维模式,建立灵活具体的环境污染第三方治理指导意见,制定并完善政策支持体系,建立稳定有效的价费机制,为第三方治理推广提供帮助。

1.推进政府管理职能的改变

一方面,政府将职能定位于制定政策和履行项目监督管理职责。编制《庄河市环境污染第三方治理管理办法》,以规范性文件的形式,明确项目招标方式、第三方治理企业准入条件、第三方治理的主管部门和监管部门、第三方治理项目的实施和终止以及治理效果评价等内容,明确责任机制和管理制度。建立常态化、全过程的监督检查制度,加强项目建设、运行、监管、保障等关键环节的工作落实,加强项目运行的监测预警,确保项目稳定运行。

另一方面,专业的事交给专业的团队去做。如污染治理数据采集和在线监测等可以交给专业化公司去做,结合庄河市"智慧城市"建设,在环境治理上引入智慧环保体系,逐步实现24小时环境在线监测。政府只需集中精力做好监督管理工作,加大对环境违法行为的惩罚力度,加强对第三方治理公司的监管,完善第三方运维责任义务机制,提高运维水平和监督监控效率。

2.完善监管制度和政策支持体系

一是编制并出台《庄河市环境污染第三方治理实施方案》,通过方案展开试点具体工作任务、工作时间,分析试点工作开展的利弊,明确政府监管职责,明确企业应履行的责任,规范市场制度。

二是出台政府与第三方治理单位或运营单位签订的合同框架范本,约定好合同条款、付款方式、违约等相关内容。

三是出台《庄河市城市污水处理费征收管理办法》及《庄河市生活垃圾处理费征收管理暂行办法》,规范污水垃圾费用征收标准。

3.建立稳定有效的价费机制

在污水处理费结算方面,需先期确定污水处理量,污水处理量的计量方式以尾水排放口流量计所显示的数量作为污水处理量结算依据,单价执行投标报价,运行过程中具体核实按照特许权协议中相关条款执行。水量确定后,按核定的污水处理量(达到排放标准)以及确定的城区及乡镇污水处理价格进行结算,即为当月应结算的污水处理费。在经营期内,如果因物价的上涨或降低而导致污水处理费单价发生变化,应按投标文件中调整办法或调整方式进行调整。

在污水处理费的支付方面,需经庄河市人民政府批准,并依《中华人民共和国预算法》,纳入每年度的预算管理体系,作为该项目在特许经营期内正常运作,并确保委托运营方能收取约定的支付条件。根据庄河市人民政府颁发的《庄河市城市污水处理费征收管理办法》，对庄河市区内用水的单位和个人征收污水处理费。政府负责污水处理费的征收工作，并委托有关部门按月代收城市污水处理费。代收的污水处理费将全部汇入市财政局账户，确保支付委托运营单位的污水处理费优先提取，差额资金由市财政调配划拨。

在污水处理费单价的调价方面，考虑今后的水价、电价和药剂材料价格等因素的波动变化，以及庄河市年间物价指数、职工工资指数的变化等因素，并考虑通货膨胀的因素，在本项目的运营期内，由于以上原因可能会增加、减少本项目运营成本，经委托运营单位申请，政府批准后，在本项目的运营期内，可以根据以上所述的客观情况调整污水处理费单价。

（四）拓宽融资渠道

环境污染治理成本是巨大的，仅仅依靠政府的财政资金很难承担这一成本，多中心治理理论的核心就是多元主体共同参与，要想解决政府财政压力大的问题，就需要多渠道融资，鼓励企业、金融机构等多元主体共同参与。

1.鼓励企业等多元主体参与环境污染第三方建设

首先，放开准入，创新机制。进一步打破行业垄断和市场壁垒，凡是法律法规未禁止的领域，全面向社会开放，平等对待各类投资主体。政府坚持"有所为有所不为"，将投资工作的立足点放到为企业投资活动做好服务商，在服务中实施管理，在管理中实现服务，充分释放市场空间上。引导企业积极投入环境污染第三方建设中去。

其次，政府引导，市场运作。正确处理政府与市场、政府与企业的关系，切实转变政府职能，强化企业主体地位，坚持市场化运作、多元化投资、专业化建设、规范化经营，引导社会资本积极参与第三方治理领域项目投资、建设和运营。有效推进政府与社会资本合作，培育统一规范、公开透明、竞争有序、监管有力的政府和社会资本合作市场，缓解政府投资压力，提高公共产品和服务的质量和供给效率。

最后，分类指导，统筹推进。根据经验属性，分类明确参与方式、运营模式和保障机制。支持符合条件的中小企业投资生态建设项目，例如农村合作社等新型经营主体进入环境治理市场，通过委托治理服务、托管运营服务等方式，积极开展环境污染第三方治理试点工作。支持社会资本参与农村与城镇污水和垃圾治理。

2.推动金融机构构建绿色平台

建设庄河环境污染第三方治理新模式，鼓励绿色金融创新，积极推动金融机构构建绿色平台。

一是探索设立环境污染第三方治理绿色发展基金，积极引入社会资本，为第三方治理项目提供融资支持。可以由政府和各大银行合作，设立专项环境污染治理基金,对第三方治理企业提供融资保障,支持企业的发展;鼓励金融机构积极探索适合 PPP 项目特点的信贷产品和贷款模式,为符合条件的 PPP 项目在授信额度、质押融资、银团贷款、保函业务等方面提供融资服务;探索引入专业的第三方服务机构作为支付中介,依照环境绩效,排污企业直接付费给第三方支付平台,验收达到标准后第三方支付平台便支付给第三方治理企业,这样既保障了排污企业不受损失又保障了第三方治理企业的权益。依法依规在环境高风险领域建立环境污染强制责任保险制度。

二是鼓励保险机构为第三方治理企业制定特定的"保单",提供特殊的"保额",对企业开展"环保体检",发挥其在环境风险防范方面的积极作用。为政府与社会加强环境风险监督提供支持。

三是鼓励第三方试点单位参与排污权交易,通过市场调节不同经济主体间的利益,为第三方治理单位创造利润空间,作为政府部门联手金融部门共同推进绿色发展的破冰之旅,排污权抵押贷款融资既能减轻企业负担,又能顺利推进排污权交易,还能有助于促进企业开展节能减排工作。如此一来,"有偿"与"补偿"之间发生转变,则揭示了生态建设与保护将逐渐告别"效益无价"时代,迎来真正的"红利"。

3.加大力度争取上级资金支持

充分发挥政府资金和政策的引导作用,对符合条件的第三方治理项目,优先申请中央资金;鼓励有条件的地区给予第三方治理项目投资和运营补贴或奖励。积极探索以市场化的基金运作等方式引导社会资本投入,健全多元化投入机制。落实好国家第三方治理企业税收优惠政策。

本次试点三个运营项目的建设费用全部由政府投入,在项目建设期,积极争取大连市和国家资金支持,共计争取上级资金支持约 6 亿元,占项目总投资的 80% 左右。落实上级税收优惠政策,第三方治理企业开展的项目符合《资源综合利用产品和劳务增值税优惠目录》的,享受国家规定的增值税即征即退优惠政策。目前,我市对乡镇垃圾收运和污水处理体系社会化运营费用进行了测算,农村污水处理社会化运营近期年运营费用约为 1 052 万元,农村生活垃圾收运近期运营费用约为 3 745 万元。我市将积极争取国家、省及大连市财力资金支持,将费用缺口补贴纳入庄河市级财政年度预算管理,确保项目在特许经营期间内正常运作,实现政府和企业的"双赢"。

W 市农村最低生活保障制度实施问题研究

姜帆

（学号：1120172419）

改革开放以来，特别是进入 21 世纪后，中国农村最低生活保障制度日臻完善，习近平总书记在贵州省、市、区各级党委主要负责领导座谈会强调，党和政府将持续关注"三农"问题，为进一步缩小城乡差距提供政策上的引导，"十三五"时期是我国发展农村经济，进一步提升农民生活水平的关键时期，是我国全面建设小康社会的必经之路。解决"民生"问题是"十三五"时期的主要任务。十九大报告中还强调：统筹城乡一体化发展，推进社会主义现代化新农村建设，解决"三农"问题是中国现如今农村工作的重中之举，而在新农村建设中，农村最低生活保障制度在社会保障体系建设中起着重要的作用。

一、W 市农村最低生活保障制度实施现状

W 市位于辽东半岛中部，全市人口 93.6 万人，其中农村人口 59.8 万人，占总人口的 63.9%。全市占地总面积 3 793.53 平方千米，该市辖 9 个街道，13 个镇，8 个乡，56 个社区居委会，244 个村委会。全市经济较快发展，2017 年全市实现地区生产总值 812.4 亿元，人均地区生产总值 15 215 元，2017 年年末，城乡低保共计 1.55 万人，其中享受农村低保待遇 9 722 户，12 075 人，覆盖面达 1.82%，本年度累计发放保障金 7 367.4 万元，平均每人每月享受金额 303.17 元。

（一）W市农村最低生活保障制度实施情况

W市农村最低生活保障制度实施以来，W市享受待遇人群范围增加，人均保障水平提高，申请低保章程规范，低保制度管理机制完善，通过不断的发展农村低保制度，进一步提高贫困户的生活质量，受到全市广大农村群众的普遍欢迎。

1.享受待遇人群范围增加

享受最低生活保障待遇覆盖人数是农村最低生活保障制度实施情况的重要考量指标之一。截至2013年12月底，W市城乡最低生活保障对象共计2.7万人，其中包括农村低保对象17 404人，2014年7月起W市颁布新的低保实施方案，调整农村低保享受对象标准，在实现应保尽保的同时，享受农村最低生活保障待遇人数趋于平稳。分年度看同比，2014年至2016年，W市农村低保覆盖率为1.9%、2.0%、2.1%，农村低保对象人数一直呈持续增长状态，表明W市农村最低生活保障制度越来越倾向于关注农村贫困人群（见图1）。

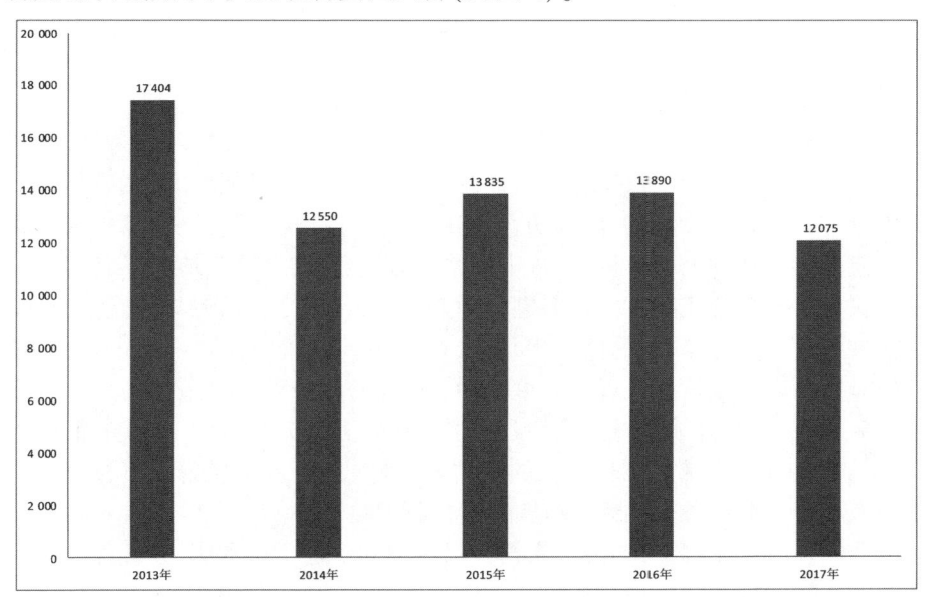

图1　W市农村低保人数示意图

2.人均保障水平提高

农村低保标准是确定享受低保待遇人数、筹集农村最低生活保障财政资金等各项工作的重要依据。根据农民纯收入以及物价水平等因素的变化情况，及时适当地调整农村最低生活保障标准，才能更好地保障贫困农民的基本生活需求。近些年来，随着W市农村最低生活保障制度的逐步完善和财政投入的逐步增加，享受低保待遇对象的低保标准和人均保障金额不断提高。通过走访,抽取 W 市西杨乡 2013 年至 2017 年的低保数据,低保人均保障标准由 2013 年的 182 元/月迅速增加到 2017 年的 266 元/月(见表1),这也看出了 W 市对农村低保保障力度的倾向性。由于每年 7 月份根据当地人均收入水平调整,提高最低生活保障标准,故数据选取相同低保标准时期,如 2017 年 7 月至 2018 年 6 月为 2017 年数据,以此类推统计。

表1　W市西杨乡农村低保金发放表

年份	累计保障金	保障人数	人均保障金
2013 年	2 168 236	992	182
2014 年	1 344 045	682	164
2015 年	1 899 740	708	223
2016 年	2 015 198	720	233
2017 年	2 081 023	653	266

3.申请低保章程规范

《W 市城乡居民最低生活保障操作规范》中规定,符合农村低保条件,需本人申请并按以下程序办理(见图2)。拟申请农村最低生活保障制度待遇的村民以家庭为单位,向户籍所在地的村民委员会提出申请,村民政协委员初审后,填写家庭核查授权书交往乡镇民政办审核,待审核结果通过,村委会民政协委员将对申请人的家庭收入及家属的实际生活状态进行调查核实,计算享受低保保障金数额,合格者张榜公示 7 天,对无异议的低保申请人,由乡镇人民政府民政部门审核,乡镇民政部门对申请人家庭情况进行走访审核后,W 市民政局对符合条件的对象确定保障金数额及时审批,并委托村委会再次张榜,公布至少 7 天,对无异议的低保申请人批准其享受低保待遇。对有异议的申请人,必须重新申请、授权、审核、审批,如果申请人不符合低保条件,通知申请本人并说明理由。

整个低保申请流程操作规范,农村低保对象的确定公正透明,并确保困难家庭保障金的及时发放。同时《W 市城乡居民最低生活保障操作规范》中还规定对农村低保对象实行分类动态管理,即市民政局、乡镇人民政府民政部门和村民委员会对农村低保对象及其赡(抚)养人,每半年核查一次,该项规定使得农村低保对象处于动态管理之中,也避免了低保享受者已脱贫,但仍享受低保待遇情况的出现。

4.低保制度管理机制完善

W 市现已建立基础信息管理制度以及审核监督制度等,规范最低生活保障对

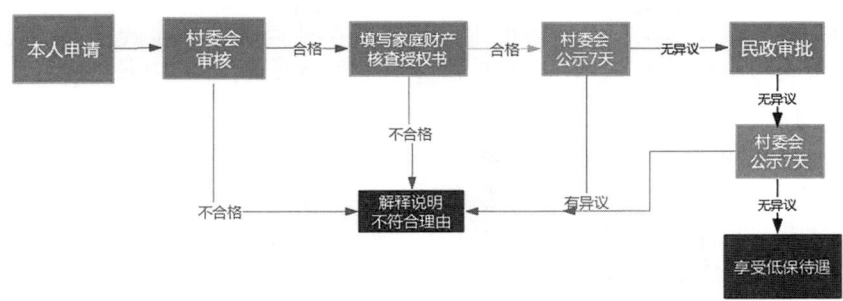

图 2　低保对象确定程序

象的动态管理。一是建立农村最低生活保障对象的基础信息管理制度,在乡镇人民政府实行低保档案管理制度,要求必须做到一户一档,做到有档可依。二是建立农村最低生活保障对象的档案信息联网制度,建立农村低保家庭信息数据库,由各级政府民政部门对数据库进行维护,将制度"信息化",提高制度实施的有效性。三是在资格审批方面,建立多级审核监督制度,农村最低生活保障待遇的申请人需要经历多层次审核部门的多项核查。新申请人需要在资格确定前填写家庭财产核查授权书,接受网上家庭财产审核,所有低保对象一年接受两次本人及家庭成员的五项核查,包括个人保险情况,缴纳公积金情况,房产信息,工商登记信息以及车辆信息。乡镇民政办和村民政协委员必须对新低保申请对象和已享受低保待遇的低保户进行全面审核。

(二)W 市农村最低生活保障制度实施中出现的主要问题

W 市农村低保制度的实施虽然取得了一些成绩,但在实施过程中也发现了一些问题,审核低保时间过长,保障对象个性化差异,与其他部门政策衔接能力偏弱,缺乏司法制度约束等,这些问题都限制了该地区制度的实施发展。

1.审核低保时间过长

W 市农村最低生活保障制度在实施过程中,要求低保申请者填写申请书之日起,在 15 日内完成农村最低生活保障的审批,并在下月即可享受低保待遇,但是在低保档案材料整理之前,申请者在村委会进行入户了解符合低保条件后,本人填写家庭财产核查授权书,授权民政部门对家庭成员的个人五险一金缴纳情况、家庭房产、车辆信息、工商注册信息等进行核查,核查信息反馈需要至少一个月后得出结果,核查结果符合低保申请条件者,再进行材料准备,市民政部门集体审批后,次月才可享受低保待遇。

2.保障对象个性化差异

目前确定最低生活保障对象的方法为市级民政局和乡镇民政部门、村级民政委员相配合,经过贫困居民申请、村级民政委员入户调查、核查中心审核、民政部门审批,最终确定低保对象。在实际操作中出现了一些问题,对象审核环节的核心要素是家庭人均收入,尽管相关法规赋予调查人员索要申请人及家庭成员收入信息证明的权力,但是在落实过程中遭遇了各种障碍。例如,保障对象的隐性收入以及临时收入都难以核算,低保对象及家庭成员收入不易确定,在确定对象时个别人员任人唯亲,不实事求是。农村低保户确定的前提是家庭财产经济人均收入低于最低生活保障标准,但是在对最低生活保障对象的财产计算时,由于农村地域特殊性,农民收入具有不稳定性,难以具体计算月收入金额,在一般情况下,村级民政委员都是基于经验以及大概家庭情况来进行低保对象收入核实和保障金计算,导致了农村最低生活保障的瞄准偏差大。

3.与其他部门政策衔接能力偏弱

作为农村最低生活保障待遇的享受者,家庭生活困难,国家有很多关于低收入家庭的救助政策,在不同领域都有不同的救助制度。例如,国土部门,对低保家庭危房进行改造;计划生育部门,对低保家庭计划生育家庭进行补贴;残联部门,对享受低保人员有额外的生活困难补贴;医疗卫生部门,每年免除农村合作医疗的加纳费用等,这些部门都是每个单独的部门,但是每年都需要民政部门对低保人员再审核,农村低保和其他保障衔接不同步,增加工作量,并且在工作中可能由于名单的筛选,带来工作漏洞。低保人员的及时即生存认证是各村的村级民政委员上报乡镇民政部门,民政部门进行人员的去除,若有人死亡,村级民政委员没有及时上报,该人依然享受低保待遇,直至再次核查低保待遇人员家庭情况或生存认证,由于各部门相关事项衔接不到位,导致有人员吃空饷,损害国家经济财产。在辽宁省政府文件中明确提出,应将农村低保制度与其他社会救济紧密结合起来,建设完善的救助体系,但这项政策对工作部门之间的有效协调沟通还缺乏具体的操作办法。

4.缺乏司法制度约束

农村最低生活保障制度,仍没有国家级的法律作为指导法规。随着国家立法的重心开始向民生以及社会领域方面转变,关于民政低保方面的法律法规制度框架体系应日益完备。目前,我国农村最低生活保障制度的法律体系仍然处于初级建设阶段,现在仅依据文件规定,低保工作者缺乏群众欺瞒骗保的法律依据,群众缺少必要法律保护来维护自己的权益,没有法律依据惩罚挪用低保金的行为。

(三)存在问题的原因分析

通过 W 市农村最低生活保障制度的实施过程中存在问题的分析,找出其中存在的问题,在吸取国内外成功经验的基础上寻找解决问题的对策,得出机构组成人员缺失,最低生活保障制度实施细则不健全,与其他社会救助制度衔接不完善,低保缺乏法制化建设等原因。

1.机构组成人员缺失

一方面,W 市民政局管理低保工作的人员相对较少,人均工作量较大,同时还负责城市居民低保以及其他救助工作,乡镇民政部门的工作人员更少,人员不足也会导致工作中农村低保对象的动态管理等一些地方无暇做好。据调查,W 市现有乡镇基层低保工作人员数量较少,民政专职干事也少,随着服务范围的扩大,他们需要服务的对象也在增加,极少的工作人员与烦杂的服务形成鲜明的对立。另一方面,随着人们对服务要求的不断提高,进一步增加了民政工作人员的工作量,他们承受着较大的工作压力。同时,有的乡镇经济发展滞后,政府财政资金紧张,没有工作经费来源,基层工作人员在开展工作时容易受到限制。下村调研、印制各类登记表等都需要大量资金,而财政部划拨的资金是专项资金,用于各项保障资金和慰问金发放,其使用范围和程序严格限制。它们不能作为民事工作经费自由使用,从而制约了基层民政的有效发展。

2.最低生活保障制度实施细则不健全

现阶段,进行农村低保家庭财产审核任务的方式是人工核算和核查中心审核相结合。家庭经济财产、家庭月人均收入与保障金相关,虽然我国出台了文件对以上计算方式做了统一规定,但受到种种因素的影响,在具体的实践中,计算享受保障金额仍然存在误差。有的家庭经济收入核定内容因为没有核算标准而不够规范,如在对农村居民生产的农产品进行定价时具有随意性。除此之外,需要核实的项目比较多,如《W 市城乡居民最低生活保障操作规范》列出了十五项需要核实的项目,不同类型的项目具有不同的核算方式和审核方式.核算收入的方法会影响到低保金数额,而且涉及很多问题以及多个政府部门,需要投入较多的精力。因此,在实际操作过程中,想要精准计算存在一定难度。

3.与其他社会救助制度衔接不完善

一方面,由于低保对象是社会各界救助关注的焦点,各部门对低保对象都有优惠政策或制度,但是由于低保人员的动态管理,人员的不确定性,享受多项政策的人员具有限制性和重复性,在政策的实施过程中对象筛选也可能存在误差,导致低保人员或国家财产的损失,现在缺少一个低保人员享受各项待遇共享的平台。另一方面,我国农村社会保障体系包括农村最低生活保障制度、新型农村合作医疗制度、农村优抚安置制度、农村养老保险制度等,他们应该相互联系、相辅相成。但是从关于农村各种制度的效果来看,只有农村低保制度和新型农村合作医疗制度得到了广泛的实施,如果通过农村养老保险等制度可以有效地解决农村老年人低收入多现象,农村最低生活保障制度可以使更多的农村贫困人口受益。

4.低保缺乏法制化建设

农村最低生活保障制度的起步晚影响了立法进程,20世纪90年代,中国的低保制度开始逐步推行,此后,由于经济体制的调整和国有企业改革过程中出现的大量城市失业人口,各地都得到了广泛的关注,他们的工作重心转移到城市低保制度的建设,而且主要在城市低保制度方面加大资金投入力度,导致农村最低生活保障制度建设推迟。中国建立和实施农村最低生活保障制度中没有明确的法律规定依据,使得在具体实践中,没有法律的引导,制度无法有效落实,执行程序不规范,在实施农村最低生活制度期间发现了许多暗箱操作问题。为从根本上解决民生问题,进一步提高贫困居民的生活水平,改善贫困恶性循环的局面,实现全面建成小康社会的目标,在健全完善的法律法规基础上,必须重视农村低保制度的顶层设计,将制度建设和实施齐抓共管,提高了农村低保制度的有效性。

二、国内外其他地区最低生活保障制度实施成功经验借鉴

最低生活保障制度在国外与国内都经历了较长时间的发展,随着社会和时代的发展,该项制度更加系统和规范,笔者吸取了国外相关经验,并通过对本地实际情况的调查,指出要完善农村低保制度的措施为强化最低生活保障制度的保障能力,完善社会监督及制度机制,提高规范法律效力,加强低保互动平台建设,整合其他专项救助信息等。

(一)国外社会救助概况

通过对英国、美国、日本等国外社会救助的分析,发现英国为法律先行的社会救助,美国为联合协作的社会救助,日本则为家庭为单位的社会救助,借鉴这些国家的社会救助制度的优势特点,不断完善我市的最低生活保障制度实施方式。

1.英国:法律先行

《济贫法》在1601年于英国开创了以法律形式保障低保的先例,英国实施的是福利型低保救助制度。首先,政府对家庭收入进行调查,对于收入极低的家庭,政府给予他们福利金,此种救助制度面向的对象是贫困线以下的居民。英国有四种类型的人享受低保;第一类是由于收入很低,无法获得社会保险的贫困人口;第二

类是获得保险金仍无法满足基本生活需求的人口;第三类是没有生产能力,没有稳定收入来源的人,领取社会保险金的人已经期满;第四类是收入低而且没有社会保险金的人。英国低保制度注重的是分类实施救助,低保金的多少与家庭的规模和结构有关。英国的贫困线根据家庭类别划分,而不仅仅基于家庭人均收入。由于实施的具体对象不同,保障标准也不是一成不变的,具体体现在:一是根据未成年人和成年人的年龄不同,未成年人 5 岁、16 岁和 18 岁年龄段待遇不同,而不同年龄的老年人其保障标准也有差别。二是根据家庭身份进行划分,一般家长比非家长获得更多的救助金。三是根据子女情况进行划分,子女在 18 岁以下的,子女数量越多、年龄越大,补助金额越多。

2.美国:联合协作

美国的最低生活保障制度,始于 20 世纪 30 年代,称为公共救助或福利补助。美国的低保制度有两种,即现金救助和非现金救助。其中现金救助又包含两种形式,即临时援助和补充性保障收入;非现金救助的形式多样,比如住房补助、医疗补助等。与我国相比,美国低保制度更加多元化,其具体表现在:首先,可通过多种方式筹集资金。美国很多低保项目资金来源于联邦政府和州政府,其中联邦政府的投入力度最大,同时社会机构提供的捐赠也是一大资金来源。其次,是项目管理的多样化。在建立低保项目和对项目进行修改的过程中,联邦政府起着主导作用,同时联邦政府对低保金进行管理,可以说在制度的建设和实施过程中联邦政府发挥的作用最大。州政府和地方政府在项目实施和资金配置方面有很大的自由度,可以以调整税收作为救助支出的补充,根据当地的实际情况采取特殊的救助办法。最后,是机制的多样化。美国的低保制度的实施由国家、公共和私营部门共同参与,在 20 世纪 90 年代中期的福利改革中,州政府可以与其他组织联合实施项目救助。现阶段,除了联邦政府外,宗教团体和其他相关组织也对低保项目负责。

3.日本:家庭扶助

所谓日本的最低生活保障制度,指的是社团或者国家对无法维持社会基本生活或者陷入生活贫困的人员,根据贫困程度,提供最低生活需要的保障制度,这是一种国家救助制度,又称为公共扶助制度。日本的最低生活保障制度最显著的特征将西方现代民主思想和中国传统儒家价值观有效融合起来。这种制度在体现西方民主理念的过程中,还诠释了儒家家庭的核心作用,家庭扶助在实施这项制度的过程中具有关键的底线作用。比如说,家庭亲属抚养等作为低保救助的基础要求,都是以家庭为单位对低保实施过程中经济状况的调查以及救助资金的发放。日本《恤救规则》,通过法律的方式对传统家庭观念的扶贫制度加以肯定,体现家庭扶助的关键作用。从第二次世界大战结束以后,日本重新颁布了《生活保护法》,作为一部由国家主导的低保立法,具有前瞻性和重要的现实性。东方传统儒家文化与西方民主的互动与融合,创造了日本当前最低生活保障法的框架,它把日本传统家庭扶助制度和民众亲近的民生委员会制度同时保留下来,进而在传统的儒家文化的环境氛围中,家庭扶助是家庭观念的体现形式,是西方民权理念的重要补充。

(二)国内其他地区最低生活保障制度概况

通过探讨国内最先落实农村最低生活保障制度且已趋于成熟的山西,农业人口众多覆盖面广的河北,制度实施问责严格的安徽三个省份,借鉴他们地区的实施方案及方法,进一步提出完善 W 市农村最低生活保障制度的对策。

1.山西:制度联合脱贫

长期以来,山西省政府都极为关注农村贫困居民的救助问题,在研究农村低保制度上也相对较早。自 1987 年以来,山西各级政府逐渐研究对农村贫困群体实施救助的方式,效果颇丰。现如今山西省农村最低生活保障通过属地管理分级责任制的方式,在落实救助的过程中与开发扶贫、临时救助等方式有效结合起来,提倡低保对象积极脱贫,倡导社会互助。一是在贫困出现以后,该省不仅借助低保制度给予其物质帮助,同时配合灾害救助、就业扶贫、教育扶贫及其他各项补助等方式给予农村低收入群体一种全面的保障,为农村低保群体提供优惠政策,提高贫困群体的收入,鼓励其主动脱贫。二是 2017 年山西省颁布了《实施方案》,实施该方案提出,应当强化农村低保群体在制定发展目标与扶贫的过程中,各级扶贫机构与民政部门积极配合,需要民政部门向扶贫开发部门提供享受低保人员名单。对于条件达标的群体,扶贫部门优先提供帮扶,扶贫部门将脱贫家庭收入情况、帮扶措施、帮扶对象等信息提交至民政部门,已经脱贫的群体,民政部门及时将其退出农村低保体系。

2.河北:低保覆盖面广

河北省为农业大省,农业人口多且部分地区位于山区,农业发展水平滞后,导致农村地区大部分为贫困人口,这种问题给落实河北省农村最低生活保障制度提出了较高的要求,解决贫困人口的基本生活已成为政府的首要任务,通过建立和实施农村最低生活保障制度,对河北省农村贫困生活状态的居民给予了基础的生活保障。20 世纪 90 年代初期,该省就已着手对创建农村最低生活保障制度加以研究,迄今为止,河北省的农村低保制度逐步完善和健全,在省政府的全力支持下,该制度保障能力和实施效果都得到明显提升。主要体现在保障范围的扩大,保障资金的增加,保障标准和保障机制的完善。特别是为了缓解地区差异,社会经济发展水平的提高,必然要求提高农村最低生活保障标准和补助水平,导致政府对低保对象投入保障金的相应增加。根据不同时期社会经济发展水平和财政收支状况,参照新型农村养老保险制度逐步发展,逐步制定全省城乡最低生活保障最低标准。

河北省城乡最低生活保障的最低标准线按新农保中最低水平养老金的固定比例确定,所有市县不得低于此标准。对于经济状况相对落后,享受低保人员数量大任务重的一些市、县、省级财政,可通过补贴或者转移支付来提高其低保的供给能力。根据地方财政实力,城乡生活贫困人口和各区域保障对象等分为不同档位指标,分别由省、市、县承担起不同比例的支出任务。同时,财政按照"以奖代补"的原则,通过竞争性分配的方式对工作绩效突出的地区进行份额奖励。

3.安徽:实施问责严格

自 2008 年以来,安徽省通过不断的提标扩面,全面建立了农村最低生活保障有效地改善了农村有需要人群的基本生活问题,为他们提供了最后的安全网,得到了全省绝大部分农村人口的认可。在各级政府的积极努力下,安徽省农村最低生活保障制度利用城乡收入再分配的方式进一步缩小两者之间的收入差距,对城乡的可持续发展起到促进作用。安徽省不仅农村低保保障面不断扩大并趋于稳定,而且低保资金投入规模不断加大,低保保障标准不断提升,建立低保信息管理制度,特别是对创建监督管理制度加以重视,为了强化农村最低生活保障制度实施,该省进一步优化监督管理机制建设,避免出现违规行为,如果发现严惩不贷。一方面,改善与优化举报监督核查制度,实名举报,同时受理后一一核查;另一方面,由市、县的民政部门主导,与各级纪检、审计与财政等部门定期开展低保专项检查,省级检查组还随时进行抽查,依法惩治违纪、违规和违法的行为。同时,遵循责任追究制,由于工作失误导致社会影响恶劣,对于在审批中严重违纪违法的人员或部门主要负责人,依法追究其责任。在 2014 年安徽省纪委的某次通报中,因为工作人员拖延办理申请低保相关手续,某镇党委书记被党内警告处分。

(三) 成功经验借鉴

通过国外与国内的经验借鉴,总结以下四个值得借鉴方面:一是多渠道引进技术人才;二是强化地域性农村最低生活保障制度成效;三是合理设置各机构联动救助体系;四是科学规范法律体系建设。

1.多渠道引进技术人才和资金

各国普遍鼓励多方参与落实最低生活保障制度,尤其是社会力量。在美国,通常由营利福利机构、宗教团体、志愿组织和社会机构等共同承担最低生活保障制度的责任。根据德国法律,这种制度务必坚持遵循政府与民间合作的原则,严禁联邦社会救助法侵犯宗教团体与民间福利团体的地位和活动,同时还必须确保这种地位的独立性,另外支持民间团体在这种保障上发挥一定的功效。新加坡在落实低保制度的过程中,鼓励并倡导社会捐赠。

2.强化地域性农村最低生活保障制度成效

从现今社会经济发展状况来说,贫困线的界定达到统一化也是国际上的通行做法。每年美国联邦农业部均对该国最低生活保障标准做出公示,各州结合地方经济发展状况进行标准的调整、确立和执行。在英国,贫困线的制定是由议会负责,然后每年结合物价和薪资水平的浮动进行调整。德国的救助标准由联邦政府劳工及社会事务部统一确定,地方政府则参照该标准进行必要变动与执行。就最近几年里发展领先的国家最低生活保障制度改革的状况而言,国家低保在发展实施过程中已经开始偏向自助型的救助理念。不管是1996年始于美国的社会福利制度改革,还是20世纪90年代以"第三条道路"为依据英国所进行的最低生活保障制度调整,直接使用低保金的占比均呈现下调趋势,鼓励提供更多就业岗位,加大对接受救助者的培训力度和激励他们学习劳动技能,鼓励有能力工作的人通过获得就业机会来自力更生,强调了工作价值与个人职责的重要性,同时将有限的低保金集中起来主要提供给劳动能力丧失的贫困者。

3.合理设置各机构联动救助体系

国外优秀丰富的经验值得借鉴,以年龄、家庭构成、劳动力特征等要素为依据,编制差异化的最低收入保障标准与扶持性政策,然后按类别实施救助补贴。低保人口在指定医院看病治疗,享受无须支付登记费与服务费的优惠,减免个人饮食餐费和健康检查费,社会福利部门的免费培训、劳务费方面享有优惠待遇,司法机关无条件提供法律支持,达成一个政府全员共同参与、社会全员相互帮助与救济的局面。唯有农村贫困者面前的实实在在问题能够获得解决,有侧重性地落实救助工作,方能确保农村贫困者的基本生活困难获得解决,使得"汇钱收钱"的局面发生根本性的扭转,切实解决低保人口的生计问题,促使他们快速从依靠低保金维持生计的状况中抽身而出。更进一步说,我们应总结做法好的经验,建立健全分类救助工作,构建更加科学、更加直接、更加有侧重性的联动救助系统,以便确保各类人群的保障需求均能得到满足。

4.科学规范法律体系建设

农村最低生活保障制度重点在于建立法律章程,目前为止出台的农村最低生活保障制度应当正确看待低保的作用,让生活贫困人群有保障地拿到保障金,政府应加快建设社会救助法律体系。据国际经验所知,关于低保的法制建设在绝大多数国家都受到高度重视,譬如英国的《扶贫法》,日本的《生活保护法》,德国的《联邦社会救助法案》及美国的《社会保障法》,法国在低保制度方面以《家庭和社会救助法典》的确立为立法标志,且效果立竿见影,为低保贫困人群的基本生活权利提供法律上的保障。

三、完善 W 市农村最低生活保障制度实施对策

本章通过对 W 市农村最低生活保障制度实施情况的实践调查和分析,借鉴国内外成功经验,全面兼顾地方经济、生活、社会等发展状况与农村低保实施情况,从本质上驱动农村最低生活保障制度的稳定持续发展,满足农村贫困居民的生存权和发展权,W 市有关制度政策规定应在科学理论的基础上,强化最低生活保障制度保障能力,完善社会监督及制度机制,加强低保互动平台建设,切实保障每一位农民的生存发展权。

(一) 强化最低生活保障制度保障能力

凭借制度实施的个性化操作,建立农村低保财政体系,由生存保障转向生活保障三个方面,巩固夯实 W 市农村低保制度细则与保障能力。

1.制度实施的个性化操作

全面完善农村最低生活保障制度实施过程中的细则,才能最大地发挥这项制度的实践成果。W 市在制定农村最低生活保障制度时,综合考虑了地方经济发展水平和政府财政能力,实施效果很好,但在执行过程中,一是乡镇级基层政府发现应该重点关注意外事故、重大疾病、自然灾害造成的生活水平低下的居民,他们均为迫切需求享受最低生活保障待遇,但由于现在农村低保制度申请程序周期较长,延误对这些贫困户需求的救助,在低保对象的认定过程中,进行科学的收入评估是基础,但笔者认为,特殊情况应该补充在低保制度规范中,给予需要即时救助的人以开绿灯,可先由村级民政委员走访调查,乡镇政府审核,初步符合条件者,村委召开村民代表大会进行商议,同意者优先给予保障。家庭财产核查同时进行,若核查结果出现问题,再取消低保资格并进行低保金追回,为急需救助的家庭提供流程特殊化资格统一化的审批。二是农村家庭财产计算在制度上相比于城市居民更难量化,有部分收入并不能用货币来衡量,因此在评估收入过程中不可避免地掺杂着主观判断,计算家庭财产收入结果与现实有出入,所以农村低保家庭收入评估系统的改善势在必行,必要时候,可以构建以农村居民为代表的评估团体,使村民也能够加入收入评估战队中,客观公正地展开评估工作,对收入评估的顺利开展提供很大帮助。提高收入认定标准的细化程度,具体到认定环节,应该出台清晰明朗的细则,避免收入认定的无序化。与此同时,审批程序做到公开透明也是保障制度切实落地的前提条件,不断优化低保审批过程的透明化。

2.构建农村最低生活保障财政体系

构建农村最低生活保障财政体系,保障投入资金充足,提高社会救助水平。根据 W 市社会经济发展,建立农村最低生活保障资金多渠道筹资机制。根据 W 市居民真实生活水平与物价指数的浮动实时情况变动,确保贫困者基本生活需求得到满足的目标顺利达成。最低生活保障财政体系的构建,作为 W 市的基础低保金款项,均来自上级拨款,然而完全依赖于国家补助支出并非是消除农村低保金不足的根本之策,应当从根源出发,健全低保金的分担机制,采取多路径、多样化融资方式,在构建农村最低生活保障财政体系中,一是需要增加乡镇各级政府将农村部分低保资金列入年度财政预算;二是鼓励社会爱心群体向农村低保对象进行物品的捐赠和资金的补贴。

3.由生存保障向生活保障转换

农村最低生活保障制度是一项互助共济的制度,政府需鼓励社会各行各业主动加入农村低保制度的创建过程中或为低保户提供更多的优惠政策,W 市现享受农村低保待遇9 722 户,共计12 075 人,2017 年度累计发放保障金7 367.4 万元,平均每人每月享受金额303.17 元。W 市应为低保中有劳动能力者创造更多的就业机会和技能培训机会,为了让贫困者真正摆脱贫穷,这种"造血"型扶贫远远超过"输血"型的扶贫救助,以促进最低生活保障对象的积极就业,具体的支持政策,如申请人可以呈报消费者发票,来自正规单位开具的疾病付费发票以及住房补贴等分档报销;在住房、医疗、教育等领域的相关费用享受一定优惠甚至完全免除,缓解接受救助者的生活压力;重视接受救助者自我发展能力的加强与提升,通过技能培训、宣讲等多种方式推动自身发展能力的提升,渐渐达到脱贫状态,尽可能减少返贫现象的出现。对于有工作能力的低保者,政府应当在政策宣传等多方面的导向下增强他们的就业意识,依靠实施产业项目、技能培训及扩大劳务输出等措施,促成他们就业能力的有效提升,使其争取到提高自身经济水平的机会脱贫致富,帮助他们尽早甩掉低保对象的标签。

(二) 完善社会监督及制度机制

通过建立有关低保运行的投诉与行政复议制度,出台农村最低生活保障政策实施相关法律法规,强化低保对象的退出机制三个方面,完善 W 市农村最低生活保障制度的社会监督及制度机制。

1.建立有关低保运行的投诉与行政复议制度

农村最低生活保障制度的有效运行需要强有力的动态监督管理体系来保障,W 市必须建立明确的最低生活保障制度的投诉与行政复议制度。一是市政府部门可以设立特殊的低保救助专项监管部门,与民政、财政、残联、国土部门和村级代表干部共同设立工作组,相互协调配合,定期或不定期走访到户,抽查申请人家庭实际财产状况,核实监管乡镇农村低保工作,涉及低保申请者的资格核查及审批流程、资金的支配、低保申请者退出的核查、乡镇政府制度公示的管理监督,并接受农村贫困人口的投诉与行政复议请求。二是组建一支由乡镇干部构成的低保观察员队伍,主要负责地方低保工作的监督核查,尤其是民主评议时期,这支队伍的重要性更是不言而喻。如果存在反映农村低保工作不合规行为或是有上访情况出现,则可邀请举报者充当观察员角色参与到整个民主评议过程中,有效解决他们举报的诉求,消除社会矛盾。三是依靠加大民主参与监督力度,让群众切实感受到农村低保制度的公开透明、公平公正,以便确保实施效果显著,从而让真正贫困者受益。加强对舆论监督、行政监督、社会力量监督等内外联动的监督系统创建相应的投诉与行政复议制度,推动农村低保制度朝着更加健康、透明、严格的方向迈进。四是充分借用一切社会力量,使他们积极全程参与农村低保工作,为广大人民群众的诉求提供顺畅的通道,切实做到"阳光低保"。

2.制定农村最低生活保障相关惩罚细则

法律为农村最低生活保障制度的有序高效实施提供强有力保障,同时也是限制农村低保对象非法占用国有资金的威慑警钟,是低保人口保护自身合法权益不受侵犯的关键依据。W 市唯有确保农村最低生活保障工作有法可依、有法可循,该项政策才能真正解决贫困者的基本生活需求,并规范违规行为。W 市对农村低保申请人的家庭经济财产状况调查是资格认定的必经流程,然而当前的制度无法对调查过程中的行为给出精准判定,同时在失职行为方面缺乏明确的细则来实施惩罚。对于各种舞弊行为,往往是追回已发放的救助金即可,这种处理方式对申请者的弄虚作假行为不能发挥惩治作用,也就无法防止此类现象的再次发生。对于帮助不符合低保申请资格的申请者争取低保户名额的工作人员,由于法律没有明确规定,市级民政局也只有做出制度内的处分,对该种行为的出现难以真正发挥警示作用。政府民政部门应参照国家颁发的《社会救助法》,兼顾地方实际情况的考虑,通过规章制度进行两个方面的优化。一是明确界定家庭经济财产审核中申请者和调查者的义务和权利,应该清楚地知道家庭经济财产审核在确定最低生活保障待遇资格的过程中起着决定性的作用,促使家庭状况调查人员坚定职业的责任感,明确自己工作的神圣性,清楚了解异化使用手中的权利会受到的法律的惩戒。二是细分对农村低保认定中非法活动的惩罚措施。一方面对乡镇级低保办理者及村委行使权利的范围与方式进行严格限制,而且对以权谋私者进行严惩。对于涉及资金规模大、范围广的"人情保"工作人员,必要时有权从组织、经济甚至刑事层面对其做出严惩。另一方面,加强对低保申请者的法律制约,明确规定其具有提供真实可靠申报材料的义务,同时对依靠欺骗手段获取低保金者加大惩罚力度。对于涉及资金不多、影响不大的低保申请者,做出终身无权享有低保优惠的惩罚等;但涉及范围大、造成极其恶劣影响并且广大人民群众一致反感的骗保人,应该追究其刑事责任。

3.强化低保对象的退出机制

农村最低生活保障制度是动态性的救助制度,它为低保群体提供基本的生活保障,所以有些贫困者一旦脱贫后就应当从该体系中退出,使得低保金发放到真正需要救助的居民手中,W市在完善农村最低生活保障制度的过程中,必须健全相关的退出机制。W市在现实情况中由于低保核查机制局限性,家庭经济财产调查有部分盲点,造成不少实现脱贫的群体依旧领取低保金,滋生了他们的依赖心理,带来国家资源的巨大浪费,致使社会公平公正的丢失。农村最低生活保障制度并非是一成不变的,而应处在不断变化之中,进出处在相对平衡状态方能确保制度实施效果的显现。首先,需要确保家庭收入评定制度的全面完善,做到无障碍反馈,力争配足核查中心专职工作者,获知低保对象财产收入动态状况,最大化发挥部门联动效应,其次,市、乡镇两级民政部门通过档案提供的相关信息对低保者的家庭经济状况进行不定时抽查,村委应积极协助,对收入不同原始数据,但依然属于低保范围内的低保户,应结合实况调整低保金,使得补差额度灵活升降。

(三) 加强低保互动平台建设

通过推动互动平台信息化,加强各部门之间的数据交互,打造专业的低保及社会救助人才团队三个方面,加强W市农村最低生活保障互动平台建设。

1.推动互动平台信息化

现W市关于农村低保的信息平台有"社会服务业统计管理平台""城乡最低生活保障管理系统""财务一卡通"三个系统,每个系统都包含农村低保人员的信息,只是分别为财务统计、信息联网、财务科室所管理,低保人员是动态管理,每个月三个平台都需要更改增减人员,三个平台信息都需要更改,降低了工作效率,所以民政部门需要整合平台,将功能完善,并且将老龄、救助、孤儿等系统一同简化,推动各部门平台信息共享,一个平台拥有完整的信息资源数据库,为以后的农村最低生活保障制度实施乃至民政部门工作提供便利,提高工作效率,降低时间成本,推动互动平台的信息化刻不容缓。

2.加强各部门之间的数据交互

W市农村最低生活保障制度虽能给予生活贫困人口资金补助,但仅凭低保金来保障居民的基本生活是不够的,帮助贫困人口脱贫或生活保障,需要政府各有关部门密切配合。W 市民政局通过实施低保制度提供了资金方面的帮助,除此之外,还配合灾害救助、教育扶贫以及其他物资帮助等方式为农村低保户构建一个无死角的保障网,这个全面的保障网就需要完善整合其他的社会救助制度。W 市低保金由上级财政部门拨款,财政部门应加强对资金使用和管理的监督,社会保障部门负责在低保制度贯彻落实后,帮助那些具有劳动能力的低保者找到工作、输出劳务,实现增收。此外,教育、医疗、司法等部门均可在职能范围内给予他们一定的帮扶和救助。

3.打造专业的低保及社会救助人才团队

农村最低生活保障工作是需要一支政策性和业务性都很强的专业人才团队,且配备必要的经费,农村最低生活保障工作若想继续深化,就需要号召越来越多救助者的积极加入。一是增加救助团队规模,W 市在《操作规范》中规定:"乡镇级人民政府要根据低保工作的需求,配备相应的工作力量,落实必需的工作经费",在具体实践过程中,有些乡镇缺乏职工,民政助理在地方党政府的安排下负责一些无关民事的工作。所以,《操作规范》中应该对该种情况做出特殊说明:重大自然灾害及紧急情况除外,不得从事无关民政的工作,且必须配备两名或两名以上的干事"以保证基层政府低保工作的顺利进行。二是强化低保公职人员的业务能力与职业操守,以村级村级民政委员为重点培训对象,学习农村低保制度所牵涉的一系列内容(政策、办理流程、具体救助项目规定等),开展实地考察和经验交流活动,达到学习先进,激励和推进的目的,增强低保工作人员"以人为本,为民解困"的服务宗旨意识,打造一支拥有责任感、思想端正、守法意识强和业务能力高的工作团队。三是保障农村低保实施的具体工作执行者为村级委员会,在核定低保家庭经济收入、建立档案和管理方面发挥了举足轻重作用,且应该对工作成绩突出,低保制度政策落实到位的农村低保工作人员进行奖励,并对农村低保工作长时间以来实施不理想、群众提出反对声音的地方,追溯到责任人并追究其过责,调动行政机关相关公职人员的工作自主性。

大连市金普新区特种设备安全监管研究

李文

（学号：1120172422）

位于中国辽宁省大连市中南部的金普新区，不仅是我国第 10 个国家级新区，同时也是东北三省第一个国家级新区。随着新区经济不断发展，安全问题越来越引起人们的广泛重视。其中，特种设备安全监管作为金普新区安全监管的重要组成部分之一，也愈来愈得到社会各界的关注和重视。虽然金普新区特种设备安全监管工作已经初见成效，但一些问题仍然需要逐步解决，一些举措仍需完善。

一、大连市金普新区特种设备安全监管的现状分析

在明确了特种设备安全监管的定义后，本章主要研究金普新区特种设备安全监管的现状，包括监管工作采取的举措和成效，以及目前存在的主要问题和成因分析。

（一）目前所采取的举措与成效

目前，金普新区特种设备安全监管采取了一些卓有成效的举措，如开展重点行业领域检查和专项整治、督促使用单位落实特种设备安全主体责任、利用网格化监管、加强应急处置等。

1.所采取的举措

金普新区于 2014 年 7 月经国务院批准设立,位于辽宁省大连市中南部,是我国第十个国家级新区。新区共有企业 5 万多家,危险化学品相关企业集中,制造、加工业发达。其中,特种设备使用单位 4 586 家,特种设备数量巨大,且分布广泛,涉及新区休闲旅游、生产制造、食品加工等多种产业领域,关系到百姓生活中衣食住行的方方面面,尤其是在大孤山化工园区、松木岛化工园区等工业园区中的特种设备使用单位数量较多且十分密集、安全风险程度高,一旦发生事故将对人员财产造成重大的伤亡和损失。

新区压力容器、压力管道数量巨大,合约占新区特种设备总数的 68.04%,一旦压力管道中的有毒有害气体泄漏,或者压力容器因年久失修、没有定期检验而爆炸,将造成重大损失,如果事故发生在特种设备数量较多的工业园区内,将波及周边更多的企业,造成不可估量的损失。

通过"辽宁特种设备动态监管系统"(http://tzsb.lnzj.gov.cn)了解,近几年来金普新区特种设备数量呈逐年增长的情况,其中,2015 年为 23 580 台,2016 年为29 960 台,2017 年为 42 069 台,2018 年为 55 003 万台,增长率逐年提升。

目前,金普新区特种设备安全监管主要采取了以下举措。

(1)开展重点行业领域检查和专项整治

金普新区特种设备安全监管,多年来以排查和消除隐患为目标,以落实使用单位责任为抓手,以气瓶充装、涉氨制冷、危险化学品等行业领域以及人员密集场所、新区各工业园区内使用的特种设备为重点,组织开展电梯、气瓶攻坚战,安全生产大检查、冬季锅炉安全检查、大型游乐设施及客运索道大检查、重大活动和节假日专项检查,事故隐患排查治理等专项整治行动。重点检查特种设备使用单位在用的特种设备是否注册登记、是否检验合格、人员是否持证上岗、应急预案及演练是否落实、相关制度是否完善等情况。一旦发现违法行为和安全隐患,立即整改,并依法对其进行查处。

(2)督促特种设备使用单位落实特种设备安全主体责任

为督促新区特种设备使用单位落实特种设备安全主体责任,金普新区市场局每年都会召开大型供暖、涉氨制冷、物业及电梯维保、大型游乐设施及气体充装等重点行业及领域工作会议,会议上对近期工作进行部署安排,要求使用单位对重点问题和安全隐患进行防控,加强应对突发事件的能力。同时积极开展企业安全诚信承诺公示活动,要求企业从履行安全生产义务、保障安全生产投入、建立安全生产制度、防范安全生产事故等方面进行承诺。通过专项执法和开展数次会议宣贯,强化使用单位安全主体意识和责任意识,推动落实主体责任,督促特种设备经营和使用单位依法落实各项规章制度。

(3)采取网格化监管

根据《辽宁省特种设备安全网格化监管规定》(辽质监办发〔2018〕94号)文件要求,新区实行特种设备安全网格化监管。特种设备安全网格化监管,是指根据"属地监管与分级监管相结合,以属地监管为主"原则,将辖区划分为若干网格状的单元,对每一网格落实监管责任部门和责任人,目的是构建责任明晰、目标明确、配合协调、管理到位的特种设备安全工作格局,建立特种设备安全预防控制体系,遏制特种设备事故的发生。

其中,一级、二级网格分别为省、市质监局,三级为金普新区市场监管局,四级为市场监管所。将新区按照20个市场所的辖区划分成20个大网格,每个大网格配备2~3名市场监管人员,并在使用单位设立专职安全监管员。推行巡查、检查痕迹化,建立健全管理台账和岗位责任制,明确岗位职责,实现有序、高效、便捷的规范化管理。

2.取得的成效

近年来,金普新区特种设备安全监管进行了相应的职责梳理和改革创新,通过积极落实使用单位主体责任、推行网格化监管、加强应急处置等,取得了一定的成效。

(1)大部分特种设备使用单位能够积极落实主体责任

通过大力开展专项整治、特种设备安全诚信承诺活动和各项会议宣贯,督促使用单位制定各项安全规章制度、加强管理,进一步明确和落实使用单位安全管理主体责任,新区大部分特种设备使用单位都能积极落实主体责任,对发现的问题能够积极配合监管部门进行整改。通过特种设备安全生产大检查、气瓶专项整治行动、客运索道和大型游乐设施专项检查等,力求将安全隐患消除在萌芽之中。

(2)网格化监管初见成效

目前,金普新区网格化监管取得了一定的效果。通过工作任务的层层分解,金普新区市场局特设处制订年度监督检查计划和工作方案,各市场监管所普查宣传、配合特设处做好安全隐患排查工作,细化监管任务,压实工作责任。比如,当接到百姓投诉件或信访件时,可及时通过网格化制度,由市场监管局特设处传递至第四级网格市场监管所,市场监管所负责现场检查,特设处负责后期问题的处理和案件办理,使问题处理更加迅速、高效。

(3)应急处置管理迅速高效

通过特种设备事故应急救援预案的制定,金普新区市场监管局成立组织体系,明确成员职责,建立应急响应机制,细化救援措施,预防事故发生;在发生特种设备事故时能及时、高效地进行应急处置,减少了新区人员伤亡和财产损失,保障了新区安全稳定的环境;通过每年开展应急演练,提高了各相关单位特种设备安全事故应急处理和施救能力,有益于各单位借鉴优秀经验。2016—2018年,共处理特种设备突发事件9起,对每一起突发事件都能第一时间赶赴现场,及时进行应急处置,减少事故发生。

(二)大连市金普新区特种设备安全监管存在问题

目前,新区特种设备安全监管虽取得了一些成效,但仍存在部分问题,具体表现为特种设备使用单位安全责任意识不强、监管投入无法满足监管需要、现有特种设备安全监管制度有待完善、与其他部门合作治理程度低、特种设备信息化安全监管不完善。

1.难以完全落实特种设备使用单位安全主体责任

事实上,新区一些特种设备使用单位并不重视安全管理工作。依据《中华人民共和国特种设备安全法》,一些为公众提供服务的特种设备使用单位(如使用电梯的商场、医院、车站等),需要特种设备使用单位"设置特种设备安全管理机构或者配备专职的特种设备安全管理人员"[①],然而新区一些使用单位有的没有专门的特种设备安全管理机构,有的缺少专门的特种设备安全管理人员,导致这些单位缺少专业部门或人员的管理,给使用单位造成非常大的安全隐患。根据《中华人民共和国特种设备安全法》及《特种设备现场安全监督检查规则》的规定,特种设备安全管理人员、作业人员应当按照国家有关规定取得相应资格,才能从事相关工作。然而新区一些使用单位对这些人员资质管理并不到位,存在特种设备操作人员和管理人员无证上岗,或者到期未及时换证的情况,这极大地威胁着特种设备使用者及相关人员的生命安全。[②] 还有一些特种设备使用单位在实际使用中故意减少特种设备的维护保养次数,只是为了节省每次维护保养的几百几千元钱,或者即使进行维护保养,也只是匆匆走过场,对维护保养敷衍了事,这些行为都使特种设备存在很大的安全隐患。更有甚者,一些经营者存在侥幸心理,为了节省费用,对使用的锅炉、厂车、电梯等特种设备长期不报检,导致种种安全问题。

2.监管投入无法满足监管需要

金普新区目前的监管方面的教育培训投入、监管人员、资金、硬件等投入均不足,是亟须解决的问题。

(1)教育培训无法满足监管需要

截止到2018年年底,金普新区共有特种设备监管人员48人,包括金普新区市

---

① 中华人民共和国人大常委会.中华人民共和国特种设备安全法[Z].2013-06-29.

② 国家质量监督检验检疫总局.特种设备现场安全监督检查规则[EB/OL].http://www.aqsiq.gov.cn/xxgk_13386/tzdt/zztz/201502/t20150225_433108.htm,2015-02-25.

场监管局特种设备安全监察处 5 人,20 个市场监管所 43 人。其中,25~34 岁 6 人,35~49 岁 16 人,50 岁以上 26 人;接受教育情况为:研究生 4 人,大学本科学历人数 30 人、大学专科学历人数 11 人、中专及以下 3 人。由上述统计可以看出,新区特种设备监管人员中年轻人较少,50 岁以上人数占比 54%。虽然监管人员中本科和研究生约占 71%,但是本科学历中多为自考或函授本科,全日制本科较少,且本科学习特种设备相关专业或法律专业的人更是少之又少,仅有 8 人,所以监管人员普遍专业知识水平偏低,严重缺乏具有特种设备和法律背景专业的人才。特种设备安全监管人员分布如图 1 所示。特种设备安全监管人员受教育情况如图 2 所示。

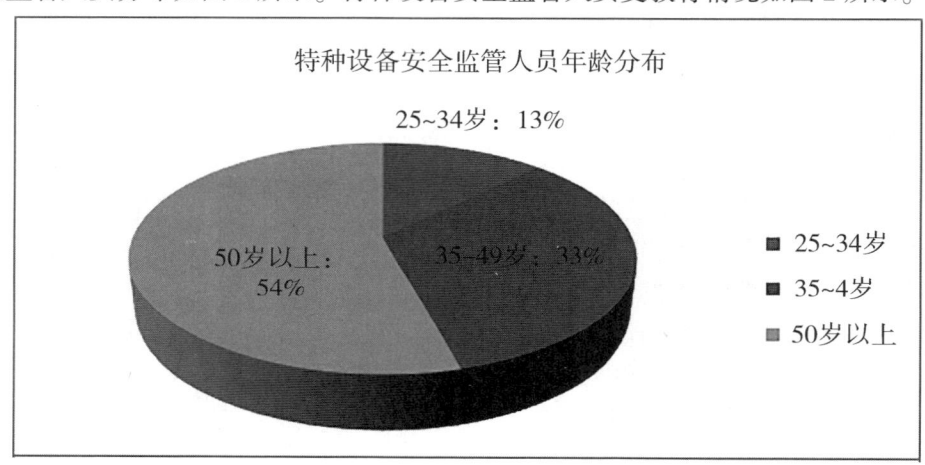

图 1　特种设备安全监管人员分布图

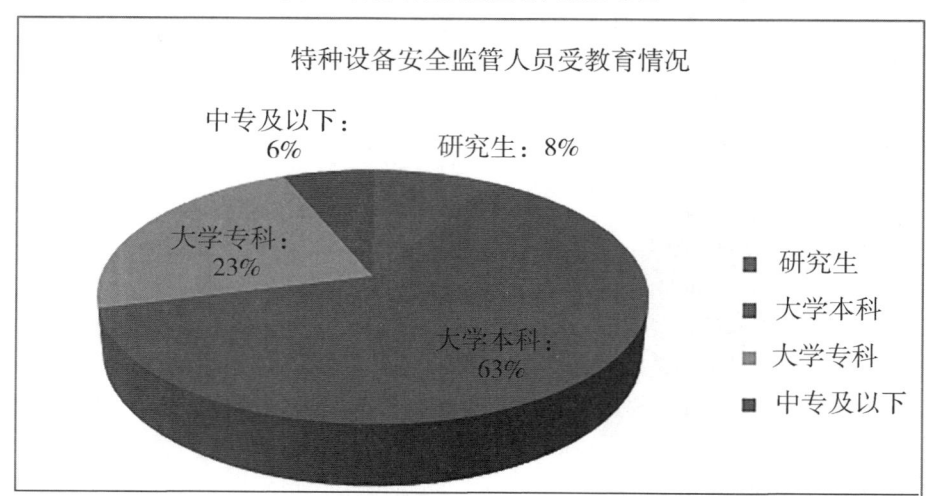

图 2　特种设备安全监管人员受教育情况

（2）缺少相应的资金和硬件设施投入

因为特种设备安全监管较为专业和特殊，需要多项资金投入和支持，依据金普新区特种设备监管的现实情况，需要有聘请专家评审费、专项整治费用、应急演练费用、印刷宣传材料费用、事故调查处理费用等各类专项费用。目前，由于财政预算和经费限制，上述经费每年只有不足 10 万元拨款，远远不足以支持金普新区全境 4 586 家特种设备使用单位、5.5 万台特种设备的安全监管、宣传等费用，导致很多专项检查和宣传普查工作不能按照年初检查计划及省、市局等上级文件要求全面实施。

3.现有特种设备安全监管制度有待完善

（1）监管制度传统单一

第一，金普新区对特种设备监管人员未建立完善的监管人员考核制度，对基层市场所缺少制度管理，市场所本应按照各个方案、文件时间节点报送的数据、表格、专项检查总结等往往报送不及时。第二，金普新区特种设备安全监管日常巡查主要依靠监管人员现场走访、书写检查笔录、拍摄现场照片进行监管，效率不高。

（2）分级分类监管有待完善

按照《辽宁省特种设备生产与使用单位分类监管实施办法》（辽质监发〔2016〕18 号），应采用分级分类监管的方式进行特种设备监管工作。特种设备使用单位分类监管，是指根据特种设备安全风险程度、使用单位履行安全主体责任情况和实现程度，在对使用单位分类的基础上，为履行特种设备安全监督管理职能所实行的综合监管制度。根据特种设备使用单位的特种设备安全风险等级、安全记录等情况由高到低分为Ⅰ类、Ⅱ类、Ⅲ类、Ⅳ类四个类别，分别采取信用监管、责任监管、常态监管、加严监管四种监管方式。同时，应结合日常监督检查情况和网格化监管职责，对单位的分类和监管方式实行动态调整，并及时录入到特种设备动态信息监管系统内。然而，监管人力有限，一直未能实现对新区所有特种设备的全面分级分类管理，导致不能按风险程度等条件对新区特种设备使用单位进行前瞻性评估和监管。

4.特种设备信息化安全监管不完善

不能有效利用"辽宁特种设备动态监管系统"进行监管。"辽宁特种设备动态信息监管系统"是辽宁省市场监督管理局通过委托专业部门设计出的一款软件，其研发目的在于实现无纸化和电子化行政审批办理和智慧化监管，既可简化行政审批流程，也可方便监管机构进行数据实时监控、动态管理。金普新区特种设备使用单位的名称、地址、设备使用情况等基本资料一般都是通过"辽宁特种设备动态信息监管系统"进行储存的，该系统是新区特种设备安全监管工作的基础，如果利用好将大大提升监管效率。然而，现实操作中监管人员往往不能定期、及时持续跟进各类特种设备的使用情况,导致不能通过动态信息监管系统及时发现安全隐患、实时更新监管数据。

(三)存在问题的原因分析

了解了目前金普新区特种设备安全监管的突出问题后,再分析其产生的原因,有助于针对性地寻找解决办法,对症下药。

1.特种设备使用单位安全主体责任意识缺失

特种设备使用单位作为特种设备使用的主体,必须认识安全生产的重要性,明确自己身为安全主体的责任。但是在目前的情况下,金普新区部分使用单位对自身认识不足,将特种设备相关安全责任推给监管机构,认为应由监管部门全权负责,有极大的安全事故隐患。

2.监管投入欠缺

一是特种设备相关人员的教育培训不足。据统计,新区特种设备监管人员总体上全日制本科较少,且本科学习特种设备相关专业或法律专业的人仅有8人,仅占全部监管人员的六分之一,监管人员普遍专业知识水平偏低,严重缺乏具有特种设备和法律背景专业的人才,也亟须加大对监管人员的特种设备教育培训。二是资金不能满足实际需要。由于近两年金普新区财政资金紧张,特种设备安全监管需要的资金投入一直未到位,相应的聘请专家经费、专项整治费用、事故调查处理费、安全生产宣传经费不足,导致很多专项整治、业务培训、安全宣传不能按照计划全面开展。三是对硬件设施投入意识不够。金普新区特种设备数量大、监管面积大,需要及时更新特种设备和提供物质保障,然而现实中市场局对此方面投入的意识不足,加上金普新区财政近年来经费紧张,使得监管人员只能使用传统的监管设备,难以提升监管效率。

3.现有监管制度不能满足现实需求

金普新区市场局虽然已经建立了网格化监管制度,但未对新区特种设备安全监管人员制定详细的考核制度,以规范监管人员的日常工作行为,提升工作效率。且在日常监管中,监管人员多采用现场检查、电话核实、文件传达、会议宣贯等传统的监管制度和方式,而未能充分利用现代监管制度提高工作效率和监管效果。因人员、资金、技术水平、监管人员学习能力等所限不能及时配备齐全执法装备、实现全面分级分类管理和智慧化监管,使特种设备安全监管效率难以提升。

4.各方合作联动制度不完善

金普新区特种设备安全监管涉及洗浴、机械制造、冷库、制衣、加气站等企业,以及学校、医院、商场、游乐场、居民区等公共场所,类型众多,涵盖面大,应与环保局、安监局、各街道办事处共同协作。然而,由于没有完善的多部门联合检查、联席会议等制度,使得各部门共同协作意识不足,交叉职能权责不够明晰,日常工作联系沟通不够紧密,加之新区监管工作范围广、任务重,联合执法检查时间经常不能一致,导致目前各方参与协作效果并不理想。

5.信息化监管体系不健全

金普新区未能建立健全特种设备信息化监管体系。无论是利用"辽宁特种设备动态监管系统"还是移动执法终端监管,均需要建立和规范监管体系。由于对该系统重视程度不够,加上新区特种设备监管和审批部门缺乏沟通联系,目前新区没有建立一个成熟完善的体系使审批和监管部门无缝衔接,也没有安排特定的人员进行信息及时报送和整合,导致不能及时对"辽宁特种设备动态监管系统"上新登记和变更的数据进行有效衔接和同步记录。由于新区智慧化监管起步较晚,虽然监管人员已人手一台手机移动执法终端,但目前并未安装特种设备监管 App,因此尚未构建完备的特种设备安全大数据系统,不能实时监测、掌握存在隐患问题的特种设备。

二、国内外特种设备安全监管的经验借鉴

明晰金普新区特种设备安全监管的现状,总结出其中存在的问题以及成因后,研究将从国内外其他代表性国家或地区特种设备安全监管经验中汲取精华,力求对解决新区当前问题有所启示。

(一)国外特种设备安全监管概况

加拿大、美国、欧盟都是目前国外特种设备安全监管中的佼佼者,研究它们监管的现状,是为了从中汲取经验启示,以期对解决当前新区特种设备安全监管存在的问题有所助益。

1.加拿大:引入监管与检验合一的非营利机构

在加拿大特种设备安全监管的模式中,比较有特点的是引入由法律授权的非营利机构,实施监管和检验合一的管理体制。例如,安大略省于 1997 年设立省技术标准安全局(TSSA)、萨斯喀彻温省于 2010 年设立省技术安全局(TSASK)。这些非营利机构负责特种设备的许可、检验、事故调查处理,以及培训教育等其他工作。政府仅负责立法、授权管理和监督等主要几个方面的工作。加拿大典型的非营利机构是 TSSA,该机构是安大略省按照技术标准与安全法设立的机构,具有非

政府、非营利、自筹资金的特点。TSSA按照管理规定收取费用、罚款等,且每年的收入与支出要基本持平,所获收益只可继续投入安全工作,并且每年要接受监督管理部门的审计。①

加拿大的特种设备监管模式实践了"新公共管理"理论,即使私营部门参与到政府等公共部门的管理中,使行政管理与技术管理相结合,提高了工作效率;同时,灵活的机制解决了人员编制有限和财政经费紧张的问题。②

2.美国:第三方机构与政府管理机构合作互补

美国没有"特种设备"一说,而是按照详细的类别分类监管的。美国的特种设备主要有锅炉、压力容器、电梯、起重机械和游乐设施等,对于不同的监管对象所采取的安全监管方法与运行机制有较大的差别。③ 美国特种设备安全管理的重要特点是尽可能利用管理规范、技术水平较高的第三方机构,与具有政府强制力的安全管理机构互相合作与制约,实现优势互补,构成一个既能涵盖设计、制造、使用及监管,又能兼顾各方利益的完整体系。④

从特种设备检查的形式来看,美国充分利用第三方机构与政府进行合作。政府赋予第三方机构监督检查的权利,检查使用单位是否遵守法律法规,是否按要求使用,如果发现违规行为,可以予以处罚。各州会引入第三方机构,由第三方的技术人员,以及自己的电梯行政管理人员,专门负责电梯的监督检查。美国很多州不仅要求企业购买责任保险,也要求检验机构购买责任保险。政府监管部门和保险公司均需雇佣拥有检查资质的检查人员进行检查。

3.欧盟:行政管理与技术管理充分结合

欧盟对于特种设备的使用和监管有着丰富的经验,形成了成熟管理体制,其在上层的欧盟指令中提出基本要求,在下层为技术标准中规定细节。欧盟指令会对政府的受理程序、各国监察机构的职责、互相办助和基本的安全提出要求。⑤ 第三方机构是欧盟特种设备管理体制的重要组成部分,负责特种设备的技术监督工作,多数为私营企业。

在欧盟各成员国中,德国的特种设备安全监管比较具有代表性,对金普新区特

---

① 蓝麒,刘三江.典型国家特种设备安全监管模式及对我国的启示[J].中国特种设备安全,2016(1).

② 蓝麒,刘三江.典型国家特种设备安全监管模式及对我国的启示[J].中国特种设备安全,2016(1):59-64.

③ 刘佳吟.中美特种设备监管体系对比分析[J].价值工程,2014(27):193-194.

④ 李俊婷.浅议美国特种设备管理模式[J].中国高新技术企业,2015(20):58-59.

⑤ 钱剑雄,戚月娣,张丽.欧盟特种设备相关指令中基本安全的要求[J].中国特种设备安全,2014(4):78-81.

种设备安全监管工作有很好的示范作用。德国对于特种设备的安全监管主要依据《设备安全法》和《工商管理条例》两部法律法规。在《设备安全法》及相关条例中，技术监督可由获得政府授权的专业技术机构来实施，作为政府监督的重要组成部分。专业技术机构既能够代表行业进行鉴定和检验工作，又能够代表国家审批和监察机构从事鉴定和检验工作。[①]

（二）国内其他地区特种设备安全监管概况

上海市松江区的信息化管理平台监管、浙江绍兴市、浙江温州平阳县、山东烟台莱山区的特种设备安全监管创新工作均值得金普新区借鉴。

1.上海市松江区：利用信息化平台监管

在日常监管活动中，上海市松江区的特种设备监管人员首先会运用"特种设备动态管理信息系统"对辖区内超期使用等使用情况异常的特种设备进行筛选，基层所队通过现场对这些特种设备使用单位进行检查，对特种设备运行状况、人员持证情况及特种设备安全管理情况等多方面进一步实地了解。对检查中发现的使用单位违法违规行为、设备安全隐患等问题，监管人员按照相应法律法规要求责令使用主体限期整改，对情节严重的进行要立案调查，相应检查和整改情况除纸质化记录外，还必须实时录入"特种设备移动监管系统"中，实现检查情况的实时传输，并持续跟进整改落实情况，以保障辖区内特种设备安全运行。[②]

2.浙江绍兴市：多元共治并引入第三方开展电梯安全风险评估

浙江绍兴市着力构建"政府主导、企业主体、部门联动、行业自律"的特种设备安全共治大格局。2016年以来，全市涉及安全职能的20多个部门联合发文23个、开展联合安全检查120次、消除隐患357项。同时，该市将特种设备安全救援纳入110综合应急救援平台，累计受理电梯困人救援报警342起，救助被困人员约500人次。绍兴市成立了电梯行业协会，由协会以集体投保人的身份推进电梯安全责任保险，并推动气瓶实行信息化管理，采用二维码、IC卡等手段有效杜绝超期气瓶的违规充装。此外，绍兴市组建了特种设备专家队伍，深入开展技术交流，累计组织各类法律法规、安全技术规范培训130余次，开展技术比武16次，切实提升了特种设备从业人员的安全意识和技能素养。

---

① 沈雨.无锡市特种设备安全监管中存在的问题与对策研究［D］.江苏：南京理工大学，2017.

② 戚舒佳.地方政府特种设备安全监管问题与对策研究——以上海松江区为例［D］.上海：上海师范大学，2017.

3.浙江温州平阳县:推广特种设备责任保险制度

浙江省温州平阳县首次把商业保险规范引入特种设备安全生产领域,率先启动特种设备责任保险,取得了显著的成果。保险企业积极监督特种设备使用单位对特种设备进行定期的检查和维护,减少或消除潜在风险,保障设备运行安全。此举不仅在一定程度上减轻了企业的负担,还能提高处理特种设备责任事故的行政效率。目前该县许多乡镇也纷纷实施该保险制度,有效地应对了特种设备灾害事故风险。①

4.山东烟台莱山区:建立移动执法平台且规范各项安全监管制度

山东烟台莱山区曾面临监管力量薄弱的困境,为此积极探寻新型管理模式,产生了一定成效。莱山区市场监管局积极与特检院和软件公司进行了充分的沟通联系建立了移动执法平台"特安行",实现了手机监管、移动执法,方便对全区特种设备实行线上、线下的实时监督,以及特种设备底数和台账的随时更新管理,提高了特种设备隐患的排查和整治率,有效解决了监管力量不足的问题。

莱山区市场监管局还实施考核责任制。对外"以网定格",按照分级管理、层层履职、职能到位、责任到人的原则建立特种设备监管网络,将辖区划分为16个大网格,130个小网格,同时,层层签订安全监管责任状,有效解决了"谁来管、管什么、怎样管"的问题。对内建立特种设备监管档案,制定了监管责任表、隐患整改表、网格责任分工表和"特种设备月报""隐患报告"等十余个表格和报告制度,对特种设备安全工作实行"一周一检查、一月一通报"。②

(三) 经验借鉴

特种设备是人们生产生活中的重要设施设备,一些特种设备具有高温、高压、高速的特点,如果管理不当,很容易发生事故,产生高危害,造成重大生命财产损失和巨大后果。因此,要充分研究和借鉴国内外优秀经验,保障特种设备安全运行稳定和人民财产安全。

1.社会第三方机构发挥重要作用

从国外特种设备监管领域发展经验来看,社会力量发挥了巨大的作用。加拿大、美国、德国一般都采取政府监管与行业协会、非营利组织、专业技术机构、社会组织等第三方机构管理相结合的形式。政府监管部门则负责立法、授权管理监督、

---

① 李旭,鄢入斌,洪乐琴等.浙江省特种设备安全监管模式创新研究[J].特种设备安全技术,2012(1):1-5.

② 姜景卫,赵丽华.突出重点破解难点——山东烟台莱山区创新特种设备安全监管模式[J].中国质量技术监督,2017(5):47.

对于第三方机构的工作进行监督管理等工作,第三方机构负责开展设备的技术监督、许可、检验、教育培训等工作,大大减轻了政府的监管压力,提高了监管效能。国内浙江绍兴市也通过政府购买服务的方式,让第三方机构开展电梯安全风险评估进行分类监管。我们可以借鉴这种第三方参与监管的形式,由政府把一些公共管理职能更多地让渡给第三方机构,即借助市场和私人企业的力量,帮助政府监管部门提升自身的效率,形成多元参与、良性互动、共同治理的工作格局。

2.加强特种设备信息化建设

上海市松江区的特种设备监管人员运用"特种设备动态管理信息系统"对辖区内有异常情况的特种设备进行监管,并不断更新、完善系统。莱山区市场监管局建立了移动执法平台"特安行",实现了手机监管、移动执法。可效仿其实行智慧化监管,方便对新区特种设备实行线上线下的实时监督,以加强对特种设备底数的摸排和隐患治理,缓解监管人员不足的问题。加强大连市金普新区特种设备信息化平台建设,有利于对检查中发现的特种设备使用单位的违法违规行为、设备安全隐患问题等相应检查情况及时查询、录入系统,实现检查情况的实时传输。

3.引入并推广特种设备责任保险制度

保险机制可更为科学的划分经济责任、有效实现风险分担、赔偿安全事故。国内浙江温州平阳县积极推广特种设备责任保险制度;而美国很多州不仅要求企业购买责任保险,也要求检验机构购买责任保险。保险制度的优点是使特种设备的风险状况、发生的安全事故大小情况与保费和赔偿金直接挂钩,这就会使保险公司设立的检验机构更加尽职尽责地去检验和进行特种设备的日常管理。

4.建立政府部门联动机制

浙江绍兴市着力构建"政府主导、企业主体、部门联动、行业自律"的特种设备安全共治大格局。从浙江绍兴市的经验来看,要与当地政府、行业主管部门建立良好关系,建立"政府主导、多部门协调配合、公众参与监督"的多元共治机制,与安监、住建、教育、旅游等涉及安全职能的行业主管部门加强沟通联系,普查调研、梳理分析各部门在特种设备安全监管方面的结合点,制定联合监管方案、计划和措施,提升联合监管效果。以电梯、大型游乐设施、气瓶等各项公共安全设备为重点,对学校、医院、车站、商场等公共聚集场所开展联合发文、联合检查,消除安全隐患。

三、加强大连市金普新区特种设备安全监管的对策建议

研究分析了金普新区特种设备安全监管的现状,并从中归纳出一些问题及可

能的原因,然后从国内外的特种设备监管中汲取经验启示,最终目的是为金普新区特种设备安全监管方式方法提供相应对策建议。

(一)督促特种设备使用单位落实特种设备安全主体责任

督促特种设备使用单位落实特种设备安全主体责任包括强化特种设备使用单位风险防控意识、完善安全管理制度和加强特种设备使用单位应急演练。

1.强化特种设备使用单位风险防控意识

虽然金普新区监管部门已开展各类专项检查工作,但在检查中发现,新区特种设备使用单位仍暴露出安全意识淡薄、安全管理观念落后的问题,这也是制约新区特种设备安全监管工作的重要因素。为此,监管部门应从思想上对新区广大特种设备使用单位进行宣传教育。

在宣传方式上,多措并举对金普新区广大特种设备使用单位进行安全生产教育。一是通过主流媒体,如《大连开放先导区报》、金普新区门户网站、金普广播台等,开辟专栏,刊登日常金普新区特种设备执法检查情况、宣传因特种设备违规操作引发的典型安全事故案例等,以此深入宣传"安全发展"的理念,警示特种设备使用单位要加强日常安全管理。

2.完善安全管理制度

金普新区一些特种设备使用单位的特种设备安全档案、人员资质等管理不到位,因此监管部门要督促使用单位完善安全管理制度,建立健全各级人员岗位责任制,明确职责,各司其职。

一是使用单位要安排专门的部门进行统一管理特种设备安全档案,并及时更新完善。企业负责特种设备安全管理的主管部门要认真负责,定期检查存档文件,发现问题及时处理。特种设备监管部门要定期针对使用单位的特种设备管理部门进行监督、检查和指导工作,对管理不善、档案不合规的现象进行整改或予以行政惩罚处理。[①] 二是使用单位要加强特种设备"三落实两有证一检验一预案"的管理和落实,建立完善的责任体系,落实管理机构、落实责任人员、落实规章制度,设备有使用证、作业人员有上岗证,对设备依法按期检验,制定特种设备应急预案,同时做好安全培训教育等一系列安全管理工作。三是组织使用单位创建特种设备安全管理标准化。通过金普新区政府出台政策,明确标准化的总体目标、责任分工、步骤方法、考核方式、验收标准、奖惩措施等。标准化要按新区特种设备使用单位规模和具体的风险等级分类展开,通过金普新区典型使用单位带动,使各项规章制度、人员资质、职责分工、巡查记录等统一上墙,同时鼓励、督促使用单位建立完善

---

① 姜福东.浅谈如何加强特种设备安全管理[J]. 城市建设理论研究,2016(6):62.

安全承诺和自查自纠制度,将其纳入标准化的考核项目中。①

3.加强特种设备使用单位应急演练

一是加强重点化工企业的应急演练。金普新区现在在松木岛化工区、大孤山化工区等工业园区内的特种设备数量大、设备密集,涉及的危险系数较高,特别需要对其加强应急演练、健全应急预案。以普湾新区的松木岛化工园区为例,松木岛化工园区有 42 家特种设备使用单位,共 2 178 台特种设备,其中压力容器和压力管道分别为 487 台和 1 596 条,分别占总设备数量的 22.4%和 73.3% ,危险系数极大,一旦管理不慎极有可能泄漏或者爆炸,并波及园区内其他企业。针对这种情况,金普新区各职能部门应联合进行应急演练,金普新区监管部门应督促园区内企业尤其加强压力容器和压力管道应急预案的制定和补充完善,定期对预案内容进行检查抽查,不断完善预案,对特种设备隐患高发环节和易发因素进行重点防控。

二是加强金普新区公共聚集场所的特种设备使用单位的应急演练。新区公共聚集场所的特种设备使用单位较多,包括商场、医院、学校、车站、游乐场等,有 900 余家,约占全区特种设备使用单位总量的五分之一,约有 1 万余台特种设备,尤其是电梯、大型游乐设施等特种设备,和民生息息相关,在实际进行应急演练时,要特别注意督促、指导这些使用单位完善应急预案并开展演练,确保公众聚集场所的安全。例如,每年组织大型的电梯安全应急演练,在开发区安盛购物广场等地进行应急演练,邀请电梯使用单位负责人、电梯维保、物业公司、媒体记者等相关人员参加,提升电梯安全应急处置能力。

(二)加大对特种设备安全监管的投入

特种设备安全监管的人员、经费、物资均是特种设备安全监管投入的重要组成部分,加大对这三方面的投入是提升金普新区特种设备安全监管水平的重要基石和保障。

1.加强对特种设备相关人员的培训教育

加强培训教育是保障新区特种设备安全的重要措施。一是加强对新区安全监管人员的业务培训次数和深度,提高执法水平。金普新区的特种设备数量大,涉及面广,而培养一名有经验的特种设备安全监管人员,至少需要 3 年以上的时间。②虽然金普新区每年都会通过多种方式开展特种设备专业知识的教育培训,但是由于特种设备专业性非常强,监管人员短时间内仍然难以掌握八大类特种设备监管的全部要点。这就要求特种设备监管部门每年初都要对特设处和市场所的监管人

---

① 顾建林,李敏.温州特种设备安全监管的探索[J].中国质量技术监督,2016(5):58-59.
② 陈永阳.特种设备事故快速处理体系建立的思考[J]. 质量技术监督研究,2017(2):47.

员制订全年学习计划,根据全年不同时段的监管重点和20个市场所辖区的具体情况设计培训内容。

二是加强对金普新区特种设备相关人员的培训教育。目前金普新区使用单位特种设备作业人员及安全管理人员队伍总体素质较低,文化水平普遍偏低,管理水平参差不齐,加之一些使用单位对安全培训不认真,特种设备操作人员不熟悉操作流程和安全注意事项,难以确保设备安全运行。

2.增加特种设备安全监管经费投入

加大金普新区特种设备监管经费投入,是进一步夯实新区特种设备安全监管的基础。每年新区特种设备监管方面都有很多项十分必要的费用支出,目前新区每年在特种设备方面的财政拨款不足10万元,因此需要加强和财政部门的沟通协调,新区财政部门要加大特种设备安全工作的重视程度和经费投入,并将其列入区级财政预算,①增加特种设备方面的经费投入,确保新区特种设备安全监管工作有保障、可操作。可根据新区的实际情况,先按照轻重缓急和危险程度拨款,如保障金普新区安全隐患专项整治和聘请专家的经费。

3.更新升级各种特种设备安全监管设施设备

在一定经费的保障下,对金普新区现有的各种特种设备安全监管的设备设施进行及时更新升级。一是要增加艰苦和恶劣环境中配套的劳保用具、服装等日用品。二是新区监管面积大、特种设备使用单位众多,从市场所现有设备情况来看,大部分市场所缺少电脑、打印机、录音笔等设备。为提高监管效率,下一步要对传统的办公设备、取证设备进行维护更新,置办包括笔记本电脑、台式打印机等各种执法办公需要的现代化电子设备。三是增加应急物资的采购和储备。根据公共危机管理理论,"资源准备在危机准备中具有重要地位"②。要增加特种设备应急物资的采购和储备,如各类器材、药品、医疗急救包等,以便及时应对突发性事故,减少损失、降低影响。

(三)完善安全监管制度

完善安全监管制度将有利于规范监管人员的日常行为,实现分级分类监管,提升金普新区特种设备安全监管效率和效果。

1.规范特种设备安全监管制度

监管制度的规范有利于提升监管意识和监管效率。第一,建立金普新区特种

---

① 欧千帆.S市C区特种设备安全监管研究[D].广州:华南理工大学,2018.

② 张成福,唐钧,谢一帆.公共危机管理理论与实务[M].中国人民大学出版社,2014:5.

设备安全监管责任体系和金普新区特种设备监管人员考核制度,由金普新区管委会主管特种设备的领导亲自对特种设备情况进行监督、考核,明确金普新区监管部门和监管人员的考核内容和标准,积极落实特种设备使用单位的责任,年终针对本年度的日常监管和隐患排查、报告报表等情况,按照考核标准逐项打分。第二,金普新区监管部门对外继续强化"网格化"监管制度,以网定格,层层履职,加强与新区各特种设备使用单位安全监管责任状的签订,明确责任落实,对于检查中发现使用单位的特种设备安全隐患及时要求使用单位整改,严重的隐患要立即查处,发现问题要追究责任到人。

2.推进实施特种设备安全风险分级及使用单位分类监管

金普新区特种设备使用单位按照风险等级、履行安全主体责任情况和实现程度,由高到低分为Ⅰ、Ⅱ、Ⅲ、Ⅳ四类单位,并建立分类监管单位台账,分别采用信用监管、责任监管、常态监管和加严监管的方式实施分类监管。每年年初,新区市场局要制订日常监督检查计划,对Ⅰ类单位实施信用监管,监督检查主要以信息化在线监督为主;对Ⅱ类单位以信息化在线监督与现场监督检查相结合的方式进行监管;对Ⅲ类单位每年现场监督检查不少于一次;对Ⅳ类单位每年监督检查至少两次(见图3)。同时,结合日常监督检查情况和网格化监管职责,对金普新区特种设备使用单位的分类和监管方式实行动态调整,并及时录入特种设备动态信息监管系统,方便日常监管,从而提高监管效率,节省时间和人力。

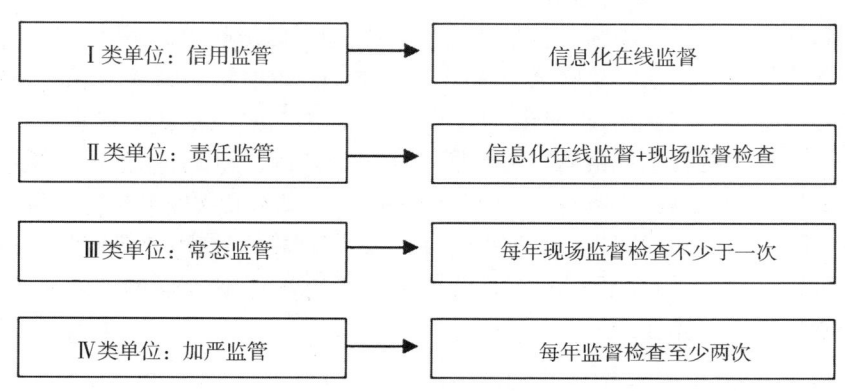

图3 分类监管示意图

(四)推动社会共治

积极贯彻"政府监管、使用单位自治、行业自律、社会监督"的社会共治理念,强化金普新区多部门协同监管,引导社会力量共同参与到新区的特种设备安全监管中。

1.建立和社会第三方服务机构的合作机制

加拿大、美国、德国一般都采取政府监管与行业协会、非营利组织、专业技术机构、社会组织等第三方机构管理相结合的形式,减轻了政府监管和人员不足的压力,强化了监管队伍建设力量,提升了监管效率。大连市金普新区作为构建开放型经济新体制综合试点试验区,2017年率先在食品生产领域进行了购买社会第三方服务的尝试,取得了良好的监管效果。

一是社会第三方服务机构要采用金普新区特种设备风险等级分类监管、网格监管方式,开展各种特种设备专项整治工作。社会第三方机构要严格按照《辽宁省特种设备生产与使用单位分类监管实施办法》和《特种设备现场安全监督检查规则》要求开展工作,对金普新区4 586家使用单位,5.5万台件八大类特种设备进行日常监督检查、巡查、抽查,保留纸版电子版及影像的各项工作痕迹。二是第三方服务机构要对日常检查工作进行信息分析和研判。对金普新区特种设备底数及时摸排与更新,出具符合模式规定的监督检查报告,并对使用安全状况进行分析。结合分类监管、日常监督检查的实际情况,对新区在用特种设备存在普遍性和突出性的问题及隐患,进行特种设备安全状况分析,形成每季度一次,年终一次,共五次特种设备安全状况分析报告,为及时排除特种设备隐患、提升使用单位管理水平提供依据。

2.建立政府部门联动机制

在新区政府的统一协调下,相关职能部门应加强部门联动,由新区政府建立部门联动工作机制。由新区政府统一调配,积极构建"政府统一领导、市场监管部门依法监管、相关职能单位联动配合、使用单位落实主体责任、社会监督支持"的特种设备安全生产大监管工作格局。由新区政府统一协调,委托金普新区市场监管局为牵头部门,与安监局、执法局、城建局、环保局等各安全监管相关职能单位加强部门联动,相互配合,共同协作。实施"联合发文、联合培训、联席会议、联合检查"等联合制度,由单部门的孤军作战、单向工作向统筹协调、齐抓共管的方向转变,形成安全监管工作的整体合力。

3.推广特种设备责任保险制度

金普新区作为第十个国家级新区,经济发展迅猛,然而现实存在一些特种设备使用单位经济实力不够强,保障不够,导致发生了安全事故后没有赔付能力的问题,容易产生种种事后纠纷,也给监管工作带来不便。如果引入特种设备责任保险制度,不仅可增加使用单位的赔偿能力,而且可以通过引入保险公司对使用单位安全管理进行监督,从而强化事前风险防范,有效减少事故发生,有效解决特种设备责任赔偿法律纠纷,缓和并化解社会矛盾。

（五）加强特种设备安全监管信息化建设

对于特种设备管理过程中，也可借助信息化手段，加强信息化建设，引领特种设备安全发展新时代，推动特种设备安全监管工作重心的转变，使安全监管工作内容从事故管理、人员伤亡向风险管理、安全文化建设转变，手段从盯人死守模式向精准化、智能化监管模式转变。

1. 充分利用特种设备网上信息平台进行监管

结合新区实际，一是加强金普新区特种设备审批部门与监管部门的网上信息平台衔接。审批部门要安排固定人员定期（如每周一）对新办理和变更的设备数据进行整合并反馈到监管部门，同时增设新的查询账户给监管部门，以便监管部门能够实时了解单位及设备动态情况，及时发现和消除隐患，提高监管效能。

二是新区监管部门充分利用"辽宁特种设备动态监管系统"进行监管。金普新区市场局特设处和 20 个市场所都要安排特定人员和审批部门进行沟通，同时每日早晚各查看一次"辽宁特种设备动态监管系统"的数据内容，及时记录。定期利用"辽宁特种设备动态监管系统"对辖区内超期未检、存在异常情况的特种设备进行筛选，同时进行现场实地检查，发现安全隐患及时勒令整改，并将处理结果实时录入监管系统中，实现检查情况的实时传输，节省时间和人力成本。

2.建立健全智慧监管体系

目前，金普新区特种设备监管人员已人手一台移动执法终端，但并未安装特种设备监管功能的 App。下一步，通过在移动执法终端上引入具有特种设备安全监管功能的 App，构建完备的金普新区特种设备安全大数据，全面、真实、及时记录和完善数据信息，随时掌握设备安全运行状况，实时监控存在隐患问题的特种设备，及时预测预警、做出应急响应和处置，淘汰超出使用年限和存在重大安全隐患的特种设备，逐步实现监管、检验等特种设备信息的实时更新，最终建立大数据动态管理的智慧监管体系。

大连市水源地保护中的政府责任问题研究

王智为

（学号:1120172439）

水源地保护是保障饮用水安全的一项基础性工作,事关人民群众的生命健康、社会稳定和经济的可持续发展,也是衡量一个国家发展水平的重要标志。大连市是我国东北地区的一个极其重要的工业、港口、贸易、金融和旅游城市,是东北经济发展的引擎,拥有优质的水源是这个城市供水安全的保障,是这个城市可持续发展的重要支撑。而大连是一个非常缺乏淡水资源的城市,人均水资源占有量只有全国的四分之一,为了保护好自身的优质水源,避免公地悲剧的发生,水源问题的紧迫性和重要性使得水源地保护日益成为大连市的政府与公众关注的焦点。

一、大连市水源地保护中的政府责任现状与问题

本章主要是通过对大连市水源地保护中的政府责任概况进行了解,运用公共管理的相关理论,找出大连市水源地保护中政府责任存在的问题,总结分析大连市水源地保护中政府责任存在问题的原因。

(一)大连市水源地保护中的政府责任概况

本节主要介绍大连市的水资源量、水源地的分布和构成情况,大连市水源地的主管单位及保护的情况,在大连市水源地保护中不同政府部门承担着不同的责任。

1.大连市水源保护地的构成

全市多年平均水资源总量为32.83亿立方米,其中地表水资源量32.51亿立方米,在全市各区、县级市、县的分布很不平均,地下水资源量7.08亿立方米,地下与地表水资源量之间的重复计算量总计达6.76亿立方米。人均占有量590立方米,约为全国人均占有量的1/4(2005年辽宁省第二次水资源评价统计)。

大连地区共有大中小型河流共计363条,总长1 931.7千米。大(2)型水库7座,中型水库16座,小(1)型水库42座,小(2)型水库141座。大连市的城市供水95%来自碧流河水库和英那河水库,碧流河水库和英那河水库属于大(2)型水库。市区内的中小型水库供水量只占城市总供水量的5%左右,中型水库包括洼子店水库、大西山水库、北大河水库和龙王塘水库。小(1)型水库有凌水水库、老座山水库、王家店水库、牧城塘水库以及小孤山水库等。

2.大连市水源地保护的概况

大连市主要是通过在河流上建水库,构成水库型水源地,大(2)型水库主管部门有大连市水务局、大连市水务集团有限公司、庄河市林业水利局、瓦房店市林业水利局、普兰店区林业水利局。中型水库主管部门有大连市水务局、大连市水务集团有限公司、庄河市林业水利局、瓦房店市林业水利局、普兰店区林业水利局、金普新区农业局。小(1)、(2)型水库主管部门有大连市水务集团有限公司,庄河市、瓦房店市、普兰店区、金普新区、保税区等所辖的乡镇或街道办事处。

根据中央通知精神,大连市政府也相继出台了《大连市饮用水水源保护区污染防治办法》《大连市城市供水用水条例》等,加大对水源地的保护。但是,由于以往大连市政府乃至基层政府过于追求经济指标,忽视水源地保护。大量的商品住宅、商业区、工厂被建在水源地周边。像景区、高尔夫酒店、温泉山庄、农家乐等旅游产业在水源地流域内得到大规模开发。这些都给水源地带来了不少隐患,增加了污染物,恶化了水质。

大连地区主要水库型饮用水水源地总计有22个。在这些水源地中有7座大型水库,根据地表水水源地水域环境功能和保护目标,参照《地表水环境质量标准(GB 3838—2002)》所列分类指标,当类别不相同的水质取得同一标准值时,选择水质更优的地表水。目前在大连22个主要的水库型饮用水水源地之中,水质不达标的水源地总计9个,占40.91%,属于Ⅲ类的水源地共有10个,占45.45%,属于Ⅱ类的水源地有3处,占13.64%。

导致大连地区主要水库型饮用水水源地水质状况较差的原因主要是化学需氧量、挥发酚、高锰酸盐指数和氨氮等污染物指标超标。通过统计测算,大连地区主要水库型饮用水水源地污染指标中首要污染指标是氨氮,占总超标物质的35.29%。其余分别是化学需氧量、高锰酸盐指数、挥发酚,分别占总超标物质的29.41%、23.

53%、11.77%。

3.不同政府部门责任概况

我国现行的水资源行政管理组织体系。在市以下有相关的部门与它对应。水源地一般来说被这几个部门监管。水务部门,保障供水,对水源地设施进行管理,对水源进行监测。环保部门,对往水源地生态环境进行监督。国土部门,对水源地水土保持进行监管。林业部门,对水源地的水源涵养林进行监督。卫生部门,对水源地卫生防疫进行监管。城建部门,对水源地附近的土地规划进行监管。公安部门,对破坏水源地违法行为进行打击。

(二)大连市水源地保护中政府责任存在的问题

近些年来大连市的城市建设飞速发展,经济总量直线上升,人民群众收入也年年上涨。但是,在水源地保护中政府的管理出现了严重的滞后,这使得目前的政府责任中存在众多的不足,包括政府责任的缺位、政府责任的越位、政府责任的结构性失衡、政府责任意识不强四个方面。

1.政府责任的缺位

所谓政府责任缺位指的就是政府未提供合理数量的公共物品供应,规定由其生产供应的公共物品未被供应或者供应数量不合标准,缺少政府责任。在本文所提到的这一概念偏重于指由于缺少相应的法律法规或者公共政策,以及缺少有关的政策制度或立法标准而造成的制度体系部分缺位。由于水源地保护制度建设不完善,水源地保护的宣传教育没有经常化、制度化。监督、巡查、惩罚和奖励力度不大。组织机构不健全,各部门协调工作机制不完善[①]。由于一些政府部门没有做到遵守纪律,没有严肃纪风,这就使得他们在进行工作时容易被利益驱使,难以公平、公正进行管理与督导。此外,大部分政府部门都存在机构的利益冲突,职能重复和结构性冗余,以及管理效率低下的现象[②]。

市、区、县级市、县、街道、乡镇等各级政府及相关的职能单位对管辖范围内侵犯水源地的行为,理应依据现有的法律法规,加强监管和引导。对涉及管辖范围外但同一流域的水源地,理应加强各部门间的协调和沟通,达到共同监管的目的。但是由于主观或客观因素,没有尽到应尽的责任。

2.政府责任的越位

由于传统思维的影响,大连市各级政府在社会生活中定位不当,往往认为大连

---

① 冯慧春.汾河水库水源地保护与治理对策探讨[J].山西水利科技,2017(4):61-64.

② [美]布雷恩·里克特.水危机——从短缺到可持续之路[M].陈晓宏,唐国平,译.上海:上海科学技术出版社,2017:59-61.

市的社会管理是把各级政府作为管理的主体,将其视为拥有最高权力的代表,这就使得各级政府在社会生活中有着极大的权威。正是这种观念使政府地位高于社会与人民,影响了社会的平等秩序。由于在社会生活中常常把人民与社会的意志和领导者相等同,这就使得人民的利益也被等同,①使得社会与人民对政府决策所作的监督力度不够,最终必将导致政府忽略自身自责。这不仅仅是单一执法的问题。这些年来,大连市政府的政绩导向一直是以经济建设为中心,各级政府形成了层层施压的压力型体制。上级政府需要提升自己的政绩,他们常常会严格命令下级政府实现更高水平的政绩,如此一来,各级政府之间就会产生一种逐渐加码的政绩考核模式。为了凸显政绩,地方基层政府往往对工作进行"有选择"的推进。特别是对经济建设等容易量化政绩的工作重点投入,为了增加财政收入,默认甚至主导在水源地大规模地开发旅游产业。是典型的"唯生产总值论"的传统政绩观,②缺乏全局观念,过分强调地方效益③。

3.政府责任的结构性失衡

大连市区内的水库建自日本殖民时期,当时水库水源地的位置还算是农村,通行都是土路。有些地方水源地和村里的界限很模糊。解放后特别是改革开放后,城区面积不断扩大,由于靠近老城区,尤其近三十年房地产大量开发,在水源地附近出现了大量的楼盘、工厂、高尔夫酒店、温泉游乐场等,侵占了水源地的面积。用地合同往往是和当时的个人、村集体、乡镇的基层政府签订的。而没有根据靠近水源地的特点进行全局规划。水源地内还遗留较多的"原始"村庄,没有进行搬迁,由于排污设施不健全,容易对水体造成污染。城建部门认为原先这部分地区在市政界以外,不愿管。水源地的主管部门又无法对他们实施动迁等。这都是由于水库周边在当下缺乏完备的管理体制,这就难免出现政府部门不清楚自身职责,从而导致彼此职责重叠或者出现职责缺乏的情况,进而降低各个部门之间的协作能力,激化各类内部或外部矛盾。除此之外,大连市政府出台的一些法律条文,由于符合自身的职责要求,而起到了一定程度的管理监督作用。然而,在制定这些法律条例时,政府未从整体出发综合考量,这就使得制定的各种法律机制都未充分发挥应有的效力,仅仅停留于探索过程中。

4.政府责任意识不强

虽然大连市政府参考中央文件《中华人民共和国水污染防治法》以及《中华人

---

① 王行宇.我国责任政府建设研究[D].郑州:郑州大学,2004.

② 潘兴侠.我国区域生态效率评价,影响因素及收敛性研究[M].北京:经济科学出版社,2014:185-190.

③ 徐凌.公共管理能力与技巧[M].广州:中山大学出版社,2018:179-181.

民共和国水法》,结合当地实际情况出台了《大连市饮用水水源保护区污染防治办法》。在执行这些法律法规办法时,往往需要基层政府的配合。基层的区、县级市、县、街道、乡镇政府执行的力度大,那么水源地保护工作就做得好。但基层的区、县级市、县、街道、乡镇政府却缺少强有力的执行力度。政府在执行自身所作的决策时往往片面地听取基层单方面所做的总结报告。而基层地方的政府出于利益考量,往往做出"上有政策,下有对策"的执行标准。比如,在水源地流域开发旅游景区,在水源地周边经营农家乐,都是过分强调经济发展和自身的收益,必然对基层的执法工作敷衍了事。在市内,对开发商圈地挤压水源地的行为,也往往交罚款了事。

(三)大连市水源地保护中政府责任存在问题的原因分析

对于大连市水源地保护中政府责任存在的四方面问题:政府责任的缺位、政府责任的越位、政府责任的结构性失衡、政府责任意识不强。进行逐一分析,归纳出法律与监督机制不健全、经济机制不健全、责任系统机制不健全、管理体系不健全等与其对应的四方面原因。

1.法律与监督机制不健全

法律与监督机制的不健全,容易造成政府责任的缺位。水源地保护属于一种具有极强技术性与政策性的工作,虽然当前我们国家已经相继颁布了很多支持水源地保护的法律条例,比如《中华人民共和国水法》《饮用水水源地保护区划分技术标准规范》(HJ/T338—2007)等,但由于相关技术规范及标准体系建设滞后于法律法规的颁布实施,增加了水源地管理工作的难度。条例、规章、办法在内容上也主要是针对整个水源地保护的原则性、指导性法律,过于宽泛,并不是专门针对水源地保护的基础性和可操作性的法律。而政治责任和道德责任在现有的相关法律中缺少完备的条例规范以及严格的立法约束。此外,当前我们国家针对水源地保护颁布的法令条文,条理不够详细,缺少针对性,而且有些内容十分抽象,仅仅局限于阐述对违法行为的定义,却没有细致地介绍违法行为的处理办法或者惩罚措施。就《中华人民共和国水污染防治法》第六十五条而言,其中就存在着许多的不足之处。在这一条例的第一款中提到在饮用水水源一级保护区内扩建或者是改造与水源保护不相关的建设项目属于违法行为。如果存在以上几种建设项目,则应交付县级以上部门予以处理,根据情况选择关闭或者拆除。在第二款中提到不能在这一区域进行垂钓、游泳等活动,不能开展旅游或者养殖业,以及其余有可能对保护区水质造成影响的行为。由于这些法律法规存在模糊性,缺乏具体针对性,落实到大连市政府对水源地保护管理中,造成了相关的基层政府和职能部门,一方面出现了问题并不积极主动处理;另一方面在处理过程中由于无法理解法律法规规定的尺度,往往存在监管不严。

2.经济机制不健全

经济机制不健全,也容易造成政府责任的越位。水源地保护相关的法律、法规、条例往往是由水源地的上级政府制定的。上一级政府包括市政府、省政府、中央政府。大连市政府既是水源地保护中法律法规的制定者,也是国家颁布的水源地保护法律法规的执行者。而水源地所在地的区、县级市、县、街道、乡镇等的基层政府往往是水源地保护的执行者。水源地周围的居民以及村级集体组织都是水源地保护政策执行的目标群体。从执行政策的逻辑上看,应该先从政策的制定以及执行人进行分析和研究。就基层政府而言,其立足的出发点是自身效益和收益,然后统筹考虑,挑选其中造成损失最小,而带来的成果最大的方案和政策。当集团自身对水源地的诸项规定和要求提出异议,例如认为其损害了自身效益、无法切实反映自身利益需要时,就会使用截留、附加、敷衍等办法扭曲政策执行的初衷和效果。

3.责任系统机制不健全

责任系统机制的不健全,导致政府责任的结构性失衡。"多龙治水"是大连市政府对水源地保护的管理模式,而且存在了好多年。但是,各部门之间缺乏协调,管理上出现的各种问题,例如懈怠、推诿等几乎无法为上级机构所知,这主要是因为未建立责任追究制度。该制度不仅仅能够以强有力的方式约束政府以及公职人员,从而确保权力的合理、合法运用,也是对目标群体执行政策情况的一种监督,从而使得目标群体要为违规违法行为付出更多的代价,也使得公职人员和相关部门未切实履职的成本增加。水源地保护政策能否在两个主体之间得到认可和实行,主要是取决于分析和对比政策或方法的成本收益。如果上级针对基层政府的监督以及责任追究切实实行,或者基层政府对目标群体的违法违规查处切实展开,那么政策违抗以及政策推诿等行为所隐藏的成本都会不断上升,在这种情形下,已有的障碍将会减少。从责任追究的角度看,尽管最近一个时期对政府管理中的责任机制明显有所强化,对违法行为查处力度也不断加大,然而对于制度的制定和完善仍有许多问题未解决。

4.管理体系不健全

管理体系的不健全,成为导致政府责任意识不强的原因之一。我国政府管理体系是科层制的,大连市政府也存在于这个系统里。在这个系统里,是一级管一级的,这就造成了区、县级市、县、街道、乡镇政府对执行信息的垄断,上级政府处在明显的信息弱势地位。在水源地保护中,上级政府得到的数据和资料主要来源于区、县级市、县、街道、乡镇政府和相关部门。为了做好水源地保护工作,大连市政府也出台一些条例和管理办法,政策执行得怎么样,信息反馈的渠道主要来自于水源地管理的区、县级市、县、街道、乡镇政府和相关部门,这种政策执行信息反馈的渠道比较窄。

二、国外与国内其他地区水源地保护中政府责任的经验借鉴

在水源地保护中,各国政府的责任都经历了从无到有,不断完善的过程。通过对国外和国内其他地区的各级政府对水源地保护中承担责任的研究,分析出他们的经验,为在大连市水源地保护中政府责任提供可借鉴的地方。

(一) 国外城市水源地保护中的政府责任

日本、美国、德国等发达国家针对本国水源地保护的实际情况,承担了相应的政府责任。在这一过程中,积累了大量丰富的经验,只是侧重点有所不同。

1.日本东京:多层次完善制度

日本在水源地保护上的法律规定是比较成熟和完善的,其运行的制度为设置多个不同的责任部门行使公权力,但又要确保权力的集中协调、事务的综合处理。其中,总理大臣主要负责水资源的开发、利用、保护等工作,此外,日本还设立了国土厅作为直属二级单位,以便减少总理大臣的工作,国土厅下设了水资源部,该部门拥有最高协调权力。该部门中的工作人员都是从各个责任部门中抽调出来的,因而学识充足,经验丰富。厚生省水道环境部、农林水产省构造改善局、建设省河川局、通产省水道局都属于最高分管机构,直属于政府机关,分别负责不同的工作。其中,农林水产省构造改善局主要负责农林用水方面的具体工作;通产省水道局主要负责工业用水方面的具体工作;建设省河川局主要负责防洪方面的具体工作;厚生省水道环境部主要负责自来水方面的具体工作。这些部门都受国土厅的协调。

针对水环境的保护管理,日本政府相继出台了一系列的法律文件。例如:1967年出台了《公害对策基本法》,其内容主要是国家环境管理相关的基本准则和要求。在1972年日本政府出于管理方面的考量,在中央政府机构中构建了重要的机构——环境厅,之后该厅便被上升为环境省,其下设置了水质保护局。《河川法》被当作水资源管理方面的基本法,是相关工作开展的主要依据。此外,日本的《流域水资源基本规划》的订立和修改主要由国土厅来领导负责,其他各个机构为协助方,内容主要为相关的制度和政策制定,同时涉及了不同机构之间的利益权衡。

《河川法》明确指出:中央政府拥有对于一级河流进行管理的权限,由建设大

臣按照政令交给所在的都、道、府、县知事负责,一级河流的支流为二级河流由都、道、府、县知事交与市、町、村负责。日本的水源地管理处于"多龙管水"①的状态,为加强水源地的管理,在过去几十年里,日本政府大力加强法制建设,构建了一个比较完善的法律法规体系,维持了在条块分割、统筹协作下的水源地保护管理模式。

2.美国纽约:健全法律责任和多方共治

纽约市曾经由于过度的经济开发活动,导致水源地水质迅速地恶化,而不得不支付高昂的饮用水处理费用。在创新饮用水水源地管理机制和建设高成本的净水设施之间,纽约市选择了前者,并付诸实行,以较低的管理成本,达到了水源地管理的目标。纽约市政府主要采取了以下措施:(1)饮用水水源地保护在全流域上进行协调管理 。通过饮用水水源地管理实践的经验表明,全流域管理才是水源地保护的关键。为了获取卡兹基尔和特拉华流域内的市、镇、村对纽约市饮用水水源地保护工作的支持,纽约市采取了"各方参与、多方持股"的方法,承诺提高当地持股比例,并制定多种"双赢"的解决方案。(2)水源地的水质监测市场化,监测数据公开共享 。美国把水质监测工作进行市场化运作,任何有资质的监测机构均可申请承担监测工作。饮用水水源地水质监测的市场化运作保证了监测数据的独立性。

3.德国柏林:健全法律和加强监督

德国政府还相继颁布了《湖水水源保护区条例》《地下水水源保护区条例》《水库水水源保护区条例》等作为各市州政府水源地保护的法律依据。各市州必须严格遵守,违者必将受到经济和刑事的惩罚。同时还要求各市州基于这些法律条文并结合本地的实际情况制定相应完善的保护政策。为了保障水源地的安全,德国各市州都建立了水源地保护区。根据自己地方的特点,采取了不同的保护措施。

法律规定保护区域分三级:取水区、近区、小区。在取水区严令禁止除柏林水业集团等柏林市政府投资经营的自来水公司以外的取水行为。为了加大水源地的水质监管力度,柏林市政府给水经济局配备了各种先进的水质检测设备,允许水经济局的监测人员随时随地地检测水源地保护区的水质情况。柏林市政府还设置了叫作水资源保护警察局的机构,用来专门负责全市水源地所在水系的保护工作。柏林市的两条主要河流斯普雷河和哈弗尔河,每天都有水资源保护警察在巡逻。

(二)国内其他地区水源地保护中的政府责任

国内的一些城市对水源地保护中政府应承担的责任也愈发地重视。天津市政府、北京市政府、京津冀地区在水源地保护中强调多元主体共同参与,更强调在水

---

① 周振民.中国城市水务市场化与监管机制[M].北京:中国水利水电出版社,2014:14-16.

源地保护中的政府责任,需要采取的措施。

1. 天津:加强责任意识

由于近些年乡村旅游热和天津市房地产热的带动下,于桥水库水源地流域及周边总体社会经济发展迅速。入库污染物急剧增加,水源地的水质也随之恶化。处于重富营养状态,水质达到 V 类。天津市政府立刻意识到自身责任,采取了如下措施:(1)天津市政府批转了天津市水利局制定的意见,对意见提出了明确的要求。(2)编制饮用水水源地安全保障计划,出台了《天津市城市饮用水水源地安全保障规划》,划分了城市饮用水源地保护区。(3)制定水源地的水质保护应急预案,编制了《天津城市供水水源突发事件应急预案》《天津市城市水源地蓝藻暴发应急预案》,建立了组织体系、信息发布以及资金、物资等保障制度。(4)加大水政巡查和执法力度。于桥水库管理处采取水政和公安等部门的联合巡查和执法,并积极地和当地县、乡镇等各级政府联合行动,多次对侵占水源地的违建进行清理,对侵犯水源地的行为进行惩处。将广泛的宣传和严格的执法进行有效结合,日常巡视检查和联合执法并举。(5)加大水质监测力度,采取机械和人工打捞相结合,全力打捞水草和漂浮物,排除二次污染。(6)与周边的村镇签订共建共享协议,营造水源地周边良好的生态环境和管理执法环境,友好、和谐、有效地对排污、旅游、采砂等行为进行处理,取得了较好效果。

2. 北京:加强管理体制与制度建设

北京市政府针对水源地保护出现的一系列问题采取了如下措施:(1)构建一个多部门协调合作的体制,主要涉及了规划委、水务局、环保局、市发展改革委员会等主体。(2)不断完善水源地保护的相关法律制度及地方条例。(3)完善相关的工作制度,尤其是涉及执行与监督方面,不断提升综合能力与水平。切实把安全责任落实到每个责任主体上去。(4)建立当地水源地管理机构,聘请特约监督员开展监督检查。

3. 京津冀地区:强化责任

官厅水库水源地位于河北省张家口市和北京市延庆区界内。为缓解北京市的水源紧缺和供水安全具有重大意义。北京市为了把官厅水库水源地保护工作做好,出台了《21 世纪初期首都水资源可持续利用规划》。它是规划中重要的组成部分。京津冀地区出台的《京津冀协同发展规划纲要》指出,将北京市延庆区和河北省张家口市、承德市等定位为西北生态涵养区,并明确要求加大对官厅水库水源地的生态修复和污染治理,为官厅水库水源地保护提供了保障。京津冀地区各级政府通过强化责任加大对水源地的保护力度。措施如下:(1)完善官厅水库水源地保护管理办法,强化监督管理机制,明确法律法规在水源地保护中的引领作用。

（2）推动流域治理,落实最严格的水资源管理制度。以京津冀地区合作平台为依托,建立"三条红线"指标体系:水资源开发利用控制,用水效率控制,水功能区限制纳污控制。（3）水量分配工作以流域为单元展开,科学合理地将水资源在官厅水库水源地流域内各行政区之间进行有效的配置。（4）在京冀各行政区之间开展多层次,多种形式的生态补偿。积极推动京津冀水源涵养区生态补偿试点工作,通过生态补偿机制来推动库区水源地关键地段的建设和保护。

（三）经验借鉴

在水源地保护中,日本、美国、德国等发达国家的政府更注重立法,通过不断地完善相关的法律法规,达到保护水源地的目的。日本、美国、德国等发达国家政府往往依据法律法规给予的管理职能,行使管理权力,强化管理责任。我国的天津、北京、京津冀的各级政府,通过文件来强化政府责任。美国纽约政府管理体系建设倾向于"多元治理",日本和我国的天津、北京、京津冀地区的政府很相似,通过政府多部门的协作,加强管理体系建设。德国、日本、美国等国政府通过授权机构,而我国的天津、北京、京津冀等地政府,通过政府加强监管来构建监督机制。

1.完善的法律法规

日本在水源地保护上出台了比较成熟和完善的法律规定,由《河川法》《水污染防治法》等组成,而且,这些法律制度随着时间推移,不断进行补充。通过法律法规的强制立法对相关的制度做出指示,例如紧急处置制度、饮用水水源地经济补偿制度、饮用水源水质标准制度。此外,着重突出国土厅以及总理大臣的职能。明确涉及水源地管理权限的部门划分,并由国土厅进行相关工作的调整和处理。东京根据自身的实际情况出台水源地保护的相关条例和制度,作为国家大法在本地区施行的有益补充。

美国是联邦制国家,对水源地保护没有全国性统一的法律,在国家层面只是推出了《清洁水法案》（CWA）和《安全饮用水法案》（SDWA）作为其饮用水源管理的法律依据。因为各州市都有相当大的立法权,因而可以以上述法案为基础,订立相关的法规,其主要信息来源便是本州市的水源地评估信息。此外,还构建保护体系,订立了水源保护区计划。各州市自定的水源保护区计划中,最具代表性的就是《纽约市水源地备忘录》,它是纽约水源保护的里程碑,是目前纽约水源地的实际管理和保护工作的依据。

日本、美国、德国作为发达国家的代表对水源地保护通过精细的立法做支撑,在有充分法律依据的前提下,由指定的相关部门机构去执行。

2.强化责任

日本、美国和德国等发达国家的水源地保护主要通过法律法规对水源地保护的相关管理部门和机构授予管理职能，并对这些部门和机构的管理职能进行规范。如日本的《河川法》《公害对策基本法》《水污染防治法》，美国纽约的《纽约市水源地备忘录》，德国的《水源地保护法》等都是依据法律法规强化政府各部门的责任。这样有利于避免出现管理交叉和管理缺位等现象。同时，由于这些法律法规的出台，将水源地保护和地方行政首长的责任关联在一起。一旦水源地保护工作出现问题，地方行政首长就会被议会质询，面临强大的舆论压力，如果问题严重，还会被追究法律责任。

我国的天津、北京和京津冀地区的水源地保护主要是通过天津市政府、北京市政府、河北省政府单独或共同出台政府文件的形式来落实的，如天津市的《天津市城市饮用水水源地安全保障规划》、京津冀地区的《京津冀协同发展规划纲要》，都是让水源地保护的相关部门加强责任观念，加大工作巡视量来实现。

3.加强管理体系建设

在美国，以纽约市为代表，采取了"各方参与、多方持股"的方法，承诺提高当地的持股比例，并制定多种"双赢"的解决方案。饮用水水源地保护在全流域上进行协调管理。水源地的水质监测市场化，监测数据进行公开共享。利用水源地保护生态补偿机制，实现地区经济发展与水源地保护的共赢。鼓励关键利益相关方参与水源地管理。典型的"多元共治"。日本的水源地保护工作由总理大臣负总责，国土厅作为直属二级单位，直接归总理大臣领导。

我国的天津、北京和京津冀地区在水源地保护的管理体系上，以政府为主导，涉及水利、环保、国土、建设、农业、交通、旅游、林业等部门，也采取"多龙治水"的措施，通过相关部门协调共管。

4.构建监督机制

在日本，政府在水源地保护中各部门所担负的责任各不相同。国土厅倾向于水源地保护的政策制定和与其他各部门之间的权衡。建设省、厚生省、通产省和农林水产省倾向于专业标准的制定和监督管理。水源地的水质监测市场化，监测数据进行公开共享。在日本东京除了政府机构外，还有许多半官方、半民间和民间组织都参与水源地保护工作。还建立了水源地保护的信息公开和查询制度。美国以纽约市为代表，在水源地保护中，更强调监督水源地的水质。为了保证监测数据的独立性，把饮用水水源地水质的监测进行市场化运作，允许任何有资质的监测机构来申请监测工作。

三、大连市水源地保护中的政府责任体系构建

本章运用多中心理论和新公共服务理论,从法律与监督机制、经济机制、责任系统机制、管理体系等四个方面对大连市水源地保护中政府责任体系进行构建。

(一) 法律与监督机制的构建

本节主要是探讨了法律制定以及监督体制的问题,通过构建法律责任机制、责任监督考核机制、信息公开和公众参与机制来实现的。

1.构建健全的法律责任机制

在制定水源地保护方面的制度时,必须要构建政府的责任划分和承担体系。在这一过程中,要重视法律的基础性地位,法律既是约束又是保障,是根本上解决问题的方法。首先,政府责任涉及了道德责任、行政责任、法律责任、政治责任等四个方面,其中有关行政责任与法律责任的法律文件主要有《中华人民共和国宪法》与《行政处罚法》等,然而相应的制度建设却较为落后,存在着许多的不足与问题,无法符合实际情况的要求,因而使得法律效果并不明显。此外,法律文件中涉及道德责任与政治责任的内容几乎不存在。其次,国家和大连市政府已颁布的关于水源地保护方面的法规、法律条文等不够具体化、清晰化,因而容易造成理解上的冲突。就内容而言,大部分涉及的是针对违法行为的阐释,相关违法责任的规定、划分等内容涉及不多,相应的惩罚条款少之又少,且过于泛泛而谈。最后,大连市政府在水源地保护方面对市民的宣传力度不够,市民对水源地保护的法律意识不强。

2.构建完善的责任监督考核机制

在大连市水源地保护中,只有通过全面、高效地考察与监督大连市各级政府及相关部门的工作情况,才能够有效地促进各级政府及相关部门切实履责,一定程度上的考核与监督能够管控各级政府及相关部门的权力运行。责任监督的工作涉及了针对大连市各级政府及相关部门履责的公开、公平、体系化、全面化的考核,能够促进各级政府及相关部门切实地贯彻水源地保护的相关政策。

3.构建完善的信息公开和公众参与机制

建议大连市政府从以下三方面入手:(1)加强大连市水源地保护宣传阵地建设,充分利用大连市区内的街道、乡镇农村和企事业单位的宣传栏、公益广告牌等

固定和流动宣传设施,进行水源地保护宣传,建立保护水源地的思想认识。① (2)充分发挥大连市的大众传媒和新媒体在水源地保护宣传教育中的重要作用。广泛利用广播、电视、网络、报刊、户外电子屏等大众媒体开展教育。(3)和大连市的中小学、大中专院校合作,开设教育课堂,做义务讲解。组织学生参观水源地。让大众了解保护自己赖以生存的水源地不仅是社会和政府的事,也是我们每个人的事情。② 要创立参与机制,提高参与能力。③ 大连市政府要建立起有效的、多样的公众参与渠道,来调动全市人民参与水源地保护的积极性。比如,可以设立水源地保护日,在全市范围内发起保护水源地的签名运动,鼓励群众建立民间水源地巡护队,协助各级相关政府部门对水源地进行监督管理。对侵犯水源地的违法行为进行阻止、曝光。

(二)经济机制的构建

本节主要介绍了涉及经济的各种机制的建立和健全,主要包括了财政机制与责任奖惩机制。

1.构建完善的责任奖惩机制

建议大连市政府构建完善的责任奖惩机制,同时,设立相应的监督、管控机制,确保该制度的合理、科学运行。奖励主要是针对在大连市水源地保护中,给表现突出的各级政府及相关部门人员进行的精神或物质奖励。例如:(1)就精神奖励而言,可以采用颁发证书、赞扬、公开表扬等方式。(2)就物质奖励而言,可以采用分发奖金、升职加薪等方式。对于举报破坏水源地的行为和阻止破坏水源地行为的人民群众也要进行奖励。惩罚主要是针对在大连市水源地保护中,有履职不当、推诿、懈怠、违法违规等行为的各级政府及相关部门人员的制裁。

惩罚与奖励所发挥的作用各有偏重点,必须要保持中庸的思想,同时使二者协调配合,既要奖罚分明,又要奖罚相配合,根据实际情况确定具体的处理措施,要坚持具体问题具体分析的要求,实事求是。

2.构建合理的财政机制

大连市的市一级政府必须在水源地保护相关的工作上给予区、县级市、县、街

---

① 李家苏.基于利益均衡机制的桓仁水库水源地保护模式研究[J].黑龙江水利,2016,2(11):57-59.

② 沈立荣,孔村光.水资源保护——饮水安全与人类健康[M].北京:中国轻工业出版社,2014:109-111.

③ 郭玲霞.黑河中游水资源利用管理中的公众参与和性别平等研究[M].北京:科学出版社,2016:8-21.

道、乡镇一级的政府足够的资金。大连市各级政府及相关部门必须切实按照各项要求与条款使用财政性资金。此外，也可利用现有优势建立水源地专项保护资金，实现专项专用。在财政预算的制定上，必须要给予水源地保护工作足够的支持，同时，针对财政薄弱的区域要加以重视，要进行管理创新。在水源地保护中，必须要重视奖励的作用，针对履职良好、优异突出的区、县级市、县、街道、乡镇政府，大连市的市一级政府应给予一定的财政奖励。而对于失职、渎职的区、县级市、县、街道、乡镇政府，大连市的市一级政府必须要进行警告或者是书面批评，也可以通过减少财政资金的供给，来表示惩戒。

在大连地区内水源地流域的补偿方式要多样化，来增强补偿的灵活性和适应性，并最终达到补偿的有效性和针对性[1]。通过针对河流上下游而设置的相关生态补偿机制，例如财政转移支付等办法，主要基于水质监测所得的信息，确立相关水质标准，如果河流上游水质达标或者更好，那么下游要提供一定的补偿费用，反之，上游给予下游补偿。[2]

(三) 责任系统机制的构建

本节主要介绍了责任系统机制方面的内容，主要包括了责任养成机制、责任追究机制、责任绩效评估与反馈机制。

1.构建完善的责任养成机制

在大连市水源地保护中，政府及相关部门中的一部分人自身并未树立良好的责任意识，因而常常为寻求个人私利、满足自身欲望而滥用权力，并存在违法乱纪的行为，损害人民与国家的利益，所以必须要制定体系化的办法，实行具有约束性的制度，对权力进行制约，对行为进行约束。运用多种方法，加强大连市政府及相关部门人员的个人责任意识迫在眉睫，因此必须要重视责任养成机制的建立与健全。

2.构建严格的责任追究机制

在水源地保护中责任追究制度有利于提升大连市各级政府的责任意识，而未建立健全系统化、科学化的责任追究机制是造成大连市各级政府缺乏责任意识的重要原因之一。大连市各级下属机关和部门的推诿、渎职、不作为等难以上传至上级政府，因而无法对相关的责任进行划分，所以根据现在的情况，必须要采取积极

---

① 张海涛,张鸿星,钟玉秀等.饮用水水源地保护对策研究[J].水利发展研究,2014,14 (10):16-18.

② 张全.关于以完善流域环境管理制度为重点加快《水污染防治法》修订的议案[J].中国产经,2014(3):74-76.

的措施构建合理科学的责任追究机制。措施如下:(1)确立并划分各个监督主体,同时切实分配责任,一旦发现各种违法违规、渎职、不作为等行为,都必须要严格追究责任。(2)必须在发展中改进相关的制度,与时俱进,重视创新。

3.构建完善的责任绩效评估与反馈机制

对大连市政府来说,绩效评估应更加看重以下两个方面:(1)将评估对象范围扩大,不能仅考核大连市的各级政府。(2)以有效合理的规章制度,使大连市各级政府的权利和责任都更加明确。与此同时,大连市政府的责任是要更加重视水源地保护,重视对这一任务的领导作用,把这一切都纳入法律条文中进行更加有效的管理。与之相应,应该构建大连市水源地保护的相关管理绩效评估系统,在该系统里进行评分,将成绩综合到大连市各级政府和相关部门负责人的综合评价成绩中去,以期有效地实现基层水源保护。[1] 大连市政府要加大对水源地保护相关法律条例的执行力度,政府绩效考核标准也要严格执行,不单单看结果,在执行过程中的表现也要考虑在内,将成绩综合入相关人员的考核中。必须针对不负责、无作为的人究责到底。[2] 要逐步完善有关绩效评估方面的法律法规,使评估对象范围更加广阔,评估结果要通过官方媒体告知民众,对优秀人员进行褒奖,以此激发大连市各级政府和相关部门人员工作的积极性。

(四) 管理体系的构建

本节在管理体系的构建方面是通过构建政府与各目标群体的利益整合机制、与基层政府间的信息沟通机制来实现的。

1.构建政府与各目标群体的利益整合机制

基层政府是指区、县级市、县、街道、乡镇政府部门,作为区、县级市、县、街道、乡镇政府的行政机关是本区域公共利益的代理人,大连市一级政府是全市公共利益的代理人。水源地保护管理是一项长期、艰巨、复杂的任务。在管理过程中会碰到各种各样的问题和困难。特别是触及部分群众的切身利益时,阻力巨大。如果从根本上减少他们之间的政策博弈行为,就要从政策制定入手,有效整合市与区、县级市、县、街道、乡镇政府、企事业单位、农村集体经济组织、人民群众的不同利益。在制定政策中,拓宽区、县级市、县、街道、乡镇政府等主体的诉求传达途径,积极深入不同群体中间,获知贴合主体自身利益诉求的呼声以及相关的积极建议与

---

① 郭唯,左其亭,靳润芳等.郑州市最严格水资源管理绩效评估体系及应用[J].南水北调与水利科技,2014(4):86-91.

② 于克海,张悦,汤寿江.关于烟台市门楼水库水源地保护的探索与实践[J].水利发展研究,2015,16(10):86-87.

措施,必须加强沟通与交流寻求共同利益,促进实现利益的最大化。

2.构建与基层政府间的信息沟通机制

在水源地保护中,大连市的市一级政府要与区、县级市、县、街道、乡镇等基层政府畅通交流渠道,建立信息沟通机制。为了实现大连市水源地保护的目标,大连市的市一级政府必须系统化、精确化地了解区、县级市、县、街道、乡镇政府政策执行的相关信息。由于区、县级市、县、街道、乡镇政府相对而言较为贴近现实的社会生活,因而具有更为紧密地联系群众的条件,更为了解和熟知基层人民群众的切实需要,同时也能够充分掌握当地的经济、文化等具体情况,较易调查水源地保护政策在本地的推行和遵守情况。大连市的市一级政府因无法获知水源地保护的真实信息而极易导致决策的失误,甚至带来重大损失。针对上述情况采取以下措施:(1)调动区、县级市、县、街道、乡镇等基层政府的积极性,改变唯业绩论的指标考核体系,变为体现地域特征的指标考核体系。(2)市一级的政府要发挥民主作风,遇到问题时要聆听区、县级市、县、街道、乡镇等基层政府的意见。(3)当区、县级市、县、街道、乡镇等基层政府在执行水源地保护政策遇到巨大困难时,市一级的政府要重视他们的诉求,施以援手,共同协商。(4)市一级政府必须要重视水源地保护信息获取途径的扩展问题,比如,开通热线、微博,与民间组织联系。采取多种有效措施打破区、县级市、县、街道、乡镇政府的信息垄断,如此来杜绝上不对下,下不达上的情况。

通辽市税务局财务
内部控制研究

马萍娜

（学号：1120172444）

2017 年,国家税务总局将在全国推广应用"内部控制监督平台",实现内部控制管理、监督、考核、展示和评价等功能,对税务风险实现全过程自动监控,进一步健全完善权责一致、制衡有效、运行顺畅、执行有力、管理科学的内部控制体系。根据党风廉政建设和反腐败斗争工作的需要,使税务机关强化内部控制工作成为势在必行的趋势,如何防控税务工作风险成为迫在眉睫的任务。内部控制作为优化管理、规范执法、强化服务、预防风险的有力"推手",在税务系统赢得共识。

一、通辽市税务局财务内部控制现状分析

本文通过对通辽市税务局财务内部控制所采取的措施和成效进行研究,发现总结通辽市税务局财务内部控制中存在的问题,以及产生问题的原因,并进行表述。

（一）通辽市税务局财务内部控制采取的举措与成效

本文通过对通辽市税务局财务内部控制的现行举措进行研究分析,发现在财务内部控制工作运行中存在的问题,针对问题分析产生问题的原因,以此来作为进一步优化财务内部控制工作的依据。

1.所采取的举措

(1)实行归口统筹逐级审批预算编制管理方式

通辽市税务局根据机关各部门在预算编制中的职能情况、工作性质,将机关各部门分为财务管理部门、预算需求部门和归口管理部门三种不同类型。

预算需求部门几乎包含了局机关的所有部门,当进行预算编制工作时,他们需根据需求负责编制自己部门的年度经费需求,按照时间安排向归口管理部门报送有关资料。

归口管理部门是指本部门涉及全局性的某一具体方面的资产计划分配,对需求部门报送的需求进行整理,编制或汇总归口项目预算计划,按时向财务管理部门报送有关资料。

(2)实行专人专岗国库集中收付管理方式

通辽市税务局在非税收入收缴工作中设置了收款岗与开票岗,在网络版财务软件资金监控模块使用中应当分别设置管理岗、经办岗,要求在日常资金使用过程中,必须不定期使用资金监控模块进行业务操作,在使用过程中明确岗位职责、分离不相容岗位,达到相互制约、防范风险的效果。通辽市税务局由专人进行国库集中收付系统的管理,按照规定对各预算单位的用款计划编报、财政资金支付、资金归垫等环节进行审核、审批与控制,以确保各预算单位的资金能够按时按需到位。

(3)实行分级分额度审批支出管理方式

通辽市税务局建立了包括经差旅费、会议费、培训费、三公经费的管理办法,同时根据具体的业务特点设计了签报、出差任务审批单、未使用公务卡结算审批单等报销审批签字单据。

通辽市税务局系统要求会计对报销开支范围和标准、支出审批手续、原始单据、相关证明材料等进行初步审核,对于没有提供规定要求报销凭据的单位或个人,有权要求其按规定办理,财务人员复核无误后的报销凭据,方能按审批权限报单位领导审批。待所有签字审批手续完成,由财务工作人员进行资金支付,资金支付业务均由会计、出纳两人分别操作才能进行完成付款业务。同时银行印鉴需由两人分别管理(由会计保管财务章、出纳保管法人章)。

(4)实行资产账务与实物分开管理方式

通辽市税务局由机关服务中心进行资产的实物管理,负责按照资产配置标准审核配置申请,编制配置计划,统一管理本单位的固定资产,办理固定资产的验收入库手续,建立固定资产卡片和登记台账,组织资产的领用、日常使用、更换的管理。

通辽市税务局要求实物管理部门、财务部门和使用部门对固定资产进行定期对账,每年至少对固定资产进行一次全面清查盘点,查明实有数与账面数是否相符,固定资产的保管、使用维修是否正常。对盘点中发现的问题应该查明原因,说明情况,根据国有资产盘盈盘亏具体情况,按照规定的权限报批后调整账目。

（5）实行政府采购领导小组专项管理方式

政府采购的防控主要体现在采购预算、采购需求、采购计划、采购实施、采购合同、验收和资金支付、档案管理等工作中,因违反政府采购有关法律法规及相关规定,导致影响机关运转、国有资金浪费、相关当事人合法权益受损。

2.取得的成效

（1）提高了资金使用效率

通辽市税务局预算编制管理流程的有效实施,厘清了通辽市税务局各层级之间,预算单位内部各部门之间的职责权限;梳理了各业务环节中各部门各岗位的工作流程与工作要点。为预算编制的合理性准确性提供了更好的保障,通辽市税务局系统在近几年中预算编制与预算执行率均达到或超出最低要求,有效地提高了财政性资金的使用效率。

（2）减少了资金不规范使用的现象

通辽市税务局通过明确国库集中收付的各项工作内容的具体操作,有效地避免了超范围使用专项经费问题、超范围列支稽查办案费、金税运行费和纳税服务经费、办公费中列支固定资产、使用现金发放个人工资性收入、未按公务卡强制执行目录使用现金等常规类问题。通过对问题进行分析,整理总结出财务工作的日常风险,为财务工作更有效地开展提供了强有力的依据。

（3）完善了报销的手续流程

通辽市税务局通过对不同费用报销制度的制定,审批手续的完善,审批职能的明确,使财务工作更加规范、有序、严谨,每个人都可以按照章程规定知道了解自己所要进行的报销流程,避免了手续不全、签字不全而产生的不符合常规的人情报销,也降低了财务工作人员与报销人员之间因为报销问题而产生的不必要的误会。

（4）实现了资产痕迹化管理

通辽市税务局明确了固定资产实物管理与账务管理的职责权限,通过对资产管理的各部门的职责划分,通过对资产卡片、表单、票据和凭证等进行痕迹记录,使资产的管理能够追溯具体使用者,有效避免了资产管理的混乱性,达到防控资产管理风险的效果。

（5）提高了政府采购的规范性

通辽市税务局通过对政府采购流程及风险防控的探索,形成了依法合规、风险可控、运转有序的政府采购管控制度,强化对政府采购活动的监督制约和对风险的有效控制,促进了政府采购行为合法合规,提升政府采购质量和效率,有效地避免了"应采未采"、重要程序缺失、采购合同无法履行等情形的出现,保证了政府采购文件、政府采购程序及政府采购相关工作的规范性。

(二)通辽市税务局财务内部控制的主要问题

本文通过从财务与财务内部控制人员配备不足、内部控制系统数据分析提取不精准、税务人员内部控制意识淡薄、资金使用控制有待提高、部分内部控制工作流于形式等方面对通辽市税务局财务内部控制工作情况进行分析。

1.财务与财务内部控制人员配备不足

通辽市税务局中存在正式、借用、借调等多种身份的财务工作人员,专业会计人员匮乏,大部分财务人员均是在工作以后才接触财务工作,财务队伍缺乏稳定性。会计工作烦杂,工作量大、风险高,很多人缺乏足够的时间来系统地掌握专业知识,均在工作中学习,导致很多财务工作人员并不是真正喜欢会计工作,怀抱着得过且过、不犯大错的工作态度。

2.内部控制系统数据分析提取不准确

一方面疑点提取过程中,内部控制监督平台与其他财务软件平台对接不完善,目前系统疑点信息提取时使用的平台主要为财务软件管理平台(会计工作人员录入记账凭证的平台),根据关键字的出现来进行数据分析,提取疑点(例如当出现"设备"字样的时候,如发现未同时进行资产录入就会提取出疑点信息)出现错误。

另一方面数据提取根据单笔业务摘要与支出科目判断是否存在问题,无法结合所有经济支出具体情况,做出合理分析,例如存在将已更正调整完毕的凭证与分科目列支的凭证提取出疑点的现象。

3.税务工作人员内部控制意识不足

一方面部分单位管理者存在"重资金、轻管理"现象,认为会计人员只是对发生的经济事项被动记账,大部分工作人员对内部控制的真正含义并不了解,只是简单地完成上级下发的工作任务,对内部控制工作缺乏主动学习、主动接触的热情。

另一方面少数税务工作人员对财务内部控制机制的认识不足,错误地认为税务财务内部控制机制建设仅仅是财务、法制部门自己的工作,而没有将税务财务内部控制机制建设真正地融入本部门的工作进行联系,受这种思想的影响,部分部门在财务风险指标排查、工作流程梳理等各项工作上配合度不够,存在上级不布置任务,就过一天是一天的现象,不利于工作的有效开展。

4.资金使用控制有待提高

通辽市税务局资金管理制度不完善,对所有类型的资金采用大体相同的管理模式,没有"因类施教",难以使预算发挥出真正效用。对资金的管理主要停留在事后核查方面,事前和事中的管控相对匮乏。

对岗位设置、权限设置、审批流程等遵守不到位,没有严格遵守专项资金的使用途径,存在挤占挪用现象。对预算执行分析、决算会议,定期通报预算编制、调整和执行以及年度决算情况的分析不够到位,存在忙于完成现行任务的现象,对本质问题的分析也不够。

5.部分财务内部控制工作流于形式

财务内部控制的核心是行之有效的组织、程序、标准、方法、标准、准则、规程,通辽市税务局在制定系统规范的财务管理和会计内部控制制度,包括固定资产、业务流程、风险控制等内容上在一定地缺少标准,导致很多工作在实施过程中缺乏有力的制度支撑。

(三)产生问题的原因分析

1.存在非业务部门人员竞争劣势

财务部门作为税务局的非业务科室,在人员竞争上存在一定劣势,很多新入职的年轻大学生不愿意留在财务部门,更愿意学习业务,导致财务部门人员匮乏,很多人都是身兼数职,会计兼职政府采购、出纳兼职固定资产管理等情况。

此种现象在基层单位表现得更为明显,国税、地税合并以前基层单位未设立单独的财务股室,财务工作人员通常挂在办公室名下,不仅要承担财务工作,还要负担一部分办公室的工作。身兼数职的现象导致岗位之间的监督机制不能有效发挥。

2.内部控制系统与其他系统衔接不到位

一方面税务系统内部控制监督平台已搭建完成,相对水平较高并进入运行阶段,但是与其他部门内部控制平台同处一个软件中,属于税务系统内部控制监督平台中的一个模块,缺乏系统性,运行中与会计出纳使用的财务软件相衔接,但是只能根据财务人员凭证录入来进行内部控制分析,相关疑点设置不够成熟完善。同时与政府采购、国库直接支付等平台的联系也相对匮乏。信息化不充分,很多疑点数据的提取不充分。

另一方面未实现财务管理风险内部控制工作与党风廉政建设、绩效管理、数字人事等工作有机衔接,实现信息资源共享和优化配置,增强内部控制结果运用实效,不利于对全局性的内部控制的高效优质运行。

3.宣传力度不够

单位财务内部控制文化基础薄弱。单位领导层面相对更注重税收业务的发展,把更多精力放在税务业务上。对财务内部控制的价值观引导培育不够,没有认识到自身在职工意识树立中的重要作用。同时如何宣传财务内部控制工作先进文化缺少实质性做法,对宣传取得的效果缺乏评估机制。

4.预算管理科学性有待提高

预算编制粗糙。预算年度收入支出情况的充分性、完整性、准确性不足。领导层面重视有待加强,由于编制时间紧迫等因素的影响,导致财务部门与各预算部门的交流不具备充分的时效性,使得财务部门只能根据各预算部门提供的计划、上一年度收支情况等预估预算年度经费安排。由于预算编制程序不完整,在一定程度上,会对预算资金安排的全面性、科学性、准确性产生影响。

5.财务内部控制监管手段力度不足

财务工作内部控制方式主要通过上级审计、巡视巡察、监督检查、内部控制软件运用等实现,通常受人为因素的影响较大,而且都属于事后监督行为,无法做到实时监控、事前提醒等,不能有效进行财务工作的风险防控,规避财务工作风险点。

二、国外与国内税务系统财务内部控制的经验借鉴

国外对财务内部控制研究得较早,同时经验也相对丰富,所以本文研究了国外财务内部控制环境相关的文献,同时国内税务系统财务内部控制工作在各省市自治区均有不同程度的研究,本文也对财务内部控制工作实行较突出的地区进行举例说明。

(一)国外财务内部控制工作情况

从财务会计的工作角度,发现财务工作中存在的风险与如何应对风险是我国财务内部控制制度的主要方向。随着现代经济的高速发展,国外特别是英国、美国在政府财务内部控制方面形成了特有的相对完善的管理体系,成为我国很多学者争先研究的对象,学习和借鉴他们的先进做法,为我国行政事业单位财务风险防控提供经验。

1.美国:混合体制模式

从国家内部控制的健全程度上看,美国的联邦政府公共部口的内部控制建设最为成熟,本文按照立法时间顺序对美国的公共部口内部控制建设进行分阶段论述。美国政府部口的内部控制的初始发展阶段从1789年开始,持续到20世纪70年代中期,如《多克瑞法案》《1789年法案》。美国政府部的《1789年法案》是美国最早的法案,在设立财政部的同时也创建了集中化的会计和报告系统。1894年的

《多克瑞法案》,对之前的财务系统进行了优化,增加了账单和余额的控制系统,重新规定了政府财务管理事务并对国会拨款支出提出了建议。

1921年的《预算与会计法案》新建立了审计总署(CAO),并赋予其内部控制和督察的职责,让其制定各项制度与程序,使得财政部和审计署相独立。之后1950年的《会计与审计法案》显现出政府对内部控制的格外重视,明确规定政府机构部口和相关领导要承担相应的责任,建立并维护内部控制系统。然而由于缺乏指引,美国政府这段时间并没有很好的履行内部控制职责。

在20世纪90年代,美国政府部口更加重视对内部控制的建设,颁布了许多内部控制法律法规,如《首席财务官法案》《联邦财务管理改进法案》《政府管理改革法案》等。这些法案的颁布都是从细节上来完善内部控制,给内部控制问题的解决提供更细化的依据和方法,改善联邦政府部口的内部控制的效果与效率问题。21世纪后,美国公共部口内部控制的建设已基本成熟。

2.英国:保持距离型监管模式

1985年,英国在《公司法》中规定公司必须建立财务管理方面的内部控制制度,并利用相关程序达到降低舞弊风险的目的。1992年的卡德伯利报告(Cadbury Report)进一步认为:公司有效管理的一个重要方面就是有效的内部控制,并且内部审计有助于确保内部控制的有效性。1998年的哈姆佩尔报告(Hampel Report)鼓励董事对内部控制的各个方面进行复核并将内部控制目标定位于保护资产安全性、保证公司对内和对外提供的财务信息的可靠性以及保持财务会计记录的正确性等方面。英格兰和威尔士特议会计协会在伦敦证券交易所的要求下于1999年制定并发布了《内部控制:联合规范的管理层指南》(即Turnbull报告),其目的是为公司的董事提供指引,使他们能够按联合规范中有关内部控制方面的要求执行。Turnbull报告将内部控制视为一个完整的系统,并提出了原则导向这一方法,主张将内部控制嵌入到企业的业务流程中去,并且明确地将风险管理的责任界定为董事会这一层面。报告第一次使用了"评估"这一字眼,并对内部控制自我评估做出了原则性的规定。2005年Turnbull报告又进行了修改,其中最重要的一项修改与披露有关,要求董事会披露针对内部控制缺陷已经或正在采取的措施。

(二)国内其他地区税务系统财务内部控制运行过程概况

青岛税务局、深圳税务局、上海税务局作为财务内部控制实行上有突出特点的单位,本文通过对上述三个地区财务内部控制工作的分析,总结适合通辽市税务系财务内部控制工作可借鉴的地方。

1.青岛:三线共防,五招齐发

为适应新时期财务内部控制机制建设的新任务和新要求,青岛税务局五招齐发永续创新动能。一是推进财务内部控制制度抓实。抓好内部控制制度的动态完善，健全完善内部控制制度体系。二是统筹抓好内部控制制度的有效落实。深化嵌入式应用，结合转变管理方式，在修订完善财务管理规范工作中同步修订完善内部控制操作指引。三是贯彻落实内部控制管理相关制度。建立落实带有青岛品牌的内部控制管理制度、指标管理办法、平台各子系统管理办法等制度。四是推进平台应用抓深。加快现有财务应用软件的内部控制内生化改造进程。注重应用软件与平台的对接，根据平台开通的数据接口，定期将应用软件的防控结果推送至平台予以展示。五是推进内部控制文化抓长。提炼适合青岛国税工作实际的内部控制文化理念，打造内部控制文化品牌；加强思想动员，以内部控制文化的养成解决认识不够、站位不高的问题；以内部控制文化引领内部控制整体工作，注重防范风险与业务工作的深度融合，营造决策层、管理层、执行层全员重视风险，自觉遵循制度，主动防范风险的良好氛围。

同时认真研究制定内部控制机制建设考核指标，围绕监督各级税务机关加大平台的使用与运维、促进主责部门自觉通过平台落实内部控制制度、主动设计使用内部控制指标、做好内部控制自我评估等方面增强指标的科学合理性和操作可行性，加强过程管理，确保上下联动，充分发挥绩效管理导向和激励作用。

2.深圳：内生集成，智能管控

深圳税务局坚持全面内生、突出重点、持续改进、统筹兼顾四项原则，以风险防控为导向，以促进财务人员行为规范为目标，总结提炼有效措施，努力实现内部控制信息化、自动化、智能化。

（1）同频共振，内部控制内生化凝聚推动力。信息化项目建设环节多，覆盖面广，该局准确定位实现内部控制内生化的关键步骤，厘清各部门岗位职责，打造"四保险"工作机制，上下联动，同频共振，形成推动内部控制内生化的工作合力。财务部门设计自主可控的信息系统整体框架需求；软件开发部门结合"网络安全与财务系统三同步"的原则，实现应用、管理、安全统筹规划同步设计一体化建设；信息安全部门构建有利于保护系统生产全过程的安全性架构和安全性平台；各部门分工明确，相互促进，联动共进，将软件内部控制内生理念植入信息化项目建设全流程中。

（2）先试先行，新建系统装上"保护罩"。该局严格落实税务总局关于应用软件内部控制功能内生化工作要求，率先自行开发实现内部控制内生化。该局着眼于防止数据丢失、被盗取、被滥用和被破坏上，采取有效措施为数据平台装上内部控制保护罩。一是覆盖数据流的安全体系。紧绷信息安全之弦，形成覆盖数据采集、存储、传输、挖掘、公开、共享、使用、管理等全流程安全体系；二是自主可控的痕迹管理。坚持自主规划、研发、运维，设计数据提取流程，全程操作留痕，加强数据应用、开放、共享的管理,使平台自主可控;三是严密的账户权限控制。

(3)人工智能,运维管理实现智能化。该局除在完成内部控制内生化要求的规定动作外,还结合工作实际自选创新项目强化内部控制。一是提升风险识别能力。借助数据平台和人工智能,从微观、宏观、横向、纵向等各方面对财务信息进行全方位、多维度的整理聚集。二是实现全流程运维透明化。操作过程可回放、可审计、可追责,让运维步骤看得见,运维人员说得清,运维风险管得住,让系统运维在阳光下进行,促进内部控制内生化体系更加完善。

3.上海:六个聚焦,强化内部控制

上海市局坚持"内化于心、外化于行"的内部控制工作思路,以落实内部控制管理制度为抓手,聚焦"责任",夯实组织体系建设;聚焦"合力",确保内部控制制度落地;聚焦"作为",助推内部控制信息化建设;聚焦"精准",开展学习培训宣传;聚焦"绩效",促进监督检查到位;聚焦"专业",着眼内部控制人才储备,让内部控制理念入耳、入脑、入心,内部控制工作落地生效。

(1)聚焦"责任",夯实组织体系建设一是明确组织领导。将内部控制机制建设列为年度重点工作,明确各级税务机关一把手要负责主抓主管,并在市区两级税务机关成立由主要负责人为组长的内部控制工作领导小组。二是明确财务内部控制工作的主体责任人为各级班子成员,组织有序地开展财务内部控制工作。三是明确督察内审部门是财务内部控制工作的管理部门,负责监督日常财务工作,及时发现问题,使财务内部控制工作落地生根。

(2)聚焦"合力",确保内部控制制度落地。根据税务总局正式下发的《全国税务系统内部控制管理制度(试行)》,第一时间抽调内部控制骨干,成立内部控制制度工作小组,结合上海财务工作实际,制定《上海市税务系统财务管理内部控制管理制度(试行)》。内部控制工作涉及业务面广,专业性强,很难由某个单一部门独立完成。上海市局从聚焦"合力"入手,确保内部控制制度稳步落地。整合资源,上下联动,形成由市局主要领导挂帅;通过内部控制专项工作推进会等形式,专题部署、协调推进、持续跟踪、完善优化;对制度和风险指引逐条分解细化,以清单式管理等简明易行的方式,推进内部控制制度在基层的有效落实。

(3)聚焦"作为",助推内部控制信息化建设。上海市局高度重视内部控制信息化平台的建设工作,从聚焦"作为"入手,一方面结合上海特色工作,主动开展梳理、汇总、评估、完善内部控制指引,通过内部控制内生化,做好制度与业务、风险点防控与税务工作软件的融合;另一方面抓早抓好,主动学习内部控制监督平台相关构架和操作,依托平台,夯实流程化管理基础。

(4)聚焦"精准",开展学习培训宣传。为更好地贯彻落实税务总局内部控制机制建设工作部署,学习内部控制理念、培育内部控制文化,上海市局从聚焦"精准"入手,开展内部控制知识的学习、培训和宣传。主动"走出去",精准学习内部控制成熟经验。由督察内审部门主要负责人带队,赴支付宝、招商银行、快钱支付和上海市审计局等单位调研,学习全员全工作流程内部控制环境的设置、内部控制文化的培育、大数据审计工作背后的数据安全及内部控制设置知识,撰写《借鉴金融业内部监督模式,进一步完善本市税务系统内部控制工作的探索与思考》。

(三)国外及国内其他地区税务部门财务内部控制的启示

通过对国内外先进国家先进地区行政事业单位及税务系统内部控制实施情况的研究与分析,结合通辽市税务局财务内部控制现行措施,对通辽市税务局财务内部控制提出意见、建议。

1.完善制度流程体系

单位应根据不同工作的内容,存在的隐患,如何规避来制定内部控制制度与操作指引,建立一套行之有效的财务内部控制工作体制;同时根据产生风险的诱因以及风险导致的后果建立风险查验与评估的制度体系,使工作人员在日常工作中有重点、识难点、解疑点,将财务工作的风险降至最低,将权力关进制度的笼子里。

2.明确责任体系

明确不同岗位的权责标准,能够帮助工作人员厘清工作任务,保证职责与权力的对应性,避免职责与权力之间的不均衡分配。防止权力滥用情况的产生。明确岗位责任体系主要包括:设立每个岗位的工作任务、工作目标、完成工作任务所需要的权限,同时要明确其他岗位的协助配合的义务,使岗位之间、工作之间形成相互帮助协作共赢的局面,以提高行政工作效率。同时严格避免不兼容岗位由同一人担任或超权限赋予工作任务的情况出现,防止在缺乏监督的环境下出现徇私舞弊、滥用职权的情况。保证某种经济业务按规定分配给不同的人,能够帮助工作人员进行自查与互查。

3.提高数据提取精准性

(1)不断完善内部控制系统中发现的缺点与漏洞,充分调动财务人员对内部控制工作的热情与积极性,按照实际工作需要,及时将风险点和风险防控措施通过平台提交上级财务部门。同时,鼓励财务人员通过内部控制建议等方式向上级部门反映财务工作遇到的风险以及内部控制需求,提报风险指标脚本,促使风险得到有效、及时的控制。

(2)完善现行内部控制疑点数据提取途径,减少过去主要以记账凭证摘要提取疑点方式所导致的错误数据,加强内部控制系统与相关资产软件、政采系统、记账系统之间的相互联系。

(3)认真研究制定内部控制机制建设考核指标,围绕监督各级税务机关加大平台的使用与运维、促进财务工作人员自觉通过平台落实内部控制制度、主动设计使用内部控制指标、做好内部控制自我评估等方面增强指标的科学合理性和操作可行性,提高疑点数据提取准确率。

4.严格问责与追究

财务工作的问责与追究对规范财务工作严肃财经纪律具有巨大作用,在日常的工作检查中应不断强调问责与追究的必要性和紧迫性,针对不同问题的风险程度制定相关的惩处整改措施建议,财务问责与追究本身就是"财务内部控制"处理的重要手段,财务问责与追究的最终目的是提高财务工作效率,使公职人员恪尽职守。

三、进一步加强通辽市税务局财务内部控制的对策

通过对内部控制理论、文献、不同国家、不同地区在建设财务内部控制时的做法,结合通辽市税务局财务内部控制工作的运行情况、机制建设、参与程度来对通辽市税务局财务内部控制工作提出对策意见。

(一) 建立良好的财务内部控制环境

环境要素是内部控制的五要素之一,要想高效高质地保证财务内部控制工作的进行,首先必须要建立一个良好的财务内部控制环境。本文从以下三个方面出发,对如何建立财内部控制环境提出意见、建议。

1.提高领导对财务内部控制工作的重视程度

从普通员工到领导层树立良好的财务内部控制理念是建立良好的财务内部控制环境的前提。首先要做的就是加强领导者的思想意识,领导者对内部控制重要性的了解程度和日常态度直接影响财务内部控制的效果。通辽市税务局的领导层应当以自身为表率,为全体职工做好带头作用,引导单位职工自觉提高风险防范和抵制权利滥用意识,确保权利规范有序运行,为全面推进通辽市税务局财务内部控制建设营造良好的环境和氛围。从局领导到科室负责人通过态度、行为来提高对财务内部控制工作的重视,以此支持财务内部控制体系的正常运转。以领导的态度来带动财务工作人员对财务内部控制工作的重视程度。

2.加强审计在财务内部控制工作中的监督

内部审计是帮助组织进行内部治理的有效工具,是实现内部控制工作的主要

途径之一。内部审计能够帮助对单位内部控制工作的效果进行检验,使内部控制工作能够受到监督。

通辽市税务局要将财务管理内部控制情况作为内部审计的重要内容之一,不断加强对财务管理内部控制情况的监督和检查,对内部控制制度及执行情况进行评估,紧盯重点岗位、关键部位和重要事项,适时开展专项检查和风险排查。根据《税务系统财务风险内部控制制度》以及操作指引,逐条、逐项地进行检查,使内部控制工作在有监督的环境下运行,确保相关内部控制制度得到严格执行。

3.提高财务人员专业素质

好"航船"还需好"水手",高素质的人员配备是财务内部控制工作的骨骼,能够促进建立良好的财务内部控制环境的灵魂所在,为充分挖掘财务工作人员潜能,拓展内部控制监督平台在财务管理中的作用,可以组织开展"以平台为媒介、争做复合型人才"的活动,借助平台功能全力培养年轻的财务工作人员,努力构建适应新时期"财务"所需的"专业人才",并通过定期开展业务培训及脚本编写、组织人员进行各项财务工作专场讲解,不断提高财务人员的专业素质。为下一步优化指标、新编风险分析类脚本夯实基础,确保内部控制"人才"效应。

(二)完善财务内部控制制度

制度的制定上如果缺乏科学性、可操作性,只求数量多、内容多、条款细,没有从更深层次去剖析、分解,找出问题的实质,在实际操作中就会出现"两张皮"现象。制度是保障一项工作有法可依的前提,一个完善的法律规章制度能够使工作事半功倍。

1.完善授权审批制度

按照《行政事业单位内部控制规范(试行)》的要求,有效运用不相容岗位相互分离,切实做到分事行权,分岗设权,分级授权,并定期轮岗,同时建立重大事项集体决策和会签制度,用以防止职责混淆,权限交叉,越权办事的情况出现。

通辽市税务局要着重加大授权范围的管控力度,对授权范围、授权对象、授权期限授权与行权责任进行明确界定,同时特别要写出一般授权与特殊授权、个人授权与集体授权的差异,重点关注什么情况下需要特殊授权,它包括哪些内容、流程、责任。

2.建立财务内部控制专项制度

在全市范围内组织出业务、行政、法律等工作岗位的优秀青年骨干,研讨包括基本制度、专项制度、操作指引、管理制度在内的"四位一体"内部控制制度体系,着力解决基础工作不牢、工作落地不实、风险意识不强、监督管理不力等问题。同时做好平台日常管理维护工作,保证信息安全,保障平台顺畅运行。总结内部控制平台指标设置情况,汇编《内部控制风险提示》。督促各级财务部门采取措施,完善制度、流程、系统,做好内部控制内生化和补充防控。

3.完善财务管理风险内部控制指引流程

抽调各基层财务人员进行基础工作梳理和集中审核工作,对照税务总局出台的财务内部控制制度,结合本市税务系统年度内督察审计、内部检查、巡视巡察等内外部监督发现的问题,全面梳理基础工作中的薄弱环节和风险点。制定基础工作指引清单。在前期工作梳理基础上,市局集中编写《基础工作要求清单》,抓住工作中的重要岗位和重要流程风险点,制定财务管理工作要求标准,进一步细化财务工作各领域内部控制专项制度和操作指引,为财务内部控制机制建设摸清实情、找准方向。

4.不相容岗位相互分离制度

不相容岗位相互分离是财务内部控制对财务岗位分工的基本要求,确保不相容岗位相互分离是建立良好的财务内部控制环境的基本要求。通辽市税务局要建立不相容岗位相互分离制度,不断改善岗位设置,关键岗位不兼容。保证会计与资产管理、出纳与政府采购、预算执行与预算编制等不兼容岗位之间相互分离。同时应当明确支付、核算、审核等关键岗位的职责权限,实施会计主管、会计、出纳、资产实物管理等不相容岗位分离,形成相互制约、相互监督的工作机制。根据会计制度有关规定,按照录入、审核、记账、对账、结账的业务流程进行会计核算,通过各项业务流程的控制和制约,有效防控会计管理风险。

(三)增强全体干部职工对财务内部控制工作的认识与参与度

本文从加强内部控制宣传,提高全体干部职工思想认识、发挥领导在财务内部控制工作中的模范引领作用、引导各部门共同参与共建财务内部控制机制等方面出发,全面提升税务干部对财务内部控制工作的认识和参与度。

1.加强内部控制宣传提高全体干部职工思想认识

职工对财务内控文化的认可度,对于财务内部控制制度真正发挥效用具有十分重要的作用。特别是要采取多种形式,加强宣传引导,使防控风险成为每一位税务干部的行为自觉,实现"要我控"到"我要控"的思想转变。要深入挖掘各基层单位推进工作中的好做法、新经验,积极推荐好典型、新成效,运用网站、报刊、简报等载体进行宣传,营造良好的内部控制工作氛围。把财务部门工作人员转理念、统思想、提认识作为财务内部控制机制建设"先手棋",通过召开财务内部控制机制工作会议、组织座谈和专题学习、开展风险提醒等多种形式,增强财务工作人员的风险意识,形成人人讲内部控制、人人防风险的思想共识,让员工发自内心地接受单位文化,以确保财务内控的顺利开展。

2.发挥领导在财务内部控制工作中的模范引领作用

财务内部控制的开展是否顺利有效,应做到对财务内部控制相关内容的掌握,对普通财务人员关于财务内部控制知识的了解程度进行定期考核。领导层应在月度学习会上带头学习有关财务内控相关知识,将"一言堂""一锤子定音"等独断专行的决策方式彻底杜绝。领导层在提高自身财务内部控制意识的同时,审计过程中应将财务内部控制的执行与经济责任制相挂钩,明确领导层的财务内部控制的各项责任,以保证财务内部控制机制的有效运行。

3.引导各部门共同参与共建财务内部控制机制

要重视财务内控的作用。通辽市税务局由于其自身机构的特殊属性,实施好财务内部控制对权力监管以及防止权力放在一个"笼子"里具有不可替代的作用。通辽市税务局财务内控制度的建立有利于分析经济活动中存在的不安全因素,对修补管理中的纰漏具有重要作用。单位负责人对财务内控的责任要主动承担,充分调动财务部门和各相关职能部门对财务内部控制相关法律法规和制度文件的学习热情,形成对财务内部控制的重视,营造一个良好的财务内控体系的运行环境。

通辽市税务局应当建立财务内部控制信息传递与沟通机制,使信息传递渠道畅通,使各部门之间的资源能够充分共享。财务部门和法制部门要与上级单位实现有效的沟通与交流,做到及时了解政策信息,为单位财务内部控制制度的实施提供指导与监督。各职能部门需加强合作,以财务内部控制制度文件要求为基础,做好各项风险防控工作,提升单位整体风险防控水平。

(四)加强预决算管理

预决算管理是税务系统内部控制的重要方式,建立健全预决算编制内部管理制度,规范收支行为,保证预算的编制、审查、批准、监督、执行、调整都符合工作要求,符合文件规定,保证资金分布合理。同时注意保证预算编制、执行、决算等不兼容岗位由不同人员担任,注意人员之间的相互轮岗机制,提高部门管理质效,优化人员配置,为预算期望的实现提供强有力的支持。

依规对要求公布的预决算事项进行公开与说明,对于办案经费、税收专项经费等项目经费,要严格遵守支出标准与范围,不得挤占挪用超范围列支,不得混用人员经费与公用经费,在未发生重大事项经逐级报批不得擅自改变资金用途,拨付预算支出资金。

1.预算编制

通辽市税务局作为独立预算单位,负责编制本单位的预算,按照"两上两下"

的程序组织实施,编制预算前要正确把握各项政策和相关规定,认真做好预算单位清理,基础数据收集梳理和相关人员培训等准备工作。

预算控制主要涉及本单位的财务部门、各业务部门、单位相关领导,上级财务部门和同级财政部门等。在预算编制和调整中,以上年各项经济事项的支出情况为依据,并根据各业务部门提交的用款申请资料进行汇总、审核,对预算控制数据进行分解、细化,制定本单位年度预算草案、决算草案等。经本单位党组会或局长办公会集体审定,并按有关规定报批。定期收集、整理决算批复文件和批复报表等资料,利用信息系统等进行痕迹记录,对部门决算批复及时性、规范性进行内部控制,保证按预算内容与支出限额合理使用资金维护预算的权威性和严肃性。

2.预算批复与执行

(1)严格按照批复的预算安排各项支出,确保预算严格有效执行,要建立预算执行申请、审核、审批管理制度,确保执行事项符合预算批复,经费支出管理以及预算控制额度的规定和要求。

(2)涉及资金支付的预算执行事项,要严格资金支付管理,明确资金支付审批权限,按照规定办理银行转账业务,公务卡结算业务,严格控制现金支出范围,规范报销审批和资金支付流程。

(3)建立预算执行分析机制,定期通报预算执行情况,召开预算分析会议,研究解决预算执行中存在的问题,提出改进措施,提高预算执行有效性。

对于预算资金管理过程中发现的问题,进行集体研究,深入分析,上报解决,提高预算管理的效果,按照预算批复抓好项目执行和绩效指标运行情况管理,落实预算管理评价整改意见。

3.决算与评价

按月对财务报表进行提取上报,及时发现上月财务报表存在的问题,组织查找原因,及时更正,确保报表信息的真实性、准确性、及时性,为支出计划提供强有力的参考依据,提高年度决算报表的编制质量。加强决算管理,确保决算真实、完整、准确、及时,强化决算分析和分析结果运用,建立预算与决算相互反映,相互促进的工作机制。

加强预算绩效管理,建立预算编制有计划,预算执行有监控,预算完成有评价,评价结果有应用的全过程预算绩效管理体制,对资金的使用效益,尤其是项目资金进行绩效评价,评价结果应与预算分配、项目立项等工作挂钩。

(五)强化财务内部控制制度的执行

财务内部控制的建立主要是为了防范财务风险,规范权力运行;财务内部控制机制建设的工作目标,就是要优化流程制度,全面梳理岗责体系和业务规范,优化权力运行流程,强化对流程的管控,制定形成规范统一的操作指引。要通过一系列的方式,确保这些规范制度能够得到贯彻落实,全面执行。

1.运用内部控制平台减少财务管理工作中主观因素的影响

加快现有税务应用软件的内部控制内生化改造进程。按照总局统一部署,从市局层面完成对现有应用软件内部控制内生化的优化完善。注重应用软件与平台的对接,根据平台开通的数据接口,定期将应用软件的防控结果推送至平台予以展示。

运用监督、培训质量、不当行为案例反馈的信息,判断遵守行为守则中的问题及趋势。根据定期对内部控制监督平台财务指标进行扫描及时发现各单位财务工作中出现的疑点数据,组织相关人员进行核查,同时积极做好财务内部控制典型事例的总结撰写。

2.对财务内部控制中发现的问题严肃追责

针对财务内部控制发现的问题,要从分清直接责任、领导责任、主要责任上对责任人进行定性,采取一定惩戒措施(例如警告、取消年度评优、评先资格等),同时对发现的问题必须严格整改到位,对于巡视巡察等发现的问题不定期组织"回头看",防止工作人员敷衍了事,使相关政策规定落地生根。

制订定期检查通报制度,对检查中发现的问题通过公文系统、工作群等渠道进行批评指出,使具体工作人员认识到问题的严重程度,提高他们的重视程度,同时对于严重问题,要直接与分管领导或直接领导进行沟通,在问题发生初期进行整改,提升单位财务管理的效能和水平。

3.将财务内部控制工作的落实程度纳入绩效考核

加强风险日常管理,使用平台建立本单位(部门)风险目录,组织开展自我评估和内部控制工作检查,加强内部控制考核评价和结果运用。接受上级单位对本部门的绩效考核,同时根据工作内容制定对基层单位的考核指标。对财务管理内部控制的考核指标应该包括:组织领导和工作部署情况、建章立制情况、内部控制平台运行情况、人员培训情况、工作成效及其他情况。

要夯实考核工作基础,与工作实际结合科学制定绩效指标,并做好细化分解工作,努力将具体工作要求嵌入绩效管理指标中,将日常工作中所产生的疑点数量、核实情况、整改情况等内部控制监督平台能够监控到的数据作为绩效考核扣分依据的硬性指标。另外,要推行分档考核激励制度,综合考虑各单位、各部门在推进内部控制工作中的措施、成效、配合程度等因素,大胆进行分档排名并反馈结果不断往下传导压力。

乌兰察布市集宁区税务局纳税服务提升研究

毛艳霞

（学号：1120172450）

纳税服务不仅是深化征管体制改革、传统税收模式向现代化模式转变的必然要求，也是国家打造服务型税务机关的重要举措。认识纳税服务的重要性，则需要厘清目前基层税务局纳税服务的背景以及推行纳税服务的意义。

一、乌兰察布市集宁区税务局纳税服务现状分析

为了深入贯彻落实国家税务总局、党中央以及国务院关于优化营商环境的系列部署，国家税务总局乌兰察布市集宁区税务局以纳税人需求为导向，便利纳税人办税为目标，自国税和地税的征管体制改苴启动以来，不断规范和优化服务，努力推动纳税服务各项工作取得新进展，最大限度地方便和规范纳税人。

（一）举措与成效

近段时间，乌兰察布市集宁区税务局始终坚持推行国家税务总局出台的各项便民办税和减税措施，始终贯彻国家税务总局内蒙古自治区税务局制定的系列政策，结合辖区内办税实际，采取各项措施保证征管体制改革平稳过渡。

1.举措

一是整合办公资源,成立纳税服务股和纳税服务分局。国税、地税机构合并前,办税服务厅承担着大量的纳税服务工作,由于前台业务量较大,只能够满足部分纳税人税中程序性流程的需求,税前的纳税咨询工作和税后的权益保障工作的完成度则相对较低。征管体制改革后,纳税服务股专门负责组织实施纳税服务制度和规范,将咨询服务、纳税辅导、权益保护和税法宣传等工作一一展现在纳税人和缴费人面前。

成立纳税服务股可以加强税前对纳税人的咨询辅导服务,其作用在于直接辅导纳税人员办理相关涉税业务,减少纳税人因对相关规定不理解而导致的后果。

二是推行各项便民服务措施。2018年5月,原国地税办税服务厅先行合并,真正实现纳税人"进一家门,办两家事",叫一次号,在一个窗口即可办理原国地税所有涉税业务,缩短了纳税人办税时间,节约了纳税人办税成本;推行新办纳税人"套餐式"服务,即针对新办企业涉税事项多、办理周期长的"痛点",为纳税人量身打造"套餐式"服务,套餐内业务包括税务登记、实名采集、税费种认定、财务制度备案、存款账户备案、发票票种核定、增值税一般纳税人资格认定,涵盖了纳税人初次办理税务事项全部业务。

三是办税服务厅实行绩效考核。乌兰察布市集宁区税务局将岗位津贴补助变为绩效,量化指标,奖惩结合,打破干多干少钱一样的传统。按照业务难易程度,赋予各类业务不同的分值,利用查询平台统计每人每月的积分总额,将办税服务厅每个人的积分汇总得出办税服务厅总积分,按照绩效工资总额(办税厅人数乘以办税厅岗位津贴)计算出每一积分的绩效考评工资,根据每个人的得分,单独折算个人绩效考核工资,并相应给予奖惩。

四是大力推广网上税务局。国地税合并以来,乌兰察布市集宁区税务局根据国家税务总局和国家税务总局内蒙古自治区税务局部署,以培养纳税人信息化办税习惯为目标,遵从"网上办税为主、自助设施办税为辅、人工办税兜底"办税服务新格局,致力于提升纳税人自主办税能力;乌兰察布市集宁区税务局依据目前办税服务厅格局,在网上税务局体验区放置10台计算机供纳税人办理业务,同时配备2名工作人员在网厅专门辅导纳税人办理业务。

五是重新梳理纳税人管理模式。国地税征管体制合并后,乌兰察布市集宁区税务局大刀阔斧进行改革,打破原国税管户分配原则,按照纳税人属地和重点税源相结合的方式进行管理,以纳税人生产经营情况及申报纳税为依据,将事前审核转为事中事后监控,使税法遵从度、纳税人满意度得到提高。

六是与中国邮政集团公司乌兰察布市分公司开展第三方合作,方便纳税人就近代开发票。

2.成效

第一,建设标准化办税服务厅。国地税合并以来,由于场地限制,办税服务厅一直分设两个办公场所,无形中增加了纳税人的办税成本。面临这一问题,乌兰察布市税务局和乌兰察布市集宁区税务局的共同努力,根据国家税务总局内蒙古自治区税务局下发的《办税服务厅16项制度》中办税服务厅制度要求,乌兰察布市集宁区税务局将两个办税服务厅合二为一,积极打造A类办税服务厅。科学设置了导税区、咨询辅导区、自助办税区、综合办税服务区、休息区等功能区域;增设了触摸宣传屏,向纳税人宣传各项新推出的税收优惠政策。办税服务厅设置了12个全职能窗口,极大地缩短了纳税人的办税时间。

第二,纳税遵从度有所提升。纳税服务的首要目标就是最大限度地提高纳税人的税收遵从度。税收遵从是纳税人基于对税法价值的认同和自身利益的权衡而表现出的主动服从税法的态度,税法宣传是提升纳税人遵从度的有效工作。乌兰察布市集宁区税务局将税法宣传分为日常宣传和专题宣传。日常宣传主要是针对税收政策及解读、办税流程进行宣传。采取的主要方式为通过乌兰察布市集宁区税务局官方网站、办税服务厅公告栏、电子显示屏等方式进行宣传。

第三,开展税务局与银行互动工作。乌兰察布市集宁区税务局主动与国有银行、政策类银行以及商业银行合作,深化对纳税信用等级评定结果的应用,向银行提供纳税人的信用评级信息,为银行系统信贷决策提供有力保障。同时与银行合作,对信用评价等级优异的纳税人,优先考虑增加授信额度,致力于助推小微企业发展,进而促进税法遵从度的提高。

第四,加强团队建设,提高税务干部人员素质。乌兰察布市集宁区税务局重视纳税服务人员队伍的建设,从2014年开始逐步对办税服务厅的工作人员进行"大换血",优化办税服务厅人员结构。把年龄较大、电脑操作较不熟悉的工作人员撤离前台,将新录用的与财税、计算机信息专业相关的公务员首先派到办税服务厅进行学习锻炼,服务2~3年,并且鼓励局内税务干部参加注册税务师、注册会计师、研究生等可以提升自我能力、学历的考试。

第五,优化业务流程。一是纳税申报次数大幅减少。辖区内14 370户小规模纳税人纳税申报期限由原来的"按月申报"改为"按季申报",通过简并征期,最大限度减少纳税人往返税务局的次数和申报缴税次数,降低纳税人的办税成本,使办税便利化改革惠及更多纳税人。二是减少税务行政审批事项,加快行政审批速度。

(二)存在的问题

征管体制合并以来,乌兰察布市集宁区税务局采取一系列措施保证纳税服务工作的质效,诚然取得一定的成绩。但是,期间仍存在一些问题。本节对案例地区纳税服务工作中出现的问题进行梳理,准确地找到实际工作中存在的问题,才能从根本上提升纳税服务水平。

1.税收宣传效果不明显

税收宣传是税务机关的法定义务,税务机关应当广泛宣传税收法律法规,培养全民纳税意识,纳税人依法享受税务机关的这一服务。通过宣传,可以使纳税人了解税收的本质、调控经济的职能作用;通过宣传,纳税人的权利与义务意识得到不断完善,有利于构建和谐征纳关系打下坚实的基础,提高纳税人对税收法律法规的知晓度和遵从度。

针对各项改革,乌兰察布市集宁区税务局均部署了相应的宣传措施,如在办税服务厅张贴宣传海报、设置个税改革疑难问题专用窗口、发通知要求企业参加专题培训等,但并没有根据不同纳税人对于不同政策的需求程度,将纳税人分类进行差别化宣传,导致宣传效果往往不尽如人意。税务总局出台的各项税收政策以及税制改革针对的纳税人群体也不一样,如果事前就对要宣传的内容进行分类,对不同的纳税人群体进行针对性宣传,宣传效果则会更加显著。

乌兰察布市集宁区税务局税收在选择宣传对象时也考虑得不够全面。长期以来,乌兰察布市集宁区税务局习惯与财务负责人、办税人员沟通交流企业的涉税问题,忽视了法人的主体地位,企业与税务机关都形成了“税收问题找财务人员”的思维模式。税务机关缺乏与企业法人的互动,几乎没有针对法人的税法宣传专题,使其对税法学习的主动性较差,对税收的本质、税收的职能作用没有形成深刻的理解,导致企业无意地做出违背税收政策的决策。

2.纳税服务人员的工作能力亟待提升

纳税服务人员的工作能力的好坏直接影响乌兰察布市集宁区税务局推行各项便民办税措施质量的高低,乌兰察布市集宁区税务局虽然每年将新考录的部分公务员安排到纳税服务工作的第一线,但是,长期形成的人员结构很难在短时间内被打破。

乌兰察布市集宁区税务局目前共有在职员工289名,其中直接从事纳税服务工作的职工人数为196名,客观上存在整体年龄偏大学历偏低等问题。他们从事税务工作年限较长,拥有丰富的征管经验。但是现阶段纳税服务工作对工作人员的要求比较高,在思想上需要树立“为纳税人服务”的理念,在工作中有能力为纳税人提供简便高效的纳税服务。这就要求从事纳税服务的人员不仅能熟练使用计算机,更要有税务系统的业务操作能力,既要熟悉知晓税收、会计,同时还应该储备法律方面的相关知识,现代税务征收管理工作需要这样的复合性人才。但是实际工作中,由于受传统管理纳税人思想的影响,一些年龄较大的税务工作人员在思想上不认同纳税服务工作的重要性,而且业务能力较差,例如不能熟练地操作税务系统,也不能为纳税人咨询的问题提供精准的解答,不能给予纳税人有效的工作指导。

3.纳税人权益保障不充分

2009年11月,《关于纳税人权利与义务的公告》的颁布,正式宣布了纳税人依法享有的14项涉税权利,深刻理解保护纳税人权益的重要性,切实做好纳税人权益保护工作,对于构建和谐税收关系具有重要的现实意义。

纳税人与政府的关系是平等的经济主体关系,这是由新公共管理理论确立的,纳税人在经济主体关系中,占据主导地位,可以要求政府提供令其满意的公共产品。乌兰察布市集宁区税务局在行使其税收职能的过程中,基层税务局仍然占据主导地位,过分主观地把纳税人权益保护工作更多地落实停留在便捷、高效的服务上,没有聆听纳税人真实的需求,尊重纳税人权利的体现并不充分和完整。

第一,对于纳税申报方式选择权的侵犯。纳税人可以自主选择办理纳税申报的方式,包括直接上门办理、网上申报,也可按照规定采取邮寄、数据电文或者其他方式办理申报、报送事项。目前乌兰察布市集宁区税务局辖区内纳税人可选择的申报方式只有网上申报和实体办税服务厅申报。有时为了应付上级部门的考核或者在办税服务厅拥堵的情况下,一些纳税人经常会被强迫在网上税务局进行纳税申报,侵犯了纳税人的自主选择权。

第二,多缴税款退税手续复杂。《征管法》明确规定纳税人依法享有将超过应纳税额缴纳的税款申请退税的权利。但是在具体办理退税业务时,涉及原国税系统、原地税系统数据库没有合并,纳税人需多次往返税务局办理签字事宜。同时又因退税涉及国库以及本地财政部门,各个部门索要资料较多,部门间还需往返签字,笔者在办税服务厅工作中发现,部分涉及需退税金较少的纳税人因退税须准备资料多,手续烦琐而选择放弃申请退税。各单位烦杂的手续和流程侵犯了纳税人申请退还多缴税款权。

第三,执法行为不规范。税务机关和税务人员在对纳税人进行检查时,须出示税务检查证和税务检查通知书。乌兰察布市集宁区属于欠发达地区,税务人员和纳税人的法律意识普遍较差,在对比较熟悉的企业进行检查时,出示证件这一环节则会被省略,执法行为的不规范,直接导致执法效果的法定性存疑。

第四,纳税人维护权益所需成本较高。在维护自身权益的时候,税务机关在核实问题,出具处理意见经过较多环节,纳税人普遍面临问题反映时间长、无法得到及时回复。或者在维权过程中,纳税人面临税务机关曲解真实意图,处理结果达不到真实反映纳税人需求的效果,不能满足纳税人的合法合理需求,增加了维权成本。

4.纳税服务形式单一

乌兰察布市集宁区税务局在纳税服务实践的过程中,分别从内部和外部对业务流程进行优化。税务机关内部制定一窗式服务模式、落实首问责任制等一系列服务举措,实现了高效便捷办税入手。大力推行网上申报、探索税库银联网缴税、为纳税人在家自助办税带来了极大的方便。但是,目前制定的各项纳税服务的方式基本上是围绕着办税服务厅的办税流程进行,还没有根据纳税人的需求延伸到税收征管的各个环节,使纳税服务所产生的效果受到一定局限。

(三)存在问题的原因分析

要提升乌兰察布市集宁区税务局纳税服务水平,则需要对在工作过程中产生问题的原因进行深度剖析。笔者有多年从事纳税服务的工作经验,本节结合实际工作就乌兰察布市集宁区税务局在纳税服务中存在问题的原因进行阐释。

1.税收宣传重形式轻内容

目前,乌兰察布市集宁区税务主要采取税收宣传的形式为贴标语、发传单、挂横幅、设咨询台,税法宣传慢慢形成了一种固定模式。宣传内容直接转发文件,在固定的时间利用大屏幕、发放宣传页等固定形式对部门纳税人进行集中宣传,没有针对不同的受众设置不同的宣传内容。税务机关在提供纳税服务宣传这一公共产品时占据主导优势,没有真正发掘纳税人的需求,没有形成与纳税人的有效互动,这种轰炸式的税收宣传模式无法满足纳税人多元化的需要。不对纳税人的需求进行调查,不对宣传效果进行评估,税务部门的宣传活动就是走过场,税收宣传的主要目的是完成上级布置的任务,税收宣传的目的是拍照采集素材,形式大于内容,缺乏纳税人与税务机关的双向交流互动,税法宣传的效果往往差强人意。

2.纳税服务人员的业务素质培训不到位

纳税服务工作质量和效率的高低,与纳税服务队伍的综合素质有着直接关系。目前,乌兰察布市集宁区税务局纳税服务人员整体素质参差不齐,与纳税服务现代化所提要求有一定的差距。

征管体制改革初期,从国家税务总局到内蒙古自治区税务局组织了大批量的网上培训以及实体培训班,网上培训主要以视频讲解内容为主,培训要求各级税务部门组织相应科室人员全员参加,但是由于每日忙于应付事务性工作,培训时间不能得到保证,培训效果也就不尽如人意。从事前台工作的办税服务厅全体工作人员由于业务繁忙,一般性的培训只能派 1~2 名业务骨干去参加,导致专业知识更新较慢,业务水平降低。加之乌兰察布市集宁区税务局从事纳税服务工作的税务人员年龄偏大,主观存在不想学的思想,客观面临着理解能力的下降,培训效果并不理想。税务机关的税务人员缺乏对税收法规的系统性学习和理解，所以在为纳税人进行纳税讲解时，无法准确地为纳税人传达信息，使纳税人准确地掌握税收政策，有时甚至会误导纳税人，给纳税人带来一定的损失，不利于税收工作的有效开展。

3.纳税人合法权益保障机制不健全

良好的税收法律环境和监督机制是提供优质纳税服务的基石，构建和谐税收纳税服务机制显得尤为重要。随着法治社会的不断健全和发展，公民的法律意识和维权意识得到了增强。然而，受多年工作环境的影响，税务机关的个别工作人员思想观念无法脱离传统思维模式，工作重心不能从税收监督转移到纳税服务，仍然存在侵权问题，这直接影响了纳税人的税法遵从度和和谐税收关系。

4.传统纳税服务观念根深蒂固

乌兰察布市集宁区税务局局领导目前已经意识到纳税服务对于开展税收工作的重要性。局党组高度重视，由一把手牵头、分管领导配合，各部门共同承担纳税服务具体工作。然而，由于受地区发展水平的制约、工作人员文化水平参差不齐的影响，纳税服务理念的确立还是存在不少问题。但从目前具体实施工作来看，纳税服务工作仍旧停留在以纳税服务股牵头，办税服务厅为主体的模式中。纳税服务的核心理念还未从根本上建立，一些部门抱着完成任务的心态，纳税服务工作浮于表面。受传统纳税服务观念的影响，工作人员没有从根本上认识到纳税服务工作的重要性，在实际工作中主动服务较少，服务意识比较淡薄，对纳税服务工作的定位不准确，部分税务干部还认为与纳税人是管理与被管理、监督与被监督的关系，没有认识到自身角色的转变，为纳税人服务这一观念还没有完全植入每个税务干部的思想中。

二、国外与国内其他城市基层税务局 纳税服务的经验借鉴

针对乌兰察布市集宁区税务局纳税服务存在的一系列问题及产生的原因，探索了解国外及国内其他地区纳税服务取得成效以及发展经验，希望能够将他们的成功经验借鉴到乌兰察布市集宁区税务局的纳税服务工作中。

（一）国外纳税服务概况

日本、澳大利亚、美国在纳税服务方面一直处在领先地位，美国是最早提出纳税服务的国家，特别注重纳税人的权益保护，日本在纳税宣传方面取得的成效十分

可观,澳大利亚注重和纳税人的沟通,这些做法均可以优化借鉴到案例地区。

1.日本:重视税收宣传和税务代理

日本强调税法的宣传,并有专门的税收媒体系统,以确保税收广告的一致性。日本税务局旨在使纳税人随时随地获得必要的税务信息。为了达到预期效果,日本税务局通过税务节目传播信息,在每天固定的时间段,播放税务广播和税务电视节目。印制"税务介绍"便册放置在公共场所,以便公众可以随时取阅。

在日本,税务代理机制已经达到了专业化、系统化的纳税服务,是其提供的特色服务。由于税务代理机制起步较早,体系已经相对完善,税务代理是第三方机构,既不属于税务机关,又独立于纳税人,作为专业的中介机构,主要发挥两方面的作用:一是为税务机关提供服务。税务代理减轻了税务部门的工作量,能够有效降低税款征收成本;二是为纳税人提供服务。中介代理服务可以在纳税人办理各类涉税业务时提供专业指导,减少纳税人因无知造成的税收不遵从行为的发生。

2.澳大利亚:突出"以人为本"的纳税服务理念

澳大利亚税务局的纳税服务理念是"以人为本"。澳大利亚政府在税收制度制定环节,将纳税人的切身利益纳入参考范围,成为澳大利亚政府衡量税收制度是否合理的重要指标。

澳大利亚税务局推行的各项纳税服务措施,既务实又创新、既重形式又讲效果。例如澳大利亚税务局为了普及税法,引导公民遵从税法,避免公民对于税法的无知性、不遵从,把税法宣传作为纳税服务的基本内容,每月固定时间通过电台与纳税人对话,为纳税人解释税法以及各类涉税问题。

澳大利亚税务局每隔一年都会进行纳税人满意度调查,将纳税人对税务工作的反馈意见归纳分析,形成民意调查报告,民意调查报告直接影响税务局长的任职。澳大利亚联邦税务局换届周期为7年,在税务局局长任职期间,如果民意调查显示纳税人的满意程度较低,则导致提前换届,由政府任命新的税务局局长。民意调查的重要性倒逼各税务局注重纳税人感受,以纳税人为本来制定各项纳税服务措施,以期取得较高的民众满意度。重视纳税人对税收服务质量意见的反馈,促进了税务人员不断纠正错误,提高服务质量,高效的沟通反馈机制使税务局与纳税人的联系更加密切,形成良性循环。

3.美国:强调保护纳税人合法权益

美国是最早提出纳税服务理念的国家,20世纪末期美国社会开始注重税收成本和保护纳税人权益,在此背景下,美国国会支持国内收入局制订纳税人援助计划,纳税服务工作得以在美国国内全面推行,美国国内收入局也将纳税服务视为局内主要工作。

美国的纳税服务理念大体体现在三个方面,分别是对纳税人权益维护的高度重视、为纳税人提供人性化的服务方式和以纳税人满意度为核心的战略策划方面。为了纳税人合法权益的保障,1979年成立了纳税人权利维护办公室,主要监督税务人员行政执法的合法与合理性。纳税人每人都有一本《纳税人权利》手册,该手册是由美国国内收入局编写并且免费发放的,主要介绍了纳税人通过法律保护和享有的各项权利,诸如隐私权、代理权,获得专业和礼貌服务权,从"问题解决办公室"获得帮助权,行政和法律的复审权,国内收入局最重视的纳税服务工作即对纳税人权利的保护,其目标是力求保证所有纳税人在维护其合法权益过程中能够感觉到被礼遇善待,所有争议都能得到妥善处理。

(二)国内其他基层税务局纳税服务概况

国内其他城市的基层税务局在纳税服务方面取得的成果,更加适合提升乌兰察布市集宁区税务局的纳税服务。站在他人的肩膀上,能够更好地完善对策。

1.北京市海淀区税务局:新媒体确保"足不出户,在家办税"

北京市海淀区税务局通过整合网上办税资源,实现了"一网通办"所有涉税服务事项。为使纳税人切实体验到"互联网+税务"带来的便利,可以足不出户在家办税,北京市海淀区税务局通过前期大量调研,将能够在网上办理的业务实现全程网上办理,并实现全市业务网上通办。这样做既节约了纳税人的时间成本和交通成本,又减轻了税务机关的压力。

2.广州市海珠区税务局:强化税收宣传的针对性

广州市海珠区越来越多的企业参与"一带一路"的建设,积极拓展国际市场,海珠区税务局把涉外税收政策整理成册,为给纳税人提供更多"走出去"涉税政策介绍,依法保障"走出去"企业的合法税收权益。

广州市海珠区税务局的党员志愿者在2018年春季广交会中设立双语纳税服务站,帮助广交会海内外参展商了解相关政策,并针对不同企业,打造出不同的"1对1"精准纳服手册,内容涉及公司简介、涉税业务、办税流程、纳税服务等方面。在纳税服务站特别设立税收优惠政策展架,纳税人仅需要通过手机"扫一扫"功能,即可立即了解,便于企业随时随地地学习掌握政策。通过与企业的实时互动,将符合企业的税收优惠政策及时告知企业,不断优化纳税服务的便捷性以及有效性。

3.上海市黄浦区税务局:依托电子税务服务区实现自助办税

2018年5月,上海市黄浦税务局启用电子税务服务,电子税务服务区拥有数十台网络服务终端,其中包括增值税发票认证终端、自助办税终端以及云终端,以前在柜台和窗口办理的业务可以全部实现自助化办理。上海市黄浦税务局通过引进各类技术前沿的设备,极大地提高了纳税人的办事效率。电子税务服务区可以同时为50多位纳税人办理业务,受理的业务范围包括纳税咨询、税务登记、纳税申报等各项涉税服务,全面实行"影印系统",纳税人在线提高申请,无须再准备资质材料,降低了纳税人的办税成本。

上海市黄浦区税务局在导税咨询台上放置了可录音的话筒,它可以将纳税人在咨询台提出的问题和意见自动记录,并上传进税务工作系统中,可以实时了解纳税人的真实需求,不断优化服务手段,为纳税人提供更加贴心的纳税服务,使税务机关提供的纳税服务趋向于个性化和人性化。

(三) 经验借鉴

通过学习国外税务机关以及国内其他基层税务局为纳税人提供高效优质服务的手段和经验,我们不难得出这样的经验启示,即尊重纳税人,重视纳税人的合法权益,搭建与纳税人的沟通平台,为纳税人提供符合切身利益的纳税服务是税务机关纳税服务工作的终极目标。

1.重视税收宣传

税收宣传是税务机关首次与纳税人接触的工作,通过税收宣传,能够让纳税人了解税法赋予的权利和义务,提高税法遵从度,保证税务机关的日常工作顺利开展。

在宣传过程中,创新税收宣传工作形式,突出科技手段,运用现代信息技术,切实提高宣传的针对性。一是加强税务网站的建设与维护。网站可以利用选取每月或每周的固定时间进行税务宣传,周期宣传可以使纳税人及时掌握税务机关的最新政策。网站内的宣传资料既要务实,又要创新。二是归类相关税收法律法规和政策。税收法律法规和税收政策数量繁多,且持续更新,给纳税人查阅带来很多不便。三是设立税收宣传部门。税收宣传在纳税服务工作中极为重要,税务机关内部应该设置税收宣传部门,税收宣传部门负责制订本单位全年宣传计划,夯实宣传内容,围绕纳税人关心的问题进行宣传,切实提高税收宣传的实效。

2.强化纳税服务人员的服务意识

税务部门应树立为整体纳税人服务的观念,尊重和信任纳税人。将所有纳税人看作整体去服务,不因纳税人的经济实力或其他因素区别对待,确保公平对待每一个纳税人。在确保能够公平对待每一个纳税人后,根据纳税人的不同偏好,为其提供差异化纳税服务,以提高税务机关整体服务水平。税务机关要努力实现纳税服务理念的三个转变,即由管理向服务转变,被动服务向主动服务转变,服务形式向服务实质转变。税务机关需要充分理解"为国聚财,为民收税"的工作宗旨,树立为纳税人工作的思想理念,持续强化税务机关及其工作人员的服务意识。

3.强调保障纳税人的权益

落实纳税人权益保障工作,需要从国家层面、执法机关层面两个方面入手。其一,国家层面需要把保护纳税人权利和义务写入宪法,提升纳税服务和纳税人权益保护的法律层次,制定保护纳税人权益的相关法律,进一步规范纳税服务行为准则。只有完善的法律、相关制度和工作指引,才能保障纳税人权益保护工作在其正确的轨道上顺利开展。其二,执法机关负责具体法律法规和政策的落实,严格按照规范税收执法,强化执法监督,内部建立执法考核评价制度和工作责任追究制度。

基层税务机关作为国家税务总局制定各项保护纳税人合法权益政策的落脚点,在开展日常工作时,谨记包括知情权、保密权、税收监督权等纳税人14项基本权益,有效开展纳税服务,营造公平、公开、公正、高效的税收征纳环境,构建现代化税收征管新格局,确保纳税人的合法权益不受侵犯。

4.注重整合办税资源

自国家税务总局颁布《"互联网+税务"行动计划》以来,打造"互联网+税务"的多元化办税服务模式就已经吹响号角,乌兰察布市集宁区税务局需结合实际情况探索多元化的办税服务,着手建立结构完整、功能齐全的"大征管系统"。

整合各种资源,优势互补,可以利用跨界思维,加强各部门协作,完善办税服务体系。随着现代征管体制的发展,要深刻认识到"互联网+"将成为主流的办税模式,线下办税必然向线上办税转型。大力发展功能齐全的电子税务局,进一步推动移动式办税。搭建移动式服务平台,突出全天24小时、全业务覆盖的细节化办税服务。

三、乌兰察布市集宁区税务局纳税服务的提升对策

通过对乌兰察布市集宁区税务局纳税服务工作中存在的问题及成因的分析,了解探索了国外、国内其他城市地区的经验做法,结合目前乌兰察布市集宁区税务局的办税实际和本地区的经济发展状况,笔者提出四项对策,以期能够提升其纳税服务工作质效。

(一)强化税收宣传

通过查阅大量国内外关于纳税服务的研究,不难发现,优质的税收宣传能够使纳税服务工作取得事半功倍的效果。基层税务机关应提高站位,在思想上高度重

视税收宣传,把税收宣传工作作为提高服务水平的突破口。在工作上扎实推进,强化税收宣传创新,切实按照法律规定承担好税法宣传的职责,最终实现"始于纳税人需求、基于纳税人满意、终于纳税人遵从"目标。

1.注重税收知识分类

落实税法宣传分类实施。首先,要在开展宣传工作前将纳税人的需求分类,详细调查纳税人的需求,针对不同的纳税人进行不同侧重点的宣传;其次,宣传内容也需分类,例如根据宣传内容将普法知识和税收专业知识进行分类,吸引纳税人的关注度;最后,宣传客体也要进行分类。

企业负责人和办税人员是税收宣传客体的重要组成部分。在对企业负责人和办税人员宣传时,对宣传内容、宣传方式的选择要有所区别。针对企业负责人税收意识不强的现状,着重帮助企业负责人强化纳税意识,可以召开企业负责人座谈会,将同等规模的企业负责人组织在一起,着重介绍税收基本知识和纳税人享有权益,利用企业家精神感召负责人,主动倾听企业在发展过程中遇到的税务问题,做好记录,及时将建设性意见反馈给企业。

2.部门联动拓宽税收宣传渠道

一是政策告知渠道多元化。建立多渠道"立体式"宣传,在网站、办税服务厅LED显示屏的基础上,加大新媒体和其他媒介的宣传,利用微信群和公众号、《集宁日报》、走进学校社区、走上公交出租车等渠道进行税收宣传。二是丰富税法宣传形式。在税收宣传期间,将不同的宣传主题开展形式多样的宣传。三是夯实税收宣传内容。开展各类专题培训进行热点税收问题的宣传,在培训前期,对纳税人的税收知识培训需求进行调查,对同一类别需求的纳税人进行同一批次的培训。培训结束后应填写纳税人培训反馈意见表,根据纳税人的意见去完善培训内容。实现日常辅导与个性辅导相结合,确保各项税收政策的宣讲能够切实帮助纳税人提升自身业务水平,提高税收宣传的实效。

3.建立税收宣传和纳税咨询的长效机制

首先,把税收宣传融入日常的征管工作中。结合每年四月份的税收宣传月,把纳税人的纳税意识与日常生产生活融在一起,努力提高纳税人的依法纳税意识和缴税办税质量。其次,整合原国地税税收宣传资源,设立乌兰察布市集宁区税务局微信公众号,成立宣传小组负责此公众号的运营,通过公众号推送最新税法政策、每月征期等内容,将一些基础性的法律法规和税收日常管理规定,设置为每日一题、每周一答、专题考试等模式。最后每年年初,应制订本年度全局的税收宣传计划,工作细分后落实到税务局内的各个部门,完善宣传工作的责任机制、考核机制和激励机制,将税法宣传列入部门年度绩效考核成绩中,彻底取缔税收宣传一阵风的工作作风。

(二) 提高纳税服务人员工作能力

在业务水平提升的同时,对税务人员服务意识的培养也应加快步伐。只有税务人员业务水平和服务意识同步提升,基层税务机关的纳税服务工作才会有质的提升。

1. 转变纳税服务观念

税务机关应当重新审视和分析纳税服务工作的重要性,不断加强新形势下税务人员的思想教育,充分发挥主观能动性,逐步提高自身职业素养,征管理念对纳税人的不信任转变为信任,工作职能由管理纳税人转变为服务纳税人,服务层次由被动接受型服务转为主动提供型,树立征纳双方法律地位平等理念。税务机关必须明白,没有纳税人就没有政府,国家治理更是无从谈起。尊重纳税人的平等主体地位,在依法行使征税权利的同时,为纳税人提供优质高效的纳税服务。这不仅关系到税收征管的效率,也是保持良好征纳关系的基础。

2. 增强纳税服务意识

近年来,纳税人对税务人员综合业务素质的要求持续增高,税务人员不仅要有娴熟的业务能力,而且还需要较强的服务意识,才能满足纳税人对税务机关日益增高的期望。税务机关需努力提高税务从业人员的纳税服务意识,注重复合型人才的引进与培养,促使纳税服务工作人员正确理解纳税服务的价值,增强服务纳税人的能力,提升他们从事纳税服务工作的积极性、主动性和责任心,帮助他们与纳税人进行高效的沟通,从而改进纳税服务的质量和水平。

3. 开展专题业务培训

征管体制合并后,全国税务系统干部队伍更加强大。国地税合并不能仅是人员的增多,办税程序的简单方便快捷,而是需要在现有人力资源中进行优化升级,不断更新税务知识储备。其一,建立专业的税务培训教师队伍,在乌兰察布市集宁区税务局内部选取业务骨干,作为师资力量进行培训,做好评估和激励内部培训教师,充分调动自己的积极性,促进培训师自身的不断完善,从而建立一支业务精、意识强的专业内部教师培训队伍。其二,组建外部培训师资团队。可以从高校、政府有关部门、企事业单位、社会培训机构聘请业务骨干,有效利用社会资源,拓宽培训师资来源,为税务系统提供强有力的培训支持。

4. 推行个性化纳税服务

随着经济多元化的持续推进,纳税人数量和种类不断地增加,纳税服务对象的范围也越来越广,已经向社会大众方向趋势发展,税务机关目前实行的无差别纳税服务方式已无法满足所有纳税人的需求。

个性化的纳税服务主要是指税务机关可以依照纳税人的实际经营情况、信用等级评价以及以往纳税记录等具体情况,在纳税人办理涉税业务时,有针对性地为纳税人提供的特色服务。例如,在针对 A 级纳税人进行税务事项行政审批时,可以将行政审批事项升级为即使办结服务,纳税人不用多次往返找各部门领导签字,税务部门窗口受理材料,内部进行沟通流转。乌兰察布市集宁区税务局应根据征管实际,为信用等级级别较高的纳税人提供个性化纳税服务,增强税务机关与纳税人的互动,提升税务机关的纳税服务水平。

(三) 推进合规性执法

税务机关作为执法部门,依法执法,依照规范执法是税务部门的法定工作职责。执法行为是否规范,不仅影响税务机关的形象,而且影响其执法效果的法定性。推进合规性执法,既可以提升纳税人的满意度,又可以起到保护税务干部的作用。

1.规范税务人员执法行为

税务机关有责任为纳税人创造一个透明、公平的税收环境,让纳税人在处理涉税业务时,清晰地了解执法标准流程和行为税务人员行为规范,提高税收执法过程中的透明度和群众参与度。

税人权益保护的首要任务是规范执法。要做到规范执法,一是办税公开。办税公开是国税机关政务公开的重要内容之一,税务部门坚持以公开为原则,凡是有利于纳税人知情、纳税人办税和纳税人监督的形式均可采用。二是落实要规范。贯彻落实《中华人民共和国政府信息公开条例》,保障纳税人依法获取税务工作信息,提高税务工作的透明度,促进税务部门依法行政。三是操作要标准。严格按照税法规定的各项税收制度和程序执行,明确执法环节和步骤,确保各环节和步骤均符合相关规定。完善工作流程,保证纳税人在税收执法过程中依然能够享受各项税法给予的权利,不断提升税务干部执法水平和业务素质,营造法治公平的税收环境。

2.搭建纳税人维权平台

基层税务机关是与纳税人业务往来最多的税务机关,既是纳税人权益保护的执行者,又可能是纳税人的合法权益受到侵害的实施者。基层税务机关需要承担保护纳税人权益的法定职责,为纳税人建立多种维权渠道,在设置投诉电话、局长信箱的基础上,搭建互联网维权平台,比方说手机 App、二维码维权等新型维权平台,快速对纳税人反映的问题做出回应,让纳税人随时随地维护自己的合法权益;加大问责力度,对任何违法违规人员绝不姑息,事实调查清楚,如果确是执法人员的过错,立即启动责任追究程序,并向投诉人反馈处理进度;大力推动税收法律救济工作,完善税收争议调解机制,法规部门作为牵头部门,及时与局内各部门、中介机构沟通,确保纳税人的各项合法权益均得到妥善保护。

3.强化涉税信息服务和中介机构监管

加强对涉税中介机构的监管,建立中介机构信用档案,建立健全投诉和处理机制,及时调查处理相关投诉举报。积极与企业沟通,通过企业了解中介机构的服务质量,保障纳税人能够充分享受委托税务代理权。加强对涉税中介机构的培训和指导,定期或不定期开展监督检查,对中介机构的服务人员进行业务抽查,稳步提升涉税中介机构的服务能力。

(四)创新纳税服务形式

创新纳税服务形式,实现纳税服务手段的多样化,将纳税服务与"互联网+"实现深度融合,提升纳税服务质效,提高税务机关工作效率。

1.依托自助设备办税

推动实体办税厅向智能办税服务厅转型,探索建设咨询式、预约式、智能引导式办税服务厅,切实减轻窗口压力,让纳税人多跑网路,少走马路,将实体办税服务厅功能逐渐转移到疑难复杂业务的办理上。

大量采购自助办税设备,例如导税机器人、智能机器人中大量的知识储备和人工导税的灵活性可以相互补充,一是可以减轻实体办税厅的压力;二是可以为纳税人提供更加精准的纳税咨询。合理利用人力资源,研究更加符合纳税人办税习惯的最新自助设备,前台工作人员负责处理系统异常信息、申报更正和办理退抵税等疑难问题;利用虚拟成像技术,提供办税服务厅智能引导式服务,在纳税人不需要帮助时,减少工作人员与纳税人接触的机会,让纳税人享受到"无事零干扰"的优质便捷化纳税服务。

2.大力推广电子税务局

客户关系管理的宗旨在于"以用户为中心",对于税务机关来说即"以纳税人为中心"。大力推广电子税务局要充分运用客户关系管理思想,在保证系统稳定性、使用便捷性,以及涉税信息的安全性的前提下,针对用户需求提供人性化、专业化的服务。

重点强化办税流程的标准化、规范化、痕迹化管理,健全电子档案资料,由纳税人自行办理业务,留存备查资料,自行承担资料真实性、合法性的法律责任。制定电子税务局操作规范指引,规范纳税人使用电子税务局业务流程和文书的使用。基于目前乌兰察布市集宁区税务局网上办税服务厅取得的成效,还需在以下几个几面取得突破性进展。一是大力推广电子支付和移动支付方式。开通微信缴税服务、支付宝缴税服务、扫码缴税服务,安全、方便、有效地完成缴纳税款。二是持续推广使用增值税电子普通发票和电子完税凭证,试行增值税专用发票发行电子版,降低税务部门的服务成本和企业的办税负担,增强纳税人的获得感。三是通过电子票务数据,随时查看纳税人的业务往来,实时追踪发票流向。

3.加强与第三方机构合作

面对纳税人多样化、个性化的服务需求,税务机关客观上已经难以满足,需要社会有关方面的广泛参与,形成多元化的纳税服务主体,共同推进纳税服务社会化,拓宽纳税服务空间。引入第三方机构,既可以减轻税务部门的负担,又可以吸引社会力量协助纳税,减少征收成本。税务机关需积极与社会各界纳税人开展合作,明确各组织职责,规范第三方机构的业务范围,与税务机关提供的纳税服务互为补充。加强对各机构的工作指导和后续监管,督促健全行业制度,完善考评机制,科学客观地评价第三方机构提供的纳税服务的质量。

具体来说,第三方机构提供的纳税服务主要分为有偿服务和无偿服务。提供有偿服务的第三方机构主要包含税务师事务所、财务公司、税控设备发行公司等中介机构,无偿服务提供的主体主要是税收志愿者组织、委托代征机构、银行、工商局等其他非营利性组织。中介机构是乌兰察布市集宁区最主要的第三方机构,其主要特点是以营利为目的,追求经济利益最大化,所以税务机关在与其合作的同时,要加大对其的监管力度,保证其积极发挥职能作用。

税务机关要积极发挥其在税务服务工作中的主导优势,不仅应努力提升自身的纳税服务水平,还应借助第三方机构的力量,构成以税务机关为主导、多种服务组织共同参与的现代纳税服务体系。